21世纪法学研究生参考书系列

白建军◎著

关系犯罪学

（第三版）

中国人民大学出版社
·北京·

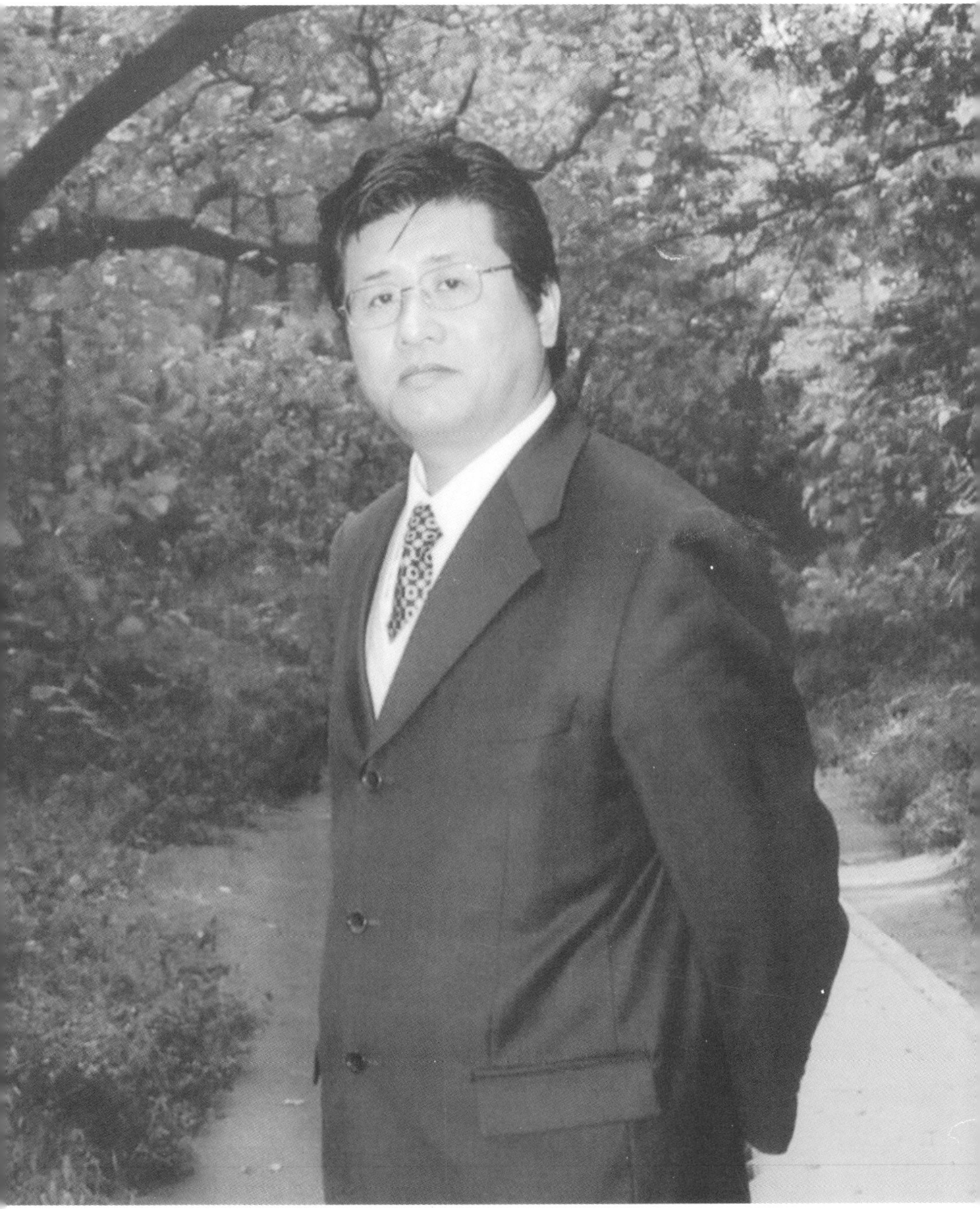

作者简介

白建军，北京大学法学院教授，博士生导师，全国优秀博士论文奖获奖者。在北京大学获法学硕士、法学博士学位。任北京大学实证法务研究所主任、北京大学金融法研究中心副主任。曾赴美国纽约大学客座研究、日本新潟大学任教。主要研究领域为犯罪学、法律实证研究方法、刑法学、金融犯罪。著有《犯罪学原理》、《金融欺诈及预防》、《证券欺诈及对策》、《罪刑均衡实证研究》、《关系犯罪学》、《法律实证研究方法》、《公正底线——刑事司法公正性实证研究》、《刑法规律与量刑实践——刑法现象大样本考察》8部个人专著；在《中国社会科学》等期刊独立发表论文若干。

第三版自序：犯罪学的"抓手"

一般来说，犯罪学没有自己的"抓手"。比如，每个刑事案件的处理都需要引用刑法、刑事诉讼法，于是，刑法学、刑事诉讼法学都有自己的"抓手"，研究成果不愁没人关注。但没听说过哪个刑事案件的判决书中，直接引用犯罪学的某个理论或研究成果。因此，常常碰到犯罪学界的老友改行教刑法或刑事诉讼法去了，犯罪学反倒成了副业。

其实，没有哪门学问可以把自身价值强加给社会。你有用，能满足社会生活的某种需要，自然便有了"抓手"。反过来说，一门学问要是没有得到广泛应用，不是你的确没用，就是你自己就不大在乎实际应用。

《关系犯罪学》第二版以后，我们继续反思犯罪学的应用领域，结果更加相信，包括立法、司法在内的整个刑法实践，都是犯罪学的用武之地。我们用犯罪学的思想、方法去观察、分析刑法现象，发现了一些刑法学、刑事诉讼法学自己不大讨论，但又的确与犯罪问题高度相关的领域。而且，透过关系犯罪观去看刑法现象时，还发现了一个自己的孪生姐妹——关系公正论。这就是这一版的最大变化：将第二版的下篇置换为"关系公正"论。在这一部分，我们分别从微观、中观和宏观三个层次，考察了刑事案件当事人之间的关系、刑事立法与刑事司法的关系，以及刑法与社会的关系。结果证实，公正不是抽象、绝对的口号或者某种孤立的价值，公正只有在这些关系中才能得到具体把握。关系犯罪观与关系公正论的这种对接和相互映照意味着，犯罪学与刑法学可以是两门不同的学科，却有着共同的问题资源。这再次证明，储槐植教授的刑事一体化思想的确是一座法学富矿。

与第二版相比，第三版的另一个主要变化是再次"瘦身"。《关系犯罪学》第一版七十余万字，第二版五十多万字，现在的第三版剩下近四十万字。为什么要这样？我在第二版自序中是这么解释的：这些年读书、写书、教书的经历，让我慢慢悟出个理儿：要拿写家的眼光去阅读，以读者的视角去写作，坐在学生或听众的位置上去备课。这样，你就不好意思说些自己都不信的话，也舍不得有限的版面让那些与读者无关的东西占去过多，更不忍心弄点儿云遮雾罩的东西去吓唬人。当然，做到这一点并非易事。时不时地，总还想告诉人家我知道什么，至于人家想知道什么、已经知道什么、该知道什么，就不关我事了。当学生时我就常想：要想让人家搞不懂你的学问还不容易？有本事就让最普通的人领会你的学问……况且，现如今生活节奏那么快，知识、信息的密度那么大，人们用来读书的时间、买书的银子那么有限，写书的人少说废话，恐怕是明智之举。

还要说明的是，感谢我的学生王复春、赵兴洪，没有他们的热情和付出，就没有这本书的第三版。

白建军
2014年1月于北大陈明楼

简　目

上篇　研究范式

上篇导读：犯罪学研究的研究　/3
第一章　什么是一个犯罪学问题　/5
第二章　应然犯罪学　/35
第三章　实然犯罪学　/48
上篇回顾：体用之间的犯罪学　/73

中篇　犯罪关系

中篇导读：犯罪学的本体研究　/79
第四章　犯罪特性学　/82
第五章　犯罪形态学　/147
第六章　犯罪定义学　/192
第七章　犯罪规律学　/245
中篇回顾：关系犯罪观与控制社会控制　/330

下篇　关系公正

下篇导读：公正是犯罪关系控制的最高境界　/337
第八章　微观公正：刑事当事人　/339
第九章　中观公正：立法与司法　/351
第十章　宏观公正：刑法与社会　/363

下篇回顾：犯罪定义权的最优分享　／379

参考书目　／382
研究线索　／389
致　　谢　／394

细　目

上篇　研究范式

上篇导读：犯罪学研究的研究　/3
第一章　什么是一个犯罪学问题　/5
　第一节　犯罪学视野中的犯罪　/5
　　一、只有一个犯罪　/5
　　二、存在不同视角　/8
　第二节　犯罪学叙事方法　/12
　　一、实然研究　/13
　　二、量化研究　/14
　　三、经验研究　/15
　　四、关系研究　/16
　第三节　犯罪学体系　/17
　　一、犯罪学体系批判　/17
　　二、犯罪学逻辑　/20
　第四节　犯罪学整合　/24
　　一、犯罪学的富有与贫困　/24
　　二、犯罪学理论的类型化分析　/27
　小　结　/33
第二章　应然犯罪学　/35
　第一节　应然犯罪学的基本问题　/35
　第二节　知识背景　/36
　第三节　基本理念　/40

1

小　结 /46
第三章　实然犯罪学 /48
　　第一节　实然犯罪学的基本问题 /48
　　第二节　思想背景 /49
　　　　一、经验主义 /50
　　　　二、生物进化论 /53
　　　　三、社会统计学 /55
　　第三节　实证方法 /58
　　　　一、客观观察 /59
　　　　二、科学归纳 /61
　　　　三、定量分析 /62
　　第四节　实然之罪 /65
　　　　一、经验之罪 /65
　　　　二、必然之罪 /67
　　　　三、个别之罪 /69
　　小　结 /72
上篇回顾：体用之间的犯罪学 /73

中篇　犯罪关系

中篇导读：犯罪学的本体研究 /79
第四章　犯罪特性学 /82
　　第一节　狒狒与军官 /82
　　第二节　伦理之恶 /86
　　　　一、加罗法洛的"自然犯罪" /86
　　　　二、弗洛伊德的"俄狄浦斯情结" /87
　　　　三、休谟的道德直觉主义 /88
　　　　四、过滤后的"纯粹之恶" /89
　　第三节　社会之害 /90
　　　　一、贝卡里亚的犯罪本质论 /91
　　　　二、环境主义的攻击性实验 /92
　　　　三、经验主义的道德无知说 /93
　　第四节　犯罪性分析 /94
　　　　一、犯罪与秩序 /95

二、恶意与敌意　/96
　　三、原因危险与结果危险　/98
　第五节　希特勒的犯罪性　/101
　　一、恋尸症　/102
　　二、为了德国？　/103
　　三、再造希特勒的可能性　/105
　第六节　有组织犯罪的犯罪性　/107
　　一、匪徒　/107
　　二、秘密教门与邪教　/110
　　三、秘密会党与黑社会　/114
　　四、恐怖主义　/123
　第七节　危险个体的犯罪性　/133
　　一、张君案与原因危险　/133
　　二、井口案与结果危险　/139
　　三、张君们与井口们的危险性比较　/143
　小　结　/144

第五章　犯罪形态学　/147
　第一节　修女与妓女　/147
　第二节　犯罪即罪行　/149
　　一、环境决定论　/150
　　二、正常人假定　/151
　　三、效果论　/152
　　四、规范论　/153
　　五、批判精神　/153
　第三节　犯罪即罪人　/154
　　一、人性决定论　/155
　　二、特殊人假定　/155
　　三、危险人假定　/157
　　四、多元反应论　/158
　　五、保守立场　/159
　第四节　犯罪即互动　/160
　第五节　互动的历史　/163
　第六节　互动的结构　/170
　　一、被害关系　/170

3

二、行为类型 /173
三、加害地位 /176
四、国家被害 /179
第七节 刑罚立场 /182
小 结 /190

第六章 犯罪定义学 /192
第一节 面包与铁路 /192
一、犯罪化的过程和结果 /194
二、指称犯罪的符号体系 /195
三、表达价值取向的规范准则 /196
四、犯罪定义的类型 /196
五、犯罪定义的本质 /198
第二节 主体本位的犯罪定义观 /199
一、能动论 /200
二、多元论 /203
三、冲突论 /205
第三节 客体本位的犯罪定义观 /209
一、摹状论 /210
二、一元论 /212
三、自然论 /214
第四节 中介本位的犯罪定义观 /215
一、任性的主体性 /217
二、片面的主体性 /217
三、危险的主体性 /218
四、互动中的犯罪化 /221
第五节 犯罪定义的事实学分析 /225
一、价值分析 /226
二、真理分析 /227
三、结构分析 /229
四、历史分析 /241
小 结 /242

第七章 犯罪规律学 /245
第一节 鸡鸣与日出 /245
第二节 犯罪原因 /247

一、犯罪原因的概念　/247
　　二、犯罪原因研究　/249
　　三、因果中心说批判　/253
第三节　犯罪概率　/254
　　一、犯罪概率的概念　/255
　　二、犯罪概率研究　/256
　　三、概率中心说批判　/259
第四节　犯罪规律　/260
　　一、理论假设　/261
　　二、实证检验　/262
　　三、普遍联系　/265
　　四、一个悲观的结论　/267
第五节　犯罪规律的发现与证实　/268
　　一、实证分析与犯罪规律　/268
　　二、犯罪强度　/270
　　三、犯罪结构　/272
　　四、犯罪动态　/278
　　五、犯罪相关　/278
第六节　犯罪规律类型　/285
　　一、原生性犯罪规律　/285
　　二、反应性犯罪规律　/288
　　三、差异性犯罪规律　/295
　　四、学科还原性犯罪规律　/298
　　五、犯罪累积规律　/301
　　六、犯罪决策规律　/303
　　七、犯罪互动规律　/305
　　八、结构性犯罪规律　/307
　　九、过程性犯罪规律　/309
　　十、抵消性犯罪规律　/311
　　十一、临界性犯罪规律　/314
　　十二、犯罪得逞规律　/318
　　十三、犯罪效应规律　/320
小　结　/326
中篇回顾：关系犯罪观与控制社会控制　/330

下篇　关系公正

下篇导读：公正是犯罪关系控制的最高境界 /337

第八章　微观公正：刑事当事人 /339
　　第一节　被害人平等：报应重于预防 /341
　　第二节　受刑人平等：同案同判 /344
　　第三节　原、被告平等：裁判中立 /346
　　小　结 /350

第九章　中观公正：立法与司法 /351
　　第一节　刑事立法中明显的重刑情结 /351
　　第二节　立法对司法的拉动——死刑闲而不虚 /355
　　第三节　司法实践对立法的相对独立——法官的集体选择 /357
　　第四节　立法与司法之间——犯罪定义的中介性 /359
　　小　结 /361

第十章　宏观公正：刑法与社会 /363
　　第一节　谁的规则——刑法中的两个背影 /364
　　第二节　哪来的规则——内省与经验 /368
　　第三节　规则到哪去——复原与重建 /372
　　小　结 /377

下篇回顾：犯罪定义权的最优分享 /379

参考书目 /382
研究线索 /389
致　谢 /394

上 篇

研究范式

21世纪法学研究生参考书系列

- ▶ 上篇导读:犯罪学研究的研究
- ▶ 第一章 什么是一个犯罪学问题
- ▶ 第二章 应然犯罪学
- ▶ 第三章 实然犯罪学
- ▶ 上篇回顾:体用之间的犯罪学

上篇导读：

犯罪学研究的研究

开始接触犯罪学的人也许会发现，数得出来的犯罪学理论学说、学派比各式各样的犯罪本身还要多。但是，随着研究的深入，人们又会发现，众多的犯罪学研究背后还是存在某种基本的思维框架。这种隐含在具体犯罪学实体理论学说背后，又贯穿于犯罪学研究始终的潜在假定和思维框架，便可以称为犯罪学范式。[①]"范式"（paradigm）一词意为模式、范例、式样、模型等。美国哲学家库恩（T. S. Kuhn, 1922）最早用范式一词说明科学家的共同信念。在犯罪学中，"暗暗地"规定了整个犯罪学研究的"合理问题和方法"的、可以称得上库恩所谓"范式"的学术成就，就是以意大利学者贝卡里亚为代表的古典犯罪学和以另外三位意大利学者龙布罗梭、菲利、加罗法洛为代表的实证犯罪学。后来几乎所有常规犯罪学研究，都在这两大范式所规定的研究对象和方法的范围内，分别思考并回答着这两大范式所提出的问题，延续着这两大范式对犯罪问题的主观反映。有趣的是，真正推动犯罪学成长发达的动力，又不能简单归结为这两大范式中的某一个，而应归结为这两大范式之间的相互作用——犯罪学就是在这两大范式的比较、竞争、互补中得到逐渐深化的。因此，研究犯罪学，应当从古典犯罪学和实证犯罪学的研读开始。

在上篇里，我们首先讨论犯罪学的研究对象、方法、体系和理论学

[①] 笔者曾在《论犯罪学范式》一文中指出，犯罪学范式是潜在于犯罪学实体理论中关于研究对象的意向性假定，由犯罪观、工具性知识框架和犯罪学典范等形式表现出来。现在看来，尽管表述上不完全一样，但不同的表述都揭示出犯罪学范式的基本特点是导向性、潜在性和抽象性。这是犯罪学范式之所以不同于常规犯罪学研究或实体犯罪学理论的基本属性。参见《青少年犯罪研究》，1994（1）。

说的整合，使人对什么样的问题是一个犯罪学问题有所初步了解。然后，分析、介绍犯罪学的两大学术成就，即犯罪学的两大范式——古典犯罪学和实证犯罪学。在此基础上，着重对两大范式在何种意义上为整个犯罪学奠定了学术传统的问题进行了深入思考。结果认为，古典犯罪学可以归结为一种应然犯罪学，而实证犯罪学可以归结为一种实然犯罪学。常规犯罪学研究实际上就是位于这两种学术传统之间，不断调整与应然犯罪学、实然犯罪学之间的合理距离的犯罪学研究。

第一章

什么是一个犯罪学问题

初学犯罪学,可以从现有的犯罪学概念开始,也可以从对各种具体犯罪学问题本身的观察开始。英语 criminology 一词最早出现于 1890 年,是由拉丁文 crimen（犯罪）和古希腊文 logios（知识）构成的,其字面意义就是"关于犯罪的知识"。在西方犯罪学论著中,犯罪学一般被表述为研究犯罪现象、犯罪原因以及对犯罪的反应的综合性学科。[1] 此外,更精练的表述是,"The study of crime, of attempts to control it, and of attitudes to it"[2],即犯罪、犯罪控制和犯罪观的研究。我国犯罪学家康树华教授认为,"犯罪学是研究犯罪现象的产生、发展、变化规律,寻求犯罪原因,探索预防、减少乃至消灭犯罪之对策的一门综合性学科"[3]。储槐植、许章润教授认为,犯罪学是"关于犯罪现象及其产生原因和预防对策的刑事科学知识体系"[4]。本章最终也将给出一个犯罪学的概念,但它不仅仅是现有各家学说中关于犯罪学的概念表述的简单陈列与取舍,而是来自对具体犯罪学问题的观察、归纳和提炼。

第一节 犯罪学视野中的犯罪

一、只有一个犯罪

当人们提到犯罪学时总会想到这样一个问题：犯罪学所说的犯罪和

---

[1] 参见吴宗宪：《西方犯罪学》,1 页,北京,法律出版社,1999。
[2] Dermot Walsh and Adrian Poole, *A Dictionary of Criminology*, Routledge & Kegan Paul, London, Boston, Melbourne and Henley, 1983, p.56.
[3] 康树华：《犯罪学——历史·现状·未来》,3 页,北京,群众出版社,1998。
[4] 储槐植、许章润：《犯罪学》,5 页,北京,法律出版社,1997。

刑法学上的犯罪到底是不是一回事？也就是说，犯罪学有没有不同于刑法学的研究对象。这个问题本身隐含着这样一个逻辑：任何独立的学科都必然具有自己独立的研究对象，犯罪学也应当具有自己独立的研究对象。如果犯罪学所说的犯罪等于刑法上所说的犯罪，那么，就等于和刑法学分享同一个研究对象。这个推论把犯罪学自己逼到了一个尴尬的境地：一方面，如果认为犯罪学研究的犯罪就是刑法上的犯罪，那就意味着犯罪学没有成为独立学科的起码理由；另一方面，如果坚持说犯罪学所说的犯罪和刑法上的犯罪是两回事，那么，犯罪学就只能划出另一个圈子，研究另一种叫做犯罪的东西。

在这个问题上，学界历来有两种理论倾向。一种理论认为：犯罪就是犯罪，犯罪学没有足够的理由在刑法规定的犯罪之外，另外界定犯罪。犯罪学所研究的犯罪，就是刑法规定的犯罪。理由有：第一，从发生学来看，无法律即无所谓犯罪，罪刑法定，何种行为属于犯罪，是法律标定的后果。因此，是否犯罪应由法律来决定。第二，从学科产生的序列来看，刑法学早于犯罪学的产生，犯罪的定义应当以法定犯罪为准。第三，从司法的角度来看，对犯罪的认定，是依靠刑法学的犯罪构成理论，而不是别的什么理论。在法定犯罪之外另立犯罪概念，只能混淆定罪量刑的标准。第四，在一个社会中，犯罪只能有一种性质、一种由社会公认的性质，如果每个学科都能对犯罪发表自己的判定，只会在司法和公众中造成混乱。[①] 在我国，持这种观点的学者往往以刑法学为主要知识背景。与此相对，大多数主要从事犯罪学研究的学者认为，犯罪学所说的犯罪和刑法学意义上的犯罪有所不同。他们认为犯罪学之所以需要自己的犯罪概念，主要是因为：第一，犯罪学是唯一的一门研究犯罪原因的学科。犯罪是一种自在的客观事实，而不是由法律标定后才产生的。第二，虽然犯罪学作为成熟的学科晚于刑法学，但人类对犯罪的认识早在法律产生之前就已十分丰富，刑法学有赖于这些犯罪思想才得以确立。第三，犯罪学的犯罪概念是人类对犯罪现象的总体把握，是形成犯罪观的基点。法定犯罪是建立在犯罪学的犯罪概念基础之上的。犯罪学的犯罪概念包容法定犯罪，二者是种属关系。基于犯罪原因和犯罪预防的犯罪学犯罪概念，服务于对法定犯罪的理解。[②]

对犯罪学来说，这是个前提性问题。如果没有独立的研究对象，犯

[①②] 参见皮艺军：《犯罪学研究论要》，64～65页，北京，中国政法大学出版社，2001。

罪学是否具有独立学科的合法地位就成为问题，如果失去独立学科的合法地位，就更谈不上什么问题可以归结为犯罪学问题。因此，犯罪学中的主流观点坚持认为犯罪学具有自己独立的犯罪概念。问题是：犯罪学的犯罪概念与刑法学的犯罪概念到底有无不同呢？对此，常见的做法是从范围的大小来区分犯罪学所说的犯罪与刑法意义上的犯罪。按照这种处理，犯罪学意义上的犯罪"内涵包容广，外延大。一切对社会造成严重危害的行为，一切反社会的行为，未成年人行为中除刑法规定应追究刑事责任的犯罪行为以外的其他法律文件所规定的违法行为和可能发展成为违法犯罪的不良行为，都属于犯罪学意义上的犯罪"①。这种意义上的犯罪被称为"大写的犯罪"②。以犯罪行为的范围为例，法定刑事责任年龄以上的自然人触犯刑律的行为在刑法上才可以被称为犯罪，这个范围内的行为既是刑法意义上的犯罪，又是犯罪学意义上的犯罪。而不满14岁的未成年人实施的严重危害行为，如杀人、纵火、强奸、抢劫，等等，在刑法上不能被称为犯罪，但仍是犯罪学意义上的犯罪。这里的一个潜在出发点是，刑法的研究对象只是法定犯罪，犯罪学的研究对象不仅仅是法定犯罪。

可是，这个判断本身就值得探讨。法定犯罪只是刑法学经过长期发展，通过刑事立法的形式，固定下来的一种研究成果。换句话说，刑法学并不是只研究法定犯罪，而是对各种可能被视为犯罪的行为作出区分，然后作出回答：哪些应规定为犯罪，哪些不应规定为犯罪。法定犯罪只是那些被认为应规定为犯罪的行为，或者说，是刑法学研究对象的一部分，而非全部。仍以刑事责任年龄问题为例：我们不能说，已满14岁的自然人触犯刑律的行为才能被认定为犯罪，所以，刑法学只研究这部分犯罪。是不是犯罪，需要研究后才能作出区分和判断，在这个区分和判断的过程中，14岁以下的自然人的触犯刑律的行为仍作为刑

---

① 康树华等主编：《犯罪学大辞书》，287页，兰州，甘肃人民出版社，1995。
② 还有一种意见与此表述不同但结论大体相似，认为犯罪有两个范畴——法律的和社会的。如果犯罪学只以法律概念所确立的犯罪为研究对象，犯罪学就会失去对刑事立法的影响作用，就会使研究对象变得不完整，就会在犯罪根源和犯罪预防的研究中失去正确的方向。因为犯罪的法律概念与犯罪的社会学概念虽有联系，但它们包含的现象在性质和范围上都有很大不同。某种被法律规定为犯罪的行为，从社会学的观点看却不认为是犯罪，相反，有些法律不认为是犯罪的行为，而从犯罪的社会学概念看则是地地道道的犯罪行为。参见王牧：《犯罪学中的犯罪概念》，载肖剑鸣、皮艺军主编：《罪之鉴：世纪之交中国犯罪学基础理论研究》（上），319~320页，北京，群众出版社，2000。

法学的研究对象存在着。如果这个追问合理,那就意味着,法定犯罪以外的严重危害行为或越轨行为并不是犯罪学的专属研究对象,它们也是刑法学的研究对象。如此,犯罪学的独立性何在呢?

看来,生硬地分割研究对象,不是犯罪学争取其合法身份的最佳出路。犯罪就是犯罪,就像人作为被认识的对象,既允许生物学的研究,又包容着心理学的分析,同时还向社会学敞开大门一样,犯罪现象也将其各个方面的属性和侧面展现在刑法学、犯罪学、犯罪心理学等多种学科面前。从这个意义上说,犯罪学没有必要另立犯罪概念。刑事科学中各个相邻学科所研究的,是同一个犯罪。这个判断的原理之一,可以上溯到储槐植教授的刑事一体化思想。按照储槐植教授的这一思想,科学认识犯罪规律,合理调整刑法内部结构,协调各种刑事制裁手段的运行,是一个统一的社会过程,不应当将其肢解为各个孤立的片段。[①] 刑事一体化并不否认刑事科学中各个相邻学科之间的特殊性,更不是追求用某种统一的体系归并各个相邻学科。刑事一体化思想意在强调各个刑事科学之间的内在联系,强调犯罪作为各个学科共同的研究对象的整体性。在刑事一体化的视野中,不存在什么刑法意义上的犯罪,也不存在什么犯罪学意义上的犯罪,或者什么犯罪生物学、犯罪心理学、犯罪生态学意义上的犯罪。

科学面前,只有一个犯罪。

二、存在不同视角

既然犯罪只有一个,不同的只是看问题的角度,那么,如何从所研究的事物本身区分出何谓刑法学问题、何谓犯罪学问题呢?这里我们遇到的一个前提性问题是:一个事物是不是只有唯一的本质属性?按照非本质主义的假定,事物的属性不是单极或一元的,在不同的视野下,对同一研究对象可以有不同的本质概括和属性描述。作为各门刑事科学的共同研究对象,犯罪的基本属性也是多层面的。面对犯罪的社会危害性、违法性和应受刑罚性,刑法学研究罪与刑的关系,以期保护社会、控制犯罪。那么,犯罪学是否可能从刑法学对犯罪特性的规范学描述游离开,转换视角,在事实学的视野中观察同一个犯罪的另一些基本属性

[①] 参见储槐植:《刑事一体化与关系刑法论》,279、294 页,北京,北京大学出版社,1997。

呢？显然是可以的。笔者认为，犯罪现象具有三个事实学属性，即互动性（interactive）、相对性（relativity）、自然性（nature）。犯罪学的特性在于围绕着犯罪现象的这三个方面的事实学属性展开科学描述和解释，由此而构成的问题，可以称为犯罪学问题。

1. 犯罪现象的互动性

所谓犯罪现象的互动性，就是指犯罪事件中加害—被害关系中的相互作用性。这种相互作用性包含三个方面的含义：第一，犯罪是加害人与被害人之间的冲突激化的表现，是冲突的极端形式。离开具体加害—被害关系，犯罪往往是难以理解的。第二，在加害人与被害人之间的冲突中，既有加害人攻击、侵害被害人的一面，又有来自被害人、以各种形式表现出来的对加害人的刺激和影响。第三，在加害人与被害人之间的冲突过程中，有被迫型互动、缺席型互动、交易型互动等不同的互动形式。

强调犯罪现象的互动性，使我们可以清楚看到犯罪学与刑法学观察视角的第一个不同。在刑法学的观点看来，犯罪是惩罚对象，因此，犯罪被害对犯罪有何影响并不十分重要。而在犯罪学看来，犯罪不仅是刑事责任的承担者，而且是加害—被害关系的一方主体。这两个意义上的犯罪所承载着的意义显然不同：作为惩罚对象的犯罪不仅意味着曾经加害于人，而且意味着可能遭受牢狱之灾。于是，刑法自然无法回避如何报应犯罪以及如何保护被告人人权等问题。与此不同，作为互动关系中一方主体的犯罪不仅是发动刑罚的原因，还是互动关系的一种结果。从这个视角看，犯罪学更关心的问题是犯罪的解释问题，即互动过程对犯罪有何影响。从这个意义上说，围绕着犯罪现象的互动性所提出的问题，通常可以归结为犯罪学问题，对此展开的描述、解释，就可以归入犯罪学研究。

2. 犯罪现象的相对性

所谓犯罪现象的相对性，就是指现实世界中的各种行为本身，并不天然地具有或不具有犯罪的意义，任何行为只有相对于一定的犯罪定义活动才被赋予犯罪的意义和属性。某种行为获得了犯罪的意义，是社会将其定义为犯罪的结果。从这个意义上说，没有社会的犯罪定义活动，仍然存在各种自然的犯罪现象，但只有被赋予犯罪属性的"自然现象"，才获得了犯罪意义，才作为犯罪存在着。可以说，犯罪是社会的一种对象化活动的结果，没有对象化活动中的对象，或者没有从事对象化活动的主体，都没有所谓犯罪。这个过程在司法实践中也具有同样的性质：法律禁止或不禁止某种行为，对具体时间、地点的某人实施的某个行为来说，是否应被认定为法律禁止的那种行为，同样是个对象化的过程。从这个意义上说，犯罪也是犯罪定义活动的产物。

强调犯罪的相对性，使我们可以清楚看到犯罪学与刑法学观察视角的第二个不同。在刑法的观点看来，有没有刑法，犯罪都已经客观存在着，问题只是如何惩罚犯罪更为公正、合理。而在犯罪学看来，那个被叫做犯罪的东西内部凝结着大量犯罪定义主体的价值取向、好恶和认知水平，犯罪学是在犯罪定义的对象与其定义者之间的关系中把握犯罪的。因此，这两种犯罪所承载的意义也不相同：一个是对象化活动的起因，一个是对象化活动的结果；一个是客观独立于刑法而自在的事物，一个包含着浓厚的主观色彩。换句话说，某种行为客观上是否具有危害性，和它的危害性是否被人们认识往往是两回事。在人类对犯罪问题的认识历史中，某种行为实际上并无危害性却被视为犯罪，或者实际上具有很大危害性却不被视为犯罪的情况是很常见的。某种行为是否被定义为犯罪，在多大程度上与制定犯罪定义的主体的认识能力或局限有关，这就是个犯罪学问题。有的行为被犯罪化是因为它危害到全社会的利益，而有的行为被犯罪化则可能是由于它对社会中某部分利益主体或集团的资源优势构成了威胁。这时，研究犯罪定义背后的利益关系，也是犯罪学问题。

3. 犯罪现象的自然性

这里所说的自然性，不是相对社会性而言的自然性，而是指犯罪现象在产生、发展过程中所表现出来的客观必然性，以及犯罪现象与各种社会的、自然的现象之间相互影响的不可避免性。对此，不少学者都认为，犯罪学以承认犯罪不可避免为其展开研究的逻辑起点。[①] 实际上，犯罪的自然性可以归结为：第一，一定性质、数量、范围、规模的犯罪原因，必然导致一定性质、数量、范围、规模的犯罪。第二，对犯罪具有影响的各种因素中，既有社会因素又有自然因素，既有主观因素也有客观因素，犯罪是各种因素综合作用的结果。第三，对犯罪所实施的人工干预、控制或预防只有在遵循犯罪的客观规律的基础上才可能进行，而且，这些干预或控制的效果都是有限的。在这个视角上，犯罪的客观规律有哪些，如何利用犯罪的客观规律进行科学、有效的犯罪控制，这些就属于犯罪学问题。

强调犯罪的自然性，使我们可以清楚看到犯罪学与刑法学观察视角

---

① 参见储槐植：《犯罪学的特性与功用》，载《社会公共安全研究》，1996（6）。

的第三个不同。对刑法而言，犯罪主要是评价客体，除了在十分有限的范围内减少犯罪以外，刑法对犯罪的影响并不是唯一的。而对犯罪学而言，犯罪是多种社会、自然因素共同作用的结果。这两个犯罪承载着各自的意义：一个是价值客体，另一个是认识客体；一个最多受制于刑罚的苛厉与严密程度，另一个则广泛受制于客观环境中多个领域的客观规律。因此，从犯罪现象的自然性可以推论出犯罪现象本身的多元性和复杂性，以及犯罪学知识背景的综合性。反过来说，犯罪现象的自然、生物、心理、生理、社会、文化、政治、经济、宏观、微观等各个层面中，都包含着犯罪学问题。综合利用多种学科的理论、方法研究犯罪问题，是犯罪学研究的重要特色。犯罪学以几门、十几门学科为自己的知识背景，这在刑事科学中是不多见的。在刑事科学中，唯独犯罪学是既综合运用多学科的理论方法研究犯罪，又不限于犯罪现象的某一片段，而是研究犯罪现象、犯罪原因、犯罪控制全过程的科学。应当承认，犯罪学离不开相邻刑事科学的繁荣和发展，没有其他刑事科学，就没有犯罪学。但是，犯罪学又具有综合科学的优势，它是刑事科学吸收、引进社会科学、自然科学理论方法和研究成果的窗口。因此，犯罪学是各门刑事科学之间的桥梁，为刑事科学注入了新鲜血液，带来了生机。

如前所述，犯罪学无意另立犯罪概念，也不靠瓜分犯罪的内涵、外延来确立自己的自主地位，犯罪学和刑法学研究同一个犯罪。然而，不另立犯罪概念不等于犯罪学没有自己的研究视角和学科自主性。如果承认犯罪学视野中的犯罪具有互动性、相对性和自然性，那么，我们可以将犯罪学的研究对象界定为犯罪与被害的关系、犯罪与国家的关系、犯罪与环境的关系，即犯罪关系。从这个意义上说，犯罪学就是研究犯罪关系的科学，犯罪关系是犯罪学的研究对象。如此理解犯罪学及其研究对象，首先意味着，犯罪只是犯罪学研究对象的一部分而非全部，犯罪学是在与被害、国家、环境的关系中把握犯罪的，甚至可以说，犯罪学真正关注的不是犯罪本身，而是因犯罪所发生的各种关系。其次，如此理解犯罪学及其研究对象还意味着，凭借自身的学科逻辑和学术思维，犯罪学从世俗现象中分离出自己特有的研究对象，而不是将自身的合法性直接建立在作为裸的经验事物的犯罪现象上。因为只有如此，犯罪学才可能摆脱关于犯罪的常识性逻辑，与常识性知识有所区别。最后，以这些关系为研究对象，还意味着与犯罪相对的被害、国家和环境也不过是犯罪学研究对象的一部分，是构成某种关系的必要元素。这个意义上的犯罪学才可能获得自己独立的学术思考空间，而不致过于受世俗权力、权威、政治或经济情势等各种外部因素的影响和左右。换句话说，犯罪学研究超然于这些关系实际上比置身于这些关系更有利于提升犯罪知识生产的科学性，更有益于世俗世界对犯罪的科学理解和控制。①

综上，正如社会危害性、违法性和当罚性是刑法学视野中的犯罪属性一样，互动性、相对性和自然性是犯罪学视野中犯罪现象的三种基本属性。犯罪学与刑法学的视角不同：刑法的出发点是如何评价犯罪、惩罚犯罪，而犯罪学的出发点是如何理解犯罪、认识犯罪规律。犯罪对刑法而言是规范分析和价值评价的对象，而对犯罪学来说是事实学和认识活动的对象。因此，围绕犯罪的危害性、违法性和当罚性所形成的问题，主要是刑法学问题；围绕犯罪现象的互动性、相对性和自然性所形成的科学问题，就是犯罪学问题，对这些问题的考察和分析，就是犯罪学研究。犯罪学没必要通过另立研究对象，对犯罪概念的内涵、外延重新诠释等途径来确立自己的学科领地。刑法学与犯罪学共同研究犯罪问题，只是各自视野中的犯罪具有不同的显现方式，从不同学科看到犯罪的不同侧面。当不同刑事科学都充分展开自己对犯罪现象的专业考察时，犯罪的属性就会以更丰富的层面展现在人们面前。

第二节 犯罪学叙事方法

犯罪学的独立性不仅体现在其视野中犯罪现象的特有显现方式，而且体现在其描述研究对象、解释研究对象的方法也有别于其他刑事科学。犯罪学十分注重实证研究方法在犯罪研究中的应用。"实证分析"一词并无通解，可以找到的，只是"实证"②、"实证主义"，等等。提

---

① 法国学者布迪厄（Pierre Bourdieu）认为，社会科学理应独立自主地确立自己的社会需求和作用。"社会科学只有拒绝迎合社会让它充当合法化或社会操纵工具的要求，才能构成其自身。社会（科）学家只能借助自己研究的逻辑来确立自身的地位，也许他们会为此伤感痛惜，但除了这种逻辑，他们并没有别的，没有他人委托的工作或赋予的使命"（转引自邓正来：《关于中国社会科学的思考》，7页，上海，上海三联书店，2000）。
② 孔德认为，实证一词第一指的是真实，与虚幻相反；第二表示有用，而不是满足那些不结果实的好奇心；第三表示肯定，而不是无穷的疑惑和无尽的争论；第四意味着精确，而不是模糊；第五表示否定的反义词，强调组织而不是破坏；第六，实证还强调相对而非（神学或形而上学的）绝对的必然倾向。参见［法］奥古斯特·孔德：《论实证精神》，黄建华译，29~31页，北京，商务印书馆，1996。

到实证分析，使人最先联想到实证主义哲学。其实，这两者虽有联系，但更重要的是把握它们之间的区别。笔者所说的实证分析是按照一定程序性的规范进行经验研究、量化分析的研究方法。而实证主义是19世纪30年代由法国学者孔德创立，后来演变为马赫主义、逻辑实证主义的一种哲学体系。实证哲学和实证分析都强调感觉、经验、客观观察在认识活动中的重要性，但两者之间也存在着一个根本的区别：实证主义是一种哲学思想，是对世界的理论认识，是人们从事科学研究活动的成果；而实证分析是研究方法，是认识工具，是获得理论认识所凭借的工具。作为一种方法，实证分析不具有实证主义哲学所固有的某些特征，也不依附于实证主义哲学所信奉的某些理念。总之，实证分析和实证主义哲学是两回事。

在犯罪研究中，从实证分析的角度提出的问题往往被视为犯罪学问题，如果运用实证分析的原理方法描述、解释犯罪问题，就会被视为犯罪学研究。这个意义上的实证分析，就是指按照一定程序性的科学研究规范进行经验研究、量化分析、关系分析的研究方法。这种研究方法不仅仅是一种实例枚举式的论说方法，而且是强调假设检验、经验归纳、数量规定性以及现象之间的关系分析的科学研究方法。从这个层面看犯罪学问题及其研究，可以看出以下几个方面的特点：

一、实然研究

犯罪学问题不仅包含应然问题，而且更多地表现为实然问题。"理论上或者想象中应当如何，并不等于实际上真的如何"，是实然性研究的基本设问方式。实证分析不是用人工筛选出来的事例论证一个已知的、预先设定的结论或者意见，而是发现、检验某个未知的关系或者理论假设。即使是对法律规则，犯罪学也试图发现其中应然与实然的距离。例如，笔者曾以罪刑之间应当均衡为假设，对我国刑法分则规定的四百多对罪刑关系进行均衡性检验。结果发现，我国刑法罪刑均衡性的实然水平与应然性要求之间仍存有相当距离。[①] 这种应然而实不然的现象，当然不是所谓的唯理主义借由想象的产物，而是经过实证分析的研究方法发现的"实际上真的如何"。总之，实证研究方法的首要特征就是实然研究。

---

① 参见白建军：《罪刑均衡实证研究》，北京，法律出版社，2004。

二、量化研究

一个典型的犯罪学问题，通常是从定性研究与定量分析相结合的角度观察、分析犯罪问题的。定性研究与定量研究相结合，是指导犯罪学研究的一个重要方法论原则。这一原则的基本要求是，全面反映犯罪现象质和量两个方面的规定性，通过定性研究与定量研究两种方法的结合和互补，不断深化对犯罪问题的科学认识。在定性研究之外犯罪学研究还需要定量研究，是因为：第一，犯罪现象本身是质和量的统一，是质变和量变的统一。质和量，的确是两种性质不同的规定性。然而，质和量的区别只存在于人们的观念中，而现实生活里，这两种规定性浑然一体、不可分割。质的规定性离开了等级、规模、范围、数量，就无从得到说明；量的规定性如果离开了事物的内在矛盾性、区别于他物的内在属性，也毫无意义。因此，那种离开犯罪现象的定量特征而单纯追求定性分析的倾向，或者离开其定性属性而凭空分析所谓数量特征的倾向，所获认识都可能是方法本身的产物，没有说服力。第二，定性研究与定量研究两种方法之间具有互补性。应当承认，无论是定性的方法还是定量的方法，都具有各自的局限性：定性的方法缺乏对事物的规模、等级、范围、程度的描述，而定量的方法又缺乏对规模、等级、范围、程度的属性、价值、主观意义的把握。只有当这两种方法相互配合时，所描述的犯罪现象、规律才是生动的、真实的。第三，知识体系的内在整体性要求定性与定量的一体化。有这样一种误解，认为犯罪现象质和量的关系实际上是本质与现象之间的关系。其实，质的规定性并不等于本质，量的规定性更不等于现象。质和量，本质和现象，分属不同的哲学范畴，不存在绝对的对应关系。刑事学知识体系包容着不同的部分：有法律的，有非法律的；有实体法律的，也有程序法律的；有法律被触犯之前的，也有法律被触犯之后的；而且，有定性的，也有定量的。缺少哪一部分，关于犯罪的知识体系都是不完整的。第四，不断往返于质和量这两个规定性之间，是深化刑事学研究的认识模式。可以说，人们认识犯罪问题的过程，就是不停顿地往返于犯罪现象的质和量这两类规定性之间的过程：一方面，人们把定性问题转化为定量问题，从定性走向定量。在这个阶段，犯罪学家将关于犯罪的概念、命题进行操作化处理，比如，将智力操作化为智商，将刑罚执行效果操作化为再犯次数，然后计算二者的相关。操作化是从定性走向定量的桥梁。另一方面，还需把定量问题在新的层面上转化成定性问题,找到统计数字的经验对应物和理论含义,从定量走向新的定性。从定性到定量,再到更高层次的定性,是犯罪问题研究的一般认识模式。可以说,没有经历这个过程的理论,就像独眼看世界,很难说没漏掉研究对象的某些属性。

三、经验研究

一个好的犯罪学问题,往往来自对生活世界的客观观察和科学归纳。从这个意义上说,犯罪学首先是经验研究,而非纯思辨研究。首先,经验研究强调对研究对象的客观观察和实地感受,强调感性知识的认识论意义,反对动辄探求事物的本质。迪尔凯姆曾说过:"科学要想成为客观的,其出发点就不应该是非科学地形成的概念,而应该是感觉。科学在最初所下的一些定义,应当直接取材于感性资料。"[1] 当然,实证分析并不止于感性的知识,因为"材料狩猎神"和"意义狩猎神"都是片面的。[2] 其次,经验研究强调用事实说明事实。迪尔凯姆坚持认为,一种社会事实只能以另一种社会事实来解释[3],因为那种放弃观察、描述和比较事物,而习惯于用观念来代替实在并作为思考、推理的材料的研究方法,不能得出符合客观实际的结果。[4] 再次,实证分析认为理论的真理性是可检验的,要么可以证实,要么可以证伪。对于那些似是而非、无法检验其真伪的陈述,实证分析只能敬而远之。最后,实证分析相信科学认识活动的相对性,拒绝承认终极真理的存在,对宣言式的理论也不以为然。在这个问题上,孔德的看法是可取的,他认为,科学观念的相对特征与自然规律的真实观念是不可分割的,就如同不现实地追求绝对的知识总是伴随着使用神学的虚构和形而上学的实体一样。[5]

---

[1] [法] E. 迪尔凯姆:《社会学方法的准则》,狄玉明译,62 页,北京,商务印书馆,1995。
[2] 韦伯认为:"材料狩猎神"对事实的欲壑只有档案材料、统计巨册和调查表格才能填满,对于新观念的精致毫无感觉。而"意义狩猎神"由于总是贪婪新观念的精美而败坏了对事实的鉴赏力。真正的艺术才能总是表现在知道如何通过将人们所熟悉的事实与人们所熟悉的观点关联起来而后产生新的认识。参见 [德] 马克斯·韦伯:《社会科学方法论》,韩水法、莫茜译,60 页,北京,中央编译出版社,1999。
[3] 参见 [法] E. 迪尔凯姆:《社会学方法的准则》,156 页。
[4] 参见上书,35~36 页。
[5] 参见《奥古斯特·孔德》,453 页。转引自 [美] D. P. 约翰逊:《社会学理论》,99 页,北京,国际文化出版公司,1988。

四、关系研究

犯罪学问题的形式,往往表现为对某现象与犯罪之间是否具有某种关系的追问。犯罪学有一个基本假定:犯罪在关系中存在,在关系中变动,犯罪的原因与本质在关系上得以统一。[①] 具体来说,犯罪所在其中的关系,可以分为几类:犯罪与各种社会、自然因素之间的关系;犯罪与犯罪控制的关系;犯罪与被害人之间的关系;各种犯罪之间的关系;犯罪内部各种属性之间的关系;犯罪对社会的积极关系;犯罪对社会的消极关系;犯罪控制活动与犯罪控制效果的关系;犯罪本质与犯罪现象之间的关系;以往的犯罪与当下或未来犯罪的关系;等等。一个真实的犯罪学问题,应当是就这些关系中的某个具体问题发问,然后作出科学回答。在这方面,最常见的问题类型是"某某现象是不是犯罪的一个原因"。其实,犯罪并非仅仅作为某某社会、自然现象的结果而存在着,由它参与的关系有许多种方式。比如,我们都熟悉的一个关系是犯罪导致了社会控制,但反过来看,社会控制本身会不会导致犯罪呢?其实这也是可能的:首先,立法本身就可能制造犯罪。作为最重要的社会控制活动的一种形式,立法活动主要通过犯罪定义的制定来体现社会的主流规范,因此,犯罪定义是对犯罪加以控制的基本载体。然而,犯罪定义的生产过程并不能当然有效地控制犯罪:过重或过轻的立法与人们苦乐计算的功利本性共同作用,使人们的犯罪倾向得以实现。所谓过重的立法,既包括对某些犯罪行为规定了过重的刑罚,也包括将不应犯罪化的行为规定为犯罪。所谓过轻的立法,既包括对某些犯罪行为规定了过轻的刑罚,也包括没有将应当犯罪化的行为规定为犯罪。除了立法以外,社会控制的另一个重要环节——司法活动其实也可能制造犯罪:司法活动实际上是立法上犯罪定义制定过程的延伸和继续,是犯罪的再定义过程。这个过程原本的功能是遏止犯罪,然而,它也可能增加其力图遏止的犯罪行为:既然司法是立法的延伸和继续,那么,如果立法本身过轻或过重,司法过程便会实现甚至放大立法本身的弊端。既然司法是犯罪行为的再定义过程,那么,这种再定义就存在着变形、走样的可能性,这种可能性往往与司法制度、司法体制、司法人员的素质等一系列因素

---

① 参见储槐植:《刑事一体化与关系刑法论》,128 页。

有关，典型的例证便是司法腐败诱发的犯罪倾向。作为一种职业的司法活动，犯罪的存在实际上是司法从业者的生存条件，因此，至少从微观角度来看，特别是当司法活动与具体从业者的经济效益挂钩时，对某些司法人员而言，他们所希望的并不是减少犯罪，而是恰恰相反。马克思早就说过，"法律本身不仅能够惩治罪行，而且也能捏造罪行"[①]。总之，在关系中研究犯罪，是犯罪学实证分析的重要方面。

综上，犯罪学话语的基本特点是实证分析方法。凭借实证分析的原理、方法观察、解读实然的犯罪问题，是犯罪学诉说真理的主要方式。这和规范解释学、纯粹思辨研究都有一定的区别。

第三节 犯罪学体系

一、犯罪学体系批判

是否构成一个犯罪学问题，还与犯罪学的学科体系有关。就是说，如果仅仅有明确的研究问题，仅仅有观察分析这些问题的研究方法，而没有一整套围绕这些问题而建构起来的犯罪学自己的概念、范畴、命题体系构成的话语系统，一个问题即使与犯罪问题有关，也很难说是个犯罪学问题。学科体系是一个学科的概念、命题、知识主题、理论学说围绕着它的研究对象所形成的知识系统。实际上，学科体系也是学科分类的一个重要标准，是区别不同学科的重要根据。任何独立学科都有自己一整套范畴体系，在这套体系中，具体的概念、范畴也许不是唯一的，但知识主题、范畴之间的关系是唯一的。

通常认为，犯罪学的学科体系由三类基本范畴构成：犯罪现象论、犯罪原因论、犯罪控制论。犯罪现象论主要回答犯罪是什么的问题，采用的方法主要是描述性研究，其基本范畴包括犯罪现象的结构、犯罪分类、犯罪分布规律、犯罪状况、特点和规律、犯罪现象的形成机制、犯罪人、被害人等。犯罪原因论主要回答为什么的问题，即：人为什么犯罪？社会上为什么总会有犯罪？为什么有些人犯了罪，而另一些人没有

[①] 《马克思恩格斯全集》，第13卷，552页，北京，人民出版社，1962。

的、自然地理的；所谓犯罪问题，实际上包括了所有犯罪——宏观的、微观的、白领的、蓝领的、暴力的、财产的、功利的、非功利的，等等。这种方式与菲利的方式相比，并没有什么实质性的理论推进，只是口袋中的内容多了一些，口袋本身也可能大了一些，而口袋中的各个因素仍是简单相加，堆积在一起。

第二类尝试可以称为源头型整合。其特点是相信各种具体因素之间存在着某种链的关系，或多米诺式的关系。在这种整合方式中，各种因素被归结为某类因素或某个第一原因，于是犯罪现象说到底是这些更深层次的或更居先于某些因素的存在而存在的因素的结果。这种希望寻求产生犯罪的第一原因或最初原因或根源的尝试，实际上是打算找到犯罪问题的终极原因。犯罪学的历史上，这种尝试最早可以追溯到罗马帝国奥古斯丁（Saint Augustine, 354—430）在《上帝之城》中论述的"原罪说"——将犯罪归结为人类始祖亚当、夏娃偷吃禁果的结果。到了1651年，英国的霍布斯（Thomas Hobbes, 1588—1679）在《利维坦》中也试图将犯罪归结为人性恶的表现。此后，龙布罗梭的"天生犯罪人论"将犯罪归结为低等动物的某些生物学特征在人类中的再现，认为是"隔代遗传"的结果。即使在现代，这种寻找犯罪现象终极原因的努力也没有完全消失。比如在我国，尤其是在新中国成立之初，思想理论界一直力图使人们相信，犯罪现象的根本原因是阶级斗争、是私有制，具体表现为国外恶势力的渗透、国内旧社会腐朽阶级和文化的残存，等等。用终极原因整合所有原因的努力还会陷入私有制之前的人类社会到底有没有犯罪问题的争论。①

第三类尝试可以称为实用型整合。这种整合方式放弃了"无所不包"和"归结到底"的企图，而是以某类犯罪为解释对象，将若干理论、学说结合在某个中型或者微型体系中，以说明犯罪因果联系的某个层面。比如，加拿大学者哈根（John Hagan, 1946—）于1985年在

---

① 应当说，犯罪的根源到底是什么的问题，既是个犯罪原因论的问题，也是个犯罪本体论的问题；它既是关于"为什么"问题的回答，也是关于"是什么"问题的回答。实际上，当犯罪原因问题被抽象到一定高的层次时，原因和本质、本源、本体等问题是不分彼此的。从这个意义上说，关于犯罪本源问题的回答是有意义的。然而，不论将犯罪本质归结为私有制还是人类本性，有些因素怎么看也和私有制连不上，而且和人类本性也无关。比如，气候、地理环境、城市布局、人际冲突等因素对犯罪都有不同程度的影响，然而，很难说这些因素都是私有制、阶级斗争或者人类本性的产物。也就是说，源头型整合方式也有其局限性。

犯罪？犯罪原因论属于解释性研究，其基本范畴包括犯罪原因、犯罪根源、犯罪因素、犯罪条件等。犯罪控制论主要回答怎样预防、控制犯罪的问题，其基本范畴主要有犯罪预测，犯罪预防的原理、方法、各类犯罪的预防策略，等等。在犯罪学中，这三部分的逻辑关系通常是：先描述犯罪现象，然后解释犯罪原因，最后提出犯罪控制对策。这样排列的依据是，认为犯罪是一定原因的结果，消除原因，就能消除结果，因此，任何控制实践都是以一定的原因解释为基础的。如果加上犯罪学的概述和各论，犯罪学往往由犯罪学概论、犯罪现象论、犯罪原因论、犯罪控制论、犯罪各论共"五论"组成。[①]

应当说，这个体系架构是有一定合理性的，因为解释的目的在于控制实践，描述和解释最终都要落实到控制实践。但是，这个体系也有其自身的弊病。对此，已有学者做过深入分析，如王牧教授认为，现有的犯罪学理论体系极不严整，理论内容不严密，缺少必要的范畴，理论抽象不够。[②] 笔者认为，传统的犯罪学体系主要存在以下几方面的问题：

第一，"犯罪——→原因——→反应"的解释模式使对犯罪问题的理解过于简单化。现实中的发生顺序是，先有各种犯罪原因，然后才出现了各种各样的犯罪现象，然后才有了社会对犯罪现象的各式反应。显然，"原因——→犯罪——→反应"的顺序，比"犯罪——→原因——→反应"的顺序更为符合犯罪问题的实际，更加客观地反映了犯罪学研究对象三个部分之间的内在联系。前者是犯罪问题的客观逻辑，后者只是人们认识犯罪问题时的思考顺序，是主观逻辑。其实，许多犯罪控制手段并非基于对犯罪原因的解释，而且，许多真实的原因也无法消除，对这些原因的科学认识无法指导犯罪控制的实践。从这个意义上说，"通过消除原因来消除结果"的逻辑，在很大程度上具有理想化的成分，而科学，特别是有效的控制实践，不应当建立在想象的基础之上。比如，立法者明明知道真实的"安乐死"行为是没有社会危害性的，但"安乐死"在许多国家都没有被合法化。为什么？这就无法用"有什么原因就会有什么对策"的简单模式来解释。事实上，除了犯罪原因以外，犯罪的侵害对象、犯罪的严重程度、犯罪所破坏的价值、犯罪主体本身的属性，等等，都是影响犯罪控制的重要因素，其中有些因素的贡献率甚至高于犯

[①] 参见魏平雄等：《犯罪学教程》，16页，北京，中国政法大学出版社，1998。
[②] 参见王牧：《学科建设与犯罪学的完善》，载王牧主编：《犯罪学论丛》，第1卷，576～580页，北京，中国检察出版社，2003。

罪原因。因此，现象、原因、控制的"三大块"划分方法把本来复杂的犯罪问题变为简单的线形关系，这正是犯罪学为什么迅速得到了普及却很难提升自身专业化程度的原因之一。

第二，在传统的"三大块"体系中，有些范畴无法得到科学定位，勉强定位的结果是造成逻辑上的混乱。例如，"犯罪本质"有时被放在犯罪现象论中，有时则被放在犯罪原因论中。讲犯罪现象时当然要研究犯罪概念，研究犯罪概念自然要研究犯罪本质，可是，对犯罪本质的不同看法实际上反映了对犯罪的不同解释，既然是解释，就应当归入原因论中研究，因此，在原因论中看到犯罪本质的范畴也不奇怪。再如，犯罪学十分重视犯罪类型学研究，问题是：应当在现象论中研究犯罪分类还是应当在原因论中研究犯罪分类？通常的做法是在现象论中研究各类犯罪的划分。可是，在犯罪学中，类型的划分又往往体现出对犯罪的解释。例如，按照美国犯罪学家科恩的强奸犯分类，强奸犯可以分为：替代攻击型强奸犯、补偿型强奸犯、混合型强奸犯、冲动型强奸犯4种。替代攻击型强奸犯主要不是出于性要求，而是攻击倾向的表现而实施强奸行为，因此往往手段残忍，发生在行为人与妻子、女友、母亲冲突之后。补偿型强奸犯主要出于性欲、自尊心不强、社会关系不完整等原因而实施强奸行为，他们往往幻想能以自己杰出的性能力赢得被害人的同情，因此，他们遇到反抗时往往会放弃。混合型强奸犯主要是在暴力和性欲相伴随的情况下实施强奸，被害人的反抗，恰恰能引起行为人的兴奋。冲动型强奸犯主要是偶然的机会诱发的强奸行为。[①] 这些分类，其实既是对犯罪现象的客观描述，同时也是对犯罪原因的某种解释，硬要在现象论或原因论中找到相应的定位，似乎都不恰当。还有，"犯罪规律"的概念在犯罪学中的位置也很尴尬。比如，从年龄来看，青少年时期是犯罪的多发期；从性别来看，大多数街头犯罪是由男性青少年实施的；再从家庭状况看，许多犯罪的青少年都生活在问题家庭或贫困社区。这些都表明，犯罪往往伴随着某种现象的变化而变化，犯罪与这些现象之间往往存在着相关性、共变性。对这些关系的考察到底应在犯罪现象论中进行呢，还是应在犯罪原因论中分析？显然，放在哪里都不准确，都不合适。原因可能是两个：要么是"犯罪规律"这个概念有问题，要么是"现象——原因——控制"这种"三大块"体系本身有

[①] 参见吴宗宪：《西方犯罪学史》，839～840页。

问题。

第三，在传统的"现象——原因——控制"体系中，犯罪问题的一个基本要素在一定程度上被忽视了，这就是犯罪与周围事物之间的关系。这倒不是说传统体系没有研究犯罪与周围世界的关系，事实上，传统体系中的犯罪原因研究就是在研究犯罪与各种因素之间的相关关系。但是，在传统体系中，犯罪与周围世界的关系主要是各种犯罪原因、因素对犯罪的影响。其实，犯罪因果关系固然是犯罪与周围世界之间的一种关系，犯罪和被害人的关系也是重要的关系，犯罪与社会反应的关系更是研究犯罪所不能忽视的关系。如果把这些关系都归结为犯罪的因果关系，很可能是将犯罪问题的真实世界做了简单化的理解。正是这种简单化的对关系的理解，使得犯罪学体系的科学性大打折扣。对此，储槐植教授提出的关系犯罪观颇具启迪意义。他认为，犯罪本质与犯罪原因统一于利益关系，不能将二者人为割裂开来。例如，看上去最无可争议的行为——杀人——其实也不能脱离开关系进行价值判断。在远古时代的有些民族中，杀死老年人和病残者是有益的行为，这和生产力水平低下有关，社会无力养活非生产者。但杀死有劳动能力的青壮年就要受到处罚，这同样是由人们之间的利益关系所决定的。所以，杀人行为在不同关系中具有不同价值，具有不同的意义。按照储槐植教授的划分，犯罪关系可分为犯罪本质与犯罪现象、犯罪信息与犯罪控制等犯罪的内部关系，还可分为刑罚与犯罪、经济与犯罪、权力与犯罪、文化与犯罪、科技与犯罪等犯罪的外部关系。[①] 按照这种理论，如果犯罪关系得到应有的重视，传统体系中犯罪现象与犯罪原因之分的弊病就显露出来了：这种划分把本来一体化的犯罪问题人为地拆开来看，实际上明显缺乏对犯罪问题中客观真实的足够尊重。更重要的是，关系犯罪观为犯罪学体系的改造，提供了一个非常有意义的思路——从关系的角度考察犯罪。

二、犯罪学逻辑

一个科学的犯罪学体系应当：第一，符合犯罪问题的客观逻辑，是犯罪问题自身结构的准确反映。如果远离犯罪问题本身，任何所谓的犯罪学研究都不过是自言自语而已。第二，内含一个富有张力的叙事逻

[①] 参见储槐植：《犯罪在关系中存在和变化——关系犯罪观论纲：一种犯罪学哲学》，载肖剑鸣、皮艺军主编：《罪之鉴：世纪之交中国犯罪学基础理论研究》（上），398页。

辑，人们能够借助这个叙事逻辑不断深化关于犯罪问题的知识。这种叙事逻辑的理论张力来源于它与犯罪学经典范式之间尚存的密切联系。正是不断回答着这些经典范式暗暗提出的问题，并且按照这些经典范式规定的研究方式来回答这些问题，一个学科才会生机勃勃、延绵不断，证明着自己的独立价值。第三，符合犯罪问题的客观逻辑与富有张力的叙事逻辑应当是有机的统一体，统一于一套理论体系，表现为犯罪学知识的科学、抽象。应当承认，研究对象的客观逻辑和研究者的叙事逻辑本身都无法单独构成科学的犯罪学体系。

当然，学科体系同时又是一种主观逻辑，是不同学者根据各自的知识背景、观察角度所建构起来的知识和命题系统，所以，应当允许多个犯罪学体系的并存、比较和竞争。经过二十多年的研究，笔者在本书中搭建起的犯罪学体系由三个相互关联的逻辑线索所组成：

第一条逻辑线索是犯罪学的叙事逻辑，由上篇的"研究范式"、中篇的"犯罪关系"和下篇的"关系公正"三个部分组成。其中：研究范式是关于犯罪学研究的研究，主要在讨论犯罪学的研究对象、方法、体系和理论学说的整合等问题之后，介绍犯罪学的两大范式——古典犯罪学和实证犯罪学，并将古典犯罪学归结为应然犯罪学、将实证犯罪学归结为实然犯罪学，常规犯罪学研究实际上就是位于这两种学术传统之间，不断调整与应然犯罪学、实然犯罪学之间的合理距离的犯罪学研究。在犯罪学体系中，研究范式的作用是为后来的常规犯罪学研究提供原初的理论资源——几乎所有犯罪学基本理论问题及其回答方式都源自一定的研究范式，都可以从犯罪学的基本范式中找到其原型。犯罪关系是犯罪学的本体研究。在犯罪学中，"犯罪关系"是抽象层次最高、最根本的范畴，它比"犯罪"、"犯罪人"等概念都更具科学意义。在本书中，"犯罪关系"是整个犯罪学体系的核心部分，是犯罪学范式借助常规研究的理论展开。关系公正是以犯罪关系的控制为对象研究与犯罪、刑法有关的公正问题，主要从微观、中观、宏观三个层次观察加害—被害关系、刑事立法与刑事司法的关系、刑法与社会的关系。关系公正是控制犯罪控制的最高境界，犯罪关系控制的引申可以得出公正在于惩戒资源利用及实效的最大化的结论。在犯罪学的叙事逻辑中，关系公正部分可以视为犯罪关系研究的理论升华，上升到整个刑事学科最为核心、深刻且极具实践关怀的层面回答犯罪控制的方针、策略与思维、路径等系统性问题。总之，"研究范式"、"犯罪关系"和"关系公正"分别承担着理论资源、体系的内核以及理论的应用等不同的角色。这个结构强调犯罪学范式对常规犯罪学研究的前提意义，以及犯罪学理论对犯罪控制实践的前提意义，采用"理论范式——常规研究——控制实践"的递进关系。如果割断常规犯罪学与犯罪学经典传统之间的联系，或者割断政策、法律以及其他犯罪控制与犯罪学原理之间的联系，犯罪学失去的将不仅仅是叙事逻辑上的形式美，更重要的是，犯罪学研究只能更多地描述犯罪现象，而缺乏作为一门科学所应有的理论潜力。

第二条逻辑线索是犯罪问题的客观逻辑，由"犯罪关系"部分中观察并分析的4对犯罪关系所构成：犯罪与秩序的关系、犯罪与被害的关系、犯罪与惩罚权的关系以及犯罪与环境的关系。"犯罪关系"部分着眼于这4类关系而非孤立的犯罪本身，原因在于这4类关系中深藏着犯罪问题自身的客观逻辑，犯罪关系的研究就是犯罪问题特有的这些客观逻辑的学理反映。从这4对关系中，我们抽象出4个最基本的犯罪学范畴，即"犯罪特性"、"犯罪形态"、"犯罪定义"和"犯罪规律"。这4个核心范畴之间的逻辑关系是：犯罪特性是犯罪形态的实质内容，有什么样的悖德性或危险性，才有什么样的罪行、罪人或犯罪互动。而犯罪形态是犯罪特性的表现形式，一定的犯罪特性可以通过不同的罪行、罪人或加害—被害关系表现出来。所以，犯罪特性和犯罪形态共同构成了犯罪存在本身。进一步看，作为形式与内容的统一，犯罪存在只是犯罪学研究对象的一部分而非全部，犯罪存在又同时作为犯罪化的客体和犯罪规律研究的认识对象存在着。由犯罪存在和犯罪控制者、认识者共同构成的主、客体关系，即犯罪关系，才是我们所说的犯罪学的研究对象。从这个意义上说，犯罪关系实际上是犯罪与社会之间的一种主、客体关系，其中，客体就是由犯罪特性和犯罪形态共同构成的所谓犯罪存在，主体就是针对犯罪存在而从事犯罪化活动和犯罪规律研究的实践者与认识者。所以，犯罪关系又是主、客体之间认识与被认识、反映与被反映、评价与被评价、实践与被实践、塑造与被塑造的互动关系，在这个互动关系中，一方面，主体针对犯罪存在的犯罪化实践活动，必然对犯罪存在本身构成一定影响；另一方面，犯罪存在的变化又反过来反映在主体的头脑中。所以说，犯罪关系是个动态的结构，其中，主、客体之间实践关系和认识关系的不断循环往复，构成了完整的犯罪关系。可见，犯罪关系是犯罪问题的客观逻辑，或者反过来说，犯罪问题的客观逻辑的犯罪学表达，就是犯罪关系。这个逻辑结构所强调的是，犯罪从来都不是一种孤立的存在，犯罪学研究的重点应实现从犯罪中心论——罪行中心或者罪人中心——向关系中心即以犯罪关系为中心的转移。我们相信,"犯罪关系"比"犯罪"或者"犯罪人"都更接近犯罪问题的客观实际,更符合犯罪问题的客观逻辑,因为无论是犯罪还是犯罪人,都只是在一定关系中被定义者和认识者进行对象化处理后的事物。

第三条逻辑线索是犯罪学研究的理论逻辑,由应然犯罪学和实然犯罪学在犯罪关系研究、社会反应研究中各个具体问题上的不同倾向、观点、方法之间的论争、比较、博弈等竞争关系所组成。应然犯罪学和实然犯罪学是犯罪学的两大范式传统,它们提出的问题和它们之间的竞争,至今规定、影响着常规犯罪学研究的发展:第一,在犯罪与秩序的关系中,关于如何把握犯罪特性的概念,环境经验主义与本能直觉主义之间的对立,就可以分别溯源于应然犯罪学与实然犯罪学。第二,在犯罪与被害的关系中,关于对犯罪形态概念的理解,罪行中心主义认为犯罪行为是基本的犯罪形态,而罪人中心主义认为犯罪人才是基本的犯罪形态,这个理论分歧也可以视为古典犯罪学派与实证犯罪学派之间理论分歧的继续与延伸。第三,在犯罪与国家惩罚权的关系中,核心问题是如何理解犯罪定义的概念。作为一套记录犯罪化过程的符号体系和规范准则,犯罪定义的决定性因素到底是其主体性还是其客体性,也存在能动论、多元论以及冲突论与摹状论、一元论和自然主义犯罪学之间的争论,而这个争论的理论资源也来自应然犯罪学和实然犯罪学两大传统。第四,在犯罪与环境的关系中,关于如何把握犯罪规律的概念,也存在因果中心说和概率中心说两种理解,而这两种理解之间的差别不仅可以追溯到应然犯罪学的犯罪解释论与实然犯罪学的犯罪原因研究,甚至可以溯及至这两大范式所由出发的不同哲学思想。第五,在犯罪关系研究的原理升华到犯罪控制的要义——关系公正时,从微观的加害—被害关系、中观的刑事立法与刑事司法的关系以及宏观上刑法与社会的关系当中,都可以间接地感受到应然犯罪学与实然犯罪学之间的竞争。这就是说,在犯罪关系的各项研究中,始终贯穿着犯罪学自己的理论思考。应然犯罪学与实然犯罪学在整个犯罪学研究中节节贯通,延绵不断,常规犯罪学研究不断从这两大范式中掘取理论资源,这两大范式又在具体常规研究中得到展示和发展。这种潜在的逻辑结构不仅使得犯罪学表现出对相邻学科的开放性,而且使得自身不断保持着独有的理论蕴涵。

综上,本书所谓的犯罪学逻辑,由犯罪学的叙事逻辑、犯罪问题的客观逻辑以及犯罪学研究的理论逻辑所构成。这三者之间的关系应该是:犯罪问题的客观逻辑是整个犯罪学认识活动所要接近的目标,因而是犯罪学研究的实质内容,是三个逻辑的核心。而犯罪学研究的理论逻辑是客观逻辑的主观形式,是关于犯罪问题的客观逻辑的认识成果。从这个意义上说,客观逻辑是绝对的,而理论逻辑是相对的、不断变动着的。犯罪学的叙事逻辑是犯罪学作为一门学科对现有犯罪学知识的组织体系,借助这种知识体系,犯罪学的理论逻辑才可能被传播开来,犯罪问题的客观逻辑才能被人们认识。因此,叙事逻辑又是客观逻辑和理论逻辑在认识论意义上的载体,借助这种载体,人们才可能传承、研究、深化犯罪学知识。现在,有些犯罪学研究单纯追求犯罪学叙事逻辑的建构,以为叙事逻辑就是犯罪学体系本身,结果,犯罪学体系只剩下其空洞的外表。还有的犯罪学研究只把古典犯罪学和实证犯罪学视为曾经的犯罪学,看不见它们对常规犯罪学的常新的深刻影响,这样,犯罪学不幸被归入缺乏理论韵味的"白话"学科。当然,更多的犯罪学研究以为犯罪或者犯罪人就是自己的全部研究对象,忽视了对犯罪关系的研究,这样的犯罪学从一开始就不可能是犯罪问题的真实反映。

至此,我们对犯罪学的学科体系的思考,使我们越来越相信这样一个认识:传统的"现象——原因——控制"体系,已经无法满足人们更深入观察、分析犯罪问题的需要,甚至相反,很可能是导致犯罪学研究停步不前的因素之一。在重新建构犯罪学体系的努力中,笔者提出了上述由三条相关的逻辑线索构成的犯罪学新体系,算是一种尝试。从这个意义上说,如果一个问题来自于这个知识结构,体现出犯罪学体系特有的内在逻辑追问,那它就是个犯罪学问题。

第四节　犯罪学整合

一、犯罪学的富有与贫困

当人们进入犯罪学领域时,最初的感觉与其说是犯罪现象的复杂多样,不如说是犯罪学理论学说的杂乱无章。在一本大型犯罪学专业书籍中[①],作者列出的犯罪学学说有157种,犯罪学的分支、称谓40种,共197种"面孔"。如此之多的理论,是件让人高兴的好事呢,还是件令

---

① 参见康树华等主编:《犯罪学大辞书》。

人担忧的烦事？仅以犯罪行为的自然、生物因素的研究为例，我们至少可以举出几十种学说、理论，如月相说、气候说、地理环境说、季风说、人种论、体型说、脑损伤说、血型说、遗传理论、染色体异常论、内分泌理论、隔代遗传说，等等，这些学说、理论从不同侧面反映了犯罪问题的客观实际。此外，犯罪学还拥有更多的社会学理论、心理学理论，以及经济学理论。从这个意义上说，犯罪学是富有的。然而，我们又不得不承认，犯罪学也是贫乏的，而且这种贫乏，恰恰来自于它的富有。因为面对如此众多的理论、学说，犯罪学往往给人一种"混乱"的感觉，犯罪学内部各个学说、理论之间缺乏科学的整合和系统的协调。所以说，犯罪学也是贫乏的，它缺少学科内的整合。犯罪学的理论、学说越丰富、越富有，这种整合上的贫乏就越明显。在这方面，犯罪学家们做过不少尝试，希望消除这种混乱，以建立某种科学的理论体系。这些尝试可以分为三种类型：

第一类尝试可以称为口袋型整合。这种整合方式原则上承认几乎每一种学说的合理性，企图将所有学说整合在一起，构成一种无所不包的、面面俱到的理论体系。19世纪90年代以前，犯罪学就已经学说林立：孟德斯鸠在《波斯人信札》（1721年）和《论法的精神》（1748年）中提出了酷刑重罚会引起犯罪的思想以及犯罪与地理环境、气候因素有关的思想；贝卡里亚（Cesare Bonesana Beccaria，1738—1794）在《论犯罪与刑罚》（1764年）中提出了功利主义犯罪原因论和惩罚不如预防的犯罪学思想；比利时学者凯特勒（Lamber Adolphe Quetelet，1796—1874）在《对不同年代的犯罪倾向的研究》（1831年）中提出了犯罪统计学派的重要理论；美国学者达格代尔（Richard Louis Duggdale，1841—1883）在《朱克家族：对犯罪、贫穷、疾病与遗传的研究》（1875年）中报告了以犯罪家族谱系证实犯罪是遗传和社会因素共同结果的研究结论；更重要的是，1876年，意大利学者龙布罗梭（Cesare Lombroso，1835—1909）还出版了《犯罪人论》，提出了天生犯罪人论，认为犯罪是隔代遗传的结果。到了意大利犯罪学家菲利（Enrico Ferri，1856—1929）的时代，关于犯罪原因的理论越来越多，让人开始感到目不暇接，以至于出现了整合的需要。于是菲利便提出，犯罪是人类学因素、社会因素、自然地理因素共同作用的结果。这就是一种典型的口袋型整合方式，将所有因素装进一只大口袋，没有遗漏，没有错误。这种方式在当代的典型表现就是用所谓"综合因素"解释犯罪问题，其中包括了所有因素——社会的、经济的、文化的、心理的、生物

《现代犯罪学：犯罪、犯罪行为及其控制》中提出了"权力—控制论"，是实用型整合方式的范例。① 哈根观察到，少年犯罪中男性多于女性的差别，随着犯罪少年在阶级结构中的地位的下降而下降，社会地位越低，罪犯性别比的差异就越小。为什么呢？哈根从性别、阶级地位、家庭三个因素的整合角度解释这一现象。他认为：在上层社会中，对少男的控制较弱，对少女的控制较严。而在下层社会中，家庭对少男和少女的控制程度基本相等。因此，上层社会中罪犯性别比的差异大于下层社会。而且，父母在工作场所中的地位对子女是否犯罪也有影响。看得出来，在这种理论中，性别、阶级地位、家庭这三个因素自然、和谐地结合在一起，虽然理论本身不那么宏大，却很有说服力。实用型整合方式中，可以是因素之间的整合，也可以是学说之间的整合，还可以是学科之间的整合，具体采用何种方式，在很大程度上取决于希望解释的犯罪类型的属性、范围。

提出以上三种整合方式的学者，都意识到了犯罪学越来越"乱"，并从不同的视角对数量上日益膨胀的犯罪学理论进行了整合，但都没有将各种理论的结论本身与其潜在假定严格区分开来。其实，任何整合的企图都源自于不同理论之间的差异，没有差异，就不会想到需要整合。然而，差异可以分为两种，一种是结论本身的差异，另一种是理论中暗含着的潜在假定或前提的差异。比如说，染色体异常论和体型说这两种理论之间的差异，就是结论上的差异。而染色体异常论与文化冲突论之间的差异，就不仅仅是结论上的差异了，因为染色体异常论的潜在假定是犯罪本质上是自然现象，而文化冲突论的潜在假定是犯罪本质上是社会现象。实际上，以上三种整合方式的着眼点主要是各种理论在结论上的差异，而没有对不同结论背后隐含着的某种共性进行深刻把握。换句话说，这些整合方式是在挑战不同理论结论上的差异，其具体思路要么是靠口袋抹杀理论之间的差异，要么靠唯一的源头拒斥理论间的差异，要么靠缩小范围回避理论的差异。显然，这种挑战本身就透着无奈。

二、犯罪学理论的类型化分析

其实，如果运用归纳法，对众多犯罪学理论之间的共性进行科学抽

---

① 参见吴宗宪：《西方犯罪学史》，778～782页。

象，结果会得到一些类型化的犯罪学理论。应当承认，口袋型整合方式的基本原理其实也是归纳。但我们这里所说的类型化整合方式，强调从多种角度对犯罪学理论资源进行划分、归类和整合，以展示犯罪学研究的多个断面。为此，笔者曾从近二百种中外犯罪学理论、学说中精选了135种作为分析样本[1]，对其进行类型学分析。这项研究将犯罪学理论作了7个角度的划分：

第一，按照犯罪与社会之间的关系的不同，可以将犯罪学理论分为单向理论和互动理论两大类型。按照单向理论，犯罪问题是犯罪人侵害社会的单向过程，而按照互动理论，犯罪问题是犯罪与社会之间双向的相互作用过程。更多的人习惯地从前者出发看待犯罪问题，认为犯罪和社会之间只是侵害和被侵害之间的关系。其实，早在18世纪，启蒙学者孟德斯鸠就在《波斯人信札》中借主人公郁斯贝克的口描述了社会控制与犯罪之间的关系："在刑罚多少偏于残酷的国家，人民并不因此而更服从法律。在刑罚较轻的国家，人们惧怕刑罚，也不下于刑罚残酷的国家。"[2] 此后，贝卡里亚也在《论犯罪与刑罚》中论述了恶法对犯罪的影响，他先描述道："刑罚最残酷的国家和年代，往往就是行为最血腥、最不人道的国家和年代。因为支配立法者双手的残暴精神，恰恰也操纵着杀人者和刺客们的双手。"[3] 然后他指出："赏罚上的分配不当就会引起一种越普遍反而越被人忽略的矛盾，即：刑罚的对象正是它自己造成的犯罪。"[4] 这些论述的潜在假定都是，不仅应当研究犯罪对社会做了什么，而且应当研究社会对犯罪做了什么。我们称这种假定为双向理论，或互动理论。

第二，围绕着犯罪的基本属性问题，有社会本位说和自然本位说两大类犯罪学说。所谓社会本位的犯罪学说，就是认为犯罪现象本质上是社会现象，而自然本位的犯罪学说认为犯罪现象本质上是一种自然现象，认为任何犯罪现象都可以最终还原为自然现象、受制于自然规律。

---

[1] 所谓"精选"，既不是随机抽样，也不是任意抽样，而是目的性很强的主观抽样。所根据的抽样标准，就是特色性和完整性。这样，有两种理论研究被排除在样本之外：一种是内容平平的雷同之说，缺乏实在的理论推进和独特见解；另一种是"三无理论"，即无确定的代表人物，无有据可查的代表作，无完整的系统论证体系。

[2] [法]孟德斯鸠：《波斯人信札》，罗大冈译，140页，北京，人民文学出版社，1958。

[3] [意]贝卡里亚：《论犯罪与刑罚》，黄风译，43页，北京，中国大百科全书出版社，1993。

[4] 同上书，65页。

这是对犯罪本体问题的两种基本假定，从不同的假定出发，就会有不同的实体理论。比如，美国犯罪学家萨瑟兰（Edwin Hardin Sutherland，1883—1905）于1939年12月在美国社会学协会第34届年会上作为新任会长发表的就职演说中，首次提出了白领犯罪的概念。[①] 20世纪40年代，美国学者詹金斯（Richard Leos Jenkins，1903—1991）等人在《在儿童指导诊所中遇到的人格结构的类型》等研究报告中将少年犯罪人分为适应型少年犯罪人、适应不良型少年犯罪人；后来又将少年犯罪人分为未社会化的攻击性少年犯罪人、社会化的少年犯罪人、过度压抑性少年犯罪人。[②] 1967年，美国学者克林纳德等人在《犯罪行为体系：一种类型学》一书中，将犯罪行为分为传统犯罪、职业犯罪、职务犯罪、有组织犯罪、财产犯罪、政治性犯罪，等等。[③] 从这些对犯罪现象的描述本身以及这些学者一贯的思想来看，它们当中隐含着的前提不言自明：犯罪问题的基本属性是社会现象而非自然现象。与此相对，意大利学者龙布罗梭将犯罪人分为生来犯罪人、悖德狂犯罪人、素质犯罪人、偶然犯罪人、激情犯罪人。1962年，美国学者古特马赫（Manfred S. Guttmacher）在《对犯罪和矫正的精神病学探讨》中将犯罪人分为精神病犯罪人、精神病态犯罪人、器质倾向性犯罪人、意外犯罪人。显然，后两种描述反映出明显的自然本位倾向，认为犯罪基本上属于自然现象。

　　第三，围绕着犯罪现象的主要原因，犯罪学中又有环境本位说和人性本位说两大模式。所谓环境本位的犯罪学理论，就是侧重从外在于个体的社会、自然、宏观、微观环境刺激的角度解释人的犯罪行为，基本理念是将人视为环境的产物。所谓人性本位的犯罪学理论，就是着重从个体内的社会、心理、生物等因素对其行为的影响解释犯罪行为。例如，奥地利学者弗洛伊德（Sigmund Freud，1856—1939）的精神分析学理论描述了个体在幼年某个时期中可能出现的俄迪浦斯情结（Oedipus Complex，即"恋母情结"），并以此解释人类的攻击倾向。英国学者鲍尔比（John Bowlby，1907—1990）于1944年在《44名小偷：他们的性格与家庭生活》中提出的母爱剥夺论认为，幼年期母爱剥夺的经

[①] 参见［美］萨瑟兰：《白领犯罪》，载《美国社会学评论》，1940（5），2～10页。转引自吴宗宪：《西方犯罪学史》，575页。
[②] 参见吴宗宪：《西方犯罪学史》，476～478页。
[③] 参见上书，850～852页。

历会导致日后的犯罪。① 这两个研究都关注个体早期成长经历对日后犯罪行为的影响。然而，弗洛伊德的理论显然表现出浓厚的人性本位倾向，以人性中固有的某种因素解释其行为。相比之下，鲍尔比的理论则强调个体后天环境的某种刺激对个体造成的影响。

第四，围绕着犯罪因果联系的社会属性，有同质因果论和异质因果论两大类型的犯罪学理论。所谓同质因果论的犯罪学理论，就是认为恶果一定源于恶因，恶因必致恶果，换句话说，积极、正面的因素不会导致犯罪，犯罪不可能由积极、正面的因素得到解释。所谓因果异质论的犯罪学理论，就是认为恶因未必导致恶果、恶果未必源于恶因，犯罪既可能源于消极、腐朽的现象，也可能由积极、正面的现象得到解释。比如，有学者用异常变异的染色体解释犯罪，或者用低能解释犯罪，或者用丑恶、腐朽文化解释犯罪，或者用反社会人格解释犯罪，不论怎样，原因和结果具有同样的社会评价。与此不同，有的理论则用中性的甚至正面的社会事实解释犯罪。比如，按照美国学者塞林的文化冲突论，犯罪是不同文化规范相互对立、冲突的结果，正是由于遵守了某种规范，才触犯了另一种规范，于是便有了冲突和犯罪。照此说，犯罪并不完全意味着逆反或违背，实际上是某种意义上的遵从、服从。可见，基于不同的社会因果观，也会有不同的犯罪解释论。

第五，围绕着犯罪人的素质问题，犯罪学中还有特殊人论和正常人论两种学说。所谓特殊人论的犯罪学理论，就是认为犯了罪的人具有某种特殊素质；而没有犯罪的人不具有这种素质；特殊素质被用来解释犯罪人为什么犯了罪、其他人为什么没有犯罪。至于特殊素质是什么，不同理论从不同角度加以论证：有的认为是特有的遗传基因，有的认为是特有的个性特征，有的则认为是特有的价值观。所谓正常人论的犯罪学理论，就是认为人人都是潜在的犯罪人，人人都可能犯罪，犯罪并不是某类人特有的行为方式，而是每个人都可能实施的行为。比如，1875年美国学者达格代尔在《朱克家族：对犯罪、贫穷、疾病与遗传的研究》中报告了著名的朱克家族研究。他研究了朱克家族的540个后裔，发现其中180人成为领取救济的穷人，140人是犯罪人，60人是惯盗，7人是杀人犯，50人是卖淫者，40人是性病患者。通过对朱克家族长达二百多年历史的研究，达格代尔发现了一部"贫穷、卖淫、衰竭、疾

---

① 参见吴宗宪：《西方犯罪学史》，516页。

病、私通和私生子的历史"和人类向低等动物心理退化的现象，认为具有这种退化现象的人便具有犯罪的可能。① 不难看出，此类研究从选题到研究方法的选择，其潜在的假定都是犯罪人为异类。与此不同，美国学者贝克尔（Gary S. Becker，1930—）于1968年在《犯罪与刑罚：经济学的探讨》中提出，犯罪是个人对成本—收益计算的结果，犯罪人并不具有与众不同的动机，而是因为从成本—收益的分析中得出了不同的结论。犯罪人进行犯罪前往往评价预期收益，选择能获得最大收益的行为方式，而这种行为方式往往就是犯罪。② 就是说，犯罪是普通人的一种正常反应方式。

第六，根据观察犯罪所由出发的哲学方法论的不同，众多的犯罪学理论还可以被还原为认识论犯罪学研究和价值论犯罪学研究。认识论犯罪学研究的基本假定是，包括犯罪行为在内的所有社会现象和行为，尽管都有人的主观意志和选择的作用，但是大量的主观选择背后仍然是不断重复着的客观规律，这些客观规律是自在的，只能被认识，不能被改变。与此不同，价值论犯罪学研究的基本假定是，任何现象和行为对社会以及相对方而言是有意义的，社会和某个行为的相对方从自己的某种内在标准出发，对社会现象和行为作出评价，被评价的对象从评价中获得了自身的价值属性。基于认识论假定，犯罪学研究的一个特点在于强调其研究假设的可检验性、研究过程的可重复性。例如，圣胡安市少年犯重复研究是1975年学者费拉科蒂等人进行的一项研究，他们在加勒比海的安的列斯群岛的波多黎各岛上的圣胡安市，在贫民区重复了格卢克夫妇（Sheldon Glueck，1896—1980，& Eleanor Glueck，1898—1972）的少年犯罪调查。他们对11岁～17岁的101名违法少年和101名正常少年这两组的人口统计学构成一样，进行了跟踪观察，长达7年之久。他们对样本进行了体格检查和神经病学、精神病学、心理学检查，并用电子颅骨图像仪测定样本脑膜的生物电活动，还记录了样本的社会背景，每个样本还被家访了至少两次。研究者还走访了他们的邻里，查阅了学校档案、司法记录等。结果发现：同格卢克的结果相比，只有两点不同：波多黎各岛上的违法少年更多的是单独作案，而不是团伙作案；而且，波多黎各岛违法少年犯有更多的暴力案件。看来波多黎

---

① 参见吴宗宪：《西方犯罪学史》，384页。
② 参见上书，111页。

各和马萨诸塞虽然远隔万里,但在少年犯罪问题上具有诸多类似的原因和特征。这种可检验性和可重复性本身意味着,犯罪规律何时何地都一样。而价值论范式之下的犯罪学研究,则表现出不同的假定,按照这种假定,犯罪的基本价值属性是其相对性,此时此地面对此相对人的某个行为具有犯罪的意义,而彼时彼地面对彼相对人的某个行为就可能不具有犯罪的意义。在这里,一个行为是否为犯罪,关键不在于其自体的有罪性,而在于它被叫做犯罪,被规定为犯罪,被赋予了主体的某种属性。[①] 作为认识对象的犯罪与作为价值对象的犯罪两者相比,还是有所区别的。正如在认识论范式下,犯罪的客观规律可以有多种理解一样,在价值论范式下,犯罪的意义也有多种不同的评价。总之,犯罪是认识对象和价值事实的统一体,这是犯罪观的另一个侧面。

第七,犯罪问题还有一个侧面:它既有质的规定性,又有量的规定性。围绕着这两个规定性,犯罪学中存在着两个类型的理论:定性犯罪学和定量犯罪学,或者称为犯罪现象的定性研究、犯罪现象的定量研究。这两大范式分别以犯罪现象的质的规定性和量的规定性为模型进行各自的描述和分析。如前所述,犯罪学中可以被归结为定性研究的理论有很多,但实际上,纯粹的定量研究是不存在的。凡是借助量化分析的方法,都要以定性分析为前提,换句话说,定量分析都是定性与定量相结合的研究。

回过头来看:一方面,被类型化的犯罪学理论是在较高的抽象层次对犯罪现实的更深刻的反映。透过一定理论类型,犯罪现实得以简化自己,显现自己。各种具体的犯罪学研究可以让人们在经验层上直观到犯罪率随着物价的波动而消长,犯罪人的性别、年龄分布特征,每当夏季来临,风化犯罪率上升等现象。但是,对犯罪的了解越直观、越感性、越真切,实际上就越远离了犯罪问题的另一种真实:犯罪问题在抽象层上的若干基本属性。而要想接近这个意义上的真实,就需要更多的理性思维,从抽象层次较高的层面上把握犯罪问题。类型化的犯罪学理论,

---

[①] "自体的有罪性"之说,源于罗马法中"自体恶"与"禁止恶"之分。"自体恶"是指行为本身即具有恶性,与生俱来,不取决于法律是否禁止。"禁止恶"是指行为的恶性源自于法律的禁止,如果不是法律禁止,其本身无所谓悖德性。(参见陈兴良:《走向哲学的刑法学》,346~347页,北京,法律出版社,1999。)然而,如果从彻底的价值论角度看,即使是自体恶,也不是绝对独立于评价者而存在的,只能说独立于法律而存在。因为如果没有道德准则,没有价值取向,即使是自体的恶也因失去了根据而无所谓恶或不恶。这说明,价值论范式对于研究犯罪现象具有独特意义。

就是在这个层次上对犯罪问题的思考。另一方面，类型化的犯罪学理论还为对具体犯罪学理论的理解、评价，提供了一个分析框架。通过不同角度的犯罪学理论划分，人们不仅能更深刻地把握犯罪现象，而且能够在一个共同的基点上比较、解构某种具体的犯罪学理论。总之，对犯罪学理论所作的类型化分析，既是透视犯罪现象的认识工具，又是解读犯罪学理论的分析框架。

小　结

本章主旨在于回答何谓犯罪学的问题。为此，我们主要不是通过对各家犯罪学概念的比较取舍来界说犯罪学，而是通过对犯罪学问题的观察与归纳来讨论何谓犯罪学。在第一节，我们认为犯罪只有一个，只是犯罪学的研究视角不同于刑法学等其他各门刑事学科：刑法学是从规范学的角度研究对犯罪的认定与评价，而犯罪学是从事实学的角度研究对犯罪关系的描述与解释。因此，从广义上说，犯罪规范学问题属于刑法学范畴，而犯罪事实学问题属于犯罪学范畴。在这一节中，我们得出结论说，犯罪关系，即犯罪与被害、惩罚权、周围环境等方面的关系，而非犯罪本身，才是犯罪学的研究对象。在第二节，我们观察了犯罪学的研究方法以后发现，犯罪学研究往往表现为实然性研究、量化研究、经验研究以及犯罪与周围世界各种因素之间的关系研究，总之，实证分析的方法是犯罪学研究所使用的基本研究方法。研究方法的选用自然取决于研究者与研究对象之间的关系即研究视角的不同。犯罪学之所以在较大程度上依赖实证分析方法，原因主要在于犯罪学的事实学视角。在第三节，我们对犯罪学的学科体系问题进行了批判性分析，认为犯罪现象、原因和控制的问题分类，不能代替犯罪学的学科体系。在此基础上，我们提出了由三条逻辑线索构成的犯罪学体系，即犯罪学的学科叙事逻辑、犯罪问题的客观逻辑、犯罪学研究的理论逻辑，并分析了这三条逻辑线索各自的内涵以及相互关系。本书所采用的体系结构，就是这三条逻辑线索的展开。最后在第四节，我们讨论了犯罪学的理论整合问题，从"单向理论"与"互动理论"、"社会本位说"与"自然本位说"、"环境本位说"与"人性本位说"、"同质因果论"和"异质因果论"、"特殊人论"和"正常人论"、"认识论犯罪研究"与"价值论犯罪学研究"，以及"犯罪现象的定性研究"与"犯罪现象的定量研究"共7个角度对现有犯罪学理论进行了类型化分析，并介绍了这种类型化分析的认识功能和方法论意义。

以上分别从对象、方法、体系和整合等方面对犯罪学进行观察，为我们着手回答何谓犯罪学的问题提供了基本元素。

至此，我们可以对犯罪学下一个初步的定义。既然犯罪学主要是一门事实学而非规范学，既然犯罪学的主要研究对象不是简单作为经验现象的犯罪而是犯罪处于其中的各种关系，既然犯罪学研究比刑事规范学更多地采用实证分析方法，既然犯罪学的学科叙事逻辑、犯罪问题的客观逻辑、犯罪学研究的理论逻辑都无法单独承担起犯罪学学科体系的角色，既然众多犯罪学学说经过整合可以归结为各种类型化的犯罪学问题，那么，我们可以将犯罪学界定为：从事实学角度，采用多种学科的理论和实证分析方法，研究犯罪关系的知识系统。从这个概念中派生出来的以下说法，都可以说是犯罪学概念的合理表述："犯罪学是一种事实学"，"犯罪学是关于犯罪的实证科学"，"犯罪学是研究犯罪关系的学问"，"犯罪学是以多种学科的理论方法为知识背景的综合科学"。除了指出"事实学"的角度、"实证分析"的方法以及"综合科学"的学科属性等特点以外，这个概念系统论证了犯罪学的研究对象是犯罪关系的理念，并突出强调了研究犯罪关系所借助的逻辑结构的系统性。与其他一些犯罪学概念不同，这个犯罪学概念不是将现成的、既有的经验现象直接确定为自己的研究对象，而是以犯罪问题的经验现象为素材，借助"关系"这一抽象的哲学范畴建构起自己的研究对象。在本书中篇，我们将深入讨论"犯罪关系"这个概念。希望借助这个犯罪学定义，人们能够方便地从众多刑事学科中分辨出什么是一个犯罪学研究。

第 二 章

应然犯罪学

人类关于犯罪问题的探索可以分为两大类：一类是围绕着"犯罪应当是什么"的问题所做的各种研究和回答；另一类是围绕着"犯罪实际上是什么"这类问题所做的各种研究和回答。前者可以称为"应然犯罪学"，后者可以称为"实然犯罪学"。尽管这只是对各种犯罪学理论、学说的一种抽象，因为当代大多数犯罪学研究都实际上不断往返于这两者之间，但是，在犯罪学的历史上，古典犯罪学和实证主义犯罪学还是分别作为这两类探索的典范而各自表现出鲜明的独特性。其中，古典犯罪学代表着现代应然犯罪学的主流方向，它所提出的各种犯罪学理念至今仍有很大影响。与此不同，实证主义犯罪学开创了现代实然犯罪学的研究范式，它所倡导的实证研究方法为现代犯罪学营造了基本的话语形式。应然犯罪学与实然犯罪学共同构成了犯罪学的基本坐标系，犯罪学知识就是分布在这个坐标系中的各个散点，没有坐标系中的任何一个轴，具体犯罪学研究就没有安身立命之处。

第一节 应然犯罪学的基本问题

犯罪应当是什么，构成了应然犯罪学的基本问题并引出了应然之罪的概念。这里所谓的"应然"，可以具体化为三个方面的意义：

"应然"的第一个意义是，在犯罪结果之前、犯罪现象背后，肯定有某种存在左右着犯罪的产生、发展、变化。这是从认知理性的角度所把握的应然，在这个角度上，应然意味着应当存在、肯定存在，只是尚未被完全认知。在这个意义上，人们对应然之罪的解读其实是对未知世界的认识，具有一定猜测的成分，人们只能根据已有的知识对犯罪"肯定"是什么、为什么等问题作出判断。所以，这个意义上的应然之罪，意味着人们对犯罪本质、本源的解释。

"应然"的第二个意义是，作为价值评价的主体，人们基于对自身利益的自觉，根据一定价值标准，希望什么是犯罪。这是从价值理性的角度所理解的应然，在这个角度上，应然意味着需要如此，必须如此，应该如此，有必要如此，等等。这时，面对被希望是或不是犯罪的各种评价对象，人们更关心的是它们对自己意味着什么，而它们到底是什么已经不是最重要的了。所以，这个意义上的应然之罪，其实是人们对各种需要评价的行为加以能动选择的结果。

"应然"的第三个意义是，由于某个法律规则以及其他犯罪控制措施的设定与否，犯罪将会怎样。这是从实践理性的角度所折射出来的应然，在这个角度上，应然具有未然、必将、很可能等含义。在这方面，人们基于已然的犯罪推知应然之罪，并寄希望于法律规则的设计和适用以及各种社会反应来调整、影响未然的犯罪行为。所以，这个意义上的应然之罪，实际上是关于犯罪控制的运作效果以及犯罪变化趋势的预见。

总之，"肯定是什么"、"希望是什么"和"将会是什么"分别从认知理性、价值理性、实践理性的不同角度，表达着应然犯罪学的基本问题；对这些问题的回答，表现为人们对犯罪本质的解释，对犯罪行为的选择，对犯罪走势的预见。换句话说，应然之罪就是解释之罪、选择之罪、预见之罪。实际上，关于应然之罪的不同看法，在刑事立法、刑事司法、刑事政策、大众犯罪预防的各个层面中若隐若现，人们借助一切可以动用的权力、载体和机会表达着自己对"犯罪应当是什么"这一问题的立场和观点。因此，研究应然之罪的意义就在于，指导未然的犯罪控制实践，使其不断提升自身的理性化程度，解读已然的犯罪控制实践，理解社会为什么对犯罪作出某种反应。这是犯罪关系研究的重要组成部分，因而是犯罪学不能回避的课题。那么，在这个维度上，犯罪学是如何展开自己的呢？

第二节 知识背景

作为独立学科的犯罪学问世于18世纪中后期，但这不等于说此前人类思想文化中没有任何犯罪学思想。古典犯罪学以前的漫长历史中，人们一直没有放弃关于犯罪应当是什么这个问题的思考。当时，影响较大的有两类学说，一类是所谓神学预定论，另一类即为自由意志说。在此基础上，启蒙学者对神学预定论和自由意志说展开了猛烈抨击，由此建构了古典犯罪学的知识背景。通过对贝卡里亚及启蒙学者的犯罪观的关系的梳理，我们可以发现，古典犯罪学的犯罪学思想与其说是自由意志论，不如归结为一种决定论。在这一节，我们先回顾神学预定论和自由意志说的主要观点，然后再去分析古典犯罪学赖以生长的哲学思想和犯罪观。

神学预定论的基本问题是：人的罪恶是不是鬼神预定的？神学预定论的基本结论是，犯罪的基本存在形式是鬼神附体。犯罪意味着邪恶，犯罪人和精神病人都是灵魂的邪恶所致。[①] 因此，社会对付犯罪的主要手段就是各种"驱邪"方法。可以推想，前现代社会之所以酷刑十分普遍，也许就与这种犯罪观有关。另一种宗教神学理论就是著名的"原罪说"。中世纪教父哲学的主要代表奥古斯丁毕生思考善恶问题，提出"原罪说"和"预定论"。他认为，人类始祖亚当和夏娃禁不住人首蛇的诱惑偷吃了伊甸园的禁果，这就违背了上帝的告诫，犯了罪，从此便败坏了人的本性，因此人生性有罪，人不能不犯罪。但是，尽管人生来有罪，还是可能通过至善的神恢复德性。他认为人最终是否能进入天堂永远得救、永远幸福，成为有德性的善人，完全取决于上帝的意志和安排，而非人自己的意志，人的意志不可能自由。就是说，所谓亚当、夏娃之原罪，实际上是拟人化的神定善恶。或善或恶，皆非人定，而是神定。

与鬼神中心论相对立，自由意志论认为犯罪或不犯罪是人的自由意志的结果，而非神定的结果。不列颠修道僧斐拉鸠斯公开抨击奥古斯丁的原罪说和神学预定论，认为人有选择自己行为的自由，人的善恶由自己的意志选择来决定，而不是上帝的先定，所以，人犯罪或不犯罪是自由的，"犯罪意味着自由"[②]。不难看出，斐拉鸠斯是想用人的自由意志说明人可以不借助救世主或教会的力量而靠自己获救，成为有德之人。可见，围绕着人的善恶决定性因素问题，自由意志论是作为神学预定论的对立面而出现的：自由意志论是用人的自由意志解释人的善恶，而神学预定论是用鬼神解释人的善恶。

神学预定论和自由意志论的对立虽然与当时历史背景有关，但两者的共同点在于，在犯罪"肯定"是什么的问题上，它们都用直观不到

---

① 参见吴宗宪：《西方犯罪学史》，21～22页。
② ［美］梯利：《西方哲学史》（上），葛力译，169页，北京，商务印书馆，1975。

的、现实生活世界中无法证明其存在与否的事物来猜测、解释犯罪。在这两种理论中，犯罪作为一种神秘的精神现象存在着，是看不见、摸不着的恶。基于这种关于应然之罪的解释，社会对犯罪的反应要么主要依靠宗教势力，要么主要利用伦理规范。随着社会的演进和人类认知水平的提高，这些犯罪观不仅无法证实"神定"与"自由意志"的客观存在和实际影响，而且更重要的是，18世纪以来，它们遭遇到越来越多的来自哲学、人文社会科学乃至自然科学成果强有力的挑战，它们不得不逐渐让位于科学的应然犯罪学理论。在这个背景下，应然犯罪学的鼻祖——古典犯罪学找到了比自由意志论更高的逻辑起点，这就是启蒙学者的哲学思想及其犯罪观。① 在贝卡里亚的《论犯罪与刑罚》中，给我们印象最深的，与其说是贝卡里亚的阐述，不如说是启蒙学者和近代唯物主义思想先驱们的身影。②

---

① 关于贝卡里亚学说的哲学基础，除极少数学者（参见黄风：《贝卡里亚及其刑法思想》，10页，北京，中国政法大学出版社，1987；白建军：《犯罪学原理》，16～27页，北京，现代出版社，1992）以外，学界历来认为贝卡里亚是一个自由意志论者。考察此说的来由，可以追溯到实证主义犯罪学几个代表人物对古典犯罪学的批评。实证主义犯罪学代表人物菲利说，古典犯罪学把犯罪视为自由意志的结果（参见［意］菲利：《实证派犯罪学》，9页）。按照菲利的理解，古典犯罪学与自由意志论之间有着某种内在联系："实际上，古典犯罪学者把犯罪现象视为一种已经完成的事实。他们从职业法学家的角度进行分析，而不问犯罪是如何发生的，为什么这些犯罪事实年复一年地、或多或少地在各个国家重复发生。他们的理论基础是自由意志论，自由意志排除了上述科学问题的可能性。因为按照自由意志理论，犯罪是人的意志命令的产物。如果承认这是事实，便没有进行犯罪原因研究的余地了。因为罪要杀人，所以他就犯了杀人罪，这就是与此有关的全部内容。一旦承认自由意志是事实，行为的发生取决于犯罪人的命令即自愿选择，而其他任何原因都是多余的。"（［意］菲利：《实证派犯罪学》，25页。）而笔者认为，将贝卡里亚为首的古典犯罪学与自由意志论联系起来的通说，很值得商榷。读者很快可以从以下的分析中看到，贝卡里亚不仅不是自由意志论者，而且恰恰是站在与自由意志论相反的立场上分析犯罪问题的。

② 贝卡里亚学说的形成，与早期唯物主义思想家以及资产阶级启蒙学者的思想有着密切关系。在贝卡里亚写作《论犯罪与刑罚》之前，他参加了一个叫做"拳头社"的团体，参加该团体的成员还有一些年轻的数学家、法学家、经济学家。他们每晚聚会，阅读和讨论他们感兴趣的作品，尤其是卢梭、孟德斯鸠、伏尔泰、休谟等启蒙思想家的著作。至今，他们的藏书中还留有他们当时所做的批注。（参见黄风：《贝卡里亚传略》，载［意］贝卡里亚：《论犯罪与刑罚》，113页。）贝卡里亚与启蒙学者之间的关系，还可以从贝卡里亚与韦里兄弟的关系破裂后韦里的一段话中得到佐证：韦里兄弟是贝卡里亚青年时期的挚友，他们同在"拳头社"中学习，韦里兄弟还为贝卡里亚提供了大量关于监狱中犯人悲惨状况的资料，对于贝卡里亚构思《论犯罪与刑罚》起了很大的作用。后来，贝卡里亚出名以后，由于某种原因，他们之间的关系开始恶化，韦里曾说过："如果我们当中谁愿意的话，可以给这棵树（指贝卡里亚——笔者注）的树干致命的一击。这样说是因为，我可以在一个月里从刑法学家那里，从孟德斯鸠、爱尔维修、伏尔泰和格雷维（Grevio）那里找到大量与他相类似的论点，使他显得像个剽窃者。"（黄风：《贝卡里亚传略》，载［意］贝卡里亚：《论犯罪与刑罚》，129～130页。）这个佐证说明，贝卡里亚的思想的确不是凭空而来的，而是在很大程度上受到上述启蒙思想家的巨大影响。因此，只有在这些思想家的背景下，才能更准确地把握贝卡里亚的论点。

启蒙思想家既没有接受神学预定论，也没有简单赞同自由意志论，这两者同时遭到了启蒙思想家的激烈批判。孟德斯鸠并不认为上帝或者神为法可以代替人为法来规定包括犯罪在内的各种人类行为。培根（Francis Bacon，1561—1626）提出了一种新的决定论，即唯物主义经验论的决定论，既非自由意志论，更非神学预定论。洛克（John Locke，1632—1704）也认为，意志取决于欲望，而欲望又取决于外物的作用。这显然不是自由意志论，而属于决定论。一个难以解释的问题是：难道做善事或者为恶行不是行为人自由选择的结果吗？对此，人们往往容易忽视两种"自由"的区别：一种是相对道德善恶的形成原因而言的自由，另一种是形成一定的意志愿望以后，面对各种现实的可能性，人是否具有为善或作恶的选择自由。前者是对道德倾向的解释，后者是对道德行为的解释。前者所关注的是，善或恶的意志是否应当从客观存在中寻求原因；后者所关注的是，根据什么评价（惩罚）人的道德选择，人凭什么对自己的行为承担责任。启蒙思想家伏尔泰（Francois-Mariede Voltaire，1694—1778）① 对此有一段十分精辟的论断："我能做我希望做的事情的时候，我是自由的；但是，我必然希望我所希望的。"② 可以说，这段话几乎是对自由意志问题的最深刻概括，因为按照伏尔泰的这段话，人的道德善恶领域中，实际上包括两个层面的问题：一是人相对客观存在的受动性或被动性，二是人相对特定道德境遇的主观能动性。决定论者并不否认人在一定道德境遇中面对各种可能的选择时具有作出决定的自由，但是，决定论者强调这种自由是相对的、有条件的，即"我能做我希望做的事情的时候，我是自由的"。在另一个层面上，决定论者坚持认为，人之所以希望这样行为或者那样行为，是某种原因的必然结果，人在道德的来源上不存在绝对的自由，必然逃脱不了一定客观规律的制约，这就是所谓"我必然希望我所希望的"。

通读《论犯罪与刑罚》，我们得到最深的印象是，贝卡里亚在很大程度上接受了洛克的功利主义，是洛克与边沁之间的一个承上启下的人物。按照功利主义的观点，人的本性就是追求感官的快乐、逃避感官的

---

① 在法国启蒙思想家中，最早对《论犯罪与刑罚》发生兴趣的就是伏尔泰。据《论犯罪与刑罚》的法文译者莫雷莱说，伏尔泰很欣赏贝卡里亚的书，并对贝卡里亚抱着崇高的敬意。伏尔泰曾说贝卡里亚是一位天才，他的杰出著作教育了欧洲。实际上，贝卡里亚对伏尔泰也是敬仰已久，在贝卡里亚收藏的伏尔泰著作中，有不少他写的旁批。两位伟人还经常通信。参见黄风：《贝卡里亚传略》，载［意］贝卡里亚：《论犯罪与刑罚》，121页。
② ［美］梯利：《西方哲学史》（下），150页，北京，商务印书馆，1975。

痛苦，苦乐计算是人的最高原则，因而也是人类道德行为的基本解释。如果人们因犯罪而必然遭受到的刑罚以及感受到的痛苦大于因犯罪而获取到的快乐和好处，那么，他们就不会选择犯罪；反之，当人们苦乐计算的结果是，因犯罪而获取到的快乐和幸福大于刑罚之苦，那么，人就可能作出犯罪的选择。贝卡里亚正是根据这一基本看法，才不厌其烦地告诫立法者：要把法律制定得罪刑相适应，要使刑罚坚定、确定、及时，使犯罪的人丧失既得利益。除此之外的一切都是多余的。[①] 这实际上是对"人在多大程度上是自由的"这个问题的某种回答。实际上，在贝卡里亚的学说中，人是具有这种相对的选择自由的。而且，恰恰是这种相对自由，成为罪刑相适应原则的根据，否则，罪刑相适应原则、罪刑法定原则、刑罚人道原则，都失去了可能发生作用的心理基础。总之，"贝卡里亚并没有从根本上否认人具有选择自己行为的自由"[②]。

看来，自由选择不等于自由意志，应当在准确把握历史上自由意志论的完整含义以后，再对某种学说是否属于自由意志论的问题作出判断，不能简单化地望文生义。从理论上看，自由意志论是相对于决定论而言的：自由意志论的核心思想是，主张意志的绝对自由，以至于不受任何客观必然性支配。而决定论者认为自由意志论只是用人的意志取代上帝或神的意志去说明人的行为倾向，却没能进一步说明人的意志的真正来源和决定因素是什么。从内涵上看，决定论本身并不意味着在否认意志的绝对自由的同时，也否认人在各种可能的情况下作出自由选择的相对的自由；或者反过来说，承认相对的自由选择，并不等于就是自由意志论。

正是这种既非神学预定论又非自由意志论的决定论立场，对古典犯罪学的犯罪观形成了重要影响。所谓决定论，就是承认万事万物皆受制于自身的客观规律性、因果性和必然性的学说。按照决定论的立场，对于犯罪的本质和本源不能从虚无缥缈的神秘世界或者纯粹精神世界中寻找，而应从人对客观世界的受动性出发寻求犯罪的解释。

第三节 基本理念

古典犯罪学是始于18世纪中后期，由贝卡里亚、边沁、康德、黑

[①] 参见［意］贝卡里亚：《论犯罪与刑罚》，42页。
[②] 陈兴良：《走向哲学的刑法学》，376页。

格尔、费尔巴哈等人的犯罪学思想所构成的一个犯罪学流派。古典犯罪学的出现，标志着犯罪学作为一个独立学科的形成，并且，至今仍对犯罪学的发展具有重要影响。所以，研究犯罪学要从古典犯罪学开始。

对古典犯罪学的学者们而言，既然犯罪既非神定又非自由意志所为，那么，犯罪到底应当是什么呢？为了回答这样的问题，应然之罪便成为古典犯罪学必须面对的基本研究对象，对应然之罪的猜想与探索便形成了古典犯罪学的基本理论进路，并由此逐渐形成了应然犯罪学研究的基本模式。① 在应然犯罪学中，所谓应然之罪并非某种犯罪类型，而是关于犯罪应当是什么的各种理论回答。基于反对神学预定论和自由意志论的基本立场，古典犯罪学关于应然之罪的基本理念可以概括为三

---

① 应当承认，古典犯罪学，尤其是贝卡里亚的犯罪理论，并没有呈现出通常成套理论体系那样的系统性。与其说《论犯罪与刑罚》是一部系统的学术著作，不如说是作者就各个相对独立的犯罪与刑法专题所做的一些讨论。因此，后人叙述其学术思想时，难免根据自己的理解和整理加入各种不同的归纳。例如，按照著名刑法学家陈兴良教授的概括，贝卡里亚的理论贡献可以归结为三点：第一，总结出我们称之为刑法基本原则的内容，这就是罪刑法定主义、罪刑均衡原则和刑罚人道主义。第二，对犯罪本质进行了正确概括，认为犯罪是危害社会的行为。第三，首倡刑罚目的的功利观，并强调一般预防与个别预防的统一。（参见陈兴良：《刑法的启蒙》，31页，北京，法律出版社，1998。）显然，刑法基本原则问题、犯罪本质问题、刑罚目的问题，都属于刑法学的基本范畴，贝卡里亚在这些方面都有独特贡献。问题是：贝卡里亚的犯罪学思想有哪些内容呢？对此，学界的回答其实并不肯定。美国犯罪学家巴恩斯和蒂特斯在《犯罪学中的新见解》中，美国犯罪学家沃尔德在《理论犯罪学》中，美国犯罪学家福克斯在《犯罪学导论》中表达了大体一致的看法，将贝卡里亚在《论犯罪与刑罚》中的思想概括为六个方面：（1）为了最大多数人的最大幸福的功利主义观念，应当是一切社会行动的基础；（2）必须把犯罪看成是一种对社会的损害；（3）预防犯罪比惩罚犯罪更重要，这意味着须公布法律，以便使每个人都知道良好的行为会受到奖赏、犯罪行为必然遭受刑罚，从而预防犯罪；（4）应当废除秘密控告和拷问，而用人道的迅速的审判来代替；让共犯为控告方提供证据，完全是"对不忠行为的公开认可"，应当废除；（5）刑罚的目的是阻止人们犯罪，而不是进行社会报复；（6）应当更广泛地使用监禁，但是应当对监禁加以改良。（参见吴宗宪：《西方犯罪学史》，55页。）著名犯罪学家吴宗宪也对《论犯罪与刑罚》一书的思想学说进行了概括，他将贝卡里亚的思想归结为10个方面的内容，即：（1）犯罪原因论；（2）刑罚的起源和刑罚权；（3）法律的特征；（4）法官的作用；（5）犯罪的衡量；（6）罪刑相适应观；（7）刑罚的严厉性；（8）刑罚的及时性和必然性；（9）起诉、证据与审判；（10）犯罪预防。（参见吴宗宪：《西方犯罪学史》，55～62页。）其实，这10个方面也不完全是犯罪学的内容。于是，人们有理由提出这样的问题：到底怎样概括贝卡里亚乃至整个古典学派的犯罪学思想？也许，正是因为这个问题上尚存的不确定性，一些犯罪学论著干脆将贝卡里亚一百多年以后的龙布罗梭看成犯罪学的鼻祖，认为龙布罗梭的《犯罪人论》的出版，才标志着犯罪学的真正独立。可见，为了避免犯罪学思想脉络的模糊不定，有必要重新思考古典犯罪学的基本范畴，并作出科学概括和诠释。

点：决定论、效果论和规范论。

1. 决定论

在古典犯罪学中，决定论的基本假定是，犯罪应当是人与客观外界环境相互作用的结果，而非神定或者自由意志所决定的结果。贝卡里亚在很大程度上受洛克早期功利主义的影响，经常用人的趋利避害、驱苦求乐本性解释人的意愿和行为。在犯罪问题上，贝卡里亚这种功利主义犯罪解释论有一个明显的特征，这就是从人的功利本性与外界客观刺激的相互关系中解释人的犯罪倾向。贝卡里亚认为犯罪是人的趋利避害功利本性的必然结果，法律不可能从根本上消除这种客观的因果联系。"促使我们追求安乐的力量类似重心力，它仅仅受限于它所遇到的阻力。这种力量的结果就是各种各样的人类行为的混合；如果它们互相冲突、互相侵犯，我们称之为政治约束的刑罚就出来阻止恶果的产生，但它并不消灭冲突的原因，因为它是人的不可分割的感觉。"①

在承认犯罪规律的客观性的前提下，贝卡里亚还分析了一些具体的犯罪规律。贝卡里亚认为："一般说来，盗窃是一种产生于贫困和绝望的犯罪，是不幸者的犯罪，所有权为他们保留的只是一贫如洗的地位。"② 他认为："走私罪也是法律的自身的产物。因为关税越高，渔利也就越多。随着警戒范围的扩大，随着违禁商品体积的缩小，人们更热衷于尝试走私，实施这种犯罪也更加便利。没收违禁品和随行财物，这是对走私者极为公正的刑罚。然而，关税越低，这一刑罚就越有效，因为，如果人们侥幸获取的利益同他们所冒的风险不成比例，人们就不会铤而走险。"③ 特别值得一提的是，贝卡里亚曾发表过一篇题为"试析走私"的论文，文中以数学方法分析走私问题，利用数学公式研究走私赢利与风险、货物价值和应纳税的数量关系及赢利极限。④

从这些对互动关系的描述中，我们根本看不到作为善恶最终解释的诸神上帝或者自由意志，相反，倒是个体与环境之间相互影响的必然性在决定着人是否犯罪、犯什么罪、犯多重的罪。现在，在道德善恶的根源上，人类思想史的发展脉络更加清晰地显露出来：从道德善恶的神学解释，到用人的自由意志进行解释，人类理性迈出了重要的一步；而从

---

① ［意］贝卡里亚：《论犯罪与刑罚》，66页。
② 同上书，78页。
③ 同上书，80页。
④ 参见上书，126页。

人的自由意志到人与环境的互动，人类理性又迈出了更大的一步。如果说，神学预定论和自由意志论的共同性在于，它们都是用现实世界不存在的虚构概念解释道德善恶的话，那么，用人与环境的互动解释道德善恶和人的意志，则是人类关于善恶根源的科学解释。这一历史性进步具有重要的犯罪学意义：以后的许多犯罪学理论，实际上都是沿着人与环境之间的互动这条基本线索，探索犯罪的客观规律，解释犯罪的各种原因。① 总之，古典犯罪学就是沿着决定论的理论线索回答"犯罪肯定是什么"的问题。

2. 效果论

在古典犯罪学中，效果论的基本假定是，犯罪应当是对社会有害的行为，只有危害效果的有无才是判断犯罪的客观标准，不应用动机、意图、身份、人身危险性来衡量犯罪。伏尔泰认为：在道德评价的依据上，对社会实际上有利还是有害，是判断一个人的行为善恶的客观标准。很明显，伏尔泰是重效果，而不是重动机：第一，作为评价的客观标准，一个行为对社会有利还是有害，具有普遍性的标准。第二，善恶评价的内容，就是利益。对社会有正价值的行为，才可能称为善；对社会具有负价值的行为，才可能称为恶。贝卡里亚的立场与极端动机论明显不同，他认为行为的客观效果对社会有利还是有害，是追究行为责任的唯一依据，犯罪对社会的危害是衡量犯罪的真正标尺。贝卡里亚坚决反对惩罚思想犯罪，有力地抨击了封建司法擅断。

贝卡里亚的这一思想还反映在他的犯罪分类中。在贝卡里亚的犯罪分类系统中，各种犯罪是按其社会危害性的大小顺序排列的阶梯，这个阶梯的"最高一级就是那些直接毁灭社会的行为，最低一级就是对于作为社会成员的个人所可能犯下的、最轻微的非正义行为。在这两极之间，包括了所有侵害公共利益的、我们称之为犯罪的行为，这些行为都沿着这无形的阶梯，从高到低顺序排列"②。这里，划定重罪与轻罪、

---

① 所以，学界的另一通说也很值得商榷。按照这一通说，在犯罪学历史上，只有到了龙布罗梭的理论出现以后，犯罪解释才从以往的神学预定论和自由意志论中解脱出来，真正开始了科学的犯罪原因研究。实际上，此说的前提性假定仍然是贝卡里亚是自由意志论者。如果这个问题得到澄清，此说当然失去立足之地。的确，贝卡里亚尚未用科学的实证分析方法研究犯罪规律，但从某种意义上说，正是他的决定论才使得科学的实证分析成为可能。因此，那种认为实证主义犯罪学与贝卡里亚的学说是建立在完全不同的理论基础之上的两种犯罪学派的通说，是缺乏根据的。

② ［意］贝卡里亚：《论犯罪与刑罚》，66页。

此罪与彼罪的标准,都是行为本身对社会造成的危害。据此我们有理由认为,在动机与效果的关系问题上,贝卡里亚的学说与伏尔泰等启蒙思想家的观点也是一致的,他们都是以道德行为的实际效果作为对其进行善恶评价的客观标准。① 总之,《论犯罪与刑罚》中许多重要的刑法思想的理论基础,都可以追溯到贝卡里亚强调将行为效果作为道德评价客观标准的思想。

总之,古典犯罪学正是基于效果论的理念来回答"人们希望什么是犯罪"的问题。效果论坚持以行为及其客观危害性来评判道德属性和是否犯罪,这才可能使法律真正影响社会生活,不以标榜或声称论罪而以行为本身论罪,不以人论罪而以事论罪,不以身份地位论罪而以社会得失论罪。贝卡里亚正是基于效果论的立场,才大胆提出,犯罪不仅仅是穷人特有的行为方式,也包括"伟人、官员和富翁"的犯罪。也正是在这一论断的基础上,贝卡里亚才提出了"法律面前人人平等"的著名思想。

3. 规范论

在古典犯罪学中,规范论的基本假定是:作为法律规范的对象,犯罪应当是抽象的行为,不是具体的行为人。刑法不应着眼于作为感性、具体的个别的犯罪行为,而应将感性、具体中的细节过滤掉,而对其抽象属性加以规范评价。在这方面,法与经济学之间有着某种相似性甚至亲缘关系。抱守"经济人"信条的美国学者贝克尔在完成了"犯罪与刑

---

① 当然,也许有人会从《论犯罪与刑罚》中看到这样一句话,认为是说明贝卡里亚承认意志自由的证据。贝卡里亚的确说过:"意向——这个……人身上最自由的东西"。其实,如果我们仔细阅读这段话的上下文就会发现,这恰恰是证明贝卡里亚反对自由意志论的一个根据。贝卡里亚是在"关于自杀和流亡"一节中讲这段话的。贝卡里亚首先对自杀和流亡国外这两种行为的危害性进行了比较,认为自杀是永远消失,但留下了财产,因而危害性较小,不应视为犯罪;而流亡国外是社会成员的长期缺席,如果国家剥夺了公民这种权利,把这种行为规定为犯罪,实际上就是把国家变成一座监狱,对国家也是没有好处的。正是在这个语境中,贝卡里亚提出:这种流亡国外的行为一旦完成其行为,就不可能受到实际的惩罚了。如果事先对其进行惩罚,"就是惩罚人的意志而不是他的行为,就实在对意向——这个独立于人类法律王国的、人身上最自由的东西发号施令"([意]贝卡里亚:《论犯罪与刑罚》,88～89页)。贝卡里亚甚至认为,如果事先惩罚这种行为,就等于鼓励这种行为,强化远离自己祖国的愿望。不难看出,贝卡里亚这里强调的是以行为本身而不是意志作为惩罚的依据,反对惩罚思想犯罪。这首先表明,贝卡里亚公开承认自己和自由意志论的极端动机论对立。而且,贝卡里亚这里所说的"自由"并不是相对人的功利本性、客观环境以及客观规律而言的自由,而是相对人类制定的法律而言的思想自由。思想、意志不受法律的支配,并不等于可以不受客观必然性的支配。

罚"的经济分析的阐述以后,不无感慨地说:"用'经济分析'研究违法行为谈不上学说上的首创。贝卡里亚和边沁在十八世纪和十九世纪对刑法学作出了重大贡献,他们明确地运用了经济计算,但不幸的是,这种分析在最近一个世纪被淡漠了"①。的确,贝卡里亚较早地将"犯罪对社会的危害"这一本质规定性从犯罪中抽象出来,并坚持认为,意图、被害者的地位、罪孽,等等,都不是衡量犯罪的标尺。②边沁也根据功利主义原理认为,犯罪其实是从各种可供选择的行为中抽取出来加以认定的结果,可以说,犯罪定义就是根据某种标准从大量个别行为中抽象出某种属性作为刑罚的对象。康德十分强调刑罚的原因只能是行为,而非行为人本身。他说:惩罚犯罪者的"原因是每一个人都可以认识到自己的言行有应得的报应","惩罚在任何情况下,必须只是由于一个人已经犯了一种罪行,才加刑于他"③。康德关于刑罚对象只能是行为的思想,为其等量报复论规定了前提:与刑罚相对等的,是犯罪的性质和强度。"任何一个人对人民当中的某个个别人所作的恶行,可以看作是他对自己作恶。"④ 可见,行为不仅是立法上制刑、动刑、配刑的对象,也是司法中定罪量刑的唯一对象。不难看出,这些思想与报应主义的"刑因罪生"的核心概念完全相符。

规范论的抽象行为假定,为现代刑法学奠定了坚实的理论基础。可以说,现代刑法学中一些重大理论问题的提出,如报应与预防、罪行与罪人、客观主义与主观主义、结果无价值论与行为无价值论等,都与应然犯罪学的规范论倾向之间有着明显的亲缘关系;而且,现代刑法的几个基本原则,如罪刑法定原则、法律适用人人平等原则、罪刑均衡原则,等等,也都是应然犯罪学这种规范论导向的必然结果。这里,犯罪学对刑法学的重要影响也由此可见一斑。

综上,古典犯罪学的应然论由三个理念构成:第一,认为犯罪应当是人与客观外界环境相互作用的结果,而非神定或者自由意志所决定的结果。此即应然犯罪学的决定论。第二,犯罪应当是对社会有害的行

---

① [美]加里·S·贝克尔:《人类行为的经济分析》,王业宇、陈琪译,104页,上海,上海三联书店、上海人民出版社,1995。
② 参见[意]贝卡里亚:《论犯罪与刑罚》,67~68页。
③ 《西方法律思想史资料选编》,北京,北京大学出版社,1983。转引自马克昌:《近代西方刑法学说史略》,101页,北京,中国检察出版社,1996。
④ [德]康德:《法的形而上学原理——权利的科学》,沈叔平译,165页,北京,商务印书馆,1991。

为，是否具有危害效果才是判断犯罪的客观标准，不应用意图、身份、人身危险性衡量犯罪。此即应然犯罪学的效果论。第三，作为法律规范的对象，犯罪应当是抽象的行为，不是具体的行为人。此即应然犯罪学的规范论。可以说，这三个理念分别从认知理性、价值理性、实践理性的角度，对犯罪"肯定是什么"、"希望是什么"和"将会是什么"等应然之罪的基本问题做了自己的回答。这就是应然犯罪学的几个基本理念，时至今日，许多犯罪学问题及其研究都可以还原为或回溯到这三个方面的应然犯罪学研究。怎么评价古典犯罪学的应然论呢？可以说，应然性研究的一个必然结果就是，发现、暴露现实世界中应然而实不然的问题。作为应然犯罪学的主流理论，古典犯罪学不可避免地接触到当时立法、司法中一些与应然性理念不相符的弊端。于是，对现实的怀疑和批判，便成为古典犯罪学应然性理论研究的实际归宿，而且，也在刑事法治的发展、完善过程中起到了不可替代的重要作用。贝卡里亚描述了法律自身制造出自己意图或本该遏止的行为的现象，也就是所谓的犯罪控制的异己性，这是应然犯罪学的一个极具冲击力的发现。可以说，揭示犯罪控制实践中这种关系的客观存在，是对犯罪控制现实的最无情的一种批判：犯罪控制不一定都在控制犯罪，相反，它还可能制造犯罪。这种分析对后来的犯罪学也产生了巨大的影响。有的犯罪学家认为，与其说将犯罪控制作为犯罪的结果来分析，不如将犯罪控制本身作为犯罪的原因来分析更有意义。对此类问题的回答，引出了不少激进的犯罪学理论，如"批判犯罪学"等。可以说，犯罪学就从这些怀疑开始，这些问题的提出吸引了众多学者，他们形形色色的回答，就是犯罪学。

小　结

应然犯罪学主要研究犯罪的本源应当是什么、社会希望犯罪应当是什么以及法律应当如何对犯罪作出反应等问题。启蒙思想家对神学预定论、自由意志论的批判，为古典犯罪学派的应然犯罪学研究打下了理论基础。以贝卡里亚为代表，古典犯罪学在犯罪本源问题上持决定论立场，坚持认为犯罪现象背后的神秘力量就是人性与环境的互动，而非神定或者自由意志。在社会希望犯罪是什么的问题上，古典犯罪学认为犯罪应当是对社会有害的行为，危害效果的有无才是判断犯罪的客观标准，不应用动机、意图、身份、人身危险性来衡量犯罪。在法律应当如何对犯罪作出反应的问题上，古典犯罪学认为犯罪应当是抽象的行为，不是具体的行为人；刑法应将各种危害行为中感性、具体的细节过滤掉，只对其抽象属性加以规范评价。古典犯罪学主要借助定性的思辨研究方法表达上述理念。然而，应当如何，并不意味着实际上一定如何。所以，对立法、司法现实具有穿透力的理性批判，使得古典犯罪学的应然性理论研究在整个犯罪学的历史发展中占据了不可替代的历史地位。

第 三 章

实然犯罪学

在犯罪学的历史上，由于对规范论假定的笃信，应然犯罪学沿着犯罪问题的规范学研究路径越走越远，以至于现代刑法学的许多主流理论和学说中，古典犯罪学应然论的遗传特征仍然清晰可见。与此不同，在犯罪学的另一个方向上，另一类问题逐渐引起人们越来越多的注意，这就是，"犯罪应当是什么"的问题与回答毕竟不同于"犯罪实际上是什么"的问题及其回答。于是，在这个新的方向上，发展起犯罪学的另一支，即实然犯罪学。所谓实然犯罪学就是指以实证主义犯罪学为代表的，围绕"犯罪实际上是什么"的问题所展开的各种犯罪学研究。这一章我们将从实然犯罪学的基本问题开始，通过实然犯罪学理论根基的回溯，进入实然犯罪学的基本理念，并着重分析实证研究方法在犯罪学研究中的重要地位。

第一节 实然犯罪学的基本问题

犯罪实际上是什么，构成了实然犯罪学的基本问题并引出了实然之罪的概念。这其中，如何理解所谓"实然"的意义，是理解实然犯罪学的前提。

"实然"的第一个意义是可感知性，实然意味着看得见、摸得着，所以，如果说某个事物存在着，但又无法被感知，那么，要么是由于某种原因其存在尚未被感知到，要么就是虚构的存在。在犯罪学中，这个意义上的实然首先意味着犯罪本源探求的放弃，因为如果只有可感知到的才是真实的，那么，现象背后无法感知的存在都只能是虚幻。在这个意义上，任何所谓神定、自由意志等所有无法直接经验到的所谓犯罪本质、本源都不得不相继离开实然犯罪学的视野。

"实然"的第二个意义是可证伪性。如果某个理论的真伪无法被检验，那么，便无所谓实然与否。这意味着，所谓实然与否，只是认识论范畴的概念，而非价值论问题。在价值论中，无所谓证伪，因为，好与恶、美与丑、需要与拒斥，是相对评价主体而言的，没有客观判断标准。在犯罪学中，这意味着，在价值上保持中立的知识才可能是犯罪学知识。犯罪学研究应当是价值无涉的，应当力图发现那些犯罪现实中确定不移的、纯客观的关系和规律。

"实然"的第三个意义是具体性，即唯一性、不可重复性、异质性、多样性，等等。关于事物的抽象认识，都掩盖了大量事物的本来面貌，将事物的具体个性淹没了。在犯罪学中，这个意义上的实然意味着，建立在抽象人假定、平均人假定、理性人假定、行为中心论基础上的规范论，只能在十分有限的程度上解释、解决犯罪问题，只有更加个性化、个别化、因人而异的非法律手段，才更接近实然的犯罪现实。

总之，实然之罪就是经验之罪，价值无涉的客观、必然之罪，异质、多样的个别之罪。实然犯罪学，就是建立在实然之罪假定基础之上的各种犯罪学研究。在这个方向上，也活跃着许多学说、学派，并有诸多认识成果，使犯罪学作为事实学的学科属性愈加突显。其中，实证主义犯罪学派就是一个重要代表。

第二节 思想背景

实然犯罪学的实证精神不是凭空产生的。经历了古典犯罪学所推动的刑法改革以后，人们还是注意到，尽管刑法制度日趋完善，可现实生活中犯罪现象越来越严重，发案率越来越高。于是，人们开始怀疑：刑法再完善、再科学，到底能不能起到有效控制犯罪的作用？人之所以犯罪或不犯罪，到底在多大程度上与刑法的合理性有关？犯罪控制的实践逐渐证实，人犯罪或不犯罪，很可能需要从刑法以外寻找解释。实然犯罪学的产生，就是这种疑问的学术反映。

然而，仅有疑问还远远不够。一种新学派的出现，还必须在思想、理论乃至方法论方面寻求新的理论范式。而此时,恰恰是孔德的实证主义哲学、达尔文的生物进化论、凯特勒的社会统计学创立、发展、广泛被人们接受的年代,这些学说提供的新视野与人们对刑法实际效果的怀疑之间的契合,使人们隐约看到了问题与答案之间的桥梁。因此,了解实然犯罪学,不能不从其理论参照系开始,不能不从实证主义哲学、生物进化论以及社会统计学开始。

一、经验主义

在西方哲学史上,从16世纪末、17世纪初开始,学术研究的焦点从本体论问题向认识论问题转移。围绕着知识的来源、内容等问题,历来就存在唯理主义和经验主义之争。实证主义就是经验主义长期发展过程中形成的一种理论。因此,了解实证主义不能不首先了解经验主义。经验主义的基本观点可以概括为:

首先,在知识的来源问题上,经验主义的一致立场是认为知识来源于感觉经验,而唯理主义认为知识是从先天的"自明之理"出发,经过逻辑推理而获得的。培根认为,在认识上人的心智受感觉影响,感觉因物质事物而起。[1] 知识是外在事物通过感觉经验在人脑中的反映,这种反映越少受人脑中的偏见、意见的影响,就越真实、客观。洛克提出了著名的"白板说":理性和知识的材料来自经验;人类所有的知识都建立在经验之上,归根到底发源于经验。[2] 孔德(Auguste Comte, 1798—1857)指出:观察优于想象。在以被观察到的事实为基础的知识以外,没有真实的知识。孔德所说的观察,包括"纯粹观察"、"实验"和"比较"三种形式。孔德的这个命题包括两层含义:一是想象服从观察,二是观念服从事实。这是孔德知识论中唯物主义因素的总概括。[3]

其次,在感性认识与理性认识的关系上,唯理主义者强调理性的作用,认为人不需感觉经验而仅靠理性就能直观或推论出普遍、确实而可靠的知识。与此不同,经验主义通常更加强调感性的力量。其中,不同

---

[1] 参见[美]梯利:《西方哲学史》(增补修订版),葛力译,294页,北京,商务印书馆,1995。
[2] 参见上书,346页。
[3] 参见欧力同:《孔德及其实证主义》,44~46页,上海,上海社会科学院出版社,1987。

的经验主义者的观点又不尽相同。培根虽然十分看重感觉、经验、实验等直接的知识来源,但没有把理性排除在认识活动之外。

然而,贝克莱(George Berkeley,1685—1753)放弃了培根的这一立场。贝克莱不相信心灵能够构成抽象的观念,否认共相的客观实在,认为只有个别的、具体的才是真实的。应当说,作为经验主义者,强调感性能力的作用无可厚非。但是,如果过分夸大感性能力的作用,无视理性能力在认识活动中的重要地位,那么,人的认识怎样达到大量个别现象背后的本质联系呢?孔德就基本上接受了贝克莱这种轻视理性认识的立场,果然,孔德哲学从此滑向不可知论。[①]

再次,在知识的内容和对象问题上,经验主义者大都持非本质主义的态度。这也是经验主义过分相信感觉经验的必然结果。由于知识来源于感觉经验,而感觉经验能够告诉人的,当然更多的是事物之间的现象联系。沿着经验主义的脉络走下去,我们便不难看到,当感觉经验的作用被无限夸大时,被认识的事物本身的客观性也成了问题。在贝克莱这种唯心主义经验论的影响下,经验主义越来越注重感知事物之间的现象联系,而对它们背后的所谓本质联系不以为然。[②]

孔德的实证主义正是在这些思想背景之下产生的。孔德哲学的基本理念是"拒斥形而上学"。孔德说:实证一词第一指真实,这便与神秘、虚幻、玄想相对。第二,实证一词还指有用,这意味着知识探索的现实性,排斥那些不结果实的好奇。第三,实证意味着肯定,与无穷无尽的怀疑和争论相对。第四,实证就是讲求精确,与模糊或暧昧相对。第五,实证还意味着积极、组织、建设,而非消极或否定。第六,实证还意味着以相对代替绝对的倾向。[③]

[①] 参见欧力同:《孔德及其实证主义》,51页。
[②] 休谟(David Hume,1711—1776)就承袭了贝克莱的存在即被感知的观点,认为认识的对象是人自己的印象,因此,人没有权利断定物质实体或精神实体的实在性,事物之间的原因和结果无非是观念有规则的前后相继。休谟首先从经验主义的共同立场出发探讨因果关系问题,他强调因果关系的知识要建立在观察和经验的基础上,认为:我们观察到对象之前后相连,相同的东西经常联结在一起,火焰生热,寒冷降雪,一个台球运动接着另一个台球运动。于是我们推论这种对象有因果关系,其中一个是另一个的原因。然而,仅此而已,我们根本不能发现任何力量,我们所见的无非是一个事件跟随另一事件,但我们永远观察不到其间的链条。我们没有经验过这样的链条或力量或联系。当我们说一个对象和另一个对象有联系的时候,意思是说它们在我们的思想中取得了联系。参见[美]梯利:《西方哲学史》(增补修订版),382～389页。
[③] 参见[法]奥古斯特·孔德:《论实证精神》,29～31页。

最后，在对社会现象的认识上，经验主义者往往表现出还原论[①]倾向，具体表现主要是常常用自然科学知识解释社会现象。霍布斯相信社会现象的自然主义解释，认为可以用运动或用力学解释一切事物：人类本性、精神世界、国家以及自然界的现象。[②] 应当说，用自然规律解释社会现象的还原论倾向，与经验主义的总体思想之间，特别是与其非本质主义之间有着明显的关联。孔德强调人的动物性和社会生物因素的年代，也就是他出版《实证哲学教程》（1830—1842年）时，达尔文（Charles Robert Darwin，1809—1882）还在以博物学者的身份随"贝格尔"号巡洋舰作环球旅行，他的《物种起源》于1859年问世，《人类的由来和性选择》于1871年出版。即便在孔德形成自己的社会有机体理论时，法国已经出现了拉马克主义[③]，但当时拉马克（Jean-Baptiste de Lamarck，1744—1829）的影响很小。可见，孔德真是在实践着自己拒斥神学和形而上学的原则。

现在，我们应该对经验主义有个总体的印象：在知识的来源问题上，经验主义认为知识来源于经验而非天赋；在感性能力与理性能力的关系问题上，多数经验主义者（培根、洛克除外）更相信感性能力；在知识的内容和对象问题上，经验主义者不相信经验不到的现象背后还有什么本质或本源存在着，现象之间前后相续的恒常关系就是科学认识的对象，就是规律；在对社会现象的认识上，经验主义更倾向于将社会问题简化为自然现象进行科学主义的解释。这些，就是我们的意大利犯罪学家们的思想得以形成的哲学背景。这些经验主义思想，在以实证主义犯罪学自诩的不少论著中都得到了充分的演绎，即使在古典犯罪学那里，培根、霍布斯、洛克等人的经验主义倾向也多次再现。[④] 因此，从哲学意义上说，特别是在认识论问题上，古典犯罪学和实证主义犯罪学其实是沿着同一条路线走向犯罪问题的。只是在贝卡里亚和边沁形成其

[①] 还原论原指生物学中试图把生命运动形式归结为物理、化学运动形式，用物理、化学规律取代生物规律的方法论倾向。按照还原论，可以把生物学规律还原为分子运动规律，把人类活动还原为低等动物的反应，再把这些反应还原为物理、化学过程。（参见《中国大百科全书·哲学卷》，315页，北京，中国大百科全书出版社，1987。）这里笔者借用该术语表示经验主义用自然科学解释人类社会现象的方法论倾向。
[②] 参见［美］梯利：《西方哲学史》（增补修订版），297页。
[③] 拉马克是法国生物学家，于1809年发表《动物学哲学》一书，先于达尔文半个世纪提出了生物进化的思想。他认为，生物由简单到复杂、由低级到高级逐步进化，外界环境的影响是生物进化的主要原因。
[④] 参见本书第二章第二节有关部分。

犯罪学思想时，孔德哲学、达尔文进化论以及其他科学成就尚未问世而已。

二、生物进化论

1859年，也就是实证主义哲学的创始人孔德去世两年后，英国生物学家达尔文的著作《物种起源》问世了。接着，达尔文于1871年出版了《人类的由来》一书，进化论的思想开始真正地深入人心。[①] 从其理论的具体内容和它所体现出的哲学思想来看，生物进化论不仅是实证主义犯罪学特别是龙布罗梭"天生犯罪人论"的直接思想来源，而且，它与始终影响着西方思想界的经验主义哲学之间有着某种天然联系。可以说，生物进化论是经验主义哲学在那个时期生物学中的体现，甚至可以说，进化论就是生物学中的经验主义哲学。因此，要深刻理解后来出现于意大利的实证主义犯罪学，不能不对生物进化论有所了解。

"进化"一词来源于拉丁文evolutio，意为"展开"，指事物的逐渐变化、发展，由一种状态过渡到另一种状态。进化论产生以前，人们对生物乃至人类的形成问题的回答，主要来自于对创世论的笃信。所谓创世论，就是认为上帝创造了宇宙、生物和整个人类的一种宗教神学思想。生物进化论的出现，无疑是对创世论的极大冲击。按照进化论，现存的多种多样的生物是由原始的共同祖先逐渐演化而来的，自然选择是生物进化的主要动因。

在笔者看来，对意大利犯罪学学派而言，达尔文学说的直接影响有两个：

第一，达尔文学说真正揭示了人与其他生物体之间的内在联系和共同性。换句话说，人相对于其他动物、植物来说的优越性是有限的，人的动物性、自然性得到了科学的确认，因为人是动物界长期进化和演进的结果。正是站在这个理论平台上，后来的龙布罗梭才可能使他的学术

[①] 应当说，宣传进化论思想的，达尔文并非第一人。古希腊思想家亚里士多德就曾经系统整理过当时的动物学知识，对各种动物进行了细致的分类；并提出了生物等级和阶梯的观念，认为自然界所有生物形成一个连续的系列，从植物到人逐渐变得完善起来。1809年，法国学者拉马克就在其《动物学哲学》中，用环境作用的影响、器官的用进废退和获得性遗传等原理解释生物进化的过程，创立了第一个比较完整的进化论。

具有科学基础。

第二，不同生物之间、不同动物之间，存在着的进化地位的高低之分这一点，得到了人们普遍的承认。在整个生物序列中，人的进化地位最高，人与不同的动物之间进化地位上的距离，有的较近，而有的较远。在达尔文的进化论中，正是"返祖"遗传理论，对龙布罗梭天生犯罪人的思想产生了直接的影响。按照达尔文的说法，"返祖"遗传的原理是指，在漫长的物种进化过程中，"一种失传已久的结构可以被召回重新出现"①。就是说，如果身体上的某一结构在发育上发生中止，而生长的过程并不停顿，终于成长得和同一类群中的某一低等的物种的成年的成员具备的相应的结构十分相像，这样一来，这个结构，在某种意义上，就可以当作一个"返祖"遗传的例子看待……②

对犯罪学家来说，如果可以用动物的属性解释人的行为，那么，当然也就有理由用低等动物的属性解释人类行为中与之相近的类似行为，即犯罪行为。由此出发，意大利犯罪学家提出，犯罪是一种"返祖"现象，是进化地位相对较低的动物的野蛮属性在现代社会某些个体身上的再现。这个逻辑的可靠性，在很大程度上取决于进化论本身的真理性。我们可以发现，从进化论一问世，对其科学性的质疑就从来没有停止过，各种批评可以分为两类：一类是来自创世论的批评，认为世界万物不是自然进化的结果，而是上帝的杰作。另一类批评连同创世论一起加以否定，认为两者都没有给出宇宙、生命起源的正确解释。前者例如，有人认为，人们常常以达尔文的雀科鸣鸟或英国工业污染区桦天蠖颜色的深浅变化为例，来说明自然选择导致的进化正在我们眼皮底下发生，但是，依创世论者看来，这种进化恰恰发生在物种以内层次，而跨越物种以上层次的进化并未见之也，质言之，宏观进化是不可能的，它们不是经验事实。③ 后者例如，有人指出，进化论和创造论都好像是包含了很多知识的理论，可惜名不符实，都是伪知识（pseudo-knowledge）。两相比较，有一点最引人注目：在达尔文之前的时代，反对创造论的主要理由是没有人能解释神怎样创造万物，创造论者只能说创造是一件显然的"事实"，却要承认对创造方法的无知。但现今达尔文的自然选择

---

① ［英］达尔文：《人类的由来》，53页，北京，北京大学出版社，2009。
② 参见上书，51页。
③ 参见陈蓉霞：《创世论与进化论：能否走向统一？》，载《自然辩证法通讯》，2000（2），93页。

受到攻击，科学家也开始怀疑广义进化论的可靠性。在这种情况之下，进化论的高调愈来愈像当年的创造论，他们只能指出进化是"事实"，而不能解释清楚进化的过程到底怎样。①

在怀疑进化论科学性的各种批评中，又可以分为两种情况：一种是从方法论上发难，认为进化论面对的是不可重复的过去事件，进化论也无法预言未来物种的出现。总而言之，进化论不是一门经验科学，它仅仅是一种哲学思辨，其中暗含了一个自然主义前提，即上帝干预的不可能性。若是抽去这个前提，进化论就等于什么也没说。②另一种是从内容上分析进化论的缺陷。有学者提出，他们从达尔文的《物种起源》中没有找到"物种"的定义，从第一章中没有找到，从所有章节中都未能找到"物种"的确切界定……没有物种的概念，当然也就不会有"变种"的概念，所谓物种起源中关于通过"变种"这一中间环节而起源，也只能是一个不明晰的过程，只能由直觉领悟，思辨地把握，直观予以模糊证实。③

三、社会统计学

自培根以后，17 世纪到 19 世纪期间，整个西方的社会科学研究中充斥着一种浓厚的气氛，这就是注重统计学研究，量化分析随处可见，学者们纷纷投入大量时间、精力从事田野调查和实地研究，取得了相当一批研究成果。显然，这是和当时哲学界经验主义倾向同步并行的。可以说，注重经验事实和现象之间关系研究的经验主义和统计学分析之间有着某种天然的血缘关系：经验主义为社会统计研究提供了理论基础，而统计分析又为经验主义研究提供了大量的资料支持。这种风气当然也吹进了犯罪学研究领域，长达两个多世纪的犯罪统计研究，为实证主义犯罪学的产生做了准备。近三百年来，学者们运用统计手段和实地调查方法所取得的关于犯罪的知识，起码可以归结为以下几个方面：

---

① 参见[美]詹腓力：《审判达尔文》，10 页，北京，中央编译出版社，1999。
② 参见陈蓉霞：《创世论与进化论：能否走向统一？》，载《自然辩证法通讯》，2000（2），92 页。
③ 参见曹胜斌：《达尔文进化论批判——兼论自然科学与自然哲学的区别》，载《河南社会科学》，1998（3），75 页。

1. 经济因素对犯罪的影响

人们首先注意到,犯罪率的变化,往往伴随着某些经济现象的变化。每当物价的高低、收入的多少、人口的密度、城市的工业化程度、宏观经济的景气与否等因素发生变化时,反映在犯罪的数量、类型、强度等方面,就会出现相应的改变。较早注意到这类关系的是英国经济学家马尔萨斯(Thomas Robert Malthus,1766—1834),他在1789年匿名出版《人口原理》,其结论是:贫穷和罪恶都可用人口规律的运动加以解释,贫困和犯罪是人口自然规律的结果。

比利时学者凯特勒被称为"统计学之父",曾经对法国、比利时、卢森堡、荷兰等国家的犯罪率进行过统计分析,于1835年正式出版《论人及其才能的发展,或论社会物理学》一书。他在关于1826年到1831年间法国杀人案件的研究中发现,同一数字往往带着不可能被误解的规律性重复着,犯罪率的变化往往与一系列社会、自然因素有关。在此基础上,凯特勒指出,"社会制造犯罪,犯罪人仅仅是社会制造犯罪的工具"[①]。除此之外,我们还会发现,精于思辨研究的德国学者也没有放弃统计分析方法的运用:德国学者迈尔(Georg von Mayr,1841—1925)于1867年出版了《巴伐利亚王国和其他一些国家的司法警察的统计》一书,研究了1835年到1861年间巴伐利亚的粮价和犯罪率,发现黑麦的价格与财产犯罪率之间呈正相关。另一位德国学者厄廷根(Alexander von Oetingen,1827—1905)于1882年再版(第三版)了他的著作《道德统计及其对社会道德的意义》,书中,作者从食品价格与犯罪的相关中得出结论说,不仅要查明犯罪人的个人责任,而且要研究社会对个人犯罪的集体道德责任。[②] 应当说,这股统计分析之风,也吹到了意大利。这时的意大利,龙布罗梭的《犯罪人论》(1876年)和菲利的《犯罪社会学》(1892年)刚刚问世,另一位意大利学者韦斯(E. Forasaride Verce)就于1894年公布了他对意大利、英格兰、爱尔兰的经济条件与犯罪变化关系的研究结果。韦斯的研究涉及的具体经济因素包括农业状况、物价波动、工业危机、罢工、工人阶级状况,等等,结论是富裕地区犯罪较多,因为富裕地区的穷人必然利用机会实施财产犯罪。

---

① 吴宗宪:《西方犯罪学史》,137页。
② 参见上书,138页。

2. 犯罪制图学研究

较早从事犯罪制图学研究的是法国统计学家格雷（Andre Michel Guerry，1802—1866），他那时就用着色生态地图对法国一些地区人身犯罪和财产犯罪的犯罪率进行分析，用地图上的不同颜色表示与不同社会因素有关的犯罪率的变化。他于1833年出版了《论法国的道德统计》一书，书中论述了贫穷、气候以及年龄等因素与犯罪的关系。[1] 6年后，英国学者罗森（Sir Rawson W. Rawson）于1839年发表了《对英格兰和威尔士犯罪统计的探讨》一文，公布了他研究19世纪30年代的有关犯罪的统计数据。该研究发现犯罪主要发生在大城市中，采矿区的犯罪率是整个国家平均犯罪率的一半左右；在英格兰北部丘陵地区和威尔士乡村地区，犯罪率仅仅为国家平均犯罪率的三分之一左右。[2] 英国学者梅休（Henry Mayhew，1812—1887）也进行了大量的犯罪生态学研究，他于1851年到1862年间出版了他的4卷本著作《伦敦的工人和伦敦的穷人》，书中对犯罪场所、犯罪人居住地区等问题做了分析，绘制了各地区被监禁和保释的犯罪人数量的图表，发现工商业城市中心的犯罪率高于平均数，边远地区的犯罪率低于平均数。[3]

3. 自然因素与犯罪

格雷观察大量统计数据后发现，气候与犯罪有关：在寒冷的法国北部，人身犯罪与财产犯罪的比例关系为1∶1.81；而在温暖的法国南方，人身犯罪与财产犯罪之比就是1∶0.48。这说明，在气候温暖的地区人身犯罪率较高，而在气候寒冷的地区财产犯罪率比较高。除了地理、气候因素外，格雷认为年龄也与犯罪有关，20岁～30岁之间是犯罪高峰年龄。[4] 此外，凯特勒也注意到了自然因素对犯罪的影响。关于气候与犯罪的关系，凯特勒提出了"犯罪的热定律"，认为道德随季节及温度的不同而变化：南方及温暖的季节，人身犯罪较多；而北方及寒冷的季节，财产犯罪较多。凯特勒还基于对罪犯性别比的统计数据分析，研究了性别与犯罪的关系。[5]

---

[1] 参见吴宗宪：《西方犯罪学史》，136页。
[2] 参见上书，140页。
[3] 参见上书，141页。
[4] 参见上书，136页。
[5] 参见上书，137～138页。

4. 调查统计手段的创新

关于量化分析的技术手段，凯特勒有两个重大贡献，使经验主义哲学的理想变得更具可操作性：第一，凯特勒提出了"平均人"（averageman）的概念。他注意到，在人数的统计量足够大的情况下，人们各种特性的分布遵从正态分布规律。"平均人"是所有人的特性的平均数，其属性正处于正态分布图形的中央。因此，"平均人"是一个民族主要生理素质和道德素质的客观指标，是一个社会的典型，是描绘社会稳定状况的统计指标的中轴，"如同物体的重心那样，对社会中一切平衡现象和运动现象的评价可归结为对平均人的考察"。后来，"平均人"的概念在统计学中发展为"均值"的概念，在均值中，由偶然因素造成的随机量消失了，留下的只是常数和合乎规律的东西。因此，"平均人"的概念是统计学上的里程碑。第二，凯特勒还提出了概念的操作化问题。凯特勒认为所谓"道德素质"的概念过于抽象，缺乏经验事实对其含义进行指示。于是，他对人的"道德素质"这个概念设计了一个操作化方案，主张根据人的行为结果（能量消耗及能量消耗复现率）来衡量其道德素质。[①] 这个尝试虽未成功，但其创新意义在于，只有对抽象的概念进行操作化处理，才能打通理性思维与感性思维、概念世界与经验世界之间的通道。

综上，经验主义哲学、生物进化论以及统计学研究是实证主义犯罪学的三大知识背景，以实证主义犯罪学为代表的实然犯罪学来自这样的知识土壤。

第三节 实证方法

在犯罪学里，所谓实证主义犯罪学派有广义和狭义之分。从广义上看，实证主义犯罪学派泛指所有承袭实证主义学术传统的犯罪学研究。在这一学术传统之下，学者们研究犯罪问题时追求的是科学的程序规则、经验研究的基本模式，至于理论观点和研究结果，可以千差万别。从这个意义上说，从龙布罗梭以后，几乎绝大多数犯罪学都可以归入实

---

① 参见袁方：《社会研究方法教程》，41页，北京，北京大学出版社，1997。

证主义犯罪学的范畴。从狭义上看，实证主义犯罪学派仅仅指早期开创实证主义犯罪研究的意大利犯罪学家龙布罗梭、菲利、加罗法洛，所以，狭义的实证主义犯罪学派又称意大利学派，或早期实证主义学犯罪学派。我们这里所说的实证主义犯罪学派指的是狭义的实证学派，即意大利犯罪学派。这三位学者的代表作主要有：龙布罗梭的《犯罪人论》（1876年）、《犯罪的原因及矫治》（1911年）；菲利的《犯罪社会学》（1881年，当时的书名是《刑法和刑事诉讼中的新见解》，到了1892年出版第三版时，才叫做《犯罪社会学》）、《实证派犯罪学》（1883年）；加罗法洛的《犯罪学》（1885年）。通常认为，龙布罗梭出版《犯罪人论》的1876年，为实证主义犯罪学创立的起始年代。[①]

任何一种理论超越，尤其是在一些基本问题上的理论超越，前提都是提出新的问题。没有新的问题，理论推进只能是原有理论框架内的不断完善。19世纪中叶，意大利犯罪学派出现了，给后来的犯罪学研究带来的巨大影响延绵至今。和古典犯罪学派不同，意大利学派的问题是：犯罪实际上是什么？对此，意大利学派选择的理论进路是研究方法上的创新，即如何研究实然之罪。意大利学派的学者们认为，掌握发现犯罪知识的正确、有效方法，比讨论具体的犯罪学知识、理论本身还要重要。因此，如何发现复杂经验现象背后的犯罪知识、规律和关系，这个问题本身是对方法论的追问，而不是对实体理论本身的追问。借助一整套实证分析的研究方法，意大利学派的学者们打开了一个新的犯罪世界，让人们看到了通过古典犯罪学理论所看不到的各种与犯罪相关的事实、关系和规律。正如菲利所说，实证主义犯罪学和古典犯罪学两者相比，他们各自说的是两种完全不同的语言。[②] 可是，犯罪学界至今很少有人对实证主义犯罪学的研究方法进行系统梳理。笔者认为，客观观察、科学归纳、定量分析是实证分析的研究方法的基本特征。

一、客观观察

首先，有人研究问题从想到的开始，有人研究问题从看到的开始。

[①] 菲利对此持不同意见，他认为，1872年，龙布罗梭发表的论文《对400名威尼斯犯罪人的人体测量》标志着实证派犯罪学的建立。参见［意］菲利：《实证派犯罪学》，6页。
[②] 参见［意］菲利：《实证派犯罪学》。转引自吴宗宪：《西方犯罪学史》，183页。

意大利犯罪学派属于后者，他们研究犯罪问题，是从观察开始。而观察所获资料中包含的信息，只对充满问题的大脑才有意义，信息只赐给那些充满问题的大脑。因此，在观察之前，首要的问题不是采用什么具体方法去搜集资料，而是带着什么问题去搜集资料。

那么，实证主义犯罪学派的学者们观察犯罪人之前，头脑中关于犯罪问题的预存知识以及疑问是什么呢？是进化论。在龙布罗梭等人的著作里，大量重复出现的一个信息就是，达尔文关于生物进化以及进化过程中偶尔出现的"返祖"退化现象的假设。犯罪人的存在是否真的可以用这一理论来解释呢？要想证实这一猜测，犯罪人就应当具备行为、心理、生理等各方面的退化特征，否则，用"返祖"现象来解释犯罪就无法成立。在这种关于进化论的预存知识的导向作用下，为了解答犯罪人到底是不是进化过程中低等动物属性的再现这个疑问，犯罪人类学的科学观察活动成为必然。

明确了为什么观察，接下来的问题就是"观察什么"。既然犯罪人类学的问题是，犯罪人到底是不是低等物种或古人类某些低等属性的再现，那么，观察的内容至少要包括犯罪人的生理特征、心理特征、行为特征三个方面。在意大利学者们的著作中，尤其是在龙布罗梭的著作中，这些方面的观察结果比比皆是。除了前面提到的犯罪人的生理特征以外，龙布罗梭还从心理、行为等方面对犯罪人进行了大量观察。这里，我们又一次看到了龙布罗梭真正的着眼点：犯罪人的存在是一种进化现象。

最后，就是"怎么观察"？对此，龙布罗梭除了采用直接观察、调查等经验研究的传统手段以外，还运用了文献研究的方法。所谓文献研究是经验研究中收集资料的一种基本方法，也是观察研究对象某些侧面的一种方式，它主要是以报刊、书籍、档案、书信等书面材料中获取有关信息。和直接观察及调查不同，文献研究不一定直接接触研究对象，没有所谓干扰效应；而且最大的优越性在于可对大量样本进行研究，所需研究费用不高。例如，龙布罗梭在1600年出版的一本叫做《论Bianti》的书中，发现了38种诈骗犯和"二流子"的行为方式；在广场上买到的92本歌曲集和故事集中，发现有20本属于犯罪文学；在《维罗纳歌集》的100个作品中，发现有3篇涉及犯罪；在115首蒙费拉托的民歌中，发现有10首涉及犯罪描述的；在106首皮埃蒙特和利古里亚的民歌中，发现了5篇犯罪文学；在《马尔凯歌曲集》中的1 174首歌曲中，发现了8首歌颂犯罪……①这些，都是与犯罪人的生活、处境、内心世界密切相关的客观事实，而且是通过文献资料才可能进行大量观察的客观事实。

二、科学归纳

当然，观察本身不能代替逻辑分析。而归纳法是经验主义传统十分看重的基本逻辑分析方法之一。作为经验主义哲学的后裔，实证主义哲学以及实证主义犯罪学自然会坚持归纳法的应用和不断完善。菲利在比较实证主义犯罪学与古典犯罪学的差异时就说过："对我们来说，实验（即归纳）法是所有知识的关键；对古典学派来说，一切都是从逻辑演绎和传统观念中得出来的。对他们来说，事实应当让位于三段论（演绎法）；对我们来说，事实有决定性作用，没有知识就不能进行推论。对他们来说，科学仅仅需要纸张、笔、墨水，其他的则来自充满了大量书本知识的大脑，而那些书本也是用同样的方式产生的。对我们来说，科学要求长期地逐个检验事实、评价事实，获得它们的共同特征，从它们中抽取出中心概念。对他们来说，演绎法或绎事法足以推翻通过多年的观察收集的大量事实；对我们来说，情况正好相反。"②例如，龙布罗梭的归纳法有三种基本的运用形式：

第一种是对某类犯罪人的各种被观察到的经验现象进行归纳，从而概括出这类犯罪人的若干个特征。这是实证分析的最常见方式。例如，龙布罗梭在其《犯罪人论》中，对情感冲动型犯罪人进行了深入观察和分析。在这项研究中，龙布罗梭概括出情感冲动型犯罪人的20个特征③，对其中每个特征的认识，都使用了归纳法。

龙布罗梭著作中归纳法的第二种运用形式是，将划分和归类结合起来，先在从属到种的方向上对经验现象进行划分，然后再在从种到属的方向上对经验现象进行归类，最后，将这两类经验现象进行对比，发现其异同。龙布罗梭关于罪犯笔迹的研究④，就属于这种运用形式。

龙布罗梭著作中归纳法的第三种运用形式比较复杂，涉及了因果关

---

① 参见［意］切萨雷·龙勃罗梭：《犯罪人论》，177～199页，北京，中国法制出版社，2000。
② 转引自吴宗宪：《西方犯罪学史》，183～184页。
③ 参见［意］切萨雷·龙勃罗梭：《犯罪人论》，105页。
④ 参见上书，173页。

系的分析。我们知道，归纳法包括完全归纳和不完全归纳两种，二者区别的关键在于观察的对象是否无一遗漏。在完全归纳中，被观察是否具有某种属性的经验事实是全部研究对象，只要一个经验事实未被观察到，就不能称做完全归纳，结论也就不是必然的了。而不完全归纳不要求穷尽观察对象。事实上，在对社会现象的研究中，绝大多数情况下都只能采用不完全归纳。然而，就其可靠程度而言，不完全归纳又可分为两种情况：简单归纳和科学归纳。简单归纳实际上是尽可能枚举大量的经验事实具有或不具有某种属性，只要没发现反例，便可以进而推出该类经验对象具有或不具有某属性的结论；其结论通常或然性较大。而科学归纳尽管也是一种不完全归纳，但和简单归纳的不同之处在于，科学归纳中各个经验事实与某种属性之间的关联不仅得到观察上的证实，而且，这种关联的内在联系还经过科学实验、观察、分析等方法获得了确认。从龙布罗梭关于犯罪人感觉的研究①中我们不难看出，有两个套在一起的归纳推理：一个是科学归纳，当中包含着一个简单归纳。龙勃罗梭的结论是：罪犯的犯罪严重程度与其诱因之间极不对称——微不足道的诱因便可导致他们实施非常残暴的犯罪。这其中包含着这两个简单归纳推出的两个结论：其一，罪犯往往感觉迟钝；其二，罪犯往往道德感觉麻木。正是有这两个简单归纳作为中间环节，以上归纳才成其为科学归纳。这两个简单归纳揭示了这一判断之所以成立的内在原因：罪犯感觉的迟钝和麻木。这种感觉上的麻木使犯罪人不把他人和自己的死亡看作是什么大事，此种麻木再加上欲望的推动力可以解释为什么犯罪的严重程度与犯罪人的动机之间往往大不相符或者毫不相符。② 可见，归纳法是研究现象之间因果关系的重要方法，因而也是实证主义犯罪学常用的研究方法。

三、定量分析

除了客观观察和科学归纳以外，意大利学派的实然犯罪学研究中，还十分重视量化分析方法的运用。在犯罪学中，所谓典型事件，通常是

---

① 参见［意］切萨雷·龙勃罗梭：《犯罪人论》，73页。
② 参见上书，78页。

指大概率事件，而非少数、个别的极端事件，因此，对典型事件的实证分析，离不开定量方法的运用。龙布罗梭曾经强调说，人类学需要的是数字，而不是孤立的、笼统的描述。① 菲利也认为，道德和社会现象不同于自然和生物学现象，很难甚至于一般不可能进行试验，所以在这一领域所进行的观察最有助于科学研究，而统计学就是各种观察中最有效的一种手段……②

更有意义的是，实证主义犯罪学派的学者们并不是盲目的数字至上主义者，他们时刻不忘数字背后的经验含义以及各种社会因素对数字产生过程的影响。例如，龙布罗梭在十分看重量化分析的同时，并不迷信数字，而是在特定社会背景环境中理解数字。菲利也意识到，如何解释犯罪统计结果，历来都是不同犯罪理论以及权力斗争的反映。总之，对于犯罪统计数字背后的实际内容，要在分析后再做判断。

在龙布罗梭的著作中，对犯罪现象进行量化分析，大体上涉及人、行为、时间、空间、个体特征、环境因素等基本要素。实际上，所谓量化分析，就是以一定规模的这些要素为观察对象，用数量语言描述、分析这些要素之间的各种关系。龙布罗梭对这些要素的描述和分析，至少涉及以下三个类型、共11种量化分析模式：

类型一：围绕人的描述

模式1：对罪犯某个特征的频率分布的描述是一种结构性分析，作用是对罪犯某个属性的具体构造进行划分和描述。

模式2：对犯罪人某个特征的均值与常人该特征的均值比较，实际上是一种相关分析，作用在于，如果两个均值差异显著，说明该特征的有无很可能与是否犯罪有关，差异越大，越显著，说明相关的程度越高。

模式3：按照同一标准划分的不同主体犯罪几率的比较，是一种相关分析，作用是显现出受该因素的不同影响的不同结果。处于某个组别的个体犯罪的几率较大，或者处于某个组别的个体的犯罪几率较小，都被视为该因素作用的结果。

模式4：在同一因素不同程度的影响下罪犯与常人的比较，是一种程度性分析，作用在于显示以不同强度影响犯罪的某个因素的不同效

---

① 参见［意］切萨雷·龙勃罗梭：《犯罪人论》，39页。
② 参见［意］恩里科·菲利：《犯罪社会学》，郭建安译，40页，北京，中国人民公安大学出版社，1990。

果。如果某个因素的强度越大，则犯罪越多，或者强度越小犯罪越少，那么，该因素与犯罪之间的关系便得到了进一步的证实。

模式5：不同类型犯罪人在某个属性上的差异，是一种特殊的相关分析，作用是通过某种属性将各类犯罪人区别开来，实际上是显示出该种属性与犯罪类型之间的关系。

类型二：围绕空间的描述

模式6：不同空间的罪犯与常人某个行为发生率的比较，是一种相关分析，作用在于，如果不同空间（不同社区、省份、国家）的罪犯和常人在是否实施某种行为上的区别具有较大的一致性，说明该行为是区分罪犯与常人的一个外在特征。这种描述实际上是对该种行为与犯罪之间关系的一种描述，其结果往往为进一步回答为什么罪犯往往实施或不实施此类行为的问题提供了可能。

模式7：不同空间两类犯罪发案率比较，是一种相关分析，作用是显示处在不同空间的不同类型的犯罪在发案率上有何不同。如果随着空间按照某种规律的变化，不同犯罪的发案率也变化，那么，这种变化可以解释为空间变化的结果；反之，就不能用空间因素解释犯罪类型之间的差异。

模式8：空间与某个属性相互参照下罪犯与常人的比较，一种比较复杂的相关分析，作用是以空间因素的一致性程度来检验某属性与犯罪之间相关性的可靠性程度（或以某个属性的有无辨别犯罪人与正常人的敏感性程度）。如果某个因素在更多的空间对犯罪都有较显著的影响，才可能被认为与犯罪之间具有明显相关；反之，如果某个因素的影响在此地出现而在彼地消失，就很难将其视为与犯罪有相关关系。

类型三：围绕时间的描述

模式9：不同时期罪犯与常人某个属性的密度比较，一种过程性动态分析，作用是通过罪犯与常人的比较，在过程中显示出某个因素对罪犯与常人的不同影响。如果在相当长的时期内，某个因素在罪犯和常人身上的出现频次具有显著差异，说明该因素与犯罪之间的关系值得进一步考察；如果在该时期内罪犯和常人都同样程度地受到该因素的影响，就应排除该因素与犯罪相关的可能性。

模式10：不同时期同一因素对不同犯罪类型的不同影响，是一种过程性分析，作用是在过程中显示某个因素对不同类型的犯罪的不影响。如果某个因素与相比较的各类犯罪的相关关系在强度或方向上相一致，说明在这种因素作用下，各类犯罪的变化机理可能是一样的。如果各个相关关系在强度或者方向上不一致，说明在该因素作用下，各类犯罪的变化机理可能是不一样的，需要分别理解。

模式11：时间与空间相互参照下某类案件发案率的动态描述，是一种过程性分析，作用是显示某种犯罪在时间和空间上存在的客观性。如果某类案件不论何时何地都呈现出同步或相似的出现频率，那么，该类案件在该时空条件下就是一种客观存在，而非偶然现象。

综上，意大利学派所倡导的实证分析方法，为实然犯罪学研究提供了基本研究方法，是犯罪学作为事实学的基本话语形式。正是借助这些实证分析的方法，意大利学派才提出了以下几方面实然犯罪学的重要理念。

第四节 实然之罪

不同于古典犯罪学痴迷于应然之罪的探讨，实证派犯罪学的先哲们站在经验主义哲学、达尔文生物进化论与统计学研究的经验主义土壤之上，运用客观观察、科学归纳与定量分析等实证研究方法描绘了生动的实然之罪的景象。这种实然之罪，既是经验之罪，又是必然之罪，还是个别之罪。

一、经验之罪

对意大利学派而言，只有经验到的犯罪才是真实存在的犯罪，如果超出人的感知能力，不论是神定之罪、自由意志之罪还是人性与环境互动之罪，都只是学者的虚构而已。所谓经验之罪，就是通过经验研究所感知到的犯罪。意大利学派相信，任何犯罪学研究，都应将自己的观察和理论建立在经验之罪之上，经验之罪是实然犯罪学研究的真实对象。

意大利学派中犯罪概念的经验原型，与通常刑法所禁止的行为之间，存在着某种交叉关系，其中，重合的部分是，行为人在精神状态正常的情况下实施的危险性明显的反社会行为，如谋杀、抢劫、盗窃等。但是，一方面，通常刑法中禁止的许多被加罗法洛称为"行政犯"或"法定犯"的那部分犯罪，没有出现在意大利学派的经验描述中；另一方面，按照现代刑法原则不作为犯罪处理的精神变态状况下实施的危险行为，却频繁出现在意大利学派的研究中。显然，这后一部分在意大利学派也作为犯罪看待的行为，也具有危险性十分明显的外在特征。人们对危险行为的恐惧感不取决于刑法是否将其规定为犯罪，而与该行为外在的危险性本身直接相关。由此可见，不论是否构成刑法上的犯罪，只要是表现出明显危险性的行为，就是意大利学派犯罪概念的经验原型。

另外，经验原型既是个定性的概念，同时也是个定量的概念。如果在研究者的视野中，某种经验现象仅仅是极为偶然的小概率事件，那么，这些事件就不可能，也不应当成为建立理论的事实基础。某些经验现象之所以成为代表某类事物的经验原型，起码的条件是其空间上的普遍存在和时间上的反复出现。因此，研究者观察到的经验事实越多，成为研究对象的样本数量越大，所获结论才越可靠。当观察的样本等于总体时，误差便为零。当然，几乎所有研究人员都不可能使自己的样本容量大到等于总体，但对犯罪研究来说，不同的犯罪人之间、不同的犯罪种类之间、不同的犯罪案件之间，都存在着很大的异质性，因此，任何个案的观察结论都无法直接推论到其他个案中去。应当尽可能地使自己的研究建立在大样本的观察基础之上，这是经验主义方法论的重要特征之一，也恰恰是实证主义犯罪学派的学者们自觉追求的一个科学标准。只要仔细看看龙布罗梭的《犯罪人论》，就可以明显感受到作者严格的科学研究素养和强烈的样本意识：他的犯罪人头骨研究是以101个意大利罪犯为样本；他的罪犯人体特征测量和相貌分析是以1 279个罪犯为样本；他的犯罪人的文身研究是以3 886名士兵和2 898名罪犯、妓女、犯罪的士兵为样本；他对犯罪人的笔迹的研究是以407份来自监狱管理部门提供的罪犯亲笔供词为样本。

可以看出，在实然犯罪学看来，犯罪人是一种特殊人。表面上看，特殊人的概念与普通人相对，实际上，在意大利学派的特定语境中，与特殊人相对的是自由意志人。犯罪人特殊就特殊在，他们犯罪并非出于自由选择，他们是永久地或暂时地置身于一种物质的或精神的状态，生活在从内部到外部促使他走向犯罪的那种因果链条的环境中。[①]

总之，尽管意大利学派竭力表明自己"拒斥形而上学"的实证主义立场，强调自己的非本质主义态度，认为古典犯罪学关于犯罪本质的探究，没有意义，但是，意大利学派在不知不觉当中还是没能成功掩饰住自己对犯罪人内在属性的基本看法，即特殊人论的倾向。其实，这是基于一定经验原型的理论概括，因而也是一种意义上的犯罪本质规定性的分析。

---

① 参见［意］恩里科·菲利：《实证派犯罪学》，9～10页。

二、必然之罪

意大利学派不仅放弃了现象背后所谓犯罪本质的探究，而钟情于犯罪现象本身的经验研究，而且，也认为古典犯罪学的价值论分析由于价值好恶无法证实或证否而没有意义。因此，意大利学派力主价值无涉的实然犯罪学研究。意大利学派的学者们相信，人的价值评价本身不能创造犯罪，也不能改变犯罪，犯罪的存在与否与此无关，所以，所谓必然之罪，其实就是犯罪独立于立法者的价值取向、利益标准而客观存在的自然性，以及其发生、发展、变化不可避免地受制于各种自然、社会规律支配的受动性。

一方面，犯罪的客观必然性首先来自于犯罪原因、因素的客观必然性。在意大利学派看来，各种犯罪原因中强度最大、影响力最稳定、作用面最广泛的，当属人类学因素。他们也正是从这个意义上，用生物进化过程中的"返祖"现象解释犯罪的本质，认为犯罪人实际上就是低等动物某些生理、心理、行为特征通过现代社会某些个体的再现。在意大利学派的视野中，无论是从统计学的角度还是从人类学的角度看，犯罪都是一种自然现象；用某些哲学家的话说，同出生、死亡、妊娠一样，是一种必然现象。①

另一方面，实证派的学者们又认为，犯罪不都是人类学因素的结果，犯罪原因体系中还有一些比较活跃的因素，它们对犯罪的影响具有较大的或然性。在多数情况下，这种活性因素往往是指社会因素。对菲利来说，犯罪不仅仅是人类学因素的结果，还是自然因素以及社会因素共同作用的结果。这就是犯罪学上所说的"三因素论"，其中，所谓自然因素主要是指气候、土壤状况、昼夜长度、季节、温度、气象情况及农业状况；社会因素主要是指人口密度、公共舆论、公共态度、宗教、家庭、教育、工业、经济政治状况、公共管理、司法、警察、立法、法律制度，等等。②在这三者当中，人类学因素的影响具有更大的自主性、稳定性、确定性，自然因素的影响次之，社会因素的影响最为活跃、不确定。

基于对犯罪原因、犯罪因素客观必然性的分析，意大利学派进而认为，犯罪的发生机理在于，犯罪人分类与犯罪原因分类之间的正相关关

---

① 参见［意］切萨雷·龙勃罗梭：《犯罪人论》，316～319页。
② 参见［意］恩里科·菲利：《犯罪社会学》，41～42页。

系：犯罪原因的稳定性越强，犯罪的不可选择性就越强；犯罪原因的活跃性程度越大，犯罪的可选择性或偶然性就越大。这其中的正相关关系，就是实证主义学说中犯罪发生的内在机理。

在这一认识的基础上，我们不难得到一些有趣的推论：第一，如果犯罪的发生机理在于犯罪原因的稳定性程度与犯罪行为的不可选择性程度之间的相关，那么，就没有理由从一般的意义上说，所有的犯罪都是自然现象或者是社会现象，或者说，不论将所有犯罪归结为什么，总有些犯罪远离这一本质，只有部分犯罪更接近被归结的本质。第二，如果犯罪的发生机理在于犯罪原因的稳定性程度与犯罪行为的不可选择性程度之间的相关，那么，一般地谈论刑罚的威慑或教育或预防等作用都是没有意义的，抽象地比较轻刑主义和重刑主义也是没有意义的，我们只能说，对于哪些原因引起的哪类犯罪来说，刑罚的何种作用大一些或小一些，或者，轻刑更有效还是重刑更有效。第三，如果犯罪的发生机理在于犯罪原因的稳定性程度与犯罪行为的不可选择性程度之间的相关，那么，当社会上偶犯的比例趋于上升，意味着犯罪总量的增多更多地应从社会自身寻找原因，或者说，犯罪控制、预防具有较大的活动空间；反之，如果偶犯比例下降，凶恶犯罪上升，实际上是自然因素的影响占据了突显的位置。从这个意义上说，凶恶犯罪在整个犯罪中占有适当比例，是一个社会稳定的常态；如果这种犯罪的比例大幅度下降，意味着偶犯比例上升，意味着社会生活混乱程度较大。

此外，意大利学派还认为，犯罪的必然性还来自于犯罪原因和犯罪之间的比例关系的恒定性。犯罪与其原因之间的关系不仅具有质的规定性，而且具有量的规定性。从定性的角度，我们了解了犯罪原因的稳定性与犯罪本身的不可选择性之间的对应，而定量的角度也是我们了解犯罪与其原因之间关系的重要视角。在这方面，实证学派中比较经典的表述当属菲利的"犯罪饱和法则"。菲利说，每一年度犯罪的多少显然都是由不同的自然和社会环境，按照犯罪饱和法则（我根据化学现象类推而来），与行为人的遗传倾向和偶然冲动相结合而决定的。就像我们发现一定数量的水在一定的温度之下就溶解为一定数量的化学物质但并非原子的增减一样，在一定的自然和社会环境下，我们会发现一定数量的犯罪。[1] 这就是说，犯罪与影响它的各种自然的和社会的原因之间的比

---

[1] 参见［意］恩里科·菲利：《犯罪社会学》，56～57页。

例关系是恒定的、不变的。所谓恒定关系，可以从两个方面判断：一是从一定的自然、社会原因可以推知一定的犯罪，二是从一定的犯罪也可以反推出一定的犯罪原因。

通过一定犯罪必然是一定犯罪原因的结果这样的判断，犯罪饱和法则所揭示的是犯罪发生的必然性、犯罪原因的客观性，这显然具有相当重要的认识论意义。而且，从定量分析的角度看，这种恒定关系的描述，还为宏观上的犯罪预测提供了一定的依据，人们可以根据犯罪原因的增减，推知犯罪现象的升降。然而，菲利在强调这些理念时，并没有忘记，犯罪不仅是犯罪原因的结果，有时，犯罪还可能是犯罪本身的结果。菲利关于犯罪的超饱和状态的论述，就是在这个问题上的一种犯罪学分析。菲利发现，有些重罪和轻罪具有互补的性质，一种犯罪的结果反过来成了另一种新的犯罪的原因，因此，窝藏和购买赃物与盗窃同时增长，杀人和伤害导致非法携带武器的产生，通奸和侮辱性言辞导致决斗，等等。① 实际上，如果说犯罪饱和法则是指一定原因必然引起一定犯罪的话，那么，所谓犯罪的超饱和状态，就是指某些犯罪也会引起另一些犯罪，是对犯罪之间相互关系的一种描述。这就使犯罪发生机理的分析更加完善了。

综上，在意大利学派看来，犯罪几乎就像自然现象一样不可避免，以此为对象的犯罪学，便是实然犯罪学。

三、个别之罪

突然犯罪学的另一个理念是，应然犯罪学将社会对犯罪的反应建立在抽象人、"平均人"假定之上，这淹没了犯罪的具体性、唯一性、不可重复性、异质性、多样性特征；而且，既然犯罪是经验之罪，是必然之罪，那么，就不能用法律规范自身的抽象性去塑造、规定犯罪——经验之罪、必然之罪是不可塑造的、不可人为规定的。因此，意大利学派的犯罪控制理念建立在个别之罪的基础之上。个别之罪是实然犯罪的另一个属性，即犯罪的具体性、唯一性、不可重复性、异质性、多样性特征等个别性的总称。既然犯罪是个别之罪，那么，只有更加个性化、个别化、因人而异的非法律手段，才是更适合实然犯罪的社会反应形式。

---

① 参见［意］恩里科·菲利：《犯罪社会学》，58页。

个别之罪的逻辑起点是行为人中心主义。在意大利学派看来，犯罪人是犯罪学的核心概念，犯罪学就是解释犯罪人的学问。这显然和古典犯罪学的行为中心主义形成区别。以人为中心有两个理论意义：其一，人是行为的原因，行为是由人实施的，因此，只有了解行为人，才能最终了解犯罪行为。其二，人是各种社会的、自然的因素影响的承受者，各种犯罪原因是通过人引起行为的，因此，只有以人为中心，各种犯罪原因的作用过程才有了实实在在的中介或者载体。可以说，实证学派的全部理论都是为了解释犯罪人。

既然实然之罪是罪人之罪，那么，罪人之间的差异性必然大于罪行之间的差异性。罪人在各个方面的细节，绝对比各种罪行的细节要丰富得多。在罪人身上，充满着无法重复的个别性、差异性，这些差异性，才是实然犯罪的真实面，才是社会反应的根据。基于个别之罪的理念，实证学派建构了一整套由从最严厉的刑罚手段到最轻缓的非法律手段构成的犯罪对策阶梯：作为"返祖"现象的刑罚、刑罚个别化、刑罚民事化、刑罚替代物。

1. 作为"返祖"现象的刑罚。这是龙布罗梭关于刑罚的本质的一种独特理解。他认为，刑罚本质上也是一种"返祖"现象：一方面，刑罚源于犯罪，最早是从犯罪那里获得自身的属性。另一方面，作为"返祖"现象的刑罚，主要是毫不掩饰地体现着对等的赔偿和复仇。刑罚既不能使已经犯了罪的人得到矫正，也不能使未犯罪的人因畏惧刑罚之苦而不敢犯罪。从这个意义上说，不论是犯罪还是刑罚，都是人类社会原始状态的某种再现。

2. 刑罚个别化。这是实证学派在行为人中心主义基础上提出的刑罚适用方法，主张根据犯罪人各自的环境、心理、生理、人身危险性、回归社会的可能性及案情本身决定刑罚，以达到有效防卫社会的目的。刑罚个别化的设计实际上源于对司法非人格化弊端的反思，主要表现为不定期刑制度。菲利认为，对犯罪的反应，不应根据其道德责任的大小配置相应的刑罚，而应根据案情和罪犯个人的特性以及回归社会后可能的情况，决定是否将罪犯永远、长期、短期地与社会隔离。不定期刑制度的原理是，刑罚不应当是对犯罪的报应，而应当是社会用以防卫罪犯威胁的手段。[①]

---

① 参见［意］恩里科·菲利：《犯罪社会学》，141～142页。

3. 刑罚民事化。这是实证学派提出的一种犯罪对策设计，主张在部分刑事犯罪的社会反应中引入民法机制，使得犯罪控制更加积极、有效。该设计的基本原理在于，刑事犯罪的加害人与被害人之间关系的均衡性。有效、积极、均衡，是刑罚民事化或者说轻微犯罪非犯罪化的三个基本考虑。具体来说，所谓刑罚民事化主要体现在两个层面：一是前面提到的立法层面上部分轻微犯罪的非犯罪化。二是司法层面上的赔偿制度。

4. 刑罚替代物。这是实证学派提出的预防犯罪的各种非刑罚措施。刑罚替代物的概念建立在如下几个前提性假定之上：

首先，刑罚的实际效果往往值得怀疑。刑罚的根据只是犯罪的严重程度，而不是各种犯罪的原因；刑罚只是对作为结果的犯罪的评价，而与这些结果的形成原因基本无关。其次，如果刑事政策关注的焦点是犯罪行为人而非行为本身，那么，事前预防犯罪比事后惩治犯罪更重要。再次，菲利提出的犯罪三因素论。菲利用"三因素论"表示对各种犯罪原因所做的划分，并不是单纯的因素罗列或堆积，实际上这种划分所依据的标准是对犯罪起作用的必然性程度。按照对人的影响的必然性程度的大小划分各类犯罪原因，才是菲利"三因素论"的核心部分。只有区分出影响力大小不同的各种犯罪原因，社会控制犯罪的实践活动中哪些领域具有较大的活动余地、哪些领域中社会不太可能有所作为才可能被区分出来。既然犯罪原因对人的影响的必然性大小不同，那么，对于那些或然性比较大的影响，对于那些偶然性比较大的犯罪，对于那些社会控制具有较大空间的领域，自然不能依靠刑罚的力量，而应依靠多种社会的、自然的、心理的手段对犯罪现象进行调控。最后，刑罚与刑罚替代物之间具有某种进化关系，刑罚是进化地位较低的社会反应[①]，而刑罚替代物是进化地位较高的社会反应。进化地位不同的犯罪与进化地位不同的社会反应之间具有某种对应关系：与那些进化地位较低的犯罪，如精神病人犯罪、天生犯罪人犯罪、严重的犯罪等，相对应的，是社会反应体系中进化地位最低的刑罚；与那些进化地位较高的犯罪，如偶犯、情感犯等，相对应的，就是那些刑罚替代物。换句话说，刑罚替代物的存在，可以从进化地位较高的犯罪的存在得到解释。它并不是取代刑罚，而是在刑罚力不能及的领域发挥作用。

综上，在意大利学派的学说中，犯罪不是被作为抽象的法律事实看

---

① 菲利并非持这种论断的第一人，龙布罗梭早就说过，刑罚本质上也是一种"返祖"现象。参见［意］切萨雷·龙勃罗梭：《犯罪人论》，323页。

待的，因此，犯罪主要不是规范学的对象而是事实学的对象。与此相应，针对犯罪的社会反应，才应当不仅仅是刑法，还应当包括各种非法律手段。

小　结

实然犯罪学主要研究可感知到的犯罪现象、可检验的犯罪理论以及犯罪与多种社会反应之间的具体联系。实证主义哲学、生物进化论以及社会统计学是实然犯罪学研究的方法论来源，实然犯罪学是这些理论、方法在犯罪研究中的具体应用。实然犯罪学的主要代表是意大利学派，该学派所倡导的实证分析方法，为实然犯罪学研究规定了基本研究方法和犯罪学作为事实学的基本话语形式。借助实证分析的方法，意大利学派发现：第一，犯罪概念的经验原型是那些不同于常人的特殊人，即天生犯罪人、自然犯罪的犯罪人；第二，犯罪是各种自然、社会因素影响的必然结果，有多少数量和质量的犯罪原因，就必然产生相应规模和性质的犯罪；第三，由犯罪的具体性、个别性所决定，一种针对犯罪的社会反应只用于有限的犯罪，不存在普遍适用于所有犯罪的反应方式。

上篇回顾：

体用之间的犯罪学

完成犯罪学对象、方法、体系等问题的讨论之后，本篇着重对古典犯罪学和实证主义犯罪学中所蕴涵的学术资源进行了深入挖掘，发现了犯罪学的两大思想渊源——应然犯罪学和实然犯罪学。应当说明，应然犯罪学的理论资源主要来自于古典犯罪学研究，但古典犯罪学研究中也在一定程度上包含着实然犯罪学的成分；同理，实然犯罪学的理论资源主要来自于意大利学派，但意大利学派的研究也在不断地回答着应然犯罪学提出的某些问题。可以说，应然犯罪学和实然犯罪学是犯罪学研究的两大无形范式。笔者认为，应然犯罪学是犯罪学的体，实然犯罪学是犯罪学的用，犯罪学的体、用结构是犯罪学的基本学理结构，以后的绝大多数犯罪学常规研究，都或多或少地从这个学理结构中获得理论推进的动力。下表中大体描述了应然犯罪学与实然犯罪学之间的关系。

应然犯罪学与实然犯罪学的学理比较

学说谱系		应然犯罪学	实然犯罪学
基本问题	犯罪	应当（肯定、希望、将会）是什么	实际上（所经验到的、可检验的、个性化的）是什么
研究对象	犯罪与环境 犯罪与国家 犯罪与被害	犯罪本源 定义者所希望的犯罪 法律反应	可经验的犯罪 价值无涉的客观之罪 多种反应
研究方法	互补机制 反映方式 原创模式	犯罪学实体内容、研究目的 本质概括、抽象思辨 批判、反思已知学术秩序	犯罪学学术规范、认识手段 现象观察、细节展开 发现、建构未知学术秩序
学理结构		犯罪学之体	犯罪学之用

首先，如果将犯罪学的研究对象理解为犯罪关系的话，那么，在犯罪与环境的关系问题上，虽然同属决定论，应然犯罪学将犯罪现象的本源归结为人性与环境的互动，认为犯罪不是神定或者自由意志的结果；实然犯罪学则侧重于对犯罪现象经验原型的观察与描述，而不屑于所谓犯罪本源的探究。在犯罪与国家、社会等犯罪控制主体的关系问题上，应然犯罪学认为犯罪定义者希望将有害的行为进行犯罪化处理，犯罪就是犯罪定义主体希望赋予犯罪意义的行为；而实然犯罪学更加关注国家从事犯罪控制实践和政策选择所由出发的理论根据是否经过实证检验。在犯罪与被害的关系问题上，应然犯罪学强调刑法的评价对象应当是抽象的加害行为，而实然犯罪学热衷于针对犯罪的具体性、个别性的多元化的社会反应。可以看出，在犯罪学研究对象的三个方面，应然犯罪学和实然犯罪学之间的关系更多的是二元分立而非二元对立，与其说它们是围绕同一个问题进行正面理论交锋，倒不如说二者更多的是从各自角度回答犯罪学对象的基本问题。这恰恰说明，犯罪与环境、与国家、与被害三个方面的关系是任何犯罪学研究都无法绕开的基本研究对象，任何一个研究对象的缺失都是不科学的；而且，应然犯罪学和实然犯罪学是从事犯罪学研究的两大思想元素，对两者非此即彼、非对即错的生硬取舍，也是不科学的。

其次，上表中的两大理论渊源又可以被概括为体和用的关系，二者在方法论方面各有不同。在互补机制上，作为犯罪学之体，应然犯罪学始终承载着诸如犯罪本源、本质等犯罪学研究的实体内容，因而为犯罪学的认识活动规定了研究目的；而作为犯罪学之用，实然犯罪学致力于犯罪学学术规范、研究程序、检验逻辑、认识手段等方面的研究，因而为犯罪学的认识活动提供了研究方法。这个意义上的体和用，是学科实体与方法论、目的与手段的关系。在对犯罪现象的反映方式上，作为犯罪学之体，应然犯罪学擅长于对犯罪问题的抽象思辨和本质概括，可以归结为对犯罪现象的理性认识；而作为犯罪学之用，实然犯罪学更精于对犯罪现象本身的客观观察、经验感受、各方面细节的具体展开，其认识成果可以归结为对犯罪现象的感性认识。这个意义上的体和用，又是本质与现象、理性与感性、纲与目的关系。在犯罪学知识的生产模式方面，作为犯罪学之体，应然犯罪学往往通过对已知的知识或学术秩序的质疑、批判、反思来证明人们关于犯罪知识的不完全性、局限性；而作为犯罪学之用，实然犯罪学借助各种实证分析程序和方法，不断发现未知领域、建构新的学术秩序，以此来证明犯罪认识能力和过程的无限性、渐进性。这个意义上的体和用，是破与立、"清"与"补"、剔除与建构的关系。可见，离开这两大渊源中的任何一个，都不是完整的犯罪学。

应当指出，将各种犯罪学研究简化为应然犯罪学与实然犯罪学、体和用，是一种人为的抽象。而在现实生活中，几乎所有犯罪学研究都存在于两者之间的某个位置，只是有的学说相对倾向于应然犯罪学一边，而有的更接近实然犯罪学一边。换句话说，大多数现代犯罪学理论都可以在犯罪学的体、用结构中得到某种还原，体、用结构实际上是犯罪学的一种内在分析框架。这个分析框架的机能有三：

第一，犯罪学不同于许多学科的一个特点是，学说、学派林立，理论观点繁杂，有代表人物、代表论著和独特理论观点的学说不下百种。这在丰富人们犯罪学知识的同时，也的确使人感到犯罪学知识的凌乱，学说、学派之间很难相互比较。而在体、用结构中，许多犯罪学研究都因各种角度的归结而获得了可比性，这无疑有助于具体犯罪学理论、学说的系统解读。比如，体、用结构源自于前述贝卡里亚、龙布罗梭、菲利、加罗法洛的学说，是从中提炼、抽象出来的主观逻辑。然而，我们同样可以反过来说，这些具体学说可以还原到体、用结构中加以比较和解读，这样，关于其中某个学者的犯罪学思想的把握就不仅仅限于理论观点本身，而是被置于犯罪学分析框架中加以理解的理论观点了。除了这些经典学说以外，现代不少犯罪学理论也可以放在同样的体、用结构中分析，其结果也会获得关于这种理论的深入理解。可以说，体、用结构是犯罪学内部展开学术批评、比较研究的工具。

第二，作为主观逻辑，体、用结构其实是犯罪现实在人们头脑中的理性反映，因此，借助体、用结构，人们可以更有效地透视犯罪现象。体、用结构不仅是理解犯罪学理论观点的分析框架，更是理解犯罪本身的分析框架。比如，按照常识性理解，人们往往把犯罪问题的恶害性作为看待犯罪问题的逻辑起点，而将发动刑事打击视为对付犯罪问题的逻辑终点。于是，道德优势、权力优势实际上成为人们思考犯罪问题的基点。由此出发，人们更容易直接思考如何发动刑事手段打击犯罪。其实，如果借助体、用结构思考犯罪问题就会想到，犯罪其实是犯罪定义主体希望赋予其犯罪属性和意义的行为，同时，任何关于犯罪的理论都只有经过实证检验才能作为犯罪控制实践的理论根据。因此，社会动用刑事手段对某种行为作出反应的过程，要么可能导致犯罪化过程、范围、犯罪圈大小划定的任意性、随意性，要么可能造成错误理论指导下的犯罪控制实践。这时，如果通过体、用结构分析犯罪与国家的关系，就可能避免非理性的犯罪化实践，合理运用刑法手段。所以说，体、用结构又是帮助人们深入、全面理解犯罪问题的分析平台。

第三，应然与实然、体和用的二元结构本身，具有某种自我约束的机能，使犯罪学研究不致偏离科学方向。这主要表现在，每当某个具体的犯罪学研究逐渐背离实然犯罪学的学术规范，仅仅满足于对犯罪本源、本质的抽象思辨时，就会显露出样本代表性、结论的可推论性、理论的检验逻辑与过程、实证研究的程序性规范等方面的薄弱不足，于是，由此引发的学术批评或者学术自觉，就会使得研究中的偏差得到纠正。同理，每当某个具体犯罪学研究慢慢偏离应然犯罪学的学术方向，单纯追求经验观察、个案描述和数字罗列时，也会暴露出理性认识不足、抽象层次不够、缺乏深度分析等方面的软肋。结果，也可能激活相应的学术批评或者学术自觉，于是，也会促使犯罪学研究进行一定的自我调整。可以说，犯罪学的认识活动就是在这种不间断的自我调整过程中得到深化的，而这种深化恰恰得益于犯罪学这种自有的体、用结构。

中 篇

犯罪关系

21世纪法学研究生参考书系列

▶ 中篇导读:犯罪学的本体研究

▶ 第四章 犯罪特性学

▶ 第五章 犯罪形态学

▶ 第六章 犯罪定义学

▶ 第七章 犯罪规律学

▶ 中篇回顾:关系犯罪观与控制社会控制

中篇导读：

犯罪学的本体研究

在犯罪学研究中，最常见的词语似乎是"犯罪"和"犯罪原因"。其实，比这两个词更具普遍意义、更具理论张力的概念是"关系"——"犯罪关系"其实是抽象层次最高、最根本的犯罪学范畴。[1]任何犯罪都不是孤立的存在而是一定关系中的犯罪，犯罪因关系而存在着，因关系而获得意义。关系还是犯罪的最终解释，犯罪因关系而产生、发展、变化，因关系而获得解释。关系也是个过程，是此消彼长、平衡与失衡的交替过程。犯罪的任何改变与其说是犯罪本身的改变，不如说是犯罪关系中要素之间关系的改变。犯罪控制所控制的不是犯罪，而是犯罪所在其中的关系，犯罪因关系的调控而得到控制。长期以来，犯罪学自己也没有充分意识到，最重要的不是犯罪，犯罪关系才是最有

---

[1] 布迪厄十分强调从关系的角度研究社会，他指出："第一条必须考虑的准则就是要求我们必须利用一切可以利用的手段，想方设法抗拒我们骨子里那种用实体主义的方式来思考社会世界的基本倾向。正像卡西尔在《实体与功能》（Cassirer, 1923）中所说的：必须从关系的角度来思考。毕竟，在某种意义上，从那些'触手可及的'现实——诸如集团或个人——着手，要比从关系的角度着手容易一些。例如，分析社会分化，像实在论的阶级概念那样，考虑那些根据人群界定的集团，乃至考虑这些集团之间的对抗，比起考虑某种关系空间要容易得多。通常的研究对象是这样一些现实情况：这些情况在某种意义上突出醒目，在那里不断造成麻烦，例如'芝加哥黑人贫民窟里依靠福利补助度日的少女母亲'这样的案例。大多数情况下，社会秩序问题和归化（domestication）问题都会被研究者选为研究对象，这些问题是由或多或少武断地界定的各种人群造成的，这些人群则是通过将某一初始范畴予以进一步划分的产物，而初始范畴本身又是社会预先建构的：'老人'，'年轻人'，'外来移民'，'半专业人士'或'贫困人口'，等等……在所有这样的情况中，科学应当优先处理的，首当其冲、至关重要的问题，就是将社会上预先建构的对象的社会建构过程本身能当作研究的对象。这正是真正的科学断裂的关键所在。"（[法]皮埃尔·布迪厄、[美]华康德：《实践与反思——反思社会学导引》，李猛、李康译，351~352页，北京，中央编译出版社，1998。）

科学意义的研究对象。储槐植教授最早提出了"犯罪在关系中存在和变化"的关系犯罪观,他指出:

关系犯罪观(现在尚不能称"学",还只是一种观念理论),即从关系角度以关系分析方法来研究犯罪。犹如,"犯罪人类学"从生物学角度研究犯罪,"犯罪心理学"从心理学角度研究犯罪,"犯罪社会学"从社会学角度研究犯罪,"犯罪经济学"从经济学角度研究犯罪,等等。这里,"关系"作为哲学范畴,以此范畴为基点进行犯罪学研究。所以,也可以视为犯罪学哲学,属于门类哲学。

当代东方和西方兴起一种哲学理论——关系实在论,亦可称"关系哲学"。其基本观点是:关系即实在,实在即关系。当代日本著名哲学家广松涉教授的巨著《关系主义本体论》有广泛的国际影响。中、外华人哲学界提出的"场有论"("有"即存在,"场"从哲学角度说就是关系),基本观点是:场中之有,依场而有,万物皆依场而存在。不依场的存在是不可想象的。场有论,其实也就是关系哲学。关系哲学的兴起,抛弃了两千多年来支配西方哲学的"实体本体论"(认为本体是实体,"实体"曾是西方哲学中最核心的范畴)。随着社会发展和人类认识深化,"关系"范畴日益显示其重要性。

…… ……

犯罪在关系中存在并在关系中变动,犯罪的原因与本质在关系上得以统一。"关系"是最一般的概念,最一般即具有最大共性,因而关系是哲学的一个最基本的范畴,关系犯罪观也就成为犯罪学中最具有共性的理论,即最基本的理论,至少可以说关系犯罪观是一种犯罪学基础理论。[1]

所谓犯罪关系就是指,犯罪与周围事物之间的基本联系。在笔者看来,有四对最基本的犯罪关系需要研究。

第一对关系是犯罪与秩序的关系。作为一种关系,所谓秩序主要是指人与人之间的道德伦理秩序和资源分配秩序。在这层关系中,犯罪相对各种性质的规范、价值标准而存在,因而获得自身作为犯罪的属性和意义。中篇的第一部分即第四章"犯罪特性学"就是犯罪与秩序之间关系的描述与思考,其核心范畴是"犯罪特性",也即"犯罪性"。其中,犯罪性主要意味着悖德还是危险,是犯罪学研究需要回答的第一个基本

---

[1] 储槐植:《刑事一体化与关系刑法论》,119~129页。

理论问题。

第二对关系是犯罪与被害的关系。中篇的第二部分即第五章"犯罪形态学"就是这个关系的犯罪学研究，其核心范畴是"犯罪形态"。作为犯罪学理论的基本分析单位、刑事法律的评价对象以及犯罪性的客观载体，犯罪主要是指罪行、罪人还是犯罪互动即何种犯罪形态，是犯罪学研究必须回答的另一个基本理论问题。

第三对关系是犯罪与惩罚权的关系，即犯罪与权力的关系，或者说是犯罪与国家的关系。中篇的第三部分即第六章"犯罪定义学"就是关于犯罪与权力之间关系的理论研究。犯罪定义学的核心范畴是"犯罪定义"。从某种意义上说，犯罪是一种对象化的主观存在，其对象化活动的主体就是国家，是拥有惩罚权力即刑罚权的国家。没有国家的界说，就无所谓犯罪。其中，犯罪定义的决定性因素是定义的主体还是定义的对象本身，是犯罪学无法回避的第三个基本理论问题。

第四对关系是犯罪与环境的关系。这里所谓的环境，是与犯罪有关的广义上的社会、自然、宏观、微观的各种因素、现象。犯罪正是周围这些因素、现象之间相互作用的结果，犯罪从这种相互作用中获得最终的解释。中篇第四部分即第七章"犯罪规律学"就是对这层关系的描述与分析，其核心范畴是"犯罪规律"。作为"犯罪原因"和"犯罪概率"两个概念的升华，如何理解犯罪规律是常规犯罪学研究的主要内容，也是犯罪学研究的第四个基本理论问题。

在这四对关系的研究中，应然犯罪学和实然犯罪学之间的竞争、比较贯穿始终。在应然犯罪学与实然犯罪学之间研究犯罪关系，就是犯罪学的本体研究，它引领我们不断丰富并深化着关于犯罪的认识。

第 四 章

犯罪特性学

在应然犯罪学与实然犯罪学的坐标系中，第一条隐约可见的线索就是犯罪特性。所谓犯罪特性，也就是通常所说的犯罪性，是指犯罪行为或者其行为倾向之所以受到社会谴责或拒斥的特别的内在根据。以往，我们都知道犯罪之所以引发国家的刑事反应，是因为它是出于罪过而实施的刑法禁止的行为。可如果我们进一步追问：为什么故意或者过失地实施了刑法禁止的行为，就是犯罪呢？刑法为什么禁止这些行为呢？这种追问中含着这样一个前提：规范学意义上的犯罪是相对刑法规范而言的一种存在，如果将刑法规范暂时屏蔽起来，那么，被抽去参照物的犯罪究竟为何物呢？犯罪特性就是对犯罪独立于刑法规范的自身属性的一种抽象，犯罪特性研究就是将这种抽象还原、分解、下降、具体化为犯罪的各种属性的思维过程。在犯罪学中，犯罪性问题比犯罪形态、犯罪原因等问题都更具前提意义。所谓犯罪形态或者犯罪原因，也不过是一定犯罪性的外在表现。不具有犯罪性的人或事，就没有理由引发最严厉的社会反应；有何种犯罪性的人或事，就应引发何种形式的社会反应；何等程度上表现出犯罪性的人或事，便有何等程度上的社会反应。因此，到底如何理解犯罪性的内在结构和不同类型，是犯罪特性学必须给予回答的基本问题。本章首先回顾了犯罪性问题上的两种理论倾向，即本能直觉主义和环境经验主义。在此基础上，本研究提出了犯罪特性学的基本分析框架，并运用这个分析框架对一些具体犯罪现象进行了犯罪性解读。

第一节 狒狒与军官

在《人类的由来》中，达尔文曾经报告说，许多地方的猴子都是有仇必报的，例如：在非洲南部好望角，一个军官时常欺侮某一只狒狒。

有一个星期天，狒狒远远地看到这个军官带了队伍耀武扬威地快要走过来，它就立刻把水灌在一个小洞里，赶快地和成一堆稀泥，等军官走近，很准确地向他没头没脑地扔过去，引起路边的许多人哈哈大笑。后来在很长的一段时间里，只要望到这个挨过泥巴的家伙，它就眉飞色舞地表示高兴。①

达尔文在这里所要说明的是人与动物之间的连续性。不过，我们可以借达尔文的故事提出一个问题。如果这只狒狒的行为不是由狒狒实施的，而是由一个有行为能力的成年人实施的，如果这个行为又造成被害人的重伤结果，那么，这个伤害他人的人显然会因故意伤害罪而承担刑事责任。但事实是狒狒实施了该行为，自然没人按刑律追究其法律责任。于是问题出来了：这只狒狒的行为为什么不是犯罪？为什么没人想到要用立法机关制定的刑罚来处罚伤人的狒狒？对此，一个可能的回答是，因为狒狒针对人的伤害是发生在不同物种之间的侵犯性行为，因而不发生是否犯罪的问题。照此说，如果发生在同一物种之内，侵犯行为便属于犯罪行为。其实未必。著名习性学家洛伦兹曾报告大量同一物种之间的相残行为，如同种鱼类的相残。② 这说明，同一物种内部的相残行为也不都是犯罪，要看相残发生在哪一物种内，比如，发生在人这一物种内的相互侵犯行为就可能是犯罪。于是问题变成：为什么低等物种之间的相残或者低等物种针对人类的侵犯行为就不是犯罪？对此，有两种可能的理论。

一种理论认为，只有违反伦理道德的行为，严重到一定的程度时，才可能属于犯罪。犯罪意味着悖德，犯罪性在于悖德性。而动物本身的心理能力大大低于人类，其心理水平远远没有高到伦理道德的出现。因此，即使其行为具有一定的目的性，即使某些行为表现出明显的攻击性，哪怕是酷似人类的侵犯行为，也因不具有悖德性而不具有犯罪性。没有犯罪性的行为自然不是犯罪，因而与刑法无关。总之，动物行为因无所谓伦理道德而与犯罪性无关。而如果同样的侵犯行为由人来实施，则因为明显违反了人人皆有的道德情感而具有犯罪性。犯罪是人类特有的道德现象，与人类的道德情感有关。

与此不同，另一种理论是，犯罪意味着社会中的某些成员对现行社

---

① 参见〔英〕达尔文：《人类的由来》，104页。
② 参见〔奥〕康罗·洛伦兹：《攻击与人性》，王守珍、吴月娇译，51页，北京，作家出版社，1987。

会秩序中另一些成员的侵犯，意味着社会秩序被破坏，意味着人与人之间某种组成关系被否定。只有对一定社会秩序构成危害或者危险的行为，才存在犯罪问题，才是具有犯罪性的行为。而所谓社会秩序，说到底就是人与人之间围绕一定重要的社会资源分配而形成的各种社会关系。照此说，狒狒有计划、有目的地攻击人的行为，即使可能给人带来危险，甚至可能使本来拥有某种资源的人丧失掉某种资源、受到某种损失，但这种危险毕竟不是发生在社会关系中人与人之间因重要社会资源的争夺而导致的相互攻击和侵犯，因此，这种侵犯因其不是发生在社会秩序和关系中而尚未获得犯罪性。既然不具有犯罪性，那么即使具有攻击性，也不被视为犯罪。

可以看出，这两种解释的结论是一样的，都因狒狒的行为不具有犯罪性而不将其视为犯罪。然而，尽管如此，两个结论的根据却明显不同——对何谓犯罪性有着完全不同的理解：按照前者的理解，犯罪性等于违反伦理道德；而按照后者的理解，犯罪性无异于破坏社会的分配秩序。这说明，人们对于到底何谓犯罪性，其理解往往大相径庭。而在犯罪学体系中，犯罪性又是一个非常重要的范畴。如果说，我们将要讨论的犯罪形态、犯罪定义、犯罪规律等范畴，分别是从犯罪与被害、犯罪与犯罪化活动、犯罪与环境等关系来分析犯罪的话，那么，犯罪性则是从犯罪自身内部的基本属性来理解犯罪的犯罪学范畴。因此，完整的犯罪学体系中，不能没有犯罪性研究的一席之地。

所谓犯罪性，也即犯罪特有的属性，是指犯罪行为或者其行为倾向之所以受到社会谴责或拒斥的、特别的内在根据。第一，尽管犯罪有其积极的价值功能的一面①，但是，负面性、当谴责性毕竟是其主要方

---

① 一种理论认为，除了负价值以外，犯罪实际上还具有正价值，具有积极意义。法国社会学家迪尔凯姆于1895年出版了《社会学方法论》一书。该书中作者提出，犯罪现象对社会是有用的，具有重要的社会功能。第一，推动法律发展，导致了法律的不断修订和补充。第二，促进社会进步。例如，按照雅典的法律，苏格拉底就是罪犯，但他的思想有益于社会。第三，加强社会团结。罪犯的存在，使大多数社会成员产生优越感、对社会的认同感。第四，树立道德界限。第五，降低社会紧张。犯罪的存在可能使一些社会问题被归结为个人的问题，将人们对社会的不满转移到少数犯罪人身上，通过惩罚犯罪人来缓解和消除社会不满与紧张情绪。作为替罪羊，犯罪对社会而言必不可少。承认犯罪的正价值不仅理论上可以归结为价值论范式的影响，而且实践中也很有意义，因为如果彻底否认犯罪的正价值，犯罪就应当被彻底消灭。而以价值论分析的角度来看，这既不现实，也没必要（参见储槐植：《刑事一体化与关系刑法论》，91～92页），甚至会因消灭犯罪的尝试导致实践中的混乱。

面，犯罪性就是犯罪这种负面性、当谴责性的内在根据。如果不了解犯罪性，就不知道社会为什么应当惩罚、预防犯罪。第二，尽管犯罪是被定义的结果，其意义是被社会赋予的[①]，但作为当谴责性的内在根据，犯罪性又是犯罪本身固有的客观的属性。完全脱离开犯罪自身客观的一面，犯罪定义活动也就成了空中楼阁。也可以说，在一个既定的社会评价体系中，相对主观的评价活动而言，犯罪作为该评价活动的对象是客观的。第三，体现犯罪性的评价对象，既包括已然的犯罪行为，也包括犯罪倾向，即各种形式和程度的人身危险性。

较早对犯罪（crime）与犯罪性（criminality）作出区分的，是美国学者赫希和戈特弗雷德森，他们认为，犯罪是为了追求个人利益而进行的暴力或欺骗行为，犯罪性是个人从事犯罪行为的倾向。[②] 吴宗宪也认为：犯罪性只是个人从事犯罪行为的心理倾向，它通过犯罪行为表现出来，但它本身并不是一种行为。犯罪性在人们中大量存在，并非只有实施了犯罪的人才有犯罪性。[③] 笔者认为，作为一种人身危险性的表现，犯罪性当然包括犯罪倾向。但是，犯罪倾向又离不开犯罪行为本身，正是犯罪行为才表达着犯罪倾向。甚至可以说，犯罪性的主要栖身之地，就是犯罪行为本身，其次才是犯罪的倾向性。所以，犯罪性的外延应当既包括犯罪的可能性，也包括已然犯罪行为本身所固有的当受谴责性。

犯罪性研究的基本理论问题是犯罪性的本质规定性问题，即犯罪到底因其自身的何种属性而导致社会动用最严厉的手段对其作出反应。对此，历来存在两种不同的理论：本能直觉主义和环境经验主义。按照本能直觉主义，犯罪性的核心在于其反伦理性，犯罪意味着伦理意义上的恶行。与此不同，按照环境经验主义，犯罪性的核心在于其对社会秩序的违反，犯罪意味着社会秩序意义上的有害行为。在接下来的分析中我们将看到，对伦理之恶与秩序之害作出区分是有意义的。事实上，伦理之恶与秩序之害是既有联系又有区别的两种属性。有时，一种明显不道德的行为，对现行分配秩序而言，并不一定构成威胁。同理，对现行分配秩序构成威胁的行为，却不一定看上去那么"缺德"。那么，犯罪性的决定性因素到底是这其中的什么呢？

[①] 参见本书犯罪定义学部分的讨论。
[②③] 参见吴宗宪：《犯罪性》，载肖剑鸣、皮艺军主编：《罪之鉴：世纪之交中国犯罪学基础理论研究》（上），274页。

第二节　伦理之恶

在本能直觉主义者看来，犯罪之所以是犯罪，主要由于它是伦理意义上的恶行，即反伦理的、各种不道德行为中最严重的行为。因此，犯罪意味着至恶，犯罪性即道德之恶性。

一、加罗法洛的"自然犯罪"

犯罪学中，认同本能直觉主义的学者，主要为实证学派犯罪学家。和龙布罗梭一样，加罗法洛从罪犯身上就看到了某种野蛮人的特质。加罗法洛认为：唯一正在形成并得到证明的结论就是罪犯具有退化的特征，这些特征说明其进化的程度比周围人低。罪犯与较低等种族和原始种族间存在某种相似没有什么值得大惊小怪的。可以肯定，罪犯具有原始本能即掠夺性生活的本能，并伴以正义感的完全缺乏和对情感的任何内在限制的缺乏。不仅犯罪是退化的结果，而且这种退化是精神退化和生理退化的一致。[1] 在《犯罪学》中，加罗法洛提出的核心思想是"自然犯罪"的概念。他说，犯罪实际上"是一种伤害某种被某个聚居体共同承认的道德情感的行为"[2]。这种所谓共同承认的道德情感就是怜悯、正直这两种利他情感。加罗法洛认为："在一个行为被公众认为是犯罪前所必需的不道德因素是对道德的伤害，而这种伤害又绝对表现为对怜悯和正直这两种基本利他情感的伤害。而且，对这些情感的伤害不是在较高级和较优良的层次上，而是在全社会都具有的平常程度上，而这种程度对于个人适应社会来说是必不可少的。我们可以确切地把伤害以上两种情感之一的行为称为'自然犯罪'。"[3] 加罗法洛心目中的这种自然犯罪具有几个基本特征：第一，自然犯罪是应当被刑罚处罚的行为，而不是法律实际规定禁止的行为。[4] 第二，从犯罪分类的角度看，加罗法

---

[1] 参见［意］加罗法洛：《犯罪学》，108页。
[2] 同上书，22页。
[3] 同上书，44页。
[4] 参见上书，54～55页。

洛所说的自然犯罪排除了法定犯。他所谓的真正的罪犯，就是谋杀犯、暴力犯、缺乏正直感的罪犯、色情犯，以及与之相应的杀人狂、纵火狂、性虐待狂等。[①] 第三，自然犯罪据以建立的基础不是对权利的侵犯或对社会的危害，而是对道德情感的侵犯。按照这个标准，有些行为虽然具有社会危害性，但不被视为自然犯罪。[②] 第四，真正的犯罪，即"自然犯罪"，不仅与社会地位、阶级、阶层无关，而且与国家统治关系及法律制度无关。加罗法洛认为："只有那些需要研究其自然原因及其社会矫正的真正犯罪才能引起真正科学的兴趣。被排除的犯罪常常仅是侵害了偏见或违反了习惯，或只是违背了特定社会的法律，而这些法律根据国家的不同而不同，且对社会的共同存在并非必不可少。在这些情况下，生物原因的研究是不必要的。"[③] 就是说，不依法律规定的存废或变化而有无或变化的真正的犯罪，才需要从生物学的角度加以解释。

按照自然犯罪的概念，无须刑法明文禁止，无须法律的宣传、普及和教育，人人都本能地知道何谓犯罪、不应当犯罪。这些界限都已经深深根植于正常人性之中，仅仅靠直觉便可分清犯罪与正当行为之间的界限所在。在中国文化中，此即与"见闻之知"相对的所谓"德性之知"，也就是天赋的道德观念。

二、弗洛伊德的"俄狄浦斯情结"

奥地利学者弗洛伊德提出的精神分析学理论认为，人格结构由三部分构成：首先是本我（id），是人格中潜在、原始的本能部分。本我受快乐原则支配，要求立即满足肉体需要。然后是自我（ego），是人格中现实化的自我，受现实原则的支配。最后是超我（super-ego），是人格中道德化的自我，受唯善原则的支配，类似于良心。其作用是指导自我，限制本我。弗洛伊德认为，完整的人格结构由这三部分组成，它们的形成，大体要经过三个人格发展阶段：口唇期，肛门期，性器期。其中，第三阶段，是形成超我的关键时期。如果在这三个阶段中发展受阻，就会出现固着或倒退现象，就会出现"恋母情结"（Oedipuscom-

---

① 参见［意］加罗法洛：《犯罪学》，126页。
② 参见上书，65～67页。
③ 同上书，53页。

plex)。所谓恋母情结，实际上是个体幼年时期潜意识中存在的亲近异性亲长、排斥同性亲长的一种本能的心理倾向。这种心理倾向一方面驱使个体实施异常行为（弑父妻母），另一方面又在超我的作用下使个体体验到深深的罪恶感。[①] 于是，或者是异常倾向外化为社会不予接受的行为，或者是罪恶感导致个体对受到惩罚的追求以消除罪恶感，结果导致犯罪的发生。例如，弗洛伊德曾观察过一个案例：一个男子，幼年时曾在梦境中希望父亲早点死去。当他31岁时，父亲死亡，他为诅咒过父亲而感到悔恨、内疚，潜意识中未解决好的"恋母情结"转化为强迫症，把杀父的冲动转移到其他人身上，最后因为害怕自己这种难以克制的意念而不敢出门。很明显，弗洛伊德学说中关于人类心理现象的假定，大多数都根植于人性自身，都是与生俱来的属性。个体成年后的变态或犯罪，都可以由这些人性中固有的要素进行解释。这是将犯罪规律还原到精神分析学的知识背景中加以分析的一个范例。

在弗洛伊德看来，人的毁灭冲动来自于死亡本能，不是驱使人毁灭自己，就是去毁灭他人，他几乎没有办法逃避这个悲剧。侵犯行为不是刺激的反应，而是不断流溢的冲动，因为它的根源是人类有机体的结构本身。[②] 总之，人类的攻击性、侵犯性源自于人性自身，犯罪就是人性这一面的表现。

三、休谟的道德直觉主义

除了心理学以外，本能直觉主义的另一个基本话语形式是伦理学。在伦理学中，把犯罪归结为良心的反面即作恶，把恶又进一步归结为人类的本能直觉，是许多学说的共同特点。其中，神话的观点认为，向善和为恶的倾向背后，都有一个实体、一个本原，良心是神在人的灵魂里发出的声音。[③] 理性直觉论者认为：人具有一种天赋、一种特殊的道德天资、一颗良心，使我们能够直接区分正当与否。良心的判断是绝对确实和必然的，就像二乘以二等于四的真理一样不证自明，就像几何公理一

---

① 参见［奥］弗洛伊德：《精神分析导论讲演》，周泉等译，289～291页，北京，国际文化出版公司，2000。
② 参见［德］弗洛姆：《人类的破坏性剖析》，孟禅森译，30页，北京，中央民族大学出版社，2000。
③ 参见［美］梯利：《伦理学导论》，何意译，18页，桂林，广西师范大学出版社，2002。

样直接和永恒。你不会，也无须证明二乘以二等于四，你也不会和无须证明偷窃是一种罪行，怀疑后者同怀疑前者一样是荒谬的。提出原罪说的奥古斯丁甚至认为，在判断的天赋能力中有着确定的规则和德性的本原，它既是真实的，又是不可言传的。① 与理性直觉主义的道德天赋说不尽相同，休谟是个感情直觉论者，他认为，恶行和德性不是仅靠理念就能发现的，人们关于善恶的决定只是一种感知。休谟强调说，一切道德善恶之分及其决定和结论，"最终的裁判很可能依赖于某种内在感官和感觉，那是自然在整个人类中普遍地造成的"，它在根本上取决于人心内在的、自然的道德感。② 这些直觉论者的共同点在于，均认为人类有一种关于道德辨别的天赋知识，道德真理或是刻在我们心上，或是由一种优越的理性能力揭示，或是由我们直接在有关善恶的行为或动机的意识出现时的感觉或知觉。良心是一个最终的、本原的因素，也许除了揣想它是上帝植入人心中这一点之外，不需要作进一步解释。③

四、过滤后的"纯粹之恶"

把犯罪、侵犯与恶联系起来，才更加符合人们内心中的某种预期和常理。这种道德现象在大众传媒传播的过程中表现尤为突出。如果仔细观察大众传媒中关于犯罪问题的报道和描写，就不难发现，有关犯罪的信息往往是被有所选择地发送给受众，同时，受众也是在有所选择地接受来自传媒方面的犯罪信息。就是说，透过传媒，犯罪的消息被不断地筛选着。例如，美国某传媒报道说：一天夜里，一对年轻夫妇正在他们郊区漂亮的住宅里看电视。突然，几个蒙面歹徒闯进房间并对这对夫妇实施残暴的攻击。事后，几家报纸相继报道了此事。但也有的报纸补充了另一个事实：该案中男性被害人正被怀疑参与了一起未成年人卖淫犯罪。显然，有了这条补充信息，案件变得多少可以理解了：很可能是愤怒的被害女孩的兄长们组织起来教训一下这个靠剥削和操纵儿童以赚取非法利益的坏蛋。但不难设想，如果没有这条补充信息，读者只知道无辜的被害人在自己家中横遭侵害，案件的意义似乎更符合某些人心目中的某种潜在预期：善良、无助的公民毫无安全感可言。而事实上，许多

---

① 参见［美］梯利：《伦理学导论》，19～20页。
② 参见唐凯麟：《西方伦理学名著提要》，175页，南昌，江西人民出版社，2000。
③ 参见［美］梯利：《伦理学导论》，30页。

媒体的信息发送者都热衷于根据某种需要对原始信息进行过滤处理，略去某些"无关"信息。可见，媒体在发送信息时具有很大的自由度和伸缩性。[1] 提供或不提供某个信息，既是操纵受众感受的过程，也是受众积极选择信息的过程。[2] 媒体和受众对犯罪信息筛选的现象对双方是互惠的。媒体积极搜寻的是具有新闻价值的信息，而这些信息往往不是典型的案件而只是罕见的案件。越是罕见，越是远离现实生活中各种纠纷和冲突的真实原因，越具有新闻价值。这其中的原因不仅和报纸、电视的巨额销售量、广告收入有关，而且，案件越是罕见，越是符合所谓"纯粹恶的神话"[3]。可见，当犯罪被传媒叙述时，会发生"失真"现象，犯罪不仅实际上意味着恶，犯罪甚至应当意味着恶。善与恶之间没有中间地带，至少，人们不希望在现实生活中看到善与恶的混淆与同在。按照这种"纯粹之恶"的理解，犯罪应当具有以下属性：第一，恶意味着蓄意的伤害。第二，恶不可能出于什么可以理解的原因，也不可能是出于无奈，犯罪本身就是邪恶的。第三，犯罪的被害人都是好人，都是清白无辜和善良的。恶人应当承担起所有的谴责。第四，邪恶都来自于他人、敌人、外人。因此，善与恶的关系，对应于我与你或他的关系。第五，恶是稳定不变的、与生俱来的。第六，恶的对立面是秩序、和平和稳定，因此，在有的文化中甚至地震都被赋予了邪恶的性质。第七，恶人都极富野心，极其自大。第八，恶人都难以自控，情绪暴躁。[4] 总之，无法想象犯罪与某种非恶的东西有什么关系，犯罪就应当是纯粹之恶。和原始人根据自己的价值取向和认识能力制作犯罪定义一样，现代人也在通过大众传媒来塑造犯罪，而这个塑造的过程，也是个塑造者将自身的某种价值准则、利益驱动、设定的角色投影到犯罪行为上去的过程。在这个塑造过程中，犯罪实际上怎样和被叙述为怎样往往有所不同，甚至相去甚远。

第三节 社会之害

与本能直觉主义不同，环境经验主义认为，犯罪之所以是犯罪，主

---

[1] 参见［美］罗伊·F·鲍迈斯特尔：《恶——在人类暴力与残酷之中》，崔洪建等译，105页，北京，东方出版社，1998。
[2] 参见［英］丹尼斯·麦奎尔、［瑞典］斯文·温德尔：《大众传播模式论》，祝建华等译，48页，上海，上海译文出版社，1987。
[3] ［美］罗伊·F·鲍迈斯特尔：《恶——在人类暴力与残酷之中》，106页。
[4] 参见上书，101～103页。

要不是由于它在伦理意义上的恶性,而在于它对于社会秩序的有害性,在于它对处在同一分配关系中的社会成员构成的不同危险。因此,犯罪意味着至害,犯罪性是针对社会秩序的有害性。

一、贝卡里亚的犯罪本质论

古典犯罪学的贝卡里亚认为犯罪本质在于其社会危害性。贝卡里亚认为不能以宗教上的"罪孽"为衡量犯罪的标准。他说:"罪孽的轻重取决于叵测的内心堕落的程度,除了借助启迪之外,凡胎俗人是不可能了解它的,因而,怎么能以此作为惩罚犯罪的依据呢?"[①] 显然,这种观点与道德本能说的立场完全不同。《论犯罪与刑罚》中许多刑法思想的理论基础,都可以追溯到贝卡里亚这种犯罪本质在于其社会危害性的思想。第一,犯罪本质上是危害社会的行为,行为的社会价值是界定其罪与非罪的根本标准和尺度;第二,不能惩罚思想犯罪;第三,按照行为的危害性的大小进行犯罪分类并规定相应的处罚。在《论犯罪与刑罚》中,犯罪的社会危害性具有特定的政治内涵。按照贝卡里亚的解释,犯罪的危害性,既不是指对王权的危害,也不是指对教权的危害,而是指对社会最大多数人最大利益的危害。贝卡里亚指出,作为宗教意义上的罪恶,罪孽不应作为衡量犯罪与否的标志。贝卡里亚并不否认上帝的存在,但他将人与人的关系和人与上帝的关系区分开来,认为人与人之间的关系是平等的,只是为了解决欲望的冲突和私利的对立才产生共同利益的观念,以作为人类公正的基础。[②] 人类社会应在神明启迪、自然法则和社会的人拟契约这三者之间,即"宗教美德"、"自然美德"和"政治美德"之间,作出区分,不应以宗教的或自然的法则替代人类社会的法律。因此,所谓犯罪危害性的社会内容,就是犯罪对平等的社会成员共同利益的危害。接着,贝卡里亚从犯罪危害性的这一社会内涵出发,对犯罪的经验事实进行了描述。贝卡里亚认为:"侵犯公民安全和自由的行为是最严重的犯罪之一。在这一等级中,不但包括平民犯下的谋杀和盗窃罪行,也包括某些伟人和官员所犯下的类似罪行。这些上等人的犯罪在臣民中破坏了公正和义务的观念,而代之以强权的观念,这种观念对实施强权和忍受强权的人都是同样危险的,因此,这类犯罪

---

① [意]贝卡里亚:《论犯罪与刑罚》,68页。
② 参见上书,68页。

的影响更加广泛和严重。伟人和富翁都不应有权用金钱赎买对弱者和穷人的侵犯,否则,受法律保护的、作为劳作报酬的财富就变成了暴政的滋补品……我主张:对于贵族和平民的刑罚应该是一致的。法律认为:所有臣民都平等地依存于它,任何名誉和财产上的差别要想成为合理的,就得把这种基于法律的先天平等作为前提。"① 这是对所谓"社会危害性"含义的极好注释,也是犯罪学历史上比萨瑟兰的"白领犯罪"概念出现更早的表述。不难看出,在贝卡里亚心目中,犯罪所危害的,就是人人平等的权利。正是在这一理论底蕴之上,贝卡里亚推论出"法律面前人人平等"的原则。

二、环境主义的攻击性实验

环境主义的基本信念是:人的侵犯性、主观恶性都无法脱离环境而存在。来自环境的某种刺激才是人的攻击行为的主要解释,攻击意味着针对环境中某种存在的攻击。环境经验主义为了证实这一点,进行了大量实证研究。一个著名的例子是人们发现,动物园里的母狒狒比原野中的母狒狒侵犯行为高9倍,公的则高17倍半。② 这说明,处在不同环境中的个体,往往会表现出完全不同的反应。动物园里的狒狒之所以攻击性较强,是因为其生活环境拥挤,个体之间发生冲突的机会和原因多于在原野。环境主义者将这种现象称为防卫性侵犯,即适应性的、防御性的反应。有学者认为,头脑的基本作用是4个F,即"食、战斗、逃走、性"(feeding, fighting, fleeing, performance of sexual activities),而这每个功能在头脑中由一定的区域来控制,主要用电刺激来影响某个区域,便可以观察到相应的反应。比如,人们把装在侵犯神经区域的电极增加一点点电量,就突然会使被实验的动物爆发不可控制的、嗜杀的愤怒;把电量减低,或者刺激制止侵犯中心,又突然会使这侵犯停止下来。一个学者用遥控的方式刺激制止侵犯的区域,使一头愤怒的牛安歇下来。③

环境主义者对环境刺激的强调不仅意味着攻击行为为什么会发生的解释,其实也说明攻击行为本身的意义在于任何攻击都是针对环境刺激

---

① [意]贝卡里亚:《论犯罪与刑罚》,72~73页。
② 参见[德]弗洛姆:《人类的破坏性剖析》,134页。
③ 参见上书,122~123页。

所作出的反应，攻击意味着回应环境中的刺激，破坏环境中先在的某种存在。换句话说，环境刺激导致了攻击和侵犯，而攻击和侵犯反过来导致了环境的被攻击、被破坏。尽管这种回应并不都是防卫性的，但都是适应性的。例如，一项称为"模拟监狱"的实验中，一部分被试扮演狱卒，另一部分被试扮演囚犯。"逮捕"由真的警察执行。扮演囚犯的被试被带到实验的监狱后，被命令脱光衣服，喷洒除臭剂，独自在天井里裸着身子站一刻钟；然后穿上囚服，被带到囚房里，不许出声。不合身的囚服里面没有内衣，据说是为了让被试感到被去势。被试在睡觉时也必须戴着脚镣。环境对参加实验的人员都产生了很大的影响：5个囚犯产生极度的抑郁，哭叫、愤怒，并且有强烈的焦虑，只好提前"释放"。还有一个囚犯的身体局部出现红疹。只有两人表示坚持到最后以得到报酬。与此不同，狱卒的反应则较为复杂。当实验者因"囚犯"实在无法忍受而不得不决定提前结束实验时，"狱卒"似乎有些泄气，他们觉得他们很专心地扮演着他们的角色，因为有权控制囚犯而得意，现在要他们放弃权力，是他们不愿意的。其间，少数"狱卒"还表现粗暴，发明了残忍和折磨人的办法。对这个实验的结果有不同的解释。实验者认为，这个实验证明，环境可以在几天内把普通人改变，变成卑屈的人，或者变成无情的虐待者。而不同意见认为，毕竟2/3的"狱卒"没有为了自己的乐趣来虐待囚犯。这说明，给人提供适当的场所，让他们作恶，并不是件容易的事。① 但不论怎样，我们还是从中看到一个现象：环境中的某种关系不仅会诱发一定的攻击性行为，而且使得攻击行为本身获得了一定的意义。对行为人而言，攻击意味着适应性反应；而对社会而言，攻击意味着环境遭受到侵犯。这是环境主义为对犯罪性的理解所提供的重要启迪。

三、经验主义的道德无知说

经验主义者认为，良心并非天赋的，而是一种经验的产物。人并不是生来便会区分善恶的，和其他知识的学习一样，道德知识的获得渠道也是经验。这里所谓的经验，主要是指人与人之间的交往、共同活动。霍布斯认为："道德哲学不是别的，而只是人类交往和人类社会中有关

---

① 参见［德］弗洛姆：《人类的破坏性剖析》，76～82页。

什么是善、什么是恶的科学。善恶是表示我们的爱好和厌恶的名称,在不同气质、风俗和教义的人群中,善恶也是不同的。不同的人,不仅对于什么是快乐、什么是痛苦的判断不同,而且对日常生活的行动,什么是合理的、什么是不合理的,意见也不相同。"[1] 洛克也否认所谓天赋道德的存在,他认为:善恶并非行为本身固有的产物和结果,而是人们通过法律的惩罚、大众的赞扬或谴责、名誉的丧失等给予的。人们会参照国家、舆论或者私人责难的规则来衡量自己的行动,判断自己是否在道德上正直。人们无须任何"刻在我们心上"的规则便可作出道德判断。[2] 爱尔维修也认为:道德感绝不是先天就有的。由于人人都必然关心自己的利益所在,因此,使人有道德的唯一途径就是让人在公共福利中看到自己的福利。[3] 总之,"人生来是一个希望自己幸福的道德无知者。他不得不和同样天性的伙伴相处,为了能和他们一起生活就必须服从某些规则……良心不是从来就有的,而是从个人生活中获得的。灵魂开始是一块白板,上面并不刻有任何道德真理"[4]。

既然人生来是道德无知者,善恶判断都来自后天的经验和学习;既然人是在与人相处中获得了如何行为才会被他人接受的道德规则,那么,如果违背了道德规则,则意味着违背了与他人交往中共同承认的行为准则,意味着对某种人际关系的破坏。这就是经验主义的道德学说与犯罪性理解的内在联系所在:犯罪行为中所蕴涵着的攻击性主要不是指向所谓人性自身固有的道德本能,而是指向与行为者共同生活、交往的其他社会成员,指向人们组成的某种社会关系。把犯罪性理解为秩序之害,也正与攻击行为指向的这种理解有关。

第四节 犯罪性分析

既然犯罪性是犯罪之所以受到社会谴责或拒斥的特别的内在根据,那么,如何把握作为这种内在根据的伦理之恶或者秩序之害,则是犯罪

---

[1] [英] 霍布斯:《利维坦》,第15章。转引自 [美] 梯利:《伦理学导论》,31页。
[2] 参见 [美] 梯利:《伦理学导论》,32页。
[3] 参见上书,34~35页。
[4] 同上书,36~38页。

关系考察的第一个层面。

一、犯罪与秩序

以上两大理论派别分别从各自的角度揭示了犯罪性的内涵——其共同点是都着眼于犯罪与秩序的关系，只不过一个强调反秩序性的主观道德层面，而另一个强调反秩序性的客观社会层面；一个意义上的秩序是指伦理秩序，另一个意义上的秩序是指利益分配秩序。[①] 所以无论怎样，犯罪都意味着对社会秩序的破坏。从这个意义上说，犯罪意味着一定秩序的悖反，意味着去秩序化。犯罪特性分析实际上就是犯罪与秩序之间关系的研究。

进一步看，这两种理论可以分别回溯到各自所由出发的理论范式。一方面，强调客观社会秩序遭受破坏的环境经验主义可以从应然犯罪学的效果论中找到其渊源：正因为行为的实际损害才是对其着手刑事评价的主要根据，所以对现行利益分配关系造成实际危害的行为才应当被赋予犯罪的意义；而且，面临犯罪侵害的利益主体才希望将这种行为进行犯罪化处理，将其规定为犯罪。另一方面，强调伦理之恶的道德直觉主义可以从实然犯罪学中找到相应的理论资源：如果一个人具备了"退化的"、"悖德的"、"低劣的"所谓犯罪素质，那么，不论社会是否应当对其作出刑事反应，坏人实际上就是坏人，迟早必然危及社会。不论是否承认，这首先是个经验得到的客观事实，因而也是制定刑法规范的事实根据。透过应然犯罪学和实然犯罪学两大范式，人们看到了犯罪性的不同侧面。

至于反秩序性内部两个要素之间的关系，可以肯定的是，仅仅具备反伦理性而对利益分配关系不具任何危险的行为，或者只危及现行分配秩序却不具有任何伦理之恶的行为，都不应该是典型意义上的犯罪。只有两者都十分显著的行为，才可以称得上是真正的犯罪、犯罪性十足的犯罪。不过，对有的犯罪而言，伦理之恶（反伦理性）也许是其主要特

---

① 这里所谓秩序不是指一般意义上的社会治安或公共安全，也不是指人们日常生活的井井有条或程序化，而是指由各种社会资源的分配关系所构成的有序的相对稳定的社会结构。其中，所谓资源分配关系主要包括权力资源、财富资源和符号资源在社会成员之间的不平等分配，有人在某个资源分配关系中拥有优势地位，有人则只处于劣势地位；在某种资源分配关系中处于优势地位的人，在另一种资源分配关系中也许处于劣势地位。

征，而对另一些犯罪而言，客观之害（反社会性）也许是其突出特点。实然世界中的犯罪，都或多或少地兼具这两种意义上的犯罪性，例如，强奸等性犯罪就是伦理之恶或者反伦理性较为明显的犯罪，盗窃、诈骗等犯罪就是客观之害或者反社会性较为显著的犯罪，而恐怖活动、爆炸、抢劫等犯罪则是这两种反秩序性都十分突出的犯罪。

伦理之恶与客观之害的不同主要是：

1. 伦理之恶发生在思想、观念社会关系中，是观念上层建筑领域中的反主流性；而客观之害发生在权力、财富等更加基础性的各种社会资源分配关系中，是社会基本结构中的反主流性。从这个意义上说，反秩序性比反伦理性更加危险，是犯罪性中更加前提性的部分。

2. 伦理之恶可以表现为任何人针对任何人的剥夺、侵犯和占有，具有普遍性和个体性；而客观之害一般表现为处于劣势地位的社会阶层、群体针对优势群体的否定、攻击和破坏，其群体性往往具有下对上的性质。因此，客观之害为主的犯罪又称为对上的犯罪。[1]

3. 由于伦理秩序是在人们普遍的道德实践过程中逐渐建立起来的，反伦理性犯罪的基本形式便表现为各种社会事实、心理事实、道德事实，反伦理性的有无和大小都可以通过公认的道德情感和价值准则加以判断；而社会分配秩序是人们通过立法权、司法权的获得和运用而建立起来的，由社会秩序的内涵所决定，反社会性犯罪的基本形式则是各种法律事实、规范性事实，反社会性的有无和大小都要凭借各种法律规范、行政法律法规、程序性规则加以判断，而且这种判断往往在较大程度上取决于优势群体自身属性和好恶的规定与直接影响。

二、恶意与敌意

按照犯罪性在犯罪人或者潜在的犯罪人内心世界中存在方式的不同，犯罪性还可以分为恶意与敌意。行为或者行为倾向要么是由于其表达出强烈的恶意，要么是由于其表达出强烈的敌意，而受到社会的谴责、惩罚或者拒斥。

较早对犯罪性进行分解的是霍布斯，他认为：犯罪性可以分为罪与恶两个部分。破坏法律的企图是恶，表现出的违法行为是罪。破坏自然

---

[1] 参见［美］布莱克：《法律的运作行为》，唐越、苏力译，第二章，北京，中国政法大学出版社，1994。

法无论何时何地都是恶，只有破坏国家法律时才是罪。① 根据本能直觉主义的伦理之恶的概念，可以将我们所谓的恶意定义为，针对普遍公认的基本道德情感的否定性行为指向。以恶意为主要特征的犯罪，为恶意犯罪。同时，根据环境经验主义的客观之害的概念，可以将我们所谓的敌意定义为，针对现行社会关系中其他社会成员的否定性行为指向。敌意的核心内容是社会成员之间的不相容性、排斥性，对现存社会关系中其他成员的否定性和攻击性。以敌意为主要特征的犯罪，为敌意犯罪。恶意明显的犯罪，并不一定都有明确指向的敌意性，或者反过来看，敌意明显的犯罪，也不都充满着邪恶的反道德性。恶意和敌意都十分明显的犯罪，才是犯罪性更加突出的犯罪。具体来说，恶意与敌意的区别主要在于：

1. 恶意具有明显的主观上的悖德性，主要表现为对道德伦理规范的违反；而敌意具有明显的客观上的危害性，主要导致社会中其他成员的切身利益遭受到实际的损害。

2. 恶意往往表现为赤裸裸的利己倾向，即使损人，也是因利己而损人；而敌意往往以害他为主要内容，在害他的过程中也许利己，也许并不利己。

3. 恶意往往导致积极主动的侵犯或者攻击，因而具体对象是谁并不是最重要的，只要能够实现所积极追求的欲望，都可能使攻击倾向付诸实施；而敌意往往是被动适应来自环境中各种不良影响而发动的攻击行为，因而一般都指向明确的问题来源。

4. 恶意驱动下的攻击行为是一种向内的否定，即所实施的攻击行为实际上也是对自身固有良心的否定②，因而通常都会导致罪责感、罪恶感的不快体验；而敌意驱动下的攻击行为是一种向外的否定，即所实施的攻击行为并不一定意味着对自我良心的否定，有时还会获得某种合理化、合道德化的解释和支持，因而并不一定导致罪责感、罪恶感的出现。

5. 恶意由于是对普遍公认的道德规范的否定，因而可能发生在任何角色、身份、地位、群体的个体身上，其表现不具有明显的社会阶层

---

① 参见唐凯麟：《西方伦理学名著提要》，157页。
② 研究认为，世界上不存在所谓"好人"与"坏人"之分，即使是在监狱中服刑的犯人也只是"犯了罪的人"或者"干了件坏事的人"，而非纯粹的"坏人"，因为人的社会化过程中，道德、良心或多或少地被植入个体的潜意识中，纯粹的恶人是不存在的。

特征，任何人都可能通过犯罪来宣示其恶意；而敌意由于是人与人之间、群体与群体之间、阶级与阶级之间的对立、冲突的表现，因而其表达方式往往会具有身份性、地位性、群体性特征，有的犯罪表达着针对某个群体的敌意，而有的犯罪通常只有某个群体的成员才更可能实施。①

三、原因危险与结果危险

通过对本能直觉主义和环境经验主义的比较，我们发现，犯罪性的理解还有一个角度：原因危险和结果危险。就是说，作为国家发动刑事反应的内在根据，犯罪性的主要内容是那些可能导致犯罪行为实施的原因还是已然犯罪行为所带来的损害结果。所谓原因危险，就是相对犯罪行为的实施而言，先于犯罪的存在而存在的各种现象导致或预示犯罪最终实施的可能性。这种可能性越大，犯罪最终实施的可能性就越大，对被害人而言的危险也就越大，因而其犯罪性也就越大，引发刑事反应的理由也就越充分。所谓结果危险，就是相对犯罪行为的实施而言，犯罪导致社会或者被害人承担实际损害的可能性。这种可能性越大，犯罪对被害意味着的危害就越大，因而其犯罪性也就越大，引发刑事反应的理由也才越充分。有人可能认为一个整天酗酒、吸毒，脾气暴躁，家庭破

---

① 福柯就发现，各个社会阶层都有各自被容忍的非法活动的余地。一方面，对下层阶级而言，犯罪和非法活动的界限很难区分，如走私、抢劫、武装抗税、凶杀、流浪，等等，犯罪活动融入范围更广泛的下层社会赖以生存的非法活动。另一方面，资产阶级要为自己保留权利的非法行使，巧妙地运用法律空隙为自己获得巨大的经济活动地盘，于是他们特有的违法犯罪就表现为欺诈、漏税、不正当商业活动，等等。这种犯罪形式的分工，实际上是财产的非法占有与权利的非法行使的相互分离，而这种分离体现了阶级的对立。这一分离和对立的过程，反映了"非法活动结构也随着资本主义社会的发展而得到改造"的过程。（参见［法］福柯：《规训与惩罚》，刘北成、杨远婴译，96页，北京，三联书店，1999。）社会的秩序结构不仅影响着违法犯罪的分工，而且，还决定着社会对违法犯罪的反应。有时，违法犯罪采取了完全合法的形式，如某些个人或集团享有特权，他们的违法犯罪就因此而获得豁免，不再被定义为违法犯罪。有时，违法活动又采取群众性的普遍的有令不从的形式，仅仅在纸面上定义为犯罪。有时，某种行为又涉及已经逐渐失效但突然开始生效的法律，有时则表现为当局的默认、疏忽或实际上根本无法执法。（参见［法］福柯：《规训与惩罚》，91～92页。）而且，这种对非法活动的重大的重新分配甚至还体现在司法机构的分工上：对非法占有财产——盗窃，由普通法庭审理，给予常规惩罚；对非法行使权利——欺诈、偷税、不正当商业活动，由专门法律机构来调解，归结为罚款。（参见［法］福柯：《规训与惩罚》，96～97页。）

损,因失业而失去正当经济来源的男性街角黑人即使尚未抢劫、盗窃、杀人,但这些因素集于一身,这本身就意味着危险。而有人则可能认为只有当这个街角青年真的实施了犯罪,对社会而言才真正意味着危险。前者只是一种可能的危害,后者才是现实的危害。刑事反应只能因现实的危害而发动,与之对应,后者才与犯罪性有关。可见,原因危险与结果危险的不同,可以对应为未然之罪与已然之罪的区别。两者都是犯罪性的重要内容,但都无法单独替代犯罪性的全部内容,因而也都无法单独充当发动国家刑事反应的充分必要根据。因为原因危险和结果危险都能从本能直觉主义或者环境经验主义中分别找到各自的理论依据,同时,也都能从中发现各自的片面之处,所以,将这两者有机结合起来,仍是较好的理论选择。

一方面,我们可以把原因危险按照影响稳定性、确定性或者必然性的不同分为两类:偶犯危险和累积危险。① 所谓偶犯危险就是先于犯罪而存在的各种情境、机会性因素对行为人的犯罪决策过程所构成的临界性影响。作为一种原因危险,偶犯危险往往具有偶发性、外在性、瞬时性、情境性等特征,对行为人的犯罪决策而言一般具有较大的可选择性。比如,突发性的天灾人祸、瘟疫、某个管理上的漏洞、被害人偶然不慎暴露出来的某个弱点,等等,都属于犯罪学上的偶犯危险。所谓累积危险就是先于犯罪而存在的各种稳定、持续、反复作用的因素对行为人的犯罪决策过程所构成的长期影响。作为一种原因危险,累积危险往往具有较大的必然性、确定性、难以控制性,对行为人的犯罪决策而言一般具有较大的不可选择性。在犯罪学中,累积危险至少包括反社会人

---

① 回顾实证犯罪学派的犯罪分类和犯罪原因学说便可以看出一个相关关系,即犯罪人分类与犯罪原因分类之间的正相关关系:从龙布罗梭的生来犯罪人、悖德狂犯罪人、激情犯罪人、精神病犯罪人、偶然性犯罪人分类,到菲利的人类学因素、自然因素、社会因素的犯罪原因分类,犯罪原因的稳定性越强,犯罪的不可选择性就越强;犯罪原因的活性程度越大,犯罪的可选择性或偶然性就越大。或者说,犯罪人实施犯罪的不可选择性越强,越可能是犯罪原因的稳定性影响的结果;犯罪人实施犯罪的不可选择性越弱,越可能是犯罪原因的活性影响的结果。这是偶犯危险与累积危险划分的原型。此外,我国台湾地区学者蔡墩铭曾把犯罪性分为初犯性和累犯性。所谓初犯性就是引起个人最初的或一次性的犯罪行为的犯罪性,也称为普通犯罪性或者一般犯罪性。所谓累犯性就是促使个人多次实施犯罪行为的犯罪性。这种犯罪性也叫更加牢固、稳定,社会危害性更大的犯罪性。在累犯性中,除了包含初犯性的成分以外,重要的是还包含犯罪习惯,即在一定情境下自动化地进行犯罪行为的倾向。[参见吴宗宪:《犯罪性》,载肖剑鸣、皮艺军主编:《罪之鉴:世纪之交中国犯罪学基础理论研究》(上),275页。]这种划分也对原因危险的稳定性程度给予了特别的重视。

格、异常遗传素质、脑功能障碍、多次犯罪、多次受到刑事处分、生理因素、智力因素、自控力因素、价值观等心理因素，以及社会地位、所属群体、从事职业、经济文化环境，等等。当然，所谓偶犯危险和累积危险的区别也不可能是绝对的，而应当是相对的，因人而异、因事而异的。这种区分也是一种观念上的抽象，有助于对犯罪性的理性分析。尽管如此，通常人们还是能大体上从犯罪个案中分辨出哪个犯罪主要应归因于累积危险的影响、哪个犯罪主要应归因于偶犯危险的诱发。对于犯罪性的这种区分，既是关于某个犯罪之所以会发生的某种解释，又是人们发动刑事反应以及其他各类社会控制所由出发的一个重要根据。显然，对于主要因偶犯危险的作用而实施的犯罪，社会一般不宜发动过分强烈的反应，相反，还要利用各种临界性犯罪规律以加强犯罪预防。而对于主要因累积危险的长期影响而实施的犯罪，社会反应中既需要有惩戒因素，又需要同时考虑矫治因素的配置。

另一方面，我们还需要把结果危险按照合法权益的载体的不同分为两类：结果及人和结果及物。所谓结果及人就是可能或已经使被害人的人身权益遭受损害的一种犯罪危险，由此构成的犯罪称为结果及人犯，如故意伤害罪、故意杀人罪、强奸罪、诽谤罪、侮辱罪、虐待罪，等等。所谓结果及物，就是可能或已经使被害人的财产及人身权益以外的其他合法权益遭受损害的一种犯罪危险，由此构成的犯罪称为结果及物犯，如盗窃罪、诈骗罪、抢夺罪、挪用公款罪、贪污罪，等等。此外，我国刑法中还存在一些既及人又及物的混合结果犯，如决水罪、放火罪、爆炸罪、抢劫罪、侵犯著作权罪、重大环境污染事故罪，等等。

基于以上对原因危险和结果危险的分类，现在可以从这两个维度相结合的角度对犯罪性进行综合分析（请看表4—1）。

表4—1　　　　　　　　危险性的四种合成方式

	结果及人	结果及物
累积危险	A	B
偶犯危险	C	D

从表4—1中可见，将原因危险和结果危险结合起来解读犯罪性，理论上便有4种合成的犯罪性：

"A"是累积危险与结果及人的交叉，可以称为累—人型犯罪性，或A型犯罪性，是指主要由累积性原因危险与及人性结果危险共同合成的犯罪危险。其特点是行为人在各种稳定、持续、反复作用的犯罪因素的长期影响下形成的难以控制的犯罪侵害性，通过人身侵害的形式释放出来，外化为犯罪行为。这种犯罪性的原因危险具有较大的必然性，结果危险又表现为对人身权益的损害，因而这是最危险的犯罪性。

"B"是累积危险与结果及物的交叉，可以称为累—物型犯罪性，或 B 型犯罪性，是指主要由累积性原因危险与及物性结果危险共同合成的犯罪危险。其特点是行为人在各种稳定、持续、反复作用的犯罪因素的长期影响下形成的难以控制的犯罪侵害性，通过对物的剥夺、偷窃、骗取、占有、破坏、滥用等行为方式释放出来，外化为犯罪行为。这种犯罪性的原因危险具有较大的必然性，结果危险表现为财产权益的损害而非人身权益的被害，因而这种犯罪性危险性程度次于 A 型犯罪性。但也应看到，对合法的财产权益而言，这是最为危险的犯罪性。

"C"是偶犯危险与结果及人的交叉，可以称为偶—人型犯罪性，或 C 型犯罪性，是指主要由偶犯性原因危险与及人性结果危险共同合成的犯罪危险。其特点是在偶然的机会性因素影响下，并无长期累积危险的行为人针对他人的人身而实施侵犯行为。这种犯罪性的原因危险具有较大的偶然性，但结果危险表现为对人身权益的损害，因此，与 A 型犯罪性相比，是危险性较小的一种犯罪性。当然，从生命为大的意义上说，此种犯罪性又大于 B 型犯罪性。

"D"是偶犯危险与结果及物的交叉，可以称为偶—物型犯罪性，或 D 型犯罪性，是指主要由偶犯性原因危险与及物性结果危险共同合成的犯罪危险。其特点是在偶然的机会性因素影响下，并无长期累积危险的行为人针对他人的财产权益而实施侵犯行为。这种犯罪性的原因危险具有较大的偶然性，且结果危险又没有针对他人的人身权益，因此，其危险性既轻于 B 型犯罪性，又轻于 C 型犯罪性，是危险性最小的一种犯罪性。

第五节 希特勒的犯罪性

以希特勒作为研究犯罪性的样本，似乎没有多大的代表性，人群中可能有几个希特勒呢？然而，等我们跟着弗洛姆完成关于希特勒个案材料的观察以后①,等我们运用上述犯罪性分析框架解读这些材料以后,也许会放弃这种担心。

一、恋尸症

其实,历史上发动战争的政治家、将军并不止希特勒一个人,他们发出导致数百万人死亡的命令。那么,希特勒与他们之间有何不同呢?按照弗洛姆的观点,希特勒的特别之处就在于,他下令毁灭的事物与事实理由之间太不成比例。他杀害数百万犹太人、俄国人和波兰人,最后下令毁灭所有的德国人,这都不是战略所必需,而是一个深度恋尸症者的激情使然。希特勒是个恨人类者、恨生命者,这是恋尸症的典型特征。希特勒还有一种恋尸症者典型的幻想:他恐惧秽物与毒物,怕被它们污染。恋尸症者觉得外在世界是污秽的、有毒的。他认为,犹太人是外国人,外国人是有毒的(像梅毒),因此,外国人必须被扫除。他认为犹太人不仅毒害血液,而且毒害灵魂——这是他原始观念的进一步表现。希特勒还常常开一些玩笑,显示出恋尸症特征。希特勒吃素,却仍用一般食物招待客人。如果餐桌上有肉汤,希特勒就会说这是"尸体茶"。如果有小龙虾,他就会说,他祖母死了以后,亲戚们把她丢到河里,来诱捕甲壳鱼类。如果餐桌上有鳝鱼,他就会说这种鱼最好用死猫来喂,来诱捕。希特勒脸上还可以看到一种恋尸症者都有的闻臭的表情,这可以从他的许多照片上看出来。

恋尸症的基本特征就是破坏性、毁灭性、侵犯性以及对生命的轻视、蔑视和敌意。希特勒就经常沉迷于无限制破坏的幻想里。他说:如果发生1918年那样的暴动,他就把反对派的政治领袖统统杀光,天主教徒和集中营里的所有俘虏也要全部杀光。他计算着,这样他可以杀几十万人。希特勒预算中最重要的屠杀对象当然是犹太人、波兰人和俄国人。他说:要把犹太人从所有的职业中赶出去,赶到犹太区去。把他们用围墙围起来,让他们死得其所,让德国人看着他们死,像看野兽一样。

如果说有的犯罪是恶意明显而敌意不那么突出,而有的犯罪则是敌意主导、恶意并不显著的话,那么,希特勒的犯罪则是一个集恶意与敌

---

① 本节内容中凡涉及希特勒的部分,其素材主要来自[德]弗洛姆:《人类的破坏性剖析》,398~476页。

意于一身的典型。一方面，希特勒的基本人类情感和道德直觉表现出明显的缺乏。另一方面，他至少对犹太人、波兰人、俄国人的敌意为众所周知。希特勒体内这种恶意与敌意的高度融合，表现在他的性格中虐待狂与恋尸症的混合。希特勒曾经说过，"他们（群众）所要的是强者的胜利，与弱者毁灭或无条件的投降"。弗洛姆分析道："虐待者只要人投降；唯有恋尸症者才要人毁灭。'或'这个字，把希特勒性格中的虐待面与恋尸面连接在一起；但从记录上我们看到，他的毁灭欲比屈服欲①要强烈。"此外，希特勒的性格中还存在三个相互联系的特征：自恋、退缩、情感缺乏——他没有爱、温暖和同情。

当然，有人会举出希特勒吃素、从不上战场以及任何行刑、屠杀从不在场等事实以说明（洛姆在被杀以前提出要求说，请元首亲自枪毙他，他很了解他这种要求有什么含义），希特勒害怕看尸体，因而很难说是恋尸症者。弗洛姆认为，希特勒这些惧怕看到尸体的反应，是一种防卫反应，不让自己觉察到自己的破坏性倾向。而且，他这种恐惧性的防卫反应和他有些强迫性的清洁习惯有着相同的作用：洗去象征性的粘在手上（或全身）的秽物、血；当事者把血和秽物的意识压抑下去，他只是觉得需要"清洁"。不肯看到尸体，跟这种清洁的行动是相似的：两者都是想要否定自己的破坏性。而在他的生命接近尾声的时候，当他感到最后的失败越来越近时，他便不再能抑制他的破坏性。1944年流产政变的领袖们被他屠杀，他对这些人的尸体的反应就是个例子。他原来是不能看尸体的，现在却下令把这些将领们受折磨、行刑、穿着囚衣的尸体挂在钩子上的纪录片拿来放映，并把一张这样的照片放在桌子上。可见，希特勒的行为和性格中充满着针对人类的恶意和敌意，从这个意义上说，希特勒是人类中最大的非善者。

二、为了德国？

以往，希特勒给人以这样一种印象：他是代表着德国人民的利益，为德国谋取生存空间，他笃信日耳曼血统的纯洁性、高贵性。总之，人们往往容易把希特勒与德国人民的整体性连在一起。其实，关于希特勒行为的犯罪性分析结果证明，希特勒的破坏性、侵犯性不仅指向犹太

---

① 联系上下文，疑是"使人屈服的欲望"，或者"征服欲"。

人、波兰人、俄国人，还指向全体德国人民。

1944年9月，希特勒曾下达一个"德国焦土令"，在命令里，他要求在敌人占领德国以前，"一切东西，总而言之，一切可以维持生活的东西统统毁灭：食物分配记录、婚姻档案与住宅登记册，银行账目。再若，食物供应要毁灭，农田烧毁，牛羊杀光。炸弹所没有摧毁的艺术品也不可再保留。纪念碑，宫殿，堡垒，教堂，戏院和歌剧院，一概夷平"。这当然意味着不再有水，不再有电，不再有卫生设备——千百万人民将陷入瘟疫、疾病和死亡中，无法逃脱。1942年1月27日，斯大林格勒之役以前一年多，希特勒就说过，如果德国人不打算为他们的生存而战，那么，好，他们就必须消失。当战败已经成为不可避免之势时，他下令毁灭德国。同时，他还要其他德国人、他的狗和情妇为他陪葬。弗洛姆认为，一般常人认为希特勒只是对犹太人十分仇恨，而实际上，犹太人只是希特勒的许多牺牲品之一。希特勒当然是个恨犹太人者，但说他是个恨德国人者同样是对的。1923年，希特勒曾经看过一部电影，叫做《弗列德烈皇帝》。在电影里，弗列德烈的父亲要把自己的儿子和他的朋友处死，因为他们想逃离祖国。在电影院和路上，希特勒一再说：他（国王的儿子）也要被处死——精彩！这就是说，不管是谁，即使是自己的儿子，只要对国家犯了罪，都要砍掉他的脑袋！如果在莱茵河和鲁尔河区，我们的城市有一打被火烧光，几十万人丧生，那算得了什么！弗洛姆在分析希特勒对战败的态度时甚至说：我们甚至怀疑，希特勒是不是真的想战胜？表面上他固然做着种种努力，可是在无意识间却在部署着一场灾难。就连希特勒最亲近的好友都有一种直觉：希特勒是否真的相信最后胜利，或者真的渴望胜利？希特勒用全德国人的生命和他自己的生命为筹码。当赌博告终而他输了时，他没什么值得懊悔的地方，他已经得到了他一向要得到的东西：权力、恨意和破坏欲的满足。他虽然失败，但这失败取不走他的满足。他并没有真正输掉，输掉的是千百万人的生命——外国人的，和德国人的。从这个意义上说，德国人自己也是希特勒敌意的对象。问题是：该如何解读这种犯罪性？

根据我们的犯罪性分析框架，如果对希特勒的行为进行悖逆分析的话，我们可以清楚地看到，这种特殊的破坏和毁灭，并不是一种典型的悖逆现行分配秩序的犯罪，并不是一种向上的犯罪，相反，倒可以认为是一种自上而下的破坏和毁灭。希特勒曾经说过："如果我的军队不能取得最后的胜利，我便拖着德国人民一起跳进失败的深渊！"① 这种犯罪性的基本特征是，侵犯性和破坏性来自于现行秩序本身，来自于现行秩序的最大既得利益者，来自于现行秩序中资源优势的拥有者，是一种对下的侵害和破坏。或者说，该行为之所以是犯罪，并不是因为它指向现行秩序的否定倾向，而是因为它指向人类共同道德情感和伦理规范的否定倾向。这种只反伦理不反秩序的犯罪性虽属罕见，但并非虚构。这就是 7 种悖逆组合方式中主要因其反伦理性而成立其犯罪性的所谓"反伦理犯罪"。指出这一点的意义在于，犯罪性并不都来自于一眼就能看出其犯罪性的那些人——吸毒者、流氓、贫穷的黑人、多次刑事记录者、街角无业游民。用弗洛姆的话说，一般人总认为彻底破坏性的和邪恶的人必是恶魔——而且看起来就是一副恶魔的样子；他一定没有任何好的素质；他一定明显地载着该隐的印记②，以致每个人从老远就看得出他杀气腾腾。而其实，如果我们以为恶人有犄角，就永远不会识别出恶人。也就是说，犯罪性并不都来自于下层社会，犯罪的破坏性不都是自下而上的，还可能是自上而下的。

三、再造希特勒的可能性

以希特勒为犯罪性分析的样本，到底有多大的代表性？或者说，即使有 100 条证据证明希特勒是个充满着犯罪性的个体，但世界上可能有多少希特勒呢？的确，作为一个历史事件，希特勒的存在空前绝后，也许再也不会有第二个希特勒了。从这个意义上说，希特勒的犯罪性完全不同于我们正在或者将要面对的罪犯的犯罪性。如果这样，研究希特勒的犯罪性便没什么意义。可是，如果我们把希特勒这个个案放到我们的犯罪性分析框架中对其进行危险性分析，得出的结论也许就不那么令人轻松了。根据前述，所谓犯罪的危险性分析就是对犯罪的原因危险和结果危险所做的综合分析。现在，就让我们跟着弗洛姆一起来观察一下希特勒恋尸症的形成过程，以及这种恋尸症找到发作机会的过程吧。

希特勒的父母是善良的、稳定的、十分正常而又绝非破坏性的人。

---

① 彭玉龙：《谢罪与翻案：德国和日本对第二次世界大战侵略罪行反省的差异及其根源》，128 页，北京，解放军出版社，2001。
② 该隐是亚当的长子，因嫉妒而杀害了其弟弟亚伯。

问题是：在他们的抚育下，希特勒怎么会成为一个极富破坏性的危险战犯呢？对此，有人认为希特勒早年对母亲的恋着，使其产生强烈的恋母情结和同时伴随着的排斥同性亲长的倾向。而且，希特勒一定看过父母性交，因而恨其父亲的"兽性"和母亲"出卖了他"。于是，希特勒在早年就形成了恨意。然而，弗洛姆不赞成这种解释，因为具有恋母情结和看过父母性交并非希特勒这种特例中才有的情况，因此不足以解释希特勒恨意的形成原因。还有人解释说，在希特勒5岁时，母亲又生了个弟弟。这件事的意义在于，这使他不再是母亲最主要的献身对象，希特勒会因嫉妒而痛苦。可是资料显示，希特勒在弟弟出生后的1年里，过得仍然很快乐。可见，用弟弟的出生也无法解释希特勒恨意的来源。弗洛姆的解释是，希特勒对母亲的固着，并非5岁男童对母亲温暖、爱恋的普通情感。相反，希特勒一直是冷漠的，始终没有突破他自恋的躯壳。对他来说，母亲并不是一个真正的人，而是土地、命运与死亡的象征。事实上，与他母亲的溺爱有一定相关，希特勒的母亲只象征着保护他、赞美他的女神，但同样象征着死亡与混沌的女神。他母亲是他虐待性的控制对象，当她不肯完全受他左右时，希特勒就勃然大怒。

希特勒幼年时期的最爱是和男孩子们一起玩士兵与印第安人游戏，这使他从中强烈体验到脱离现实以及控制一帮人的乐趣。在希特勒17岁以前的3年里，对其恶性发展具有重要影响的有三件事：一是他在中学功课开始跟不上了。二是与父亲在从业问题上的冲突。三是越来越沉迷于游戏的幻想世界里，他唯一的强烈兴趣是和男孩子们进行游戏，游戏中，他总是扮演领袖、发号施令者。弗洛姆认为，这种游戏对9岁到11岁的男孩子来说很正常。但到了中学，还沉迷于其中，就是少有的事了。这些，都使希特勒越来越成为一个高度自恋的，从现实中退缩的人。对他而言，幻想比事实还真实。

接下来的数年间，希特勒遭遇了一个又一个的失败：先是中学功课的落后，后来，他还曾经沦为乞丐团的成员，住在穷人收容所，渴望有人给他一碗热汤。再后来，第一次世界大战给了他机会，他在军队里尽忠职守，他负责、守纪律，得了英雄奖章。然而，也正是这时，德国战败，并且发生了革命，革命者中还不乏犹太人。这接连的失败，使他的自恋受到一次次伤害。特别有意义的是，如果说中学、艺术学院、乞丐团中的失败还都只是个人的失败的话，那么，第一次世界大战中德国战败使得希特勒个人的失败和屈辱变成了国家与社会的失败和屈辱，于是，他的个人屈辱得到了一次"升华"：为德国复仇，就是为自己复仇；

为德国雪耻，就是为自己雪耻。自此，希特勒的恋尸症开始了恶性发展的新阶段。正在此时，由于当时德国政治、经济、文化、军事、国际关系等各个方面因素的共同作用，希特勒得到了权力。于是，对这个恨人类者来说，不论德国是战胜还是战败，都已经足够了。正如弗洛姆所说，大部分人都没有希特勒那样强烈的破坏性。但是，即使假定人口中只有10%的人有那样的破坏性，如果他们有了有影响力的权力，便非常危险。按照这个"10%假定"，"在我们中间就有上千上百的希特勒，只要历史的时机到来，他们便会现出面目"[①]。

以上我们看到的，是一个典型的累积危险与结果及人的犯罪危险组合，即A型犯罪性。从幼年母亲的溺爱，到青年时期的各种幻想、失败，希特勒的恋尸症倾向是他漫长生活经历的结果。在这些因素的反复作用下，希特勒逐渐形成了难以自控的犯罪侵害性，并通过反人类的残暴形式释放出来，外化为犯罪行为。但愿这种组合在我们身边并没有多达10%，否则，即使不是第二次世界大战这样的灾难，这种组合的其他任何形式的表现对社会而言都意味着顶级的危险。

第六节　有组织犯罪的犯罪性

从广义上说，具有某种组织形式的多人犯罪，都可以称为有组织犯罪。从狭义上看，有组织犯罪通常是指黑社会犯罪。广义和狭义两种有组织犯罪的一个重要区别是，狭义的有组织犯罪中，其组织本身就有比较明显的违法犯罪性，甚至是为犯罪而成立、为犯罪而存在的组织。而广义的有组织犯罪中，其组织本身并不一定具有违法性、犯罪性，至少在表面上有其合法性。下面，我们将利用犯罪性分析的方法，对广义上的各种有组织犯罪进行比较，试图发现它们之间一些未见的异同。

一、匪徒

霍布斯鲍姆（Eric Hobsbawm，1917—2012）是当代英国学者，以

---

① ［德］弗洛姆：《人类的破坏性剖析》，476页。

匪徒史研究著称。他的《匪徒》一书为我们勾勒出所谓"侠盗行径"的概念和三种基本类型。[①] 在霍布斯鲍姆看来：在法律与皇权的可控范围之外，总有一些成群结伙的强人，或是占山，或是落草，恃武横行，干着杀人放火、勒索抢劫之类的勾当。他们的所作所为，无不对当地官僚士绅与富商大户构成极大威胁，相应地引起了经济、社会与政治秩序的波动。这种针对秩序化社会的挑战与威胁的现象，称为"侠盗行径"；实施这些侠盗行径的人称为匪徒，即拒绝服从的并踞于权力可控范围之外的人。他们以自己的方式行使权力，反抗现有的政权。而且，霍布斯鲍姆强调说，他所说的匪徒是指农业社会里活跃在农村的匪徒，而不包括城市的黑社会。

第一种匪徒是"侠盗"。称得上侠盗的，要符合9个标准：第一，侠盗并不是由犯罪而开始他的匪徒生涯，相反，他往往是不义行为的牺牲品，或是因为一些触犯权贵利益（但绝不会是触犯百姓利益）的行为而饱受迫害。第二，他能够除恶扬善。第三，他能够劫富济贫。第四，除了自卫与复仇，他从不滥杀无辜。第五，当他收山的时候，他会回到他曾经生活过的社群当中，成为一名受人尊敬的普通公民。而事实上，他也从来没有离开过家乡。第六，他受到人民的爱戴与支持。第七，只有叛徒出卖才会夺去他的性命，因为正直的乡民绝不会帮助当局来对付他。第八，至少在理论上，他神龙不见首尾，而且战无不胜。第九，他视国王和皇帝为正义的源泉，绝不会萌生反念。他反对的只是地方上横行不法的乡绅和僧侣之流。这种匪徒与国王之间由冲突到和解的故事并不少见。

第二种匪徒是"复仇者"。从这种匪徒身上似乎看不见除恶扬善、行侠仗义、劫富济贫的特色，相反，他们往往具有突出的残暴性。一个叫做拉姆皮奥的匪徒在囚犯的妻子已付赎金的情况下还是撕了票；他屠杀劳工，用残忍的手段折磨死一个骂过他的老妪，逼她裸身在一簇仙人掌上跳舞，逼着一个冒犯过他的匪帮成员吃下足足1升的盐粒。还有的匪徒把胎儿扯出孕妇的肚子，再塞进去一只公鸡。这种匪徒之所以如此残暴，原因之一是其复仇行动的合理性。他们认为，让剥削者用自己的金币给被剥削者以补偿是不可能的。剥削者得以运用的财富、权力和优越的社会地位是被剥削者无法运用的，除非掀起一场社会革命，让高贵

---

① 这部分内容主要来自［英］埃瑞克·霍布斯鲍姆：《匪徒》，李立玮、谷晓静译，北京，中国友谊出版公司，2001。

的人卑贱，让卑贱的人高贵。匪徒所有的只是个人的资源而已，但其中，暴力的效果是最显而易见的。一些最著名的极端使用暴力的例子都与社会地位低下的群体或处境更为恶劣的受主流社会压迫的少数民族有着关联。

第三种匪徒是海达克。15世纪以来，大量农民失去土地，随之产生一种叫做"军事组织从自由农当中涌现"的现象。这类军事组织在俄国叫做哥萨克，在希腊叫做克里斐特，在乌克兰叫做海达马克，在匈牙利和巴尔干半岛叫做海达克。[①] 在俄国和匈牙利，他们可以接受沙皇赠与的土地，作为交换条件，他们放下手里的武装。如果愿意，还可以跟随某个将领去抗击土耳其人。于是，他们成了皇权一方的骑士。但是，他们对皇权的忠诚是有条件的。还有的海达克一直致力于比较原始的抵抗与解放运动。海达克与侠盗有着明显的区别：海达克和农民阶层的关系非常淡薄。他们不仅上面没有主子，连亲戚都没有。海达克没有强烈的道德理念的支持，这是他们与侠盗的主要区别。海达克和"复仇者"也不相同：残忍并非海达克的最本质特点，他们有时有功于民，些许的残暴显得可以被接受。海达克的形成原因比较复杂。他们并非拒绝奴役而选择了自由，而是因为拒绝贫困而选择了劫掠，因此而投入准政治运动中去。他们占山或是落草，主要是经济上的考虑。海达克的生存和名望建立都不依赖于某位领袖个人的声誉，其实，他们是一个英雄的群体。在民众动乱或政权危机的时候，海达克的人数和帮派的数目都会增多，他们的行动也越发地肆无忌惮。他们不仅预示着一场革命，而且，未来解放运动的领袖往往就出自他们中间。

这三种匪徒行径可以说是集体犯罪的一种，这种集体犯罪有几个共同特点：第一，这种集体犯罪多见于农业社会，主体是农业人口，并在地域上远离城市，地域性大于流动性。这是此种集体犯罪与和其较为相近的集体犯罪——城市黑社会犯罪、恐怖组织犯罪的重要区别所在。第二，这种犯罪集体的形成，往往与一些不公正待遇、悲惨遭遇有关。从这个意义上说，这种集体犯罪往往是其他消极社会现象所引起的一种社会反应。这也决定了此类犯罪的特征是敌意大于恶意。第三，在各种强制他人服从的力量中，暴力通常被这种犯罪集体的成员奉为最高权力，他们崇尚暴力，认为暴力是解决问题的最有效途径。这是此类集体犯罪

---

① 在《匪徒》一书中，霍布斯鲍姆还把《水浒》中的梁山好汉归入此类。

反伦理性的集中体现,也是它与邪教犯罪、贪利性犯罪的主要区别所在。第四,此类犯罪集体的自我意识中,有着明确的道德规范和是非界限,其成员通常不以恶人自居,相反,有时他们认为自己才是道德楷模。这说明,此类犯罪在反伦理性方面并非纯粹的悖德狂犯罪,相反,他们的许多行为倒是可以从通行道德准则中找到合理化解释。第五,在政治上,他们往往是反乡绅但不反皇帝,以地方当局为敌,但渴望得到中央最高统治当局的认同,并且,在身边具有比较广泛的社会基础。换句话说,此类集体犯罪对所处社会秩序的敌对关系,是相对的、有条件的,并不是笼统地反社会。这是此类集体犯罪与黑社会犯罪以及恐怖组织犯罪的不同之处:黑社会犯罪往往与地方当局之间存在某种相互勾结的关系,而恐怖组织犯罪往往矛头直指社会的最高统治当局。总之,强制与服从关系的内容、特点,是观察此类集体犯罪的一个视角。正如霍布斯鲍姆自己所说,要了解匪徒活动和它的历史,我们必须把它放到权力历史的背景(即争夺对人口与资源的控制权的历史)当中去看,也就是说,要看它处于什么样的政府或是什么样的权力中心的控制之下。①

二、秘密教门与邪教

所谓秘密教门就是指以封建迷信为纽带的民间秘密结社。② 与秘密社会的另一支即秘密会党相比③,秘密教门的迷信色彩更加浓厚,并主要分布于中国北方各地。白莲教是中国历史上比较著名的秘密教门之一。1337年,河南信阳的白莲教教头,人称"棒胡"者,率徒众起义,因计划欠周被官方镇压。同年四月,四川大足白莲教以韩法师为首起义,被官军扑灭。此后,河北白莲教教首韩山童借朝廷组织十几万名民工治理黄河的机会,发动了灭元大起义。韩山童被剿杀后仅半个月,安徽白莲教教头刘福通等人于1351年五月举旗起义,声势浩大。此后,

---

① 参见[英]埃瑞克·霍布斯鲍姆:《匪徒》,15页。
② 参见秦宝琦、谭松林:《中国秘密社会》,第1卷·总论,11页,福州,福建人民出版社,2002。
③ 我国史学家陶成章最早将中国秘密社会分为"教门"和"会党"两个主要门类,并有"南会北教"之说。其中,"会"就是指会党,以天地会为主体,活跃于福建、台湾、两广和长江流域一些省份;小刀会、三点会、三合会、仁义会、江湖会等名目是它的支派。"教"是指教门,流行于中国北方各省,例如白莲教、天理会、八卦教、义和拳、一贯道、大刀会、红枪会等。参见刘平:《文化与叛乱》,10页,北京,商务印书馆,2002。

大大小小的白莲教起义，先后被当局镇压。最后，朱元璋借白莲教之势，完成统一明帝国的大业，摘取了由白莲教发动的农民大起义的胜利果实。从白莲教的多次起义可以看出，白莲教起义所反映的是处于社会底层悲惨境地的穷苦农民与地方乡绅之间的激烈阶级冲突。所以，白莲教起义表现出明显的阶级复仇倾向。

除了白莲教以外，中国历史上有记载的秘密教门中，带有传统白莲教色彩的教门至少还有悟明教、净空教、南无教、大乘教、还源教、天地三阳会、涅槃教、收源教、收元教、金幢教、闻香教、大成教、应氏无为教、龙华会，等等。以禅为主的秘密教门至少有罗教、无为教、顿悟教、达摩教等。以道为主的秘密教门至少有金丹道、黄天道、玄顿教、圆顿教、龙门教（龙天门）、老君教、混元教、弘阳教、三元会、长生教、五荤道、一炷香教，等等。此外，还有悬鼓教、南洋教、金山教、金蝉教、弘封教等。有学者统计，中国的秘密教门、会道门，历经明、清、民国前后五百多年的发展，有数百种之多，仅清代档案中记载的秘密教门组织就有 107 种；1949 年 10 月中华人民共和国成立时，全国共有会道门三百多种。

秘密教门的一个明显特点是其信仰上的"三教合一"。所谓三教合一，就是儒家学说、佛教、道教的合一，即所谓儒、释、道三教合一。其实，三教合一的思想并非秘密教门所专有，历代统治当局也奉行三教合一，但是，这个意义上的三教合一是为统治当局服务的。其中，"儒家治外，即重视政治、道德等社会外部关系，使封建社会秩序正常化；佛教治内，即重视人的内心修养和思想的熏陶；道教治身，即注重养身修行"[①]。与此不同，秘密教门的三教合一，是按照自身的需要而改造后的三教，具有明显的简单化和为我所用的性质。例如，15 世纪中期明代嘉靖年间福建的林兆恩创立"三一教"，几度兴衰，具有广泛影响。在三一教的祠庙里，都供奉有孔子、老子、释迦牟尼的神像。清末光绪年间出现在山东的一贯道曾将《论语》中的"子曰：学而时习之，不亦说乎！"解释为"子，就是一了也，一了百了，无思无虑，私欲净尽，天理纯全；即不睹不闻，无声无臭之理天也，无形无象无极之真空也"；将孔子在《论语》中的"吾道一以贯之"解释为"孔子说：'我现在传的道就是一贯道'"。《封神演义》中也有这样的诗句："翠竹黄须白笋

---

① 任继愈：《唐宋以后的三教合一思想》，载《世界宗教研究》，1984（1）。

芽，儒冠道履白莲花。红花绿叶青丝藕，三教九流是一家"。秘密教门对佛教教义的改造和利用，主要表现为利用佛教的弥勒救世信仰、劫的观念、三世三劫说，把它们改造成以"未来"否定"现世"的教理，作为发动信徒进行反时政、反社会的根据。经过秘密教门的改造，佛教原来的劫、弥勒降生和三世三劫说等引导人们向往彼岸世界的教义，被赋予了反对现存社会秩序的内涵。[1]

从以上情况可见，中国历史上的秘密教门与当代中国的邪教组织之间，存在着某种相似性和历史联系。对于邪教（cult）的内涵与外延，往往有三种理解：一说认为，邪教即不具备正宗宗教特点的教派和组织。此说的缺陷在于，容易把异教、异端与邪教相混淆。中国历史上的白莲教也是异教，德国历史上农民战争时期的闵采尔教派属于基督教异端，但这些异教、异端都不能说是邪教。另一说认为，邪教就是统治当局界说为"左道惑众"的团体。从现时代的眼光来看，此说也容易将历史上具有进步意义的民间秘密社会组织视为邪教。目前的通说是第三种观点，认为邪教即用宗教包装起来的邪恶组织[2]，或者假借宗教名义，神化教主，并以荒诞不经的教义和严厉的组织手段对教徒实行精神控制和物质控制，毒化心灵，聚敛钱财，残害生命，危害社会的反人性、反社会、反人类的邪恶（宗教）组织。[3] 笔者认为，后两说并无本质区别，都不是站在宗教的角度而是从世俗的角度来界定何谓邪恶。从这个意义上说，现在看来具有明显邪恶性质的秘密教门是邪教，现在看来具有积极意义而在历史上被宣布为邪教的秘密教门也是邪教。换句话说，与其说"邪教"中的"邪"意味着"邪恶"，不如直接说这里的"邪"具有"不正"、"反社会"、"反现行现世统治"之义。按此理解，所谓邪教，就是宗教色彩浓厚的现行世俗统治当局的对立组织。

进入 20 世纪 80 年代以来，外来或本土的邪教在中国屡屡出现，如"呼喊派"、"门徒会"、"全范围教会"、"灵灵教"、"东方闪电教"、"被立王"、"主神教"、"法轮功"等邪教组织，都具有广泛的活动范围。例如，仅门徒会的活动，就涉及陕西、四川、湖北、河南、安徽、湖南、

---

[1] 参见连立昌、秦宝琦：《中国秘密社会》，第 2 卷·元明教门，67~69 页，福州，福建人民出版社，2002。
[2] 参见秦宝琦、谭松林：《中国秘密社会》，第 1 卷·总论，101 页。
[3] 参见何秉松：《有组织犯罪研究：中国大陆黑社会（性质）犯罪研究》，第 1 卷，335 页，北京，中国法制出版社，2002。

甘肃、云南等8省一百五十多个县，影响群众数十万人。① 一些邪教组织利用1999年8月18日太阳系10个天体将围绕地球形成十字这一天文现象，宣扬"地球爆炸"、是"人类的劫难"，等等，信教的才能得救，不信教的将受到灾难，以蒙骗群众。"东方闪电教"散布谣言说，"浙江、福建要下沉成为大海"、"大庆油田发现一只两公斤重的大蜘蛛，它结的网上有英文字母，一位教师看后马上脸色发青，称上面写着神要毁灭世界"。云南"门徒会"假借替人治病，将残疾人活活折磨致死，并侮辱尸体长达10小时之久。"门徒会"骨干还用"过经"、"转灵气"、"与神同工"等手段奸污妇女。有的邪教组织还提倡公开淫乱。②

可以看出，秘密教门与邪教的关联性就在于：一方面，从历史发展的过程来看，秘密教门的长期发展，逐渐形成了"会"、"道"、"门"等不同称谓的秘密教门，如天地三阳会、龙华会乃"会"，金丹道、黄天道、一贯道乃"道"，龙门教（龙天门）乃"门"。早期的会道门具有一定的积极意义，至少对广大受苦受难的民众而言是一种精神寄托。而会道门发展到后来，尤其是民国年间的一些会道门开始失去其反抗封建统治的积极性一面，逐渐演变为以恢复封建专制帝制为宗旨的秘密政治组织。如民国时期的一贯道首领张光璧对内勾结反动统治阶级，愚弄群众，骗财渔色，反对人民革命，企图登极称帝；对外勾结日本侵略者，充当其压迫、统治中国人民的帮凶。因此，这个时期的类似会道门称为"反动会道门"。从某种意义上说，会道门或者邪教都属于宗教色彩比较浓厚的现行世俗统治当局的对立组织，因此，都可以称为中国邪教。另一方面，从性质和特征来看，中晚期的中国秘密教门和邪教都具有以下几个方面的特点：第一，都宣传世界末日论，作为改朝换代、反对现行世俗统治的理论根据。第二，都宣扬教主崇拜，神化教主的绝对权威，要求教徒的无条件服从，作为反对现行世俗统治当局的现实准备。第三，无论是秘密教门的"三教合一"和封建迷信，还是当代邪教对教徒的精神控制，都是以神性拒斥人性、否定人性、贬低人性，作为骗取世人及教徒信赖的主要形式。第四，会道门和邪教的教主都利用创教而敛

---

① 参见谭松林、彭邦富：《中国秘密社会》，第7卷·当代会道门当代黑社会组织，117页，福州，福建人民出版社，2002。
② 参见上书，129～132页。

财渔色，满足私欲。第五，会道门和邪教都具有组织严密、纪律严明、对内实行家长制统治的特点，以强化教徒的归属感。可见，会道门和邪教殊途同归、逐渐融合，当代的会道门和邪教已经难分彼此，因此，可以统称为中国邪教，如一贯道、同善社、大刀会、九宫道、先天道、无极道等，以区别于源于当代新兴宗教的国外邪教，如奥姆真理教、人民圣殿教、太阳神殿教、大卫教派，等等。

从犯罪性分析的角度看，中国邪教的特点是：第一，它不把暴力视为至高无上的手段和形式，而是强调针对教徒的精神控制。这是邪教与前文所述匪徒之间的主要不同之处。第二，在伦理秩序方面，邪教的核心特点就是用神性贬抑人性，用神道反对人道。这是邪教不同于所有其他有犯罪组织的突出特征。在这方面，黑社会组织和恐怖组织，都不具有如此浓重的宗教色彩。第三，在与现行统治当局之间的秩序关系方面，邪教的矛头一般直指最高统治当局，并不对各个层次的世俗统治者作出区分。这是邪教与会党、黑社会组织的重要不同之处。第四，邪教的形成并非一日之寒，而是长期积累的社会冲突的结果，因此，其原因危险是可预见、可控制的。

三、秘密会党与黑社会

除了秘密教门以外，秘密社会的另一支就是晚于秘密教门而出现的秘密会党。秘密教门始于元末，而秘密会党始于清代。天地会、哥老会、青帮是清代三大秘密会党。其中，天地会的产生、发展，对于了解秘密会党以及后来的黑社会来说，颇具代表意义。史学界有学者认为，清乾隆年间福建云霄高溪僧人万提喜首创的天地会的出现，标志着秘密会党进入了正式形成阶段。[①] 关于万提喜创立天地会的初衷，在严烟《供词》中有明确表述："要入这会的缘故，原为有婚姻、丧葬事情，可以资助钱财；与人打架，可以帮助出力；若遇抢劫，一闻同教暗号便不相犯；将来传教与人，又可得人酬谢，所以愿入这会者甚多。"[②] 可见，天地会之所以遂人愿，一个重要原因是其浓厚的功利和实用主义色彩，这个特点一直影响到后来的各类会党乃至黑社会组织。例如，在清末，

---

① 参见秦宝琦、谭松林：《中国秘密社会》，第 1 卷·总论，52 页。
② 欧阳恩良、潮龙起：《中国秘密社会》，第 4 卷·清代会党，52~53 页，福州，福建人民出版社，2002。

哥老会的活动主要是贩运鸦片、走私食盐、开场聚赌、贩卖人口、绑票伙劫、抢占妇女、屠宰耕牛、抢劫钱财等方面，尤其是走私贩运，是哥老会的主要生活资料来源。到晚清时尤为突出，在当时中国的各条私盐路线和运销地区，几乎都有他们的活动。如川私地区，有哥老会、刀客、红胡及教匪勾结枭私的活动。清末醴陵仅渌口镇就有赌窟数十家，"多为会党首领所设"。四川袍哥多在茶馆、酒楼中开设赌场或对其进行庇护，从中牟利。① 从清末的青帮活动来看，走私贩运也是其主要经济来源，以致革命党人陶成章将"盐枭"与青帮等同起来。陶将当时活动在长江以南的青帮，按其成员来源分为三派，其中，"巢湖帮之名由来已久，散初苏、松、常暨浙之嘉、湖二属，专事贩盐聚赌，有时亦抢劫勒赎。其始末悉皖人，近则就地无赖随声附和，党羽日多，滋蔓日甚……此辈本无恒业，饥寒所迫，不旋踵而仍为匪，其势必然"。② 青帮的另一个组成部分光蛋，其活动特性与巢湖帮相似，"本系游勇，大半籍隶巢湖，先因招募而来，后虽遣不去……游手习惯，只惟贩私聚赌以生涯，而党类千万，充斥滨海，械利船多，悉皆亡命"。随着青帮势力日益扩张，其贩私等各种犯罪更加猖獗，"私盐过其地则输钱，故曰盐关；为私盐过秤、主交易，故又曰盐行。争夺码头，打仗过于战阵，有乘夜率众贼杀者，名曰放黑刀；遣人探听，名曰把沟。巨枭必防黑刀，是以常聚数百人，筑土开壕，四面设炮位、鸟枪、长矛、大刀、鞭锤之器毕具……大伙常带五六百人，小亦二三百为辈，皆强狠有技能"。③ 此外，私设赌场，从中抽头，也是会党中常见的活动方式。例如，民国初，刚刚建立起来的新秩序中还有帮会的部分贡献，但不少帮会成员又重操旧业。在成都，哥老会"公开赌博，旁若无人，军政府门前，便有赌摊一百余处"。帮会分子不仅自己赌，还软硬兼施拉人赌：在合肥，清洪帮头目勾结地方官员在家中设立赌场，"有恃无恐，门前竟挂出某某俱乐部字样的木牌子，以广招徕"，并从中抽头取利。江西新建吴城的帮会则凶相毕露，"勒令每户出钱若干，日夜聚赌"。④ 从这些记载可以清楚地看出，会党从一开始就热衷于暴力支持下的经营行为。就是说，伴随着暴力强房的攫取财产是会党活动的重要部分，这也是秘密会党与秘密教门的一个显著区别。

---

① 参见欧阳恩良、潮龙起：《中国秘密社会》，第4卷·清代会党，453页。
②③ 同上书，460页。
④ 邵雍：《中国秘密社会》，第6卷·民国帮会，56页，福州，福建人民出版社，2002。

天地会还有自己的隐语和暗号。总起来说，隐语和暗号是一种江湖语言。隐语又称江湖"切口"，以汉语的词、短语为基础，通过取形、譬喻、引申、借代、象征、美称、歇后、反切、谐音、析字等修辞手段，以及故弄玄虚、戏谑的语气，改变说法而成。与正常语言相比，隐语具有诡秘性、歪曲性、封闭性的特点。例如，在天地会内部，吃饭称为"收粉子"、"耕沙子"，喝茶称为"收青子"，饮酒称为"搬火三子"，住宅称为"窑堂"，监狱称为"书房"，大刀称为"大片子"，矛称为"长挑"，等等。除了隐语以外，天地会的另一个秘密符号体系就是暗号，由体态暗示和实物暗示两种类型构成，外人一般不易察觉，而同会之人一见便知。例如，福建天地会成员之间相约将发辫盘于头顶，辫尾系结红绳，垂于右边，作为会内暗号。规定会内之人取物用两指，接物用三指。如果被人欺侮，即用香火刺烧白纸作为信号，同会人见此必须立刻前往救援。此外，天地会还有一系列行礼、倒茶等动作暗号。① 隐语和暗号的主要功能是其组织性的强化。

可以说，组织严密，等级森严，是包括天地会在内的所有秘密会党的共同特征。例如，据卫聚贤的《中国帮会》记载，清代三大秘密会党（天地会、哥老会、青帮）之一的哥老会的组织结构为八个等级，顺序从第一级到第十级，第四和第七两级因发音忌讳而不列其中：第一级有正副龙头、盟证、香长、坐堂、陪堂、管堂、礼堂、执堂、刑堂、护剑、护印、心腹、通城，第二级有圣贤，第三级有桓侯、披红、插花，第五级有红旗、黑旗、蓝旗、执法、青刚，第六级有巡风、巡山、镇山、花冠，第八级有白旗和八德，第九级有江口、检口、守口、斗口，第十级有大、小幺满、铜章、铁印。② 严密森严的组织性，是秘密会党的突出特点，也是有别于秘密教门的一个重要特色。为了强化内聚力，会党多有歃血盟誓的规矩。所谓歃血，就是"割耳为质，以血书约，并以血涂在口边，然后大声宣读誓词"。歃血盟誓具有三个方面的象征意义：第一，会党实际上是异姓结拜，因此，歃血意味着一个虚拟血缘家族的形成。这是成员之间相互寄托的基础。第二，由于血象征着生命，因此，歃血意味着誓言与生命连在一起，若不遵守入会时的誓言，甘愿献出生命。第三，血还被人们相信具有神判的功能，歃血意味着将自己的血交到神的面前，

---

① 参见欧阳恩良、潮龙起：《中国秘密社会》，第4卷·清代会党，105～113页。
② 参见上书，186～188页。

一言一行都接受神的监督和裁判。其实，除了这三点以外，歃血盟誓还表现出明显的暴力性，会党的破坏性就与这种暴力性特征有关。

天地会还有一个特点就是其政治理念和伦理思想的平民化和多面性。一方面，在政治上天地会否定、反对现行社会秩序和政治制度的态度是明确的，这体现在天地会的"反清复明"口号中。"反清复明"的口号之所以具有一定的号召力，基本点在于"反"字。"反"字恰好迎合了战乱中陷于无穷无尽灾难的民众的反社会情绪，也迎合了南方民众的大汉族主义观念。然而另一方面，天地会会众心目中的尊君思想仍是根深蒂固。而且，秘密会党在政治上的盲目性和投机性也是显而易见的事实。例如太平天国时期，广东天地会首领张嘉祥曾率众起义，以"劫富济贫"号召民众，屡败清军；后却接受广西巡抚劳崇光的招抚，成为清军中镇压天地会和太平军的得力干将。同一时期的天地会水上武装艇军就一切以小集团利益为出发点，多次接受清政府的招抚，又多次叛逃，曾一度投入太平军，旋即背离。秘密会党与地方政府之间的这种若即若离的复杂关系，一直影响到后来的黑社会组织的行为方式。在伦理思想上，天地会的基本伦理规范就是"忠义"。所谓"忠"就是要求会众在任何情况下都不能出卖朋友，出卖组织和泄露会内机密。所谓"义"就是要求会众之间在物质上、精神上互相支援，特别是在从事冒险活动时要团结合作，同生共死。天地会对会众行为规范的制定和实施非常严格，从一个侧面反映出秘密会党的伦理观念和对现行社会秩序的基本态度。例如，到清末光绪年间，天地会已经逐渐形成了一套完善的帮规，即洪门三十六誓、二十一则、十禁、十刑、十条、十款。例如，三十六誓的第一誓就是：自入洪门以后，须孝顺天地，奉敬神明。但看清朝江山改变，转朝之日，众英雄举起旗号，兴兵同心合胆，夺回明主江山，登基龙位。如有不依，五雷诛灭。第三誓是：自入洪门之后，必要忠心报国。做事公平，不得恃强欺弱，霸占会内兄弟妻妾子女，以及田地屋舍等项。各物有主，不得非义挟取。如有不依者，吐血而死。第十六誓是：自入洪门之后，天伦父母第一要孝顺。和睦乡里，伯叔、兄弟、姊妹一切等亲，不得忤逆。乃念十个月怀胎，生我育我。如有不依者，被五雷诛灭而死。十禁的第二禁是，兄弟之父母死后，无力埋葬，告贷于兄弟者，不论何人，不能抗拒，抗拒者刖其两耳，再拒者，再加重刑。第十禁是，兄弟危急时，或遭官吏悬赏而被捕缚，告之后不可不救，不可诈托不知而规避，违者笞一百八。① 从这些行为规范的内容可见，秘密会党实际上认同许多传统道德观念，但强化内部团结以一致对外的倾向十分明显。天地会等秘密会党在政治思想和伦理思想上的这些矛盾性特点也一直影响到后来的黑社会组织的行为方式。

  问题是，如何把握清代的秘密会党与后来的黑社会之间的关系。能不能说秘密会党都变成了后来的黑社会，黑社会就是秘密会党？对这个问题的回答，直接关系到如何理解现代中国黑社会犯罪的犯罪性，以及黑社会犯罪与其他有组织犯罪的区别等问题。对此，何秉松教授认为，旧中国的黑社会是由帮会蜕化而成的，也可以说蜕化了的帮会就是黑社会。那么，这个"蜕化"的过程是如何发生的呢？何秉松教授认为，这个转变是从19世纪60年代之后开始的。当时，中央政治权力衰弱，社会控制松弛，社会动荡日益严重，农村贫困化加剧，大批失去了土地和生活来源的农民和城镇居民沦为游民，陷于贫困、饥饿、绝望无助的境地。他们只能求助于崇尚江湖义气的帮会组织，把帮会当作安身立命之地。这些无业游民处于社会最底层，游离于社会正常的经济生活之外，靠乞讨、盗窃、抢劫、贩毒、赌博、卖淫维持生存。他们憎恨这个使他们穷困潦倒的社会，表现出一种强烈的反社会的破坏性。这种反社会的破坏性借助于帮会的组织力量而恶性膨胀，促使了帮会的蜕变。于是中国进入了一个帮会急剧发展、黑社会势力普遍泛滥的时期。19世纪70年代以后，帮会组织大批进入都市，为了求得发展，加强了与当地流氓势力的结合，帮会中地痞流氓越来越多，出现了帮会流氓化和流氓帮会化的趋向。帮会组织开始普遍堕落，由原来的互帮互助、彼此存恤、传授技艺、维护职业的团体蜕变为贩毒聚赌、行劫窝赃、勒索绑票、盗窃凶杀的犯罪组织。越来越多的帮会势力卷入有组织的犯罪活动之中，成为犯罪黑社会组织。② 在这个分析中，"蜕化"的关键性因素有两个：一个是处于悲惨境地的下层农民所具有的反社会的破坏性。另一个是这种破坏性与都市化条件下城市流氓势力的结合。其结果，帮会向犯罪组织的"蜕化"便在所难免了。

  然而，一个无法否认的历史事实是，进了城的帮会并没有都"蜕化"成犯罪组织，相反，有相当一部分晚清会党融入了资产阶级民主革

---

① 参见欧阳恩良、潮龙起：《中国秘密社会》，第4卷·清代会党，425～432页。
② 参见何秉松：《有组织犯罪研究：中国大陆黑社会（性质）犯罪研究》，第1卷，73～74页。

命的洪流①，甚至还有一部分帮会与中国共产党建立了盟友关系。② 同时，也确有大量会党先后蜕变为反社会的黑恶势力，成为犯罪组织的主体。这就是说，帮会向黑社会的转化，恐怕不是仅仅用自身破坏性与城市流氓势力相结合就能完全概括得了的。事实上，只要将秘密会党的上述特点与后来蜕化为黑社会的犯罪组织两相比较，就可发现其内在的历史联系。

黑社会（underworld）即秘密社会、非法社会。新中国第一个规定黑社会概念的官方文件是 1989 年 10 月 15 日深圳市人民政府发布的《关于取缔、打击黑社会和带黑社会性质帮派组织的通告》。此后，在深圳市公、检、法、司提出的《处理黑社会组织成员或带有黑社会性质的违法犯罪团伙成员的若干政策界限（试行）》中，黑社会组织被界定为"严重危害人民民主专政，危害公共安全，破坏社会治安秩序和社会管理秩序，有独立确定的名称，有较为严密的组织，有相对确定的活动场所、区域及行业，带有封建帮会色彩，兼具反动性、流氓性的犯罪组织"。1992 年 10 月，在公安部召开的部分省、市、县打击团伙犯罪研讨会上，中央警方首脑第一次提出黑社会性质的组织（犯罪团伙）的六

---

① 例如，孙中山组建的兴中会其成员中，帮会分子就占 30%。孙中山本人就曾经向日本驻香港领事宣称，兴中会"内有哥老会员等"，香港兴中会在筹备广州起义时，"以会党为基本队"。1899 年 10 月，哥老会、三合会、兴中会三方代表共 12 人召开联席会议。会上，兴中会代表陈少白等人提出，兴中会、三合会、哥老会三大团体公推孙中山为总会长。对此，三会代表均无异议。会名改称兴汉会忠和堂，以兴中会的"驱逐鞑虏，恢复中华，创立合众政府"纲领为总会纲领。与会者还歃血立誓，并刻印玺给孙中山。又如，20 世纪初，黄兴、宋教仁等人在华兴会基础上组建的同仇会，就吸收了哥老会首领马福益参加，而马福益是当时湘赣边界哥老会中独一无二的正龙头大爷。在马福益的带动下，先后参加同仇会的哥老会会众就有 10 万人之多。另外，帮会积极参与同盟会领导下的辛亥革命的事实更是众所周知。参见邵雍：《中国秘密社会》，第 6 卷·民国帮会，11～48 页。
② 例如，毛泽东在《中国社会各阶级的分析》一文中指出："……还有数量不小的游民无产者，为失了土地的农民和失了工作机会的手工业工人。他们是人类生活中最不安定者。他们在各地都有秘密组织，如闽粤的'三合会'，湘鄂黔蜀的'哥老会'，皖豫鲁等省的'大刀会'，直隶及东三省的'在理会'，上海等处的'青帮'，都曾经是他们的政治和经济斗争的互助团体。处置这一批人，是中国的困难的问题之一。这一批人很能勇敢奋斗，但有破坏性，如引导得法，可以变成一种革命力量。"（《毛泽东选集》，2 版，第 1 卷，8～9 页，北京，人民出版社，1991。）再如，1936 年 7 月 15 日，中共中央以中华苏维埃中央政府的名义发布了《对哥老会宣言》，指出，"不管我们过去互相间有过怎样的误会与不满，我们现在都应该忘却、抛弃，我们要在共同的抗日救国的要求下联合起来，结成亲密的兄弟的团结，共抱义气，共赴国难"。此前，即 6 月 7 日，毛泽东、周恩来、杨尚昆曾经电示左权、聂荣臻、邓小平，要求他们在向西行动时"设法同甘肃固县哥老会龙头唐宝山联络，并争取他参加抗日"（邵雍：《中国秘密社会》，第 6 卷·民国帮会，219～220 页）。

个特征：第一，在当地已形成一股恶势力，有一定势力范围。第二，犯罪职业化，较长期从事一种或多种犯罪。第三，人数一般较多且相对固定。第四，反社会性特别强，作恶多端，残害群众。第五，往往有一定的经济实力，有的甚至控制了部分经济实体和地盘。第六，千方百计拉拢、腐蚀公安、司法和党政干部，寻求保护。[①] 2000 年 12 月 4 日，最高人民法院在《关于审理黑社会性质组织犯罪的案件具体应用法律若干问题的解释》中，认为《刑法》第 294 条规定的"黑社会性质的组织"一般应具备以下特征：第一，组织结构比较紧密，人数较多，有比较明确的组织者、领导者，骨干成员基本固定，有较为严格的组织纪律；第二，通过违法犯罪活动或者其他手段获取经济利益，具有一定的经济实力；第三，通过贿赂、威胁等手段，引诱、逼迫国家工作人员参加黑社会性质组织活动，或者为其提供非法保护；第四，在一定区域或者行业范围内，以暴力、威胁、滋扰等手段，大肆进行敲诈勒索、欺行霸市、聚众斗殴、寻衅滋事、故意伤害等违法犯罪活动，严重破坏经济、社会生活秩序。

然而，2002 年 4 月 28 日第九届全国人大常委会第二十七次会议通过的《关于〈中华人民共和国刑法〉第二百九十四条第一款的解释》中规定，《刑法》第 294 第 1 款规定的"黑社会性质的组织"应当同时具备以下特征：第一，形成较稳定的犯罪组织，人数较多，有明确的组织者、领导者，骨干成员基本固定；第二，有组织地通过违法犯罪活动或者其他手段获取经济利益，具有一定的经济实力，以支持该组织的活动；第三，以暴力、威胁或者其他手段，有组织地多次进行违法犯罪活动，为非作恶，欺压、残害群众；第四，通过实施违法犯罪活动，或者利用国家工作人员的包庇或者纵容，称霸一方，在一定区域或者行业内，形成非法控制或者重大影响，严重破坏经济、社会生活秩序。

尽管黑社会的官方概念几经变化，但关于黑社会基本特征的描述并无根本改变。按照全国人大常委会的解释，黑社会应当具备的四个特征，其实可以概括为：第一，组织性，即"形成较稳定的犯罪组织，人数较多，有明确的组织者、领导者，骨干成员基本固定"。第二，贪财性，即"有组织地通过违法犯罪活动或者其他手段获取经济利益，具有一定的经济实力，以支持该组织的活动"。第三，暴力性，即"以暴力、

---

① 参见何秉松：《有组织犯罪研究：中国大陆黑社会（性质）犯罪研究》，第 1 卷，207 页。

威胁或者其他手段，有组织地多次进行违法犯罪活动，为非作恶，欺压、残害群众"。第四，系统破坏性，即"通过实施违法犯罪活动，或者利用国家工作人员的包庇或者纵容，称霸一方，在一定区域或者行业内，形成非法控制或者重大影响，严重破坏经济、社会生活秩序"。这种破坏性往往危及一个区域或者一个行业，对这些系统的非法控制与影响已经强大、有效、严重到与政府对这些系统的控制和影响相抗衡的地步。其中，很可能涉及对相关国家工作人员的收买与利用，但这种收买与利用只是形成系统控制的手段与途径而已。

现在，如果我们将黑社会组织的这四个特征与清代以及后来民国时期会党帮会的特点作一比较，两者之间的历史联系便清晰可见。首先，清代会党一开始便用各种隐语、暗号以及歃血为盟的形式强化着会党内部成员之间的虚拟血缘关系。组织严密、等级森严，是天地会、哥老会、青帮等所有秘密会党的共同特征，而现代黑社会组织也以其高度有组织性著称。例如，1988年开始形成的河南许昌的梁胜利黑社会性质组织、形成于1998年年初的河南汝州唐利峰黑社会性质组织，都具有比较明显的组织性。[1]

其次，清代秘密会党从一开始的互帮互助，很快演变为热衷于暴力支持下的经营行为，伴随着暴力强虏的攫取财产是会党活动的重要部分。相比而言，现代黑社会也表现出突出的贪财性特征，例如，形成于1995年年末的沈阳刘涌黑社会性质组织，就以商养黑，以黑护商。[2]

再次，从一开始，清代秘密会党就表现出明显的暴力侵犯性和破坏性倾向，正如瞿秋白所说，"他们对于富人的嫉恨……终究是代表各个想自己变成富人的意识"[3]。而现代黑社会组织不仅没有脱去这种属性，反而有变本加厉之倾向。例如，形成于1997年的河北定州曲阳县寺南村的李建设黑社会性质组织，是个以绑架为主的黑社会性质组织。起初，他们以讨债形式出现，后期发展到纯粹绑架，谁有钱就绑架谁。他们到外地绑架人质后就带回寺南村，后通知家属拿钱赎人。各地公安机关都来解救过，但根本无法进入该村，最后便只好交赎金换回人质。山西某市公安局副局长的女儿遭绑架后，该局刑侦支队长带领民警前往该

---

[1] 参见何秉松：《有组织犯罪研究：中国大陆黑社会（性质）犯罪研究》，第1卷，590～592页。
[2] 参见上书，590～595页。
[3] 《瞿秋白文集·政治理论编》，78页，北京，人民出版社，1987。

村解救人质，工作十余天都无结果，最后交给绑匪 30 万元赎金才救出人质。①

最后，清代会党在政治上的盲目性和实用主义态度在后来的帮会、黑社会组织的行为方式中也屡屡再现。这种盲目性和实用主义的原始表现就是官匪相互利用、相互勾结。并且，当这种对合行为相对稳定时，加上帮会自身的贪财性、有组织性、暴力性，其结果必然是社会在较大范围内的深度腐蚀和破坏。表现在现代社会，黑社会组织与官、商相互利用、相互勾结，便形成了对某个行业或者地区的全面非法控制，此即现代黑社会组织犯罪的系统破坏性。例如，从地区控制来看，上文提到的李建设黑社会性质组织之所以能在该村占山为王，连公安机关进村办案都不行，就是因为该组织本身就有多名基层干部的参与，其中还有该县的副检察长。绑架山西某公安局副局长之女以后，就是这个副检察长亲自出面与山西公安局办案人员进行谈判，并接受赎金的。"黑金"政治更加典型的当属沈阳刘涌案件了：与刘涌犯罪集团相互勾结的有沈阳市委副书记、市长慕绥新，沈阳市常务副市长马向东，沈阳市人民检察院检察长刘实，沈阳市中级人民法院副院长焦玫瑰，沈阳市和平区劳动局党总支书记高明贤，沈阳市烟草专卖局局长周伟以及基层民警若干人。总之，官黑勾结的区域控制和行业控制，比一般犯罪具有更大的深度破坏性，使社会机体中的癌细胞扩散。

根据以上比较可以看出，中国黑社会组织犯罪有以下几个特点：第一，黑社会组织犯罪的敌意指向各种世俗的权贵和普通社会成员，这与邪教犯罪的矛头直指最高统治当局、正规宗教教义完全不同。第二，黑社会组织犯罪的反伦理性主要是崇尚暴力，无视他人的生存和价值，依靠暴力来强取他人的服从。而邪教犯罪的反伦理性主要表现为荒诞不经的精神控制，是以神性贬抑人性。第三，黑社会组织犯罪的反社会性主要体现在社会治安的破坏和局部性非法控制，并无以自己特有的政治抱负和计划取代现行政治制度的企图，所以，黑社会组织与地方、行业的官方控制之间往往相互渗透，你中有我、我中有你。而邪教犯罪相对比较独立，邪教对现行秩序的否定是全面的、根本性的。第四，尽管邪教和黑社会组织都是长期以来社会冲突和下层社会成员悲惨境地的结果，但是，与邪教犯罪相比，黑社会组织犯罪与外在的社会环境之间具有更

---

① 参见何秉松：《有组织犯罪研究：中国大陆黑社会（性质）犯罪研究》，第 1 卷，590～594 页。

直接的关联，社会经济、政治等变动，更直接、迅速地反映在黑社会组织犯罪的增减上。而邪教的存在，在更大程度上是其自身内在矛盾运动的结果。从这个意义上说，黑社会组织犯罪比邪教犯罪更容易根据某种社会政治、经济现象的出现与否加以预见和防控。

四、恐怖主义

恐怖组织是不同于农业社会匪徒准军事组织、邪教组织、黑社会组织的另一种犯罪组织。恐怖组织及其犯罪活动和其他有组织犯罪之间的异同比较，是犯罪性分析的重要领域。然而，在着手这种比较时我们发现，仅"恐怖主义"的定义就有一百多种，尽管如此，至今仍无一个公认的恐怖主义定义。显然，恐怖主义问题首先是个政治问题，因此，出于不同的政治立场和背景，就可能有完全不同的恐怖主义定义。但不论怎样，缺乏一个统一、公认的定义毕竟不利于"反恐"实践。比如，有人将有些邪教的暴力活动也称为恐怖主义，还有人将有的黑社会组织犯罪也称为恐怖主义，还有人将政治暗杀也视为恐怖主义，还有人将政府的血腥统治也叫做恐怖主义。凡此种种，都是由于缺乏一个科学的恐怖主义定义。可以肯定，概念上的混乱，必然导致政策上的混乱，甚至导致恐怖主义定义的滥用以及"反恐"暴力的滥用。

美国学者施米德（Alex P. Schmid）在《政治恐怖主义》一书中，对1936年至20世纪80年代初共四十几年间学术界对恐怖主义所作的109个定义进行了内容分析，从中归纳出21个要素；并对各个要素在所有定义中的出现频率进行量化分析。结果见表4—2：

表4—2　关于109个恐怖主义概念（1981年前）的内容分析[①]

要素	频率（%）
1. 暴力、武力	83.5
2. 政治性	65
3. 恐惧、恐怖	51
4. 威胁	47
5. 心理效果和反应	41.5

① See Alex P. Schmid and Albert J. Jongman (eds.), *Political Terrorism*, Amsterdam: North—Holl and Publishing Company, 1988, pp. 5-6. 转引自胡联合：《当代世界恐怖主义与对策》，16～17页，北京，东方出版社，2001。

续前表

要素	频率（%）
6. 直接受害者与打击目标的不同	37.5
7. 有目的、有计划、有组织的行动	32
8. 战斗（斗争）、战略或战术的方式	30.5
9. 非常性、违背社会普遍接受的规则、不受人性约束	30
10. 强迫、强求、使对方屈从	28
11. 宣传性	21.5
12. 任意性、随机性、无选择性	21
13. 受害者是市民目标、非战斗性目标、中立目标或旁观者	17.5
14. 恫吓	17
15. 强调受害者的无辜性	15.5
16. 肇事者是团伙、（社会）运动或组织（及其成员）	14
17. 象征性、表演性	13.5
18. 暴力发生的难以预测性或不可预知性、突发性	9
19. 隐蔽性、秘密性	9
20. 重复性、暴力的连续性或暴力战	7
21. 犯罪性	6

施米德在分析了这 109 个定义以后，给出了一个恐怖主义的定义："恐怖主义是随机的或象征性的受害者被当作暴力的工具性目标的一种斗争方式；这些工具性受害者具有他们被选择作为受害者的主要原因的群体或阶级的特点；通过使用暴力或暴力威胁，该群体或阶级的其他成员被置于一种剧烈的恐惧（恐怖）气氛之中；其成员的安全感被有意削弱的群体或阶级，就是恐怖打击的目标；基于它的残暴性，受害的时间（特别是和平时期）、地点（非战场）的随意性，或无视常规战争普遍接受的规则，因此，对于最多数的旁观者而言，暴力打击目标的受害过程是异常的；这种异常性制造出了恐怖打击对象之外的注意力受众目标；这些受众的一部分可能变成为受操纵的主要对象；这种间接的斗争方式的目的是使恐怖打击的目标固定化，以便产生（心理）迷惑或屈从现象，或调动次级打击目标（特别是政府）或注意力目标（特别是公众意见），使其行动或态度发生有利于使用这种斗争方式的肇事者的短期或长期利益的变化。"[①] 施米德还有一个比较简练的恐怖主义定义："为了

---

① 胡联合：《当代世界恐怖主义与对策》，14 页。

达到政治目的对无辜的人们非法使用暴力"[1]。在此基础上，我国学者何秉松对恐怖主义所下的定义是：任何个人、团体或国家，使用暴力或其他毁灭性手段，残害无辜，制造恐怖，以达到某种政治目的的，是恐怖主义。[2]

我国学者胡联合根据施米德的方法，对1982年以后的50个恐怖主义定义进行了内容分析，从中归纳出16个要素，并对各个要素在所有定义中的出现频率进行量化分析。结果见表4—3：

表4—3　　关于50个恐怖主义概念（1982年后）的内容分析[3]

要素	频率（%）
1. 暴力、武力	92
2. 威胁（使用暴力）	54
3. 政治性（目标）	90
4. 社会性（目标）	32
5. 恐惧（恐怖）及心理影响	54
6. 恫吓、强迫、强求、使屈服	34
7. 有计划的、系统化的、有组织的行为	40
8. 受害者是市民目标等无辜目标	20
9. （直接）受害者与打击目标的分别（不同）	20
10. 犯罪性	16
11. 宣传性	14
12. 象征性	12
13. （使用或威胁使用暴力）非法性	12
14. 暴力发生的难以预测性、不确定性、突发性	6
15. （目标）随机性、无选择性	6
16. 非正义性	2

对这50个以及前述施米德列举的109个共159个恐怖主义定义进行分析以后，胡联合给出的恐怖主义定义是：恐怖主义是指一种旨在通过制造恐惧气氛引起社会注意以威胁有关政府或社会，为达到某种政治或社会目的服务的，无论弱者或者强者都可以采用的，针对非战斗目标（特别是无辜平民目标）的暗杀、爆炸、绑架与劫持人质、劫持交通工具、施毒、危害计算机系统以及其他形式的违法或刑事犯罪性质的暴

---

[1] 何秉松：《有组织犯罪研究：中国大陆黑社会（性质）犯罪研究》，第1卷，303页。
[2] 参见上书，317页。
[3] 参见胡联合：《当代世界恐怖主义与对策》，17页。

力、暴力威胁或非暴力破坏活动。

看来，定义恐怖主义的确会遇到很多分歧，但是，这并不妨碍我们根据犯罪性的分析框架对以上定义中的某些共性加以提炼，看看能否找到恐怖主义的基本属性。在以上 159 个恐怖主义定义中共出现了二十几个要素，仔细观察，这二十几个要素又可以归结为四大类要素：暴力性、政治性、操纵性和反叛性。现分述如下：

首先，暴力性是恐怖主义的基本特点，也是恐怖主义犯罪在破坏性方面的具体表现，即反伦理性、对人性的蔑视。关于暴力的本质特征到底是行为还是结果，存在不同理解。如果强调行为性，暴力便是指以侵犯、破坏或滥用为目的而使用体力。不过，现代社会中，许多不需体力而滥用智力的行为也会造成大规模人身、财产安全的损害。所以，暴力的本质规定性也在其结果的危险性和毁灭性。其实，我们不妨在强调结果危险的基础上，将两者结合起来理解暴力的内涵，这样，所谓恐怖主义所涉及的暴力就是滥用体力、智力或其他自然力，对受害人造成生命、健康以及大规模财产损失的行为。施米德的 109 个恐怖主义定义中的"暴力、武力"（出现频率 83.5%）、"威胁"（出现频率 47%）、"非常性、违背社会普遍接受的规则、不受人性约束"（出现频率 30%）、"强迫、强求、使对方屈从"（出现频率 28%）、"恫吓"（出现频率 17%）、"暴力发生的难以预测性或不可预知性、突发性"（出现频率 9%）、"重复性、暴力的连续性或暴力战"（出现频率 7%）、"犯罪性"（出现频率 6%），胡联合收集的 50 个定义中的"暴力、武力"（出现频率 92%）、"威胁（使用暴力）"（出现频率 54%）、"恫吓、强迫、强求、使屈服"（出现频率 34%）、"犯罪性"（出现频率 16%）、"（使用或威胁使用暴力）非法性"（出现频率 12%）、"暴力发生的难以预测性、不确定性、突发性"（出现频率 6%），都可以归结为暴力这个属性。

然而，表现为暴力的有组织犯罪并不一定都是恐怖主义犯罪。因为，作为一种客观表现，暴力的目的有所不同。有的暴力旨在图财，有的暴力旨在个人泄愤，即使是有组织地实施暴力，有的是黑社会组织犯罪，有的则是邪教组织作为，甚至还有的是政府所为。例如，美国的地球第一组织（Earth First）、地球夜间行动集团（Earth Night Action Group）、英国的动物解放阵线（Animal Liberation Front）、动物权利民兵组织（Animal Rights Militia）等，为了促进生态环境或动物权利保护而采取暴力行动，破坏实验设备，就不属于恐怖主义。1998 年 1 月 29 日，美国"新女性"诊所发生炸弹爆炸事件，该所的护士长被严重炸伤，保安警官被炸死。此案就是反对堕胎的"上帝的军队"（Army of God）所为。① 这也不应归入恐怖主义之列。又如，1995年3月20日8时许，发生在日本东京地铁的"沙林"毒气事件，共造成12人死亡、五千五百多人受伤，就是日本邪教"奥姆真理教"所为。事件发生后，日本首相立即作出反应，认为这是一危害公众的"恐怖行为"。然而，日本司法机关经过审理，最终并没有将此案认定为恐怖主义犯罪，而是以杀人罪判处涉案人员死刑。② 可见，除了暴力特征以外，恐怖主义还应当具有不同于这些有组织暴力犯罪的特别之处。

其次，政治性是恐怖主义在行动目的方面的核心特征，也是恐怖主义犯罪在反秩序性方面的本质规定性所在。可以说，行动目的的政治性，是恐怖主义犯罪有别于邪教犯罪、黑社会组织犯罪的根本特征。例如，意大利"全国联盟"，于1995年1月成立，是一个极右恐怖组织。该组织公开赞美法西斯主义，墨索里尼的孙女、该联盟领导人亚历桑德拉多次称法西斯统治"是我们历史上最值得颂扬的时期"。该组织还宣扬"墨索里尼永垂不朽！"，"拿起武器，我们是法西斯分子！"成立于1992年2月的意大利光头党，有成员四百多人，主张恢复法西斯主义的制度，赞扬希特勒、墨索里尼及纳粹主义，反对移民大量涌入，保障本国人民利益。他们鼓吹种族主义，宣扬暴力活动，制造了一系列反犹太人和外国移民的暴力事件。③ 从破坏性的内容来看，邪教犯罪以及黑社会组织犯罪都对现行秩序构成危害。但是，恐怖主义犯罪的破坏性，是直接否认现行政治制度的合法性，其目的就是用新的政治制度取而代之。从这个意义上说，恐怖主义犯罪是一种政治暴力，而非一般刑事犯罪意义上的暴力。在施米德收集的109个恐怖主义定义中的"政治性"（出现频率65%），以及胡联合收集的50个恐怖主义定义中的"政治性（目标）"（出现频率90%）、"社会性（目标）"（出现频率32%）等要素，都可以归结为政治性这个属性。

不过，尽管有了这两个属性，我们还是不能说，一切政治性暴力都是恐怖主义犯罪，因为仅靠这两个标准，尚不能将恐怖主义犯罪与战争、革命暴力、政府支持的针对别国首脑的政治暗杀等有组织的政

---

① 参见何秉松：《有组织犯罪研究：中国大陆黑社会（性质）犯罪研究》，第1卷，307页。
② 参见中国现代国际关系研究所反恐怖研究中心：《国际恐怖主义与反恐怖斗争》，385页，北京，时事出版社，2001。
③ 参见上书，321~323页。

治暴力活动区分开来。第一，国家之间的战争，说到底是一种政治的延续，也显然是有组织的暴力，但不能说是恐怖主义。第二，推翻反动统治的革命暴力，也是有组织的政治暴力，但也非恐怖主义。[①] 还有，一些政治暗杀也是政治暴力，但并非所有的政治暗杀都可以归结为恐怖主义犯罪。不难看出，在这些政治暴力当中，存在着某种与恐怖主义不同的属性，找出这种属性，应当是界说恐怖主义的另一个深化。

再次，操纵性，是恐怖主义不同于其他政治暴力的重要属性。所谓操纵性，就是指通过象征性的针对无辜者的直接打击，使其他与受害人具有同样或相似社会、政治、阶级、文化属性的人群体验到强烈的恐惧，进而影响其政治反应。操纵性的客观表现就是直接打击无辜者、非战斗目标，这已经是再明显不过的事实了，无须例举。进一步看，无辜者本身并非恐怖主义者最终的或真正的打击目标。通过滥杀无辜，向统治当局或被害人群体的其他成员传递强烈的政治要求和有关信息才是恐怖主义者的真正目的。这种操纵性又有两种表现：其一是使有关方面放弃某种社会政策，这是常见的情况；其二是激化官方反应，造成暴力循环，进而达到使整个社会系统崩溃的目的，为所谓新秩序的建立扫清道路。例如，不少恐怖组织都奉行"行动——镇压——再行动——再镇压——继续行动"的战略理论，该理论的核心思想是：通过恐怖主义行动可以招致恐怖组织所期望的政府镇压，而政府镇压必然使人们的自由与民主权利遭到限制，加强人们的不安全感与受挫感，加剧社会的恐怖气氛（这对恐怖组织是有利的），因此，应该坚持发动恐怖活动，迫使政府的镇压行动不断升级，使恐怖气氛不断升级，并最终使一个国家的政治局势变成军事斗争形势，导致政府变成残酷无情的专制政府，侵犯公民的自由、民主权利，露出其假民主的真面目，使之失去民心，招致人们的反对与造反行动，从而最终便于（恐怖组织）成功地实现其政治目标，赢得"革命"成功。[②] 例如，1983年7月23日，斯里兰卡恐怖主

---

① 然而，西方有观点认为，一切反对资产阶级统治的暴力活动（包括无产阶级革命暴力或战争）都属于恐怖主义范畴；还有的西方学者将第三世界人民争取民族独立的武装斗争说成是恐怖主义；还有人将西方国家内部工人运动或左翼势力反抗资产阶级统治的革命起义行动也视为恐怖主义；还有的人将一切反对西方军事占领与霸权主义的军事行动都视为恐怖主义。参见胡联合：《第三只眼看恐怖主义》，18页，北京，世界知识出版社，2002。
② 参见胡联合：《当代世界恐怖主义与对策》，86页。

义组织泰米尔猛虎组织策划了一次大规模伏击,对正在贾夫纳执行例行巡逻任务的政府军巡逻队猛烈射击,杀死了13名士兵。这就是斯里兰卡的"贾夫纳事件"。13具尸体运到科伦坡,见者无不悲愤。结果,"贾夫纳事件"引发了政府的报复。在短短十几天中,有一千余名泰米尔人被残酷杀死,18 000幢房屋、五百多家商店、一百多家工厂被烧毁或洗劫一空;十多万名泰米尔人无家可归。斯里兰卡政府的大屠杀激起了泰米尔人的仇恨和反抗,他们纷纷加入猛虎组织,使它从原来的三十多人迅速发展到三千余人。这一事件成为斯里兰卡恐怖主义史上的一个转折点,此后,泰米尔猛虎组织的恐怖主义活动愈益严重。[①] 可见,用恐怖的办法对付恐怖主义,是愚蠢的社会反应,而且恰恰是恐怖组织所求之不得的社会反应。

从犯罪性分析的角度看,恐怖主义的敌对立场,不是指向一般的纠纷对象,而是整个政治制度和统治当局,以及以其为基础的广大人群。而且,恐怖主义的反伦理性直接表现为对无辜者的生命、健康、财产、生存环境和权利的蔑视,是一种至恶。在这些方面,无论是战争、革命暴力还是政治暗杀,都不具备滥杀无辜这个特征,这些政治暴力的打击目标是被严格规定了的,直接打击目标和最终打击目标之间不发生分离,因而不同于恐怖主义犯罪。其实,在施米德收集的109个恐怖主义定义中,所谓"恐惧、恐怖"(出现频率51%)、"心理效果和反应"(出现频率41.5%)、"直接受害者与打击目标的不同"(出现频率37.5%)、"战斗(斗争)、战略或战术的方式"(出现频率30.5%)、"宣传性"(出现频率21.5%)、"任意性、随机性、无选择性"(出现频率21%)、"受害者是市民目标、非战斗性目标、中立目标或旁观者"(出现频率17.5%)、"强调受害者的无辜性"(出现频率15.5%)、"象征性、表演性"(出现频率13.5%),以及胡联合收集的50个定义中的"恐惧(恐怖)及心理影响"(出现频率54%)、"有计划的、系统化的、有组织的行为"(出现频率40%)、"受害者是市民目标等无辜目标"(出现频率20%)、"(直接)受害者与打击目标的分别(不同)"(出现频率20%)、"宣传性"(出现频率14%)、"象征性"(出现频率12%)、"(目标)随机性、无选择性"(出现频率6%)等要素,其实都是操纵性这个特征的具体描述。

[①] 参见何秉松:《有组织犯罪研究:中国大陆黑社会(性质)犯罪研究》,第1卷,315页。

根据以上分析，恐怖主义犯罪都具有暴力性、政治性和操纵性特征。不过，我们仍然要继续追问：凡是具有这三个属性的行为就都是恐怖主义吗？或者说，一切直接打击无辜者的政治暴力，都是恐怖主义吗？恐怕还不能这样说。起码，现实生活中的有些现象，即使同时具备这三个特性，却仍然很难说是恐怖主义。例如，1793年法国罗伯斯庇尔大肆镇压无辜群众，就是一种政治暴力，而且也使大批无辜者受害。前文提到的斯里兰卡政府在贾夫纳事件中对泰米尔人民的残酷打击，也是政治暴力，也是使得无辜人群遭受苦难。其实，世界上曾经有过并且还有许多来自政府的不分青红皂白的政治暴力，或者"宁可错杀一千不能放过一个"之类的红色或者白色恐怖，能不能说这些来自政府的滥杀无辜的政治暴力都是恐怖主义呢？恐怕不可以。问题是：这些有组织的暴力与恐怖主义的暴力之间有何区别？在犯罪性分析框架中反复比较这两种政治暴力便可以发现，其重要区别在于：恐怖主义的政治暴力是一种"向上的"政治暴力，即处于社会秩序关系中劣势地位的群体，针对上位群体——通常是统治当局——的政治暴力；与此不同，来自政府的滥杀无辜，是一种"向下的"政治暴力，即在社会秩序关系中处于主导地位的群体针对下位的劣势群体的政治暴力。一个是自下而上的破坏性，一个是自上而下的破坏性。关于自上而下的政治暴力，我们将在接下来的部分中专门分析。为了把恐怖主义与这种意义上的政治暴力区别开来，我们还需要讨论恐怖主义的第四个属性。

最后，反叛性，是恐怖主义不同于其他政治暴力尤其是政府暴力的重要特征。所谓反叛性，就是指在某种合法统治关系或秩序关系中处于劣势的在野群体，针对上位统治群体的否定性立场及其破坏性和毁灭性打击行动。从这个意义上说，恐怖主义实际上发生在冲突的社会群体关系中下对上的方向上，是以小博大、以弱敌强的操纵性政治暴力。这可以从以下几个方面得到证实。其一，恐怖主义的历史表明了恐怖主义的反叛性。最早的恐怖活动，可以追溯到大约两千年前，即公元1世纪初，犹太民族狂热分子就曾经企图通过恐怖活动将罗马人赶出巴勒斯坦。他们不仅进行政治暗杀，而且开展大规模的破坏活动，在罗马人用的水井中下毒，毁坏耶路撒冷的供水系统。英语中的"assassin"（暗杀者）就源于一个伊斯兰教什叶派秘密组织即公元1090—1272年间活跃于波斯与叙利亚一带、专门暗杀十字军中基督徒的穆斯林秘密团体的狂热者。该组织训练了大量刺客，专门从事暗杀活动，数以百计的大臣、总督与哈里发死于他们手下。① 其二，恐怖主义这种以弱敌强的特点还表现在当前国际恐怖主义的反美国特点上。当代世界，美国一直是国际恐怖主义活动攻击的主要对象国。据统计，从1968—1997年30年间，全球共发生针对美国的恐怖袭击5 655起，占所有国际恐怖活动总数的36.75%。就是说，全球每年发生的国际恐怖主义活动中，平均1/3都是针对美国的。比例最高的时候是1971年的75%和1970年的68%！其中，有57%以上的行为方式都是爆炸。② 此外，恐怖主义的以弱敌强特点，还可以从参与实施恐怖活动人员的社会分层构成来看。尽管世界上一些恐怖组织成员来自中产阶级家庭，如德国的"红军派"、西班牙的"埃塔"等，但是，相当大部分的恐怖组织成员来自社会下层劣势群体。例如，在英国北爱尔兰，无论是新教徒还是天主教徒的恐怖分子，大多数来自无产阶级家庭。在美国，极左的恐怖分子有71%是少数民族成员和黑人；即使是极右的恐怖组织，虽然其成员的97%是白人，但大多数是失业或贫困的白人工人。"大多数恐怖分子都是绝对贫困者"③。其三，也许有人认为，政治上极左倾向明显的人群才可能成为恐怖分子。其实不然，即使是政治上的极右势力，如果处于社会秩序关系中的劣势地位，仍然可能成为恐怖主义并表现出对现行统治的颠覆企图。例如，意大利的"新秩序"就是一个极右恐怖组织，主张"反制度理论"，通过恐怖活动为右派军人政变、夺权创造条件。德国"霍夫曼军体小组"、"日耳曼民盟"、"自由德国工人党"、"纳粹党小组"、"光头党"等十几个当代极右恐怖组织，也是企图改朝换代的在野政治暴力恐怖组织。此外，法国、美国、俄罗斯，都存在形形色色的极右势力恐怖组织。可见，即使是政治上极右，只要不处在统治关系中的主导地位，都不排除成为恐怖主义的可能性。总之，作为一种特殊的政治暴力，恐怖主义活动是一种以小博大、以弱敌强、自下而上的颠覆活动。从这个意义上说，如果将以强凌弱的恐怖活动也纳入恐怖主义的范畴，是对恐怖主义本质规定性的一种扩大理解，也是不准确的理解。

然而，有学者对此持反对立场，认为恐怖主义既是以弱对强，又是以强对弱的武器。而且，这种理论认为，西方有学者将恐怖主义定义为

---

① 参见胡联合：《当代世界恐怖主义与对策》，49页。
② 参见胡联合：《第三只眼看恐怖主义》，100~112页。
③ 同上书，27页。

"弱者反抗强者的武器",是一种"政治陷阱",从而使弱国、小国针对强国、大国的暴力斗争以及反西方殖民主义的民族独立斗争都等同于恐怖主义,而将西方强国、大国针对弱国、小国的政治暗杀、爆炸民用设施等行为排除在恐怖主义之外,视其为反恐怖主义军事行动。[①] 笔者认为,此说值得商榷:一方面,指出恐怖主义的反叛性,并不等于将所有处于劣势地位的群体的暴力行动都纳入恐怖主义,是否属于恐怖主义,还要看是否具备其他各项条件。另一方面,把强者针对弱者的恐怖活动排除在恐怖主义之外,也不等于说,这种行为是合法的、可以原谅的。问题在于,如果对两种政治暴力(下对上的和上对下的)不加区分,一律视为恐怖主义,反而会使恐怖主义的含义不清,模糊了"反恐"视线。说到底,还是不利于打击恐怖主义。

应当承认,如果要求具有反叛性才构成恐怖主义,那么,无法回避的一个问题就是:国家之间的战争中凭借军事优势而针对平民的大规模打击,到底是不是恐怖主义?例如,第二次世界大战时期法西斯德国对华沙、鹿特丹、贝尔格莱德、伦敦,日军对上海、南京、重庆平民的大规模野蛮轰炸;还有美国对日本的核打击,美军在朝鲜、越南的"盲目轰炸",以及其间英军也曾放弃定点轰炸而赞成对整个城市实行夜间轰炸;第二次世界大战期间,苏联有1 000万名平民死亡,波兰有600万人死亡,(占人口的20%),法国有35万名平民死亡,德国有600万人死亡,中国军民死亡人数达2 100万人。[②] 这种杀戮很显然是政治暴力的一部分,而且无疑是滥杀无辜,造成了普遍的恐慌。但是,它往往以军事上的优势地位为前提,至少不能说是一种典型的下对上的、以弱敌强的政治暴力。而且,对于实施这种打击的国家而言,此种行为对本国人民而言往往意味着上对下的加害,将其带入战败的深渊,历史上,德、意、日法西斯针对被害国家平民的野蛮军事打击及其惨败的后果就是明证。从这个意义上说,此种行为可以认定为一种政府暴力、政府犯罪,但不一定是恐怖主义。对此,笔者认为,将其视为一种非典型的恐怖主义是可以的,这是一种军国恐怖主义。第一,尽管对本国国民而言,这种军国恐怖主义可能意味着上对下的犯罪,但对被害国而言,加害国的侵犯谈不上是上对下的加害。第二,这种毫无军事意义的滥杀无辜,只能用种族排他或者龙布罗梭所谓的"天生犯罪人"理论、人类原

---

① 参见胡联合:《第三只眼看恐怖主义》,18~19页。
② 参见何秉松:《有组织犯罪研究:中国大陆黑社会(性质)犯罪研究》,第1卷,314页。

始的侵犯本性的"返祖"现象、野蛮的心理回归等理论[①]加以解释。第三，这种行径实际上与恐怖主义的一种即极右型恐怖主义的民族排外主义具有同源性。总之，尽管不够典型，但我们仍有理由将军国恐怖主义归入恐怖主义的范畴。

综上，我们终于可以对恐怖主义给出一个定义了：恐怖主义是现行秩序关系中自下而上的操纵性政治暴力。凡构成恐怖主义的，暴力性、政治性、操纵性、反叛性，四个属性缺一不可。缺少其中任何一个属性的有组织犯罪，可能是邪教犯罪，可能是黑社会组织犯罪，也可能是反政府军事组织或者政府暴力，但不可能是恐怖主义。只要同时具备这四个属性的政治组织，通常是，也只可能是恐怖主义组织。其中，暴力性和操纵性分别从不同角度表明恐怖主义犯罪的反伦理性一面，而其政治性和反叛性是其反社会性的主要表现。

第七节　危险个体的犯罪性

在犯罪性分析中，危险性往往是指某种负面现象出现的可能性，也即犯罪对某种价值造成破坏的概率。犯罪危险性可以分为原因危险和结果危险两种。在这一节中，我们将对两个犯罪学个案进行犯罪危险性分析，试图检验犯罪性分析到底有何认识意义。

一、张君案与原因危险

著名的张君特大系列抢劫杀人案中，主角自然是张君本人，但我们的观察要从张君的女人们开始，让我们先来看看她们都干了些什么[②]：

——秦直碧，女，生于1952年2月10日，汉族，重庆合川人，初中文化，无业。1995年12月22日18时30分许，张君伙同秦直碧窜至事先踩好点的重庆友谊商店沙坪坝分店。张君持枪、手榴弹威胁营业员和顾客，秦直碧进入黄金柜台，用起子撬开柜台锁，收取柜内黄金首

[①] 参见［意］切萨雷·龙勃罗梭：《犯罪人论》，316～319页。
[②] 参见北京大学实证法务研究所"法意实证案例法规全互动数据库"（www.lawyee.net）"张君特大系列抢劫杀人案"。

饰。该店清洁女工李某清见状高声呼喊，被张君开枪击中致死。张君又开枪威胁店内人员后，与秦直碧将柜台内的黄金、铂金首饰连同托盘装入编织袋中逃离金店。此后，秦直碧先后3次参与张君组织的共同持枪抢劫犯罪活动，数额巨大，致多人重伤、死亡，并抢劫银行，情节特别严重。

——全泓燕，女，生于1965年4月10日，汉族，重庆市人，高中文化，无业。2000年7月20日下午，张君在湖南省长沙市一劳务市场，将湖南省平江县故溪村官家组村民彭某辉骗至常德市。次日，张君携带两支"五四"式手枪，与全泓燕一道乘坐出租车，将彭某辉骗至湖南省汉寿县太子庙镇倒流坪村附近茶山上。张君强迫彭某辉脱掉衣裤，随即将一支装有两发子弹的"五四"式手枪交给全泓燕，全泓燕从彭某辉身后近距离连开两枪，将彭某辉击倒；张君随即上前对准彭某辉头部补枪射击，致彭某辉当场死亡。二人清理现场后逃离。此后，全泓燕还与张君共谋杀人抢劫出租车，又受张君指派两次非法运输弹药，并在其住所内藏匿枪支、弹药。其行为已分别构成抢劫罪、故意杀人罪、非法运输弹药罪，私藏枪支、弹药罪。

——严敏，女，生于1968年2月25日，汉族，重庆市涪陵人，初中文化，无业。1995年1月25日上午，张君、严敏共谋后，窜至重庆市渝中区建设银行新华路支行伺机抢劫。张君携带"五四"式手枪在外等候，严敏进入银行营业厅观察到取款人李某川、许某萍的取款情况后，按事前约定向张君伸出5个手指，示意有人民币50 000元。张君即尾随李某川至渝中区和平路二巷内，持"五四"式手枪朝李连开数枪，抢走李装有人民币50 000元的皮包。事后，严敏分得赃款人民币5 000元。后李某川因枪伤复发医治无效死亡。此外，严敏还受张君指派非法运输军用子弹110发。其行为已构成抢劫罪、非法运输弹药罪。

——莫金英，女，生于1948年11月12日，汉族，广东省番禺市人，小学文化，无业。1996年，张君向莫金英提出购买枪支、弹药，莫金英表示同意。1996年至2000年7月间，莫金英在云南省河口县中越边境非法购得枪支、弹药后，先后12次非法出售给张君"五四"式手枪13支、"五四"式手枪子弹两千四百余发、手枪弹匣13个，获赃款共计人民币六万余元。莫金英非法所售枪支被张君等人单独用于抢劫、故意杀人作案3起，直接致3人死亡、2人重伤、1人轻伤，劫得价值63万余元的公私财物；莫金英非法所售枪支被张君等人与其他枪支共同用于抢劫、故意杀人作案4起，致12人死亡、3人重伤、9人轻伤，

2 人轻微伤，劫得价值人民币 400 万余元的公私财物和出租轿车 4 辆。

——杨明燕，女，生于 1972 年 7 月 26 日，汉族，重庆涪陵人，高中文化，重庆市涪陵区民政局社会福利院工人。杨明燕接受张君安排，为张君犯罪集团非法运输枪支、弹药；明知张君及其犯罪集团成员在"武汉广场"抢劫后，为张君销毁作案工具。其行为已分别构成非法运输枪支、弹药罪，包庇罪。

这些女人的犯罪造成了严重损害后果，问题是：她们为什么会共同跟上像张君这样一个残暴的杀人恶魔而陷于犯罪呢？对此，鲁兰博士的《张君及其犯罪集团中女性成员访谈实录》或许能帮助我们思考并找到答案。[1] 鲁兰的访谈对象是 3 个已经被执行死刑的女性，即全泓燕、秦直碧、严敏。透过访谈者的观察我们不难看出，这些女性之所以犯罪，固然有其自身内在或外在处境方面的某些负面影响，但究其根本，她们犯罪的决定性原因其实就是张君本人。从全案来看，这几个女人对张君的意义主要在于可以利用她们实施犯罪，如果说有性的因素存在，也只是处于次要地位。将这些原本无邪的女性引上犯罪道路，张君的主要手段可以归纳为：第一，利用女性个人生活的不幸遭遇和对感情生活的渴求接近目标。例如，全泓燕对于与张君的关系有过这样一段描述："那是在 2000 年 3、4 月份，交往了两年多的男朋友，在我正准备购置结婚用品时与我分手了。这次打击太惨了，我几乎不吃什么东西躺在床上半个多月。人一点力气都没有，突然张君打电话来，第一句话就是你在床上吧，现在你穿上衣服，去买一张到长沙的机票，买了后通知我，我来接你……到了长沙以后我问他：'为什么突然打电话给我？'他说：'梦到你在哭，哭得很伤心。等我忙过这一段，带你到外地去散心。'就是这样，他总是知道我在想他，每次都是这样，特别神。"严敏也有类似的叙述："1994 年 10 月我与他（张君）在某地舞场里认识，他自称是做生意的，显得很神秘。接触后感到他很正直，很规矩，从不动手动脚。那时我与丈夫因为我的一些意外遭遇而关系不好，基本上都在两地分居。认识张君后，他就开始追我……"利用这种手段，即使接近张君的女性并不都与张君发生性的关系，或者并不都将性的关系持续下去，但"不管张君的情感怎样虚假，这些女人没有一个说他坏话，而且都感

---

[1] 以下关于本案的访谈素材，均引自鲁兰：《张君及其犯罪集团中女性成员访谈实录》，载陈兴良主编：《刑事法评论》，2002 年第 10 卷，640～660 页，北京，中国政法大学出版社，2002。

觉张君是真心对她好……她们都特别坚决：张君对我是最好的、最亲的，她们每个人都这样认为，而且她们觉得有这样一点就够了"①。第二，取得信任以后，将感情上越陷越深的女性拖入犯罪行为的实施。例如，访谈者问全泓燕关于张君与她一起杀人的经历时，全泓燕说："当时我在宾馆穿着吊带裙，他让我穿上夏天穿的短裤，说今天去沾点血。"访谈者问："当时你是如何想的呢？"全泓燕回答："心里有一点害怕，但是很相信他，因为他从未让我做过坏事……后来他就在劳务市场叫走一个人，到了山上，强迫那个人跪下，然后将上好膛的枪递给我，让我瞄准那个人开枪。我说害怕不敢开枪，他就大声地吼叫让我快开枪，并用手里的枪指着我。后来我闭上眼睛开了枪，当时并没有打死。后来张君又补开枪后那人就死了。"有了这一次，"疯玩儿了一整夜"的全泓燕，便逐渐成为张君犯罪集团的成员，并且越陷越深。张君本人在回忆这件事时说："让她手上沾血有几个考虑。第一是可以了解她顺从我的程度，以后不让她告发我。第二对她的心理承受方面会好一些，也是对她作案心理素质的训练。"第三，暴露犯罪本性以后，用某些承诺的兑现为诱饵继续滥用上当女性的希望。例如，时年已过 40 岁，比张君年长 14 岁的秦直碧，也是在离婚后带着两个孩子开始与张君交往。张君带她看电影、跳舞、吃饭，还对秦直碧说，一个女人年龄大，在外面不容易，会一辈子对她好。即使后来各自有了自己的异性朋友，张君仍然对秦直碧许诺说，"今后无论走到哪一步，都会管你"。对于带着两个孩子的秦直碧而言，她被张君关照她一辈子的承诺打动。在她生病卧床不起时，张君还精心护理，这对秦直碧来说是一段极其难忘的经历。但是，为了让秦直碧继续参与抢劫，张君并不及时兑现前次抢劫所承诺给秦直碧的 5 万元钱，条件是秦直碧必须到武汉开一家火锅店，实际上是为张君抢劫武汉金店踩点。再如，张君还欠着严敏 1 万多元钱总是不还，而严敏总是错误地认为只要帮张君做事，张君就会还钱；甚至在案件的侦查和审讯期间，严敏还对张君还她钱抱着很大的希望。这样，在张君的计划之下，被骗的女性直到锒铛入狱还没有失去对张君的希望。第四，当上了贼船的女性表现出退缩或不愿服从时，张君便暴露出暴力强迫的一面，迫使对方不得不继续服从。例如，在张君的所有女人中，

---

① 《公安局长、公诉人独家披露——对手张君》，载《三联生活周刊》，2001 (18、19)。转引自鲁兰：《张君及其犯罪集团中女性成员访谈实录》，载陈兴良主编：《刑事法评论》，2002 年第 10 卷，647~648 页。

严敏是受害最深的一个。即使是在恋爱期间,张君也常常对严敏疯狂地挥动拳头。严敏身上几乎到处都是被打或被烫伤的疤痕。

这几个女性死刑犯的故事说明,与她们严重的犯罪后果相比,更加危险的是其犯罪之前的可怕经历——一步一步地陷入一个杀人恶魔的引诱和控制,直到走向刑场还没有完全跳出虚妄的希望和梦幻。加上女性自身的某些固有天性和弱点,她们步入犯罪几乎可以说是在所难免。她们的故事意味着,在我们的身边,像这样的柔弱女子、几个孩子的母亲,一旦沾上张君这样的干系,就会变成杀人越货的死囚!这就是所谓"原因危险"的一个典型例子。原因危险这一范畴所强调的是这样一个理念:在有些情况下,比犯罪本身更危险的是导致犯罪的原因。危险原因的存在也许不能构成国家动用刑罚惩罚的根据,但它足以激活社会的预防机制,在尽可能的范围内预先控制犯罪原因的影响。

进一步看,我们还不能不追问:如果说几个女人犯罪的原因是张君,那么,张君的犯罪又作何解释呢?难道张君就是天生的杀人恶魔吗?为了找到答案,应当首先熟悉一下张君其人:

——张君在伙同刘保刚持枪抢劫曾某枝、曾某辉后,发现刘保刚的脚在抢劫过程中被枪弹误伤。张君为了灭口遂于1993年4月20日晚,将刘保刚骗至安乡县一僻静处,用铁锤猛击刘的头、胸部,又用绳子勒刘的颈部致其死亡后,将尸体装入麻袋,捆上石头,沉于河中。

——1994年2月8日晚,张君在广西壮族自治区宁明县城中镇环城街104号"军用服装店",趁店主严某财不备,持铁锤猛击严头部后,又用匕首刺严颈、腹部,致严某财当场死亡,抢得人民币六千余元。张君用店内军装掩盖严某财的尸体,用水冲洗现场血迹后逃走。

——1994年10月26日,张君为测试其所购"五四"式手枪的杀伤力,将在云南省开远市结识的女青年王某翠、陆某兰骗至开远市马者哨乡葫芦塘村公所坝心村后山冲,持枪威逼两女青年脱光衣裤、上下重叠,开枪将二人杀害。随后,张君摘下陆某兰金戒指一枚,并将王、陆二人的衣裤丢弃于距杀人地点800米处的北面山冲后逃走。

——1998年4月至2000年8月,张君等人预谋,让李金生"杀人沾血",将其发展为成员。2000年8月下旬的一天,张君从长沙市一劳务市场将湖南省益阳市资阳区沙头镇共同村村民杨某兵骗到益阳市,张君持枪令杨某兵跪在河滩,李金生朝杨某兵背部开枪将杨击倒,张君、赵正洪上前各补一枪,致杨某兵当场死亡。几天后,张君、李泽军、陈世清、赵正洪等人在李金生开的餐馆内喝蛇血酒,张君宣布"李金生是自己人了"。

　　……　……

　　根据判决书的认定和有关司法机关提供的信息，张君在1991年6月至2000年9月间，单独、伙同他人或组织、指挥他人共同持枪、持械在重庆、湖南、湖北、广西、云南等地，抢劫、故意杀人、抢劫枪支、弹药作案计22次；为了抢劫、故意杀人，单独或指使他人非法购买枪支、弹药。其行为已分别构成抢劫罪、故意杀人罪，抢劫枪支、弹药罪，非法买卖枪支、弹药罪。张君多次持枪抢劫财物，数额巨大，并致多人重伤、死亡，且入户抢劫及抢劫银行，情节特别严重。张君先后将秦直碧、全泓燕以及李泽军、陈世清等招至麾下，进行犯罪技能训练，先后在重庆、湖南、湖北等地，有组织、有计划地进行一系列抢劫、故意杀人犯罪活动，形成了抢劫、故意杀人犯罪集团。为破获张君案，司法机关排查流动人口一百五十多万人，调查出租车司机6 263名，对比指纹238万枚，对比枪弹痕迹照片九百多张；破案历时6年，投入经费1 000万元以上，专案组成员一百六十多人。张君集团欠下28条人命的血债，抢劫总价值近六百万元。

　　在反伦理性方面，张君犯罪的突出特征就是灭绝人性。张君可以为劫财而杀人，可以为"试枪"而杀人，也可以为检验同伙的服从程度而杀人，还可以为摆脱受伤的同伙而杀人。当鲁兰在对张君进行访谈中不时问道他对几个被判死刑的女性是否感到愧疚时，张君轻松地说："仅仅对某某某①有一点点愧疚，对其他几个人，我没有多少愧疚。"面对张君如此冷漠地对待曾经对他无限眷念，如今又将与他同赴黄泉的女性们，访谈者仿佛触觉到他那扭曲而冰冷的心灵。可以看出，张君犯罪具有彻底的反伦理性。在反社会性方面，在几十起犯罪记录中，看不出张君犯罪有何个人恩怨的作用，相反，绝大多数案件的被害人都具有无辜者的特征。这表现出犯罪者内心世界中对社会的深层敌意，这种敌意是一种概括的、泛化的、深度的仇恨社会、报复社会的可怕心理。在稍后的分析中，我们将找到这种深层敌意的来由。

　　按此逻辑，前述几个女性犯罪的原因是张君，而张君犯罪又是典型的反社会犯罪，那么，作为犯罪原因的犯罪，张君的反社会倾向又是如何形成的呢？鲁兰博士对张君本人的访谈，可以部分地解答这个问题。

---

① 全泓燕、秦直碧、严敏以外的某个女性——鲁兰注。

张君自述道："在很小的时候一些记忆对自己有很大的触动。那时，我父亲没有兄弟，在农村遇到事情就经常被家有几个兄弟的人欺负，几乎任何相争的事情都是我父亲吃亏。此外童年最深刻的记忆就是贫穷。"张君曾经目睹母亲生病无钱医治而深感绝望。张君在家里是最小的孩子，因而被宠坏了。当在外面被人欺负时，张君便拼命反抗，其他人被他异常激烈的拼打镇住而退却了。小小年纪的张君初次得到通过武力解决问题的启示，从此，"习武"成为张君保护自己、征服别人的主要手段。从小酷爱习武的张君也梦想着当个解放军或者警察。但是，按照张君的说法，他第一次接触法律是被警察"骗"进了"少管所"。这对张君是个不小的打击。当被问及"少管所"的经历时，张君重重地闭了一下眼睛。鲁兰观察到，这一个比正常眨眼时间稍长并伴随着一次深呼吸的动作，无声地、下意识地准确地描绘出张君不愿意提起这段往事的心情。他垂下眼帘[①]说："……警察在青少年违法时，不好好教育而实施暴力，就会导致他们一辈子仇恨警察。"按照鲁兰的分析，张君在"少管所"被施以暴力的确产生了不良影响，但"少管所"中的"交叉感染"对张君构成了更深刻的负面影响。此外，在回忆青少年时期周围环境对其成长经历的影响时，张君还提到了学校，他说："一些学校的老师收了家长的礼，才会对该学生好一点，这样给学生的印象很坏，对无钱送礼的学生不公平。"这样，幼年的屈辱经历、少年的成功体验、"少管所"中一段刻骨铭心的记忆、走向社会后的犯罪生涯，一个完整的链条，为张君的反社会倾向给出了解释：负面的社会环境与反复的心理体验，最终造就了一个杀人恶魔。而这个杀人恶魔又按照自己的方式，不断复制着这些负面影响和心理体验，结果，又有了更多的杀人越货之徒。可见，原因危险也是张君犯罪的客观解释。

二、井口案与结果危险

1995年，金融业连续遭受英国"巴林事件"、日本"大和事件"、中国"3·27"事件和我国台湾地区"彰化四信事件"等不良金融事件的打击，其中，有些事件在一定范围内造成了灾难性的恶果。例如，1995年2月24日，英国的央行英格兰银行宣布，巴林银行因经营不善

[①] 按照鲁兰的叙述，张君在整个采访的两个多小时中，始终保持着微笑，戴着手铐、脚镣也同样具有相当强的自控能力。

而倒闭。巴林银行是一家英国投资银行（英国称商人银行）。早在1800年，巴林银行就是大英帝国政府证券的主要发行人，英国女王伊丽莎白二世也是巴林银行的长期客户，在世界三十多个国家、地区设有分支机构，在英国金融界投资额最大的银行中排名第三。1995年1月，巴林银行的海外分支机构——新加坡巴林期货公司交易负责人尼克·里森错误地作出判断：日本经济将开始走出谷底。于是，在未经授权的情况下，里森在新加坡国际金融交易所大量购入日经股价指数期货合约。并且，在阪神大地震后，里森继续错误认为日本政府将为拉动经济刺激需求而造成股价上扬，所以一意孤行，不断从伦敦调入巨资，增加持仓，以加码买入该合约。结果，完全事与愿违：2月23日，日经股价指数再次大跌，里森已经无法支付足额保证金，最终认识到回天无力，只好仓皇出逃，后在德国法兰克福机场被捕，被引渡到新加坡受审，被判6年半有期徒刑。其间，即1995年1月23日日本股市大幅下跌后，里森面临两种选择：一种选择是卖掉仓位，住手认输，但这意味着他不朽的交易记录、"金融新星"的美誉以及丰厚待遇的消失，这种损失对里森来说是确定性的。另一种选择就是继续赌博，大量买入"日经"期货。这样做可能保住自己不败的交易记录和优越的地位，也可能毁掉二百多年历史的金融帝国——巴林银行。结果，里森选择了继续赌博，并使最坏的可能变为现实。巴林银行由于资不抵债，被荷兰国际集团以1美元的价格收购。里森在新加坡有一个神秘的账户，代码"88888"。该账户为"错误账号"，起初是为处理交易过程中因疏忽而造成的小额差错，如将买入误报为卖出，等等。逐渐地，这个账户被里森用来掩盖较大的交易失误、亏损，欺瞒巴林银行高层。有时，当亏损由小而大，无法靠一般的方法应付审查时，里森便开始尝试挪用公司的自营收入来填补这个账户上的亏损。甚至，当亏损由2000万英镑增加到5000万英镑时，里森伪造了花旗银行5000万英镑存款凭证，又一次瞒过了巴林银行总部的检查。此外，里森还指令结算员制作虚假会计账目，使"88888"账户上的每月结存余额变得很小，使新加坡国际金融交易所没有对里森的违法行为予以注意。就是说，巴林银行高层之所以对里森言听计从，与里森本人的欺骗、伪造等违法犯罪行为密切相关。

巴林银行事发以后，不仅巴林银行自身不得不承受巨大损失，而且，其影响波及许多国家和金融机构。事件公开后的第一个交易日，新加坡股市大幅下跌。日本15家拥有巴林证券公司资产的银行，可能有5.3亿美元要作坏账处理。东京"日经"平均指数狂泻954点，跌幅达

5.4%。英镑汇率也因该事件而受到冲击,跌至两年来的新低。此外,菲律宾、韩国和我国香港、台湾地区股市都大幅下跌。巴林(香港)公司还遭到挤提冲击。①

此后不久,公众的注意力刚刚从"巴林惨剧"转移开,同一年的7月,日本著名商业银行、世界19大银行之一,在日本银行界排名15的大和银行传出爆炸性新闻:该行纽约分行国债交易室主管兼国债交易稽查主任井口俊英迫于各种压力,向总行交代了隐瞒12年的违法交易以及11亿美元的巨额损失。同年9月24日,美国联邦调查局逮捕了井口俊英。美国高等法院判定日本大和银行犯了欺骗美国金融当局的罪行,联邦及纽约州政府限令大和银行在3个月内结束在美业务,并规定3年内不得重开在美项目。联邦大陪审团还就大和银行伪造文件、消除证据等欺骗行为指控大和银行非法隐瞒巨额交易损失,要求判处13亿美元的罚款。此后,美国加强了对日本在美银行的监控,欧洲各国也相继提高了对日本银行的资金拆借利率,亚洲国家和地区也纷纷对日资银行采取了严格的措施。② 对大和银行而言,这无疑也是灾难性的打击。

从犯罪性分析的角度看,里森和井口的这类犯罪与前文所述的张君的犯罪之间有着显著的不同,最基本的一点也许是:如果没有阪神大地震以及1995年2月23日的"日经"股价指数再次大跌,如果没有巴林银行的最终倒台,里森用"88888"秘密账户掩盖交易失利的行为也许并不是什么犯罪行为;如果没有造成大和银行11亿美元的巨额损失而只是输掉银行17万美元,井口的越权交易也可能只是一般的违规行为,至少其不会为此承担刑事责任。相比而言,即使蒙面闯入金店抢劫却一无所获,张君们的行为也是严重的刑事犯罪。这两者都有严重的危害后果,都源自于不良的形成原因,但这两者对社会的意义有所不同:对社会而言,前者之所以意味着危险,主要是因为其离散型、大面积的实际损害后果,而后者之所以危险,是因为即使是再普通的人,只要受到张君们自幼以及后来所受到的那些不良影响,社会就不得不面对一个个充满敌意的危险个体。所以,我们将前者即井口们对社会构成的危险称为结果危险,将后者即张君们对社会构成的危险称为原因危险。张君们的故事这里不再赘述,而井口们的结果危险到底是怎么来的,也许要有一

---

① 参见姜建清:《海外金融风潮评析》,134~159页,上海,上海财经大学出版社,1997;张光平:《巴林倒闭与金融衍生工具》,上海,上海人民出版社,1996。

② 参见姜建清:《海外金融风潮评析》,161~166页。

番事实学观察。

被判入狱以后，井口在美国纽约监狱里写下了《告白——震惊美日千亿日元金融弊案始末》一书，为我们的犯罪性分析提供了宝贵的线索。[1] 井口出身一个日本商人家庭，父亲在美国开了一家小贸易公司，井口在美国接受了4年大学教育，24岁时与一美国女子结婚。婚后，他们有了两个小孩。身为父亲、丈夫，井口工作十分卖力。他每天回家就自己动手修理房子，连电路、上下水管道、地板和天花板、中央空调等设施，都是他们夫妇自己亲自动手的成果。总之，从井口的成长经历和日常生活中，找不到一丝反社会倾向的形成原因。那么，到底是什么因素造就了这个罪犯呢？回答这个问题，要从井口在大和银行中的职责说起。井口最初担任的工作是银行里的证券保管业务，并不负责证券的运用即买卖业务。但是，20世纪70年代末，美国在通货膨胀的巨大压力下，实行金融紧缩政策，调高了银行贷款利率，以图减少借钱消费和由此导致的供不应求、物价上涨的态势。而金融政策的调整，又带来了债券价格的巨大波动，为债券运用提供了空间。在这种情势下，井口的工作又增加了新的内容，即证券投资业务。1982年，井口获得1000万美元的浮动利率债券授权额度，在预先设定的条件内可以自由买卖。也就是说，井口意外地同时得到了证券保管和证券买卖这两个本应分离以相互监督、制约的不同职位。1983年的一天，井口买进1000万美元的浮动利率债券后，价格不涨反跌。按照规定，证券买卖当天必须向支店长提出报告书，但井口认为损失一定会很快挽回，因此决定违规延后几天向支店长报告。但此后的几天内，债券价格又下跌了0.2%，而交割日却一天一天地逼近。当时井口想："我已经将过去赚得的数万美元列入分行临时决算的利益项目下，现在没有办法因为一项交易而将它一笔勾销掉，更不能透露这是一个多星期前发生的事。我已经隐瞒了好几天，虽然不至于因此遭到解雇，但是这些年来的实绩，已让自己的手腕受到肯定，因此，我当然想全力避免因为这一次买卖失败导致过去英名毁于一旦。当时，债券交易的记账、制作传票、交割等全由我自己包办，因此这一笔损失不要记载，拖到一年以后再处理也并非难事。在这段时间中若有获利，只要相互抵消即可。"[2] 正是出于这种侥幸心理和基于

---

[1] 参见[日]井口俊英：《告白——震惊美日千亿日元金融弊案始末》，林忠发、刘涤昭译，北京，法律出版社，2000。以下关于大和事件的事实资料主要来自本书。

[2] 同上书，78～79页。

这种包办的便利条件,井口决定越权买卖一天内价格波动可达数个百分点的美国公债。于是,井口俊英在损失扩大到 7 万美元时,仍未平仓,反而在 98.75 的价位上买进 1 000 万美元价格波动更大的美国公债。下单 40 分钟后,井口被告知该种国债已经跌至 97.75 元。就是说,输掉的 7 万美元没有补回来,反而又在此基础上输掉 10 万美元,而且是非法交易所造成的!为了保住自己在上司面前的面子,井口俊英决定掩盖自己的交易损失。首先,他在没有任何授权的情况下,擅自卖出了银行的一些有价证券,用所获价款填补上述交易损失。其次,他还利用交易主管和稽查主任的双重身份,私自改动了交易记录,伪造了有价证券余额证明,成功地掩盖了交易损失和私自卖出有价证券的事实。后来,井口知道秘密被发现是个迟早的问题,于是开始作最坏的打算,设法让妻子和孩子在自己入狱后生活有个着落,于是侵吞了银行 5 万美元。从这个过程来看,井口的失足具有明显的偶然性和机遇性。诱发井口犯罪的情境性因素主要是同时负责证券保管和证券交易,这使得他得以掩盖自己的交易损失,直至损失额越来越大。后来井口自己也说:"从事金融商品交易业务,管理者首要的原则就是'不要给负责买卖者隐藏亏损的机会'"[1]。可以说,把井口这样一个普通白领变成罪犯的因素,主要是职责安排上失去了制约机制。而在金融业中,这种职责安排上的疏漏却诱发了相关银行的灾难性损失,大和银行因井口的非法交易而损失惨重。

如果对井口案件进行犯罪性分析,我们可以清楚地看到,井口行为本身的反伦理性并不十分明显,至少他一开始步入交易失利的泥潭,也就是还没有侵吞 5 万美元时,井口的行为和心理活动可能发生在任何一个经验不足却过分看重虚荣的人身上。不过,井口行为的危险性很有代表意义:对社会而言,如果说井口们意味着危险的话,那么,主要是因为其危害后果具有巨大灾难性、离散性、不可逆性,而不是因为井口这种人对社会而言意味着多大的攻击性、侵犯性。换句话说,井口们行为的危险性主要是结果危险,其次才是原因危险。

三、张君们与井口们的危险性比较

应当承认,尽管对社会而言张君们意味着原因危险,但张君们的行

---

[1] [日]井口俊英:《告白——震惊美日千亿日元金融弊案始末》,80 页。

为也必然导致可怕的危害结果；尽管对社会而言井口们意味着结果危险，但井口们的行为也必然源自于一定消极原因的作用和影响。因此，有必要对两类危险进行进一步的详细分析，结果发现，两者可以分别归结为危险性四种组合方式中的两种典型形式。一方面，在张君们的行为中我们能够清楚看到，作为原因危险，张君模式主要源自于累积危险而非偶犯危险，他们的反社会倾向和深层敌意是长期不良内、外因素反复作用的结果。另一方面，尽管也危及有形财产，但张君们的行为主要是结果及人的犯罪，如杀人、抢劫，等等，是对人的生命、健康权益的侵害。两者结合起来看，张君们的犯罪模式属于表4—1中的A类危险，即累积危险与结果及人的交叉，也就是"A型犯罪性"。其特点是行为人在各种稳定、持续、反复作用的犯罪因素的长期影响下形成的难以控制的犯罪侵害性，通过人身侵害的形式释放出来，外化为犯罪行为，是最危险的犯罪性。相比而言，在井口们的行为中我们看到的却是另一种组合。一方面，作为结果危险，井口模式主要危及财产关系和秩序，是一种结果及物而非结果及人的犯罪危险。另一方面，尽管也是一定原因所致，但主要是银行职责安排上的某种情境性因素诱发了井口们的犯罪。因此，井口模式可以归结为偶犯危险。综合起来，井口们的犯罪模式可以视为表4—1中的D类危险，即偶犯危险与结果及物的交叉，也就是"D型犯罪性"。其特点是在偶然的机会性因素影响下，并无长期累积危险的行为人针对他人的财产权益而实施侵犯行为，是危险性较小的一种犯罪性。当然，危险性较小，并不等于说破坏性较小，而所谓犯罪的危害性应当综合危险性和破坏性各方面的考察才能得到全面说明。

综上，透过犯罪性的分析框架我们可以看出，我们身边的危险个体实际上具有多样性特点，"危害社会的人"、"坏人"、"局外人"、"边缘人"等简单化称谓并不能生动描述危险个体的犯罪性特点。既然如此，对不同类型的危险个体统一适用某种社会反应，显然不符合犯罪自身的客观规律。对待不同的危险个体，应当作出不同的社会反应。

小　结

这一部分的讨论是从一个问题开始的：动物的侵犯行为为什么不是犯罪？换句话说，动物的侵犯行为为什么不具有犯罪性？对此，存在两种基本的理论倾向，即本能直觉主义和环境经验主义，这两种理论对于何谓犯罪性其实有着完全不同的理解。按照本能直觉主义，犯罪性的核心在于其反伦理性，犯罪意味着伦理意义上的恶行，动物的侵犯行为因其不具有伦理之恶而不是犯罪。与此不同，按照环境经验主义，犯罪性的核心在于其对社会秩序的违反，犯罪意味着社会秩序意义上的有害行为，动物的侵犯行为因其不构成对秩序的危害而不是犯罪。研究认为，这两大理论倾向都有所偏颇，我们需要的是一种对犯罪性的更加全面、深刻的理解。不难看出，这两大理论倾向的共同点是都着眼于犯罪与秩序的关系，只是各自所看重的秩序的内涵不同，一个是伦理秩序，另一个是利益分配秩序。所以无论怎样，犯罪特性分析实际上就是犯罪与秩序之间关系的研究，犯罪意味着去秩序化，犯罪性的基本内容就是其反秩序性。其中，这两种性质的反秩序性，分别从不同的角度反映出犯罪对社会的意义，都是犯罪特性的重要说明。而且，这两种理论又可以分别回溯到各自所由出发的理论范式：强调利益分配秩序遭受破坏的环境经验主义可以从应然犯罪学的效果论中找到其渊源，同时，强调伦理之恶的道德直觉主义则可以从实然犯罪学的"特殊人"假定中找到相应的理论资源。透过应然犯罪学和实然犯罪学这两大范式，人们看到了犯罪性的不同侧面。至于反秩序性内部两个要素之间的关系，很难一概而论其轻重主次，可以肯定的是，两者缺一不可，对有些犯罪而言，伦理之恶也许是其主要特征，而对另一些犯罪而言，秩序之害也许是其突出特点。具体来说，犯罪性分析可以从三个方面展开：伦理之恶与客观之害、恶意与敌意、原因危险与结果危险。按照这个分析框架，动物的侵犯行为基本上无法与这些意义上的犯罪性分析对应起来，因而根本谈不上犯罪性的有无。为了检验这个分析框架的理论张力，我们还对几类犯罪进行了犯罪性分析，从中发现了一些原来看不见的属性和联系。

有趣的是，犯罪性概念的深入分析，并没有把我们引进一个唯一的、终极的、某些人才特有的所谓犯罪特性。相反，这种分析在我们的视野中豁然打开了一个多样性的、多层面的、丰富、具体的具象，犯罪性就在这种具象中得到了精细的展开。这种犯罪性分析的意义有三：其一，帮助我们从事实学角度深化关于犯罪本身的认识，犯罪之所以招致刑罚，是因为它对伦理秩序和利益分配秩序的破坏。其二，帮助我们在比较中把握各种犯罪的联系与区别，使各种犯罪在犯罪性分析框架中获得了各自特有的意义和属性。其三，展开后的犯罪性，使我们进一步的犯罪学思考获得了新的起点：既然秩序的破坏可以上溯到各种各样的犯罪性表达，那么，是否可以说，所谓纯粹的犯罪，即在任何层面都具有绝对犯罪性的犯罪，其实并非常态，犯罪也不是某一类人特有的行为方式或下层社会成员的专利。可以说，犯罪性并非仅仅栖身于某类个体或人群，而是普遍存在于社会各个层面，犯罪性就在你我中间，社会各个阶层都有各自特有的违法犯罪模式。所以，保护社会安全的社会控制应当是针对所有犯罪的社会控制，而非只针对某些人的行为方式的控制。或者说，社会控制应当为所有社会成员所共有、共享，社会控制是所有人针对所有人的控制。正如犯罪不是某类人的专利一样，社会控制也不应成为某些社会成员的专属权力。

　　然而，应当如此，实际上可能并非如此。我们有理由怀疑：在现实生活中，一方面，某些社会人群作为惩罚对象的机会可能大于其他人群；另一方面，某些人群作为保护对象的机会也可能大于其他人群。如果这种差别无限制地放大，某些人群只作为被控制者而存在，另一些人群只作为控制者而存在，那么，社会控制便从应然的人人共有变为实然的只为某群人专有，而这种差别分配实际上已经脱离开社会控制的基本根据之一，即犯罪性。因此，发现、解释并设法调整社会控制中可能存在着的社会控制资源的差别分配，是犯罪学研究的重要任务。

第五章

犯罪形态学

犯罪性的外化，首先影响到犯罪的被害人。因此，犯罪与被害的关系是犯罪学的另一个研究对象。在这个问题上，犯罪学先后经历了罪行中心论、罪人中心论以及互动中心论三个认识阶段。这三种理论中的社会反应对象分别具有不同的表现形态，即行为、人、互动，因而我们将犯罪与被害的关系问题归结为犯罪形态问题，围绕这个问题的犯罪学研究称为犯罪形态学研究。从这个意义上说，所谓犯罪形态，就是犯罪学理论的分析单位、刑事法律的评价对象以及犯罪性的客观载体的总称。犯罪到底是指罪行还是指罪人的争论，首先就反映了关于犯罪形态的不同理解。而如何理解犯罪形态，又直接关系到犯罪解释论和犯罪控制研究的不同导向。所以，犯罪形态问题在犯罪学研究中同样具有前提性意义。本章回顾了犯罪形态问题上的理论倾向以后提出，犯罪学关注的焦点应从犯罪行为、犯罪人转移到犯罪互动，认为互动理论为犯罪形态的研究打开了新的视界。

第一节 修女与妓女

为了弄清犯罪形态问题上的基本理论，让我们从一个古老的话题开始，这就是：强奸修女和强奸妓女是一样的犯罪吗？从对这个问题的不同回答中，应然犯罪学与实然犯罪学在犯罪形态问题上的分歧便清晰可见。应然犯罪学认为，这两个行为之间"同"的意义大于"异"的意义：它们都是强行与女性发生性行为，都是暴力的滥用，尽管在这两个强奸中，一个对象是纯洁的修女，另一个对象是低俗的妓女。既然行为是一样的，那么，便不能因为强奸了妓女就可以免除处罚，而强奸了修女就罪加一等，更不能认为强奸修女才是犯罪而强奸妓女不属于犯罪。因此，这两个强奸都应该划入犯罪圈内，对这两者作出明确区分没有太大的法律意义。与此不同，实然犯罪学认为，这两个强奸之间"异"的意义大于"同"的意义：尽管都是强暴女性的行为，但由于所针对的对象不同，所以，两个强奸者的主观心态显然不同。强奸妓女的行为虽然也是强奸，但似乎情有可原，而修女是上帝派来的，怎么可以强奸呢？于是，强奸修女的人实际上具有更大的主观恶性和人身危险性。因此，强奸修女的行为才是真正的恶、是更严重的犯罪，而强奸妓女的行为即使属于犯罪，也是严重程度明显较轻的犯罪。

这个争论中的分歧，首先在于各自所理解的犯罪形态不同。所谓犯罪形态，就是指相对于科学研究、控制实践以及评价规范而言，犯罪的存在方式。关于犯罪形态的含义可以从三个角度来把握：第一，从理论研究的角度上说，犯罪形态就是指犯罪现象的分析单位，就是说，当我们说"犯罪"时，到底是指一个犯罪行为，还是实施了这个行为的人，还是一个人在某个时间、某个地点针对某个被害人进行侵害这个事件，还是一个人心目中意图实施犯罪的某个意念，还是某种危险的态度、行为方式或者倾向？显然，不论以行为、人、事件、意图、态度、行为方式还是危险倾向作为分析单位去观察、描述犯罪，在一个研究中，我们都要前后一贯地在同一个意义上使用"犯罪"这个词，否则，一会儿是行为，一会儿是行为人，一会儿又是犯罪的主观倾向，就会导致逻辑上的混乱。比如，"黑人多的城市犯罪率高，说明黑人比白人更可能犯罪"这话就犯了一个逻辑错误："人"和"城市"是两个不同的分析单位，不应暗中相互替换。逻辑上，在黑人多的城市里，也可能是更多的白人针对黑人实施犯罪。第二，从社会针对犯罪的各项控制实践来说，犯罪形态就是指这些控制实践所指向的对象。比如，当我们说运用法律惩罚犯罪时，法律所惩罚的到底是犯罪行为，还是实施了一个犯罪行为的犯罪人，还是某时某地所发生的一起案件？法律在这个问题上的飘忽不定，也会导致完全不同的法律适用实践。第三，相对于各种否定评价的规范标准而言，犯罪形态就是指犯罪性的载体——当我们说社会无法容忍一种叫做犯罪的事情的时候，这时的"犯罪"，到底是指一种行为，还是指一类人的行为，还是指实施某种行为的人，还是指可能实施某种行为的人，还是指某种反社会的倾向、恶意、敌意或者恶的意志，还是指某种异常的染色体、危险的精神状态、攻击性较强的个性心理、恶劣的生存环境、可能的冲突关系，等等。不难想象，对这些问题的不同回答，也可能导致完全不同的价值导向及相应的刑事政策。可见，犯罪形态在犯罪学研究中是个基础性问题，正确把握犯罪形态，无论对学理研究还是对法律实践都有重要意义。

现在回到关于两种强奸的争论上来。在应然犯罪学看来，犯罪的基本形态是指犯罪行为，行为既不是某种思想，也不是某种身份，更不是某种解剖特征。只有犯罪行为才应当是法律规范的评价对象，只有犯罪行为才是罪恶的客观载体，因而，犯罪行为才应当成为犯罪学理论研究的主要分析单位，才是导致社会利益、他人权益遭受侵害的最后环节。总之，危害社会的实际后果，是人"干"出来的，不是人"想"出来的。正是由于着眼于行为，在应然犯罪学的视野中，这两个强奸的相似点才大于相异点。相反，在实然犯罪学看来，犯罪的基本形态是指犯罪人，即已经或可能实施犯罪行为的所有个体。犯罪人既可以是作为法律关系主体的人，也可以是作为文化、价值观的主体的人，又可以是作为一定经济地位拥有者的人，还可以是作为某种心理属性拥有者的心理人，还可以是作为某种生物属性拥有者的生物人、自然人。犯罪形态之所以被定位在行为人，是因为只有犯罪人的主观之恶才真正表达着罪恶意义，只有犯罪人的人身危险性才实际上构成针对社会的危险，因而才是社会必须加以排斥的实际对象。没有犯罪人的主观恶性，便没有犯罪人的犯罪行为，也便没有犯罪行为所导致的实际危害。也正因为此，法律所惩罚的，其实是犯罪人而非他们实施的行为。正是着眼于实施行为的人，在实然犯罪学的视野中，这两个强奸的相异点才大于相似点。最后，到底是人还是行为，作为两个不同的分析单位，为由此而展开的两大犯罪学范式——应然犯罪学和实然犯罪学规定了不同的理论进路。

第二节 犯罪即罪行

犯罪即罪行，又可表述为罪行中心论，这是应然犯罪学的一个基本观点。贝卡里亚就认为，犯罪就是犯罪的客观行为和结果，不论犯罪原因研究还是犯罪的法律评价，都围绕着犯罪行为进行，而不以行为人为转移。在《论犯罪与刑罚》中，贝卡里亚一开始就强调宗教上的善恶、自然上的善恶和政治上的善恶之间的区别。他认为：前两者是不变的，而人类的公正即政治上的公正的社会内容,却是随着人所实施的行为与千变万化的社会状态之间的关系的变化而变化,同一个行为,有时对社会有利,有时对社会有害。这些关系才是人类的法律所关注的基本事实。[①] 继古典犯罪学派以后,犯罪学中仍有相当一部分学者沿着罪行中心论的线索展开研究。罪行中心论的基本特点是:

一、环境决定论

在犯罪的解释论中,罪行中心论往往倾向于从人所处的客观环境与人之间的相互作用角度出发解释犯罪行为,其典型例子是行为主义心理学和"挫折攻击理论"。行为主义心理学是心理学中的一个重要流派,这个学派的一些早期学者认为:心理学不应以人的意识而应以行为本身为研究对象。由于人和动物之间的联系大于区别,因此心理学的基本方法不应是内省,而应是客观观察,就是观察刺激与反应之间的关系,从而为预测与控制提供依据。在攻击性行为、犯罪行为的研究中,行为主义心理学认为,一个人能用什么方法得到他所要的东西,他便会用那个方法去做、去想、去感觉。侵犯行为也和别的行为一样,纯粹是以寻求自己的最佳利益为基础,学习得来的。所谓侵犯,就是对其他有机体发出有害刺激的一种反应。行为主义者布斯认为,在侵犯行为的研究中,应将"意图"的概念排除在外,直接考察侵犯反应的历史和造成这种侵犯的环境之间的关系更有效果。什么结果使得侵犯反应一再发生、一再加强?这才是研究的重点。[②] 沿着这一思想脉络,犯罪研究中一个著名的学说就是"挫折攻击理论"。所谓挫折,是指两种情况:一是正在进行的有目的的行为遭受打断,二是欲望或希望遭受否决。此说的创立者耶鲁大学教授杜拉(J. Dollard)认为,侵犯行为的发生,常常假定了挫折的存在,反之亦然,挫折的存在常常导致某种侵犯行为。后来,另一位学者修改了这一结论,认为挫折可以激起许多不同的反应,侵犯行为只是一种。[③] 按照这种理论,面对挫折时,人可能有两类反应:一是将攻击性反应指向内部,行为人用内向性攻击作出反应。二是将攻击性反应指向外部,将不满、愤怒指向他人。杜拉等人认为,受挫后是否会引

---

① 参见[意]贝卡里亚:《论犯罪与刑罚》,3页。
② 参见[德]弗洛姆:《人类的破坏性剖析》,63~64页。
③ 参见上书,91页。

起攻击行为,取决于四个因素:第一,受挫折驱力的强弱;第二,受挫折驱力的范围;第三,以前所遭受挫折的频率;第四,随着攻击反应而可能受到惩罚的程度。如果挫折的强度一定,对某一攻击行为预期的惩罚越大,该攻击性反应就难以发生。如果对惩罚的预期一定,欲求不满的强度越大,攻击活动就越可能发生。对挫折的攻击性反应也可能发生转移,指向某种替代物或人。挫折攻击理论出现后,受到了来自各方面的批评。弗洛姆就认为:一项挫折是不是挫折,它的程度有多么强烈,还与性格因素有关。一个非常贪吃的人如果得不到他想吃的食物,就会愤怒起来;一个吝啬的人想买便宜的东西却买不到,也会大为愤怒;自恋的人想得到夸奖与赏识,如果得不到,也会愤怒。性格决定着什么事情会挫折人,然后决定人用什么样的程度来作出反应。[①] 尽管如此,挫折攻击理论还是在犯罪行为的解释中得到了不少学者的认同。很显然,在行为主义心理学和挫折攻击理论中,重要的是人面对某种刺激作出何种反应,至于是谁作出这个反应,并不重要。这里,对行为本身的关注和对外部刺激、客观环境的关注之间,显然具有密切的联系。

二、正常人假定

在对犯罪人的基本看法上,罪行中心论通常认同正常人假定,将犯罪人视为正常人、普通人。所谓正常人假定,或者普通人假定,是指对犯罪人的一种基本看法,认为犯罪人只是犯了罪的人,或者说是做了错事的普通人,而非必然做坏事的坏人。按照这种假定,犯了罪的人并非出于所谓犯罪素质,犯罪人和非犯罪人之间没什么本质区别,每个人都可能犯罪。之所以人口中只有少数人被判刑入狱,只是因为许多人虽然可能犯罪但尚未犯罪,或者大量确已发生的犯罪未被发现、证实。正常人假定和罪行中心论在逻辑上较为接近。因为只有假定人人都可能犯罪,才有理由通过法律调整人的行为预期,以防止人人都可能实施的行为。这一联系在犯罪学中的典型表现就是老费尔巴哈(Paul Johann Anselmvon Feuerbach,1775—1833)的心理强制说。费尔巴哈首先认同边沁的学说,也认为人人都有避苦求乐、趋利避害的功利倾向,人在决定是否犯罪时,首先会考虑犯罪行为可能带来的后果。如果人预见到犯罪带来的快乐大

---

① 参见〔德〕弗洛姆:《人类的破坏性剖析》,93页。

于可能导致的痛苦，人们就会实施犯罪行为。如果预见的结果是犯罪带来的快乐将小于可能招致的痛苦，人们就可能决定不去实施犯罪。因此，预防犯罪的根本方法就是使人们意识到，犯罪必然利小于害、害大于利，从心理上强迫人们自己抑制住趋利求乐的冲动，进而防止因此而导致的犯罪行为。正是基于这一假定，费尔巴哈和其他古典犯罪学派的学者一样，都十分强调罪刑法定原则的贯彻，因为：在罪刑法定原则下，大多数智力正常的普通人才可能对自己可能实施行为的法律后果有所预期，从而预见到牢狱之苦很可能抵消掉犯罪带来的好处，因而打消犯罪的打算。至于谁，具有何种素质的人，处在何种社会地位的人，根据法律对自己行为的后果进行预期，费尔巴哈并不关心，他只关心什么法律调整何种行为，因为在心理强制说中，人的区别被简化为一定的法律与一定行为的关联。可见，罪行中心论建立在正常人假定之上。

三、效果论

在社会对犯罪给予否定评价的评价根据问题上，罪行中心论一般认为评价根据是犯罪行为本身及其社会效果。所以，罪行中心论又可以称为客观主义。在犯罪学说史上，坚持罪行中心论的贝卡里亚对这类问题曾有过明确论述，他认为：有些人在衡量犯罪时，考虑更多的是被害者的地位，而不是犯罪对公共利益的影响。如果说这是衡量犯罪的真正标尺，那么，同谋杀帝王的行为相比，对大自然的失敬行为就应该受到更为严厉的惩罚，因为自然的至高无上性完全足以弥补罪行间的差别。[1] 关于犯罪学中的客观主义，除了我们已经熟知的古典学派的贝卡里亚、康德、黑格尔等人的学说以外，我们还可以从现代应然犯罪学中看到罪行中心论与效果论之间的紧密联系。例如，美国犯罪学家赫希就认为，对犯罪危害的这样的经验考察必须辅之以价值判断。不同的犯罪损害不同的利益。车盗涉及财产的实质性的损失；武装抢劫通常使人承受少得多的金钱损失，但使人承受对人的生命的一种威胁。我们大部分人会评价车盗远不如抢劫严重，因为我们考虑人身安全方面的利益比普通项目的财产方面的安全更加重要。[2] 这里，犯罪只意味着行为及其危害，是

---

[1] 参见 [意] 贝卡里亚：《论犯罪与刑罚》，67~68页。
[2] 参见 [美] 安德鲁·冯·赫希：《已然之罪还是未然之罪——对罪犯量刑中的该当性与危险性》，邱兴隆等译，72页，北京，中国检察出版社，2002。

典型的应然犯罪学的效果论。

四、规范论

从理论自身的历史命运来看，罪行中心论因为坚持规范主义而经过逐渐的发展、完善，慢慢融入了现代刑法学领域，并成为现代刑法学的主流理论。由于罪行中心论相信环境中的刺激对人的影响，假定人人都是基本一样的正常人，着眼于客观行为中的共同点，所有这些，都恰恰与刑事法治乃至整个法治的一个基本精神相吻合，这就是刑法的公正性。公正，是刑法的最高价值。刑法的公正性包括刑法的正当性、公平性、平等性等方面的含义。① 其实，刑法中的罪刑法定原则、法律面前人人平等原则、罪刑相适应原则，都是服务于公正性这个最高价值的。所有这些理念都不否认行为人之间的差异性，但同时又都建立在一个基本的法治精神之上，这就是"同等情况同等对待"。这里所谓的同等情况，显然不是指行为人在社会地位、个性心理、文化观念、价值取向、生理特征等方面的同等情况，而是指行为本身的大体类似。从这个意义上说，越是强调犯罪的法律意义，就越可能倾向罪行中心论，就越可能看重刑事法治在犯罪控制中的中心地位。

五、批判精神

从社会历史和政治背景看，罪行中心论可追溯到早期资本主义时期进步的、自由激进的启蒙思想，因而具有较明显的批判性。如果我们将环境理论、正常人假定、客观主义、法治主义等理念和罪行中心论联系起来的话，那么，它们的政治归宿更接近18世纪启蒙思想家的激进思想。那时，新兴的资产阶级要推翻封建制度，必然需要一种理论，说明人的社会地位根本不是依据天生的自然因素，而是完全依靠社会的安排，要改变这种安排，就要革命。一切罪恶和愚蠢，并不是人的本性使然，而是由于社会邪恶不良的安排。② 例如，洛克（John Locke, 1632—1704）就曾经提出著名的性善论和"白板说"，认为，在自然状态下，人与人之间充满了善意和互助精神，人们后来的意识、观念都是

---

① 参见陈兴良：《刑法的价值构造》，273～321页，北京，中国人民大学出版社，1998。
② 参见[德]弗洛姆：《人类的破坏性剖析》，100～101页。

后天习得的。启蒙学者孟德斯鸠更是明确提出，法律惩罚的是行为，而非行为人。孟德斯鸠还坚持认为刑罚应当明文规定，应当使犯罪与刑罚之间保持适当比例，承认犯罪与气候、环境、社会风气、人口密度、社会制度等环境因素的刺激有关。另一位启蒙学者卢梭也有类似论述。卢梭基本赞成性善论，认为人在自然状态下是善良的，当人们的社会性增强时，才变得邪恶起来；而且，人与人之间的个体差异，也是环境的结果。

综上，在犯罪学中，将犯罪形态归结为犯罪行为，往往与应然犯罪学的理论假定之间在逻辑上具有较为紧密的关联性。换句话说，犯罪不仅看上去是一种行为，更重要的是，必须将犯罪设定为行为，否则，人性与环境的相互作用、社会遭受的危害后果、法律规范，便都因为失去了适当的对应物而显得没有了意义。作为行为的犯罪，就是这些参照系的产物。所以，犯罪形态应当是指行为。

第三节 犯罪即罪人

犯罪即罪人，又可称为罪人中心论，是实然犯罪学的重要思想。从龙布罗梭创立实证主义犯罪学开始，犯罪学研究的着眼点从行为向行为人转移。在行为人理论看来，犯罪是人实施的，惩罚、教育无法针对行为本身进行而只能针对行为人进行；而且，一般预防的对象也只能是可能犯罪或重新犯罪的人，所以，犯罪学研究的着眼点应当是行为人的个性、心理品质、人身危险性、微观环境、生理条件，等等。实证主义犯罪学的代表人物菲利就对古典犯罪学对犯罪行为的关注不以为然。他批评说，古典派把犯罪看成法律问题，集中注意犯罪的名称、定义以及进行法律分析，把罪犯在一定背景下形成的人格抛在一边。[1] 菲利认为，在研究和理解犯罪之前，必须首先了解犯罪人。[2] 犯罪学研究的是罪犯及其环境，而不是罪犯的犯罪行为。[3] 与罪行中心论不同，罪人中心论的特点是：

---

[1] 参见［意］菲利：《实证派犯罪学》，24 页。
[2] 参见上书，6 页。
[3] 参见上书，15 页。

一、人性决定论

在犯罪学中,所谓人性是相对神性、自由意志性以及个体外部环境刺激而言的,人特有的生物性与社会性的总和。在犯罪行为的决定因素问题上,罪人中心论往往将犯罪还原为人性问题,倾向于从人自身的内在属性出发解释犯罪,认为犯罪或不犯罪最终取决于犯罪人自身。其典型例子是美国的哈佛研究。[①] 1939 年,美国学者胡顿(Earnest Albert Hooton,1887—1954)在《美国犯罪人:人类学研究》中公布研究成果,支持龙布罗梭的天生犯罪人论,认为犯罪不仅和遗传有关,还与种族有关。胡顿是哈佛大学教授,他主持了长达 12 年的哈佛研究:该研究的样本取自美国 10 个州的监狱和感化院,样本数为 17 077 人,其中,3 203 人为市民,其余都是犯人。对样本进行测量的项目多达 107 个。研究结果表明,首先,不同类型犯罪人之间存在明显的人类学差异,比如,有 25.64% 的一级谋杀犯与一般犯罪人相比,在人体测量项目上有显著差异;23% 的夜盗犯和盗窃犯与其他犯人相比具有显著差异。其次,犯罪人与守法市民之间也存在差异。有 57.58% 的测量项目的测量结果显示,犯罪人与守法市民明显不同,几乎所有测量项目上,犯罪人都比其他市民低劣。胡顿还认为犯罪与种族有密切相关,黑人犯罪率明显高于其他人种的犯罪率。因此,胡顿提出的犯罪对策是通过控制遗传的方法控制犯罪。应当说,胡顿的这种研究可被归入行为人理论,而且,他对犯罪人的描述,主要依靠的是人性理论,而非环境理论。

二、特殊人假定

在对犯罪人的基本看法上,罪人中心论习惯于将犯罪人视为特殊人。特殊人假定也是对犯罪人的一种基本看法,认为犯罪人与非犯罪人之间在内部素质上存在着根本区别,这种区别也可能是天生固有的,也可能是后天习得的。犯罪行为,只不过是这些特有素质的外化。犯不犯罪,关键就在于体内是否具有这种特质。按此说,即使一个人尚未实施犯罪,只要具备犯罪特质,他迟早会犯罪,因此,应当对这种人重点防

[①] 参见吴宗宪:《西方犯罪学史》,293~305 页。

范。从这个意义上说，所谓犯罪预防，重点不在于改造社会环境，不在于改变某些人群的处境，而在于对付某类特殊人群。不论是重刑威慑还是轻刑感化，都是针对特殊人而设计的。特殊人假定显然比较适合于罪人中心论。犯罪学中一个典型的例子是美国学者达格代尔的朱克家族研究：1875年，达格代尔在《朱克家族：对犯罪、贫穷、疾病与遗传的研究》中公布了其研究成果，他以犯罪家族谱系证实犯罪和遗传密切相关。1874年，达格代尔在纽约一个县看守所视察时，发现有6个因多种犯罪而受到审判的犯人，这6个人虽有4个不同的姓氏，却有亲属关系。他对此很感兴趣，于是做了研究，结果发现了一个惊人的道德堕落的家族。按照他的描述，该家族的祖先名叫Max，出生在1720—1740年之间，以打猎、捕鱼为生，他的一个儿子与一个姓Juke（朱克）的女人（Ada Juke，被当地人称为犯罪人之母玛格丽特）结婚。到1874年时，他们的后代即有朱克血统的人已达到540人，其中，180人成为领取救济的穷人，140人是犯罪人，60人是惯盗，7人是杀人犯，50人是卖淫者，40人是性病患者，并将性病传染给440人。同时，达格代尔还将朱克家族与清教徒爱德华兹具有高贵血统的后代进行了比较，发现爱德华兹的后代中一些人做了美国总统，大多数都没有违法记录。通过对朱克家族长达两百多年历史的研究，达格代尔发现了一部"贫穷、卖淫、衰竭、疾病、私通和私生子的历史"。达格代尔认为，这种退化并不完全是遗传的结果，而是遗传和环境的共同结果。在后天环境中，贫穷、问题家庭，都是重要的犯罪原因。他的结论是，犯罪是低劣的血统和后天训练的结果。[①]

其实，特殊人假定中所谓的犯罪人特质，并不限于遗传等生物因素，还泛指心理的以及社会方面的特质。就是说，特殊人的特殊之处往往表现在许多方面。例如，同时以罪人中心论和特殊人假定为理论基础的另一种犯罪学说叫做人格成熟论。[②] 美国学者科泽尔（Harry F. Kozol, 1906—）等人在研究个体的人身危险性和诊断治疗的基础上提出：犯罪主要是个体的人格不成熟的结果，由于人格不成熟，难以适应社会，容易和他人发生冲突。科泽尔用12个特征描述了危险人格的构成：（1）严重地伤害了别人，或者有严重伤害别人的企图；（2）怀有愤怒、敌意和怨恨；（3）喜欢目睹或进行使他人遭受痛苦的行为；（4）对别人

[①] 参见吴宗宪：《西方犯罪学史》，384~387页。
[②] 参见上书，553~555页。

缺乏利他精神和同情心；(5) 把自己看成被害人而不是加害人；(6) 不满或抵制权威；(7) 首先关心自己的舒适；(8) 不具有挫折耐受力或延迟满足；(9) 对自己的冲动缺乏控制；(10) 对社会责任有不成熟的态度；(11) 对自己的心理结构缺乏认识；(12) 根据自己的愿望和需要曲解对现实的认识。这12个指标实际上是12个个体犯罪预测的预测因子，具有或较多地具有这些因子的个体，就更可能与周围社会发生冲突，甚至实施违法犯罪行为，因而变成人身危险性较大的问题个体。这当中既可以看到罪人中心论的影响，又可以看出特殊人理论的基本假定。

三、危险人假定

在社会对犯罪给予否定评价的评价根据问题上，罪人中心论不认为评价根据是外化的行为及其效果，而坚持认为行为人内在的人身危险性、主观恶性、未然的犯罪倾向才是否定评价的根据。和特殊人的概念一样，危险人也是罪人中心论的重要范畴。坚持罪人中心论的实证主义犯罪学把古典犯罪学派的理论比喻为这样一种医生：医生说，你有心脏病吗？吃1夸脱大黄，住院12天。另一个病人说，我伤了腿。医生又说，吃1夸脱大黄，住院17天。第三个病人患了肺炎，医生的处方也是吃3夸脱大黄并住院3个月。病人问：如果我的肺炎提前好了呢？医生答道：无论如何必须住院3个月。但是如果3个月病人的肺炎好不了呢？医生说：无论如何也必须出院。菲利的结论是，这种否认一切基本常识的刑事司法制度，实际上是无视罪犯的人格，而仅把犯罪作为抽象的法律现象进行处理。① 在当代犯罪学中，有许多关于犯罪人的反社会人格、异常遗传物质、变态的精神状态、潜意识中的攻击性倾向、特殊的生存环境、危险的行为方式等方面的研究，其暗含着的理论假定，其实就源自于此。染色体异常论就是一例：根据现代医学研究，正常男性的染色体为XY，而正常女性的染色体为XX。但是，1966年，一个名叫斯皮克的男子在美国芝加哥枪杀了8个无辜的护士，人们最初便认为该犯具有异常的染色体类型XYY，尽管后来化验的结果证实，斯皮克并非异常染色体体质。然而，该案激发起人们对犯罪学中染色体异常论

---

① 参见［意］菲利：《实证派犯罪学》，39～40页。

的重视。1965年，也就是斯皮克案件发生前一年，英国学者雅克布（Jacobs）发表了他们关于一组实施过暴力犯罪的住院病人的染色体结构的调查结果，报告说，这些曾与暴力犯罪有染的病人中，有8人为异常染色体体质，即XYY型染色体。该研究的对照组为1 700个成人男性和266个新生婴儿样本，结果是没有发现一例异常染色体类型。[①] 按照此类研究，即使被发现有各类异常素质的个体尚未犯罪，但根据罪人中心论的假定，这些个体也因其具有犯罪的特有内在属性、人身危险性等各种意义上的犯罪倾向而受到特别的监控。其根据不在于已然的犯罪行为，而在于未然的犯罪可能性。总之，罪行中心论更看重客观行为之间的共同之处，而罪人中心论更看重行为背后各异的主观意义。

四、多元反应论

从理论自身的历史命运来看，罪人中心论并未像罪行中心论那样融入刑法学领域，而是逐渐与规范学相分离，慢慢发展成为以事实学为其基本学科特征的犯罪学，并相应地推论出刑事立法、司法以外的各种犯罪控制的非法律手段。罪人中心论相信人性自身的主导作用，假定犯罪人是有别于他人的特殊人，而且着眼于行为中的相异点。所有这些，都顺理成章地推论出刑罚个别化、犯罪控制社会化、多样化等刑事政策。既然世界上没有两个完全相同的行为人，没有两个完全相同的犯罪原因，那么，就没有理由把犯罪预防完全建立在整齐、划一的法律条文基础之上，更没有理由排斥经济的、文化的、教育的、福利的等多种犯罪预防、矫治措施的综合运用。例如，1926年，帕克（Robert Ezra Park，1864—1944）、伯吉斯（Ernest Watson Buress，1886—1966）、肖（Clifford R. Shaw，1896—1957）、麦凯（Henry Donald McKay，1899—1980）等人就提出了社会解组论。按照这一理论，道德规范对人们的控制，主要是通过亲属、邻里、情爱、朋友等非正式社会关系中人们之间的相互监督来实现的。随着都市化、工业化程度的不断提高，人际关系中的亲属、朋友等非正式社会关系成分越来越小，取而代之的是越来越多的职业关系、工作关系、业缘关系等正式社会关系。结果，道德规范对人的控制随着非正式社会关系的不断解体而逐渐消失，这个过

---

① 参见刘强：《美国犯罪学研究概要》，104～105页，北京，中国人民公安大学出版社，2002。

程就叫做社会解组。犯罪首先是违反道德规范的行为，所以，违法犯罪倾向的形成是社会解组的一个必然结果。① 实际上，社会解组论所关注的，实际上是渐渐失去道德规制的人，而不是这些人的行为。它所描述的是在现代城市社会中，道德规范的强大作用是怎样悄悄减弱的过程。面对这种大的结构性问题，显然不能指望法律的单一作用。而社会解组论正是产自于非常讲求法治原则的美国社会。不仅如此，我们熟悉的大部分实证主义犯罪学理论中，实际上都可以清楚地看到罪人中心论和犯罪控制非法律化、多样化的明显联系。

五、保守立场

从理论的社会意义来看，由于罪人中心论往往将犯罪问题归结为行为人的个人问题而非社会问题，所以，罪人中心论往往在政治上肯定现行秩序，与政治上的保守倾向之间具有一定的亲和力。其实，如果我们将人性理论、特殊人假定、主观主义以及非法律主义等理念同罪人中心论联系起来的话，那么，罪人中心论便可追溯到达尔文适者生存学说及资本主义自由竞争的社会、历史背景。和达尔文学说正相吻合的竞争社会，充满着个体之间的无情竞争。如果能够证明，人类是生命有史以来与所有生物无情竞争的结果，则资本主义就显得"合乎自然"了。② 当然，这种联系的实际社会效果，有时难以预料，难以一言以蔽之。例如，加拿大学者哈根于1985年在《现代犯罪学：犯罪、犯罪行为及其控制》中提出了权力—控制论。③ 哈根观察到，少年犯罪中男性多于女性的差别，随着犯罪少年在阶级结构中的地位的下降而下降，社会地位越低，罪犯性别比的差异就越小。为什么呢？哈根从性别、阶级地位、家庭三个因素的整合角度解释了这一现象，他认为：在上层社会中，对少男的控制较弱，对少女的控制较严；而在下层社会中，家庭对少男和少女的控制程度基本相等。因此，上层社会中罪犯性别比的差异大于下层社会。而且，父母在工作场所中的地位对于子女是否犯罪也有影响。在这种理论中，性别、阶级、家庭三个因素自然、和谐地结

---

① 参见[美]杰克·D·道格拉斯、弗兰西斯·C·瓦克斯勒：《越轨社会学概论》，张宁、朱欣民译，77~83页，石家庄，河北人民出版社，1987。
② 参见[德]弗洛姆：《人类的破坏性剖析》，101页。
③ 参见吴宗宪：《西方犯罪学史》，778~782页。

合在一起。如果说，这种罪人中心论客观地反映出个体面对各种无法选择的差异时的那份无奈，以及这些差异对不同个体带来的不同影响的话，那么，有的罪人中心论的政治命运就不那么简单了。例如，意大利学派就认同当时社会制度的合法性和合理性，而自己的天生犯罪人论却被德国法西斯用来当做毁灭犹太人的理论依据，而龙布罗梭自己就是犹太人。从这个意义上说，罪人中心论更可能被用来论证现行秩序的合理性、合法性，为打击犯罪构筑了一个优越的制高点。

第四节 犯罪即互动

从以上对犯罪形态的不同理解可以看出，不论是行为理论还是行为人理论，都各有所长，但又都有各自的视角。行为理论实际上是从应然犯罪学的角度，回答了犯罪应当是什么的问题，而行为人理论是从实然犯罪学的角度，回答了犯罪实际上是什么的问题。然而，这两者的一个共同之处在于，它们都是将行为或行为人从特定时空条件下的加害—被害关系中剥离出来，孤立地描述犯罪行为或犯罪人的性状。这样，它们共同忽视的一个事实是，犯罪行为是犯罪人实施的，而犯罪人又是针对一定的被害人实施的犯罪行为，因此，不论是犯罪行为还是犯罪人，都是一定加害—被害关系中的行为或者行为人。于是，一定加害—被害关系的性状势必对于处于其中的行为以及行为人的性状构成某种影响，因此，加害—被害关系应当是我们关注的一个焦点。以前面提到的强奸修女和强奸妓女是否等罪的问题为例，罪行中心论的回答是同大于异，而罪人中心论的回答虽然强调了两个强奸的不同点，但不同点主要是强奸修女的人与强奸妓女的人在人格、人身危险性、心理特征等方面的不同点。在这当中，被强奸的修女作何感受，被强奸的妓女作何感受，她们各自在什么意义上受到了何种侵害，她们分别对不同的加害人有何影响，在这两种理论中似乎都没有显眼的位置。从这个意义上说，犯罪互动应当是同时包容了罪行与罪人，却比罪行和罪人的概念更接近犯罪实际的范畴。

犯罪即互动，即互动中心论，是关于犯罪形态的一种理解。按照这种理解，不论是犯罪行为还是犯罪人，都无法单独概括犯罪的基本形态，因而无法以适当的分析单位为研究对象展开犯罪学研究。犯罪学不应简单地以犯罪行为或犯罪人为研究对象的分析单位，而应以犯罪互动为其基本分析单位和犯罪性的客观载体。所谓犯罪互动，就是指犯罪过程中加害与被害之间的相互作用、相互影响。犯罪学中所谓的互动，有广义和狭义之分。狭义上的互动就是指加害人与被害人之间的互动。而广义上的互动，包括犯罪等各种侵害行为与所有社会反应之间的相互作用，就是说，既包括犯罪与社会反应之间的互动，也包括越轨行为等各种侵害行为与社会反应之间的互动；既包括犯罪与刑法等正式的社会反应之间的互动，也包括犯罪与社会舆论、经济制度、文化规范、人际交往、被害人等各方面的互动。在犯罪形态问题上所说的互动，主要是指狭义上的互动，就是说，犯罪学关注的焦点，可以是犯罪行为，可以是犯罪人，还可以是犯罪中加害—被害之间的互动关系。与此相应，对犯罪的社会反应可以是惩罚犯罪行为，可以是教育、改造犯罪人，还可以是调整加害—被害关系，加害—被害关系也是犯罪学理论的分析单位、刑事法律的评价对象以及犯罪性即罪恶的载体。从这个意义上说，社会所要做的，就是通过对已然加害—被害关系作出正确反应，使未然的加害—被害关系得到适当调整。所以，"消灭犯罪"是不可能的，离开互动中的被害人要素，惩罚犯罪或犯罪人，也都失去了最直接的意义。

在互动理论看来，在与被害人的互动中，加害人其实是非常能动地、创造性地理解自己的行为。1957年，赛克斯、马茨阿等美国学者在《中和技术：一种少年犯罪理论》中分析少年犯罪的"合理化解释"现象，认为犯罪人罪恶感的消除是合理化解释的结果，即所谓中和技术论，又称抵消论。[①] 这个理论的基本问题是：犯罪人都是善恶不分吗？如果人们知道善恶，为什么有人犯罪时或犯罪后没有罪责感？对此，中和论用一个核心概念"合理化解释"进行回答。按照这个概念，犯罪少年并非没有道德感，但是，他们能够用道德观念对违法行为作出合理化解释，具体包括：(1)否认责任——强调不可抗力的作用。(2)否认损害——偷是借。(3)否认被害人——认为被害人才是加害人。(4)谴责谴责者——社会才是该谴责的。(5)为了更高的价值准则——忠诚。可见，犯罪决策发生在互动过程中。

---

① 参见吴宗宪：《西方犯罪学史》，587页。

互动理论的基本要点是：

第一，在犯罪现象中，加害与被害的互动普遍存在。

犯罪意味着罪行、罪人，同样，也意味着互动。即使是在贿赂、脱逃等所谓无被害犯罪中，犯罪也不是绝对的孤立存在。而且，所谓无被害，也不是没有人间接地受到犯罪的影响。比如，贿赂交易使其他竞争对手失去了机会，脱逃给社会带来恐慌。另外，在内幕交易、操纵市场这些被害不特定的情况下，也存在着互动乃至共生现象。总之，没有被害，并不等于没有互动。具体来说，犯罪互动可以分为冲突性互动（如抢劫）和非冲突性互动（如诈骗），可以分为同等社会地位个体之间的互动与不同社会地位个体之间的互动，可以分为围绕人身权益的犯罪互动与围绕财产权益的犯罪互动，还可以分为直接互动与间接互动（如恐怖主义的非军事目标打击、三角诈骗），等等。

第二，互动关系的性质是犯罪性质的一种说明。

同样的罪行、罪人，可能存在于不同的互动关系中。对于同样的强奸行为，妓女和修女的感受不同，意义不同，导致的评价也不同。对于同样的偷窃行为，作为穷人被富人偷（如贪污、职务侵占）与作为富人被穷人偷（如入室盗窃），其法律后果往往不同。与罪行中心论不同的是，互动论把罪行放在互动关系中考察，更彻底地贯彻了环境论。

第三，互动关系也是对犯罪的一种解释。

在犯罪与周围世界的关系问题上，人们往往习惯地从单向理论的基本假定出发看待犯罪问题，忽视了犯罪中的互动关系。"犯罪原因——→犯罪或犯罪人——→被害"是单向理论的基本模型，而互动论着眼于犯罪的双向结构：犯罪被害被作为犯罪原因的一部分看待，"犯罪原因（包括犯罪被害）←——→犯罪或犯罪人"是互动中心论的基本模型。一项被害人学调查的结果显示，在杀人犯罪中，76.2％的被害人在被害前与加害人相识。在伤害犯罪中，这一比例为75.2％。在这两种犯罪中，分别有61.7％和74.5％的案件中可以看到被害人自身的责任。类似的关系也存在于强奸犯罪中，六成以上（62.9％）的强奸发生在相识者之间。在诈骗犯罪中，这一关系更为明显，大约89.4％的诈骗犯罪中被害人由于贪利等原因而对自己的被害负有责任。[①] 1941年，德国的亨蒂希在《论犯罪人与被害人的相互关系》一文中首次提出了

[①] 参见郭建安：《犯罪被害人学》，327、331、338页，北京，北京大学出版社，1997。

被害人学的概念和基本理论,用被害要因解释犯罪。该理论认为,被害人塑造和造就了犯罪人,贫穷而无知的移民造就了骗子。仅仅谈论食肉动物的习性和特征,而不谈论它们赖以生存的被捕食者,是不正确、不全面的。1967年,加拿大学者弗雷泽在《关于被害人的一种犯罪学分类》中将被害人分为潜在的被害人、参与型被害人、非参与型被害人。[①] 这些被害人学方面的研究成果,为犯罪互动的研究提供了丰富的理论素材。

第四,互动关系是社会对犯罪作出反应的重要依据。

对犯罪形态的理解决定了对犯罪本身的把握,而对犯罪的把握又决定着犯罪控制的模式。罪行中心论的必然逻辑结果是依法惩治犯罪;罪人中心论的必然逻辑结果是去法律化,只强调教育、矫治犯罪人;而互动中心论的必然逻辑结果就是,在法制的范围内公平、合理地调整加害—被害关系——犯罪控制也意味着被害控制,通过加害—被害关系的控制实现犯罪控制。现在回过头来重新审视强奸修女与强奸妓女的命题我们便会发现,这两个强奸实际上既不仅仅是两个行为,也不仅仅是两个行为人,严格地说,是两个互动关系。在互动关系中观察这两个强奸,我们不仅可以看到强暴女性的行为,看到人身危险性不同的恶人,还可以看到被害人对两个加害人发出的不同信息,以及被害人对加害人而言完全不同的感受与意义。甚至,我们还可以从中体会到两个互动关系对社会而言的不同意义,以及社会为什么分别对这两个互动关系给予不同评价。而这些,都是无法从罪行中心论或者罪人中心论中独立推论出来的。互动理论并不排斥罪行中心论和罪人中心论,而是强调应当在互动关系中丰富关于犯罪的理解、补充关于犯罪的认识。

第五节 互动的历史

根据犯罪形态的概念,任何犯罪形态其实都离不开社会的否定评价而存在,将犯罪形态界说为行为、行为人及互动关系之所以有重要区别,就是因为犯罪形态的性质不同,施加其上的否定评价才会不同。针

---

① 参见吴宗宪:《西方犯罪学史》,870页。

对犯罪的各种否定评价中，刑罚无疑是最主要的方式之一。所以，从刑罚的历史变化过程，可以反过来观察到犯罪互动的演变过程。

迄今为止的漫长刑罚史中，刑罚的基本特征是其严酷性，刑罚是各种法律反应中最为严厉的一种。然而，刑罚的严酷性并不是一成不变的。纵观罪刑关系的历史，人类社会最初的刑罚，也是最为严苛的刑罚。第一，从刑罚结构来看，各国前资本主义时期的刑罚结构基本上都是以死刑和身体刑为中心的。[①] 例如，古希腊德拉古立法时，几乎对所有犯罪都规定了死刑，以至于被认为"德拉古的法律不是用水写成的，而是用血写成的"。德国13世纪的《萨克森法典》之后制定的《卡尔五世刑事审判法》，史称《加洛林纳法典》（1532年），被认为是中世纪欧洲国家滥用死刑和肉刑的典型。根据该法典，连在别人的池塘捕鱼和堕胎，都要被判处死刑。法国在资产阶级革命前，死刑罪名有一百五十多种。英国在资产阶级革命前夕，刑法中的死刑罪名有220～230种之多。第二，资产阶级革命以前的西方刑法中，生命刑、肉刑的行刑方法极多，颇具"观赏性"；因此，当时刑罚的效果实际上是威慑超越了报应本身，因为"行刑是要召人来看的。如果召不来人，行刑就达不到它们的目的了"[②]。根据法国学者马丁·莫内斯蒂埃的研究，仅仅是死刑方法，就有用动物行刑、割喉刑、剖腹刑、投掷刑、饿刑、囚笼、十字架刑、活埋、木桩刑、活剥、肢解、凌迟、碎身刑、碾刑、火刑、烤刑与灸刑、锯刑、箭刑与贯穿刑、毒药、吊刑、鞭刑与棒刑、车轮刑、磔刑、扼杀、绞杀、以石击毙、溺刑、绞刑、斩首刑，等等[③]，其中，每种死刑又有许多具体的方法。从这些具体方法的设计思想来看，犯人由此而受到的惩罚与报复已经变得不重要了，重要的是其可展示性、可利用性。例如，仅动物刑一项，执行死刑的动物就有巨蛇、蜥蜴、鳄鱼、大象、狮子、老虎、熊、鸟、昆虫，甚至睡鼠——法国、荷兰和英国流行的一种刑罚：把犯人扒光衣服仰卧，在腹部反扣一口锅或笼子，里面放进各种鼠，然后在锅底或笼底加热，鼠们为了逃命便会咬开犯人的肚子，深入其内脏。按照1768年的《泰雷西亚纳法典》，肢解刑要将犯人的身体彻底地切成4块，直至死亡来临；然后，每一块肢体都将被悬在

---

① 参见梁根林：《刑罚结构论》，73～76页，北京，北京大学出版社，1998。
② ［美］理查德·扎克斯：《西方文明的另类历史》，李斯译，87页，海口，海南出版社，2002。
③ 参见［法］马丁·莫内斯蒂埃：《人类死刑大观》，袁筱一等译，桂林，漓江出版社，1999。

主要街道上，以儆效尤；有时，心脏和右手还被单独陈列。① 像世界上其他许多国家一样，斯基泰人也有火刑：他们把撒谎的预言家和犯了罪的圣人扔到牛车上，牛车上是柴堆。火一旦燃起，整个牛车也烧着了，受到惊吓的牛会拉着车狂奔着穿过整个城市。这便是警告市民，有负圣责会得到怎样的下场。② 第三，另一个不争的事实是，酷法的对象不是抽象的犯罪人，何种刑罚被使用，在很大程度上与犯罪人的身份有关。在英国，19世纪和可怕的中世纪一样，人们可能因为偷了一棵蔬菜而被判处绞刑，于是平民构成了被绞死者的队伍。③ 在古希腊，自由民通常不能被用刑，而那些奴隶或者外国人通常不受法律保护。同罪不同罚、因人施罚，是大多数黑暗时代罪刑关系的普遍特征。第四，在近现代社会以前，"刑"的另一含义——体罚、刑讯、酷刑——仍具有相当的合法性。从12世纪欧洲的一次谋杀嫌疑犯的审讯记录中，我们可以看到这种含混的合法性。"如果他否认是他所为……而公众传说或很确凿的假设推理又对他不利，他就要接受拷讯或酷刑三次。如果他能够忍受住酷刑或拷讯而没有招供，他就救了他自己，而与这件事无涉，他就该被宣判无罪而被释放。"④ 根据这个逻辑导出的罪刑关系，实际上是刑与可能之罪的关系，而这个可能之罪又是刑讯逼问出来的犯罪。第五，政、教合一是资产阶级革命前西方社会的一个历史事实，宗教势力对世俗法律事务的影响之大、干预之深，众所周知。宗教刑法的主要特征，就是惩罚思想犯罪。1431年5月的一天，女犯贞德被法官们认定为"女巫、异己分子"，罪名是"狂热、撒谎、有辱圣名，亵渎神明"，与"魔鬼勾结"，她被推上特地为她搭建得很高的柴堆，以便执行火刑时人们可以从下面观看大火烧光她的衣服后裸身的样子。"下流"展览之后，刽子手成功地证明了"女巫"同样无法抗拒火焰的威力后，又增加木块，继续燃烧她的尸体。⑤ 当时，宗教裁判所的刑罚权已经大到甚至可以超越坟墓——已经死去的人同样可能遭到指控、审判乃至行刑，他们的尸体会被挖出来，然后焚尸扬灰。⑥

---

① 参见［法］马丁·莫内斯蒂埃：《人类死刑大观》，103页。
② 参见上书，128页。
③ 参见上书，298~299页。
④ ［美］布瑞安·伊恩斯：《人类酷刑史》，李晓东译，49~50页，北京，时代文艺出版社，2000。
⑤ 参见［法］马丁·莫内斯蒂埃：《人类死刑大观》，132~133页。
⑥ 参见上书，155页。

然而，古代刑罚尽管残酷，毕竟没有原封不动地存活下来，刑罚的轻缓化趋势已是历史事实。当今世界各国的刑法中，肉刑几乎绝迹，生命刑也为许多国家立法所废除，即使是在保留生命刑的国家，生命刑的实际适用也相当慎重。这其中就蕴涵着一个问题：为什么刑罚会由残酷朝着轻缓化的方向转变？对此，有学者将其归结为17、18世纪启蒙学者进步思想学说的导引和推动[1]，有学者将其归结为权力的"蜕变"现象[2]，还有学者将其归结为三个精神支柱：对犯罪原因的理解、对刑法功能的反思和对社会现实的承认。[3] 其实，更为直接的解释也许就来自于犯罪本身。

迪尔凯姆在揭示了刑罚的量变与质变两个规律[4]以后指出，刑罚轻缓化的历史趋势不能用所谓民德（mores）、人性越来越厌恶暴力来解

---

[1] 例如，有学者论及这段历史时，往往习惯于类似的表述："正是由于洛克、贝卡里亚、费尔巴哈等资产阶级启蒙思想家们提出的人身自由、人格尊严、权利平等、权力均衡、契约自由等合理计算思想才为市民刑法的最终形成奠定了基础。在这种近代市民刑法思想特色的基础上，奠定了刑法的近代合理化……从此，以形式上的合理、确定性和可预测性为特征的罪刑法定主义就成为西方刑法走向现代化的标志。"（田宏杰：《中国刑法现代化研究》，27页，北京，中国方正出版社，2000。）又如，"18世纪60年代，随着启蒙思想不断深入人心，越来越多的人包括统治集团中的一些有识之士对旧的刑事制度产生了厌恶、怀疑和不满，刑法改革的思想条件和社会条件正日趋成熟，新的刑法观——运用启蒙运动倡导的自由平等和人权的观念阐发新的刑法原则，呼之欲出。于是以意大利青年切萨雷·贝卡里亚1764年《论犯罪与刑罚》一书的发表为标志，以行为的社会危害性作为犯罪的本质特征的刑事古典学派的'行为刑法'终于石破天惊地诞生了。在'行为刑法观'的洗礼下，旧刑法制度纷纷退出历史舞台，资产阶级近代刑法制度、体系在刑法改革的声浪中终于得以创建"（许发民：《刑法文化与刑法现代化研究》，13～14页，北京，中国方正出版社，2001）。

[2] 这个变化首先表现为以往节日庆典般的公开行刑，不知什么时候成了激起公众对罪犯的同情以及不满权力的集体泄愤集会。法国学者福柯曾经根据大量史料，描述了当时一些公开行刑如何蜕变为社会混乱——观众不是服从而是嘲笑统治者，被处决者常常变成民众的英雄。这种权力关系的"蜕变"在18世纪末变得日益明显。因此，有的公开行刑成了民众起义的导火线，这显然对国家权力构成了巨大威胁。参见苏力：《福柯的刑罚史研究及对法学的贡献》，载《比较法研究》，1993（2），178页。

[3] 参见储槐植：《刑事一体化与关系刑法论》，321页。

[4] 在迪尔凯姆看来，所谓刑罚的量变规律就是指刑罚的强度变化规律，就是刑罚由残酷趋于缓和的规律。他认为，"当社会属于更落后的类型时，当集权具有更绝对的特点时，惩罚的强度就越大"（[法]爱弥尔·涂尔干：《乱伦禁忌及其起源》，汲喆等译，425～426页，上海，上海人民出版社，2003）。所谓刑罚的质变规律就是指，身体刑、生命刑逐渐被自由刑取代，监禁不知不觉成为惩罚的主要形式。迪尔凯姆说："惩罚就是剥夺自由（仅仅是自由），其时间的长短要根据罪行的轻重而定，这种惩罚逐渐变成了正常的压制类型。"（同上书，437页）。

释，因为这种解释自相矛盾："如果我们更伟大的人性能够引导我们抛弃这些痛苦的惩罚，那么它必然也会使受到这些惩罚压制的野蛮行为，对我们来说显得更加可憎……显而易见，我们对罪犯的同情必然少于对受害者的同情。民德的完善必然会转化为刑罚的加重，至少对那些伤害他人的罪行如此。"① 那么，到底是什么因素导致了刑罚朝着轻缓化的方向变化呢？迪尔凯姆认为，这要从犯罪自身的发展、变化入手，去寻找刑法变化的决定性原因。

迪尔凯姆的解释从犯罪的分类开始。他认为，犯罪无非分为两类：一类是所谓"宗教犯罪"，即矛头直接指向集体的观念或者物质，如针对公共权威、道德规范、传统文化、宗教教义的犯罪。另一类是所谓"个体犯罪"，即仅仅冒犯个体的犯罪，如谋杀、偷盗、强奸、欺诈等犯罪。作出这种区分以后，迪尔凯姆指出，随着社会的演化，针对集体的犯罪越来越退化了，而对个体的攻击越来越占据了犯罪的主要形式。② 随着犯罪本身的变化，由犯罪所导致的责任也产生了相应的改变，刑罚的轻缓化就这样发生了，因为"一个人对另一个人的攻击，不再可能会激起人对神的攻击所激起的那种愤慨。与此同时，受惩罚的人在我们心中唤起的怜悯感，也不再可能轻易地、彻底地被他所侵犯的和反对他的那些情感所制止"。其中，针对集体的宗教犯罪所导致的惩罚，其核心在于"集体的愤怒"③，而针对个人的个体犯罪所导致的惩罚，本质上是这种集体情感的稀释和弱化。

具体来说，迪尔凯姆在解释监狱的出现时指出，监狱之所以开始慢慢取代了身体刑、生命刑的中心地位，也与犯罪本身从集体对集体的攻击转变为个人之间的攻击这种形态上的变化有关。迪尔凯姆描述道：在原始的初等社会中，责任是集体的，只要犯下了罪行，不仅当事人应当受到惩罚或负责赔偿，而且他所属的氏族也要受到株连，要么与当事人一道受罚，要么代之受过（假如他不在场的话）。后来，氏族失去了家族的特征，却依然是一个扩大的亲属圈子。在这种情况下，就没有理由逮捕或拘禁犯罪嫌疑人：假如他出于某种原因不在场的话，他会留下其他能够负责的人……随着社会变得越来越集中，这些基本群体逐渐失去了它们的自主性，与整个大众融合起来，所以责任也就变成了个体的责

---

① ［法］爱弥尔·涂尔干：《乱伦禁忌及其起源》，444 页。
② 参见上书，445 页。
③ 同上书，448～449 页。

任。从此时起，用来预防人们通过一走了之来逃避惩罚的措施，就成了必不可少的。同时，这些措施也很少会动摇既定的道德。于是，监狱出现了。① 就是说，在人们的心目中，犯罪越来越失去了原始社会中那种一个群体针对另一个群体、一种宗教针对另一种宗教的攻击性质，取而代之的是，犯罪越来越多地被理解为个人之间的事，犯罪是个体针对个体的攻击行为。正是这个变化，导致了针对犯罪的惩罚方式的变化，"集体的愤怒"逐渐退出惩罚机制。

现在，如果把迪尔凯姆关于犯罪史的理解与我们关于犯罪形态的理解结合起来，是否可以得出一个关于犯罪互动的历史图式：最原始的犯罪互动，在较大程度上是群体之间、文化之间、宗教之间、阶级之间、种族之间的敌对与冲突。这个意义上的犯罪互动可以称为"原始犯罪"，原始犯罪的基本特征就是集体加害与集体被害之间的互动：每一起犯罪都被视为来自某个集体的加害，每一起被害同样被视为某个集体遭受了侵害。因此，从加害一方来看，犯罪并非纯粹的自利行为，相反，倒是一种利他行为、一种服从本集体的行为。另一方面，从被害一方来看，犯罪不仅意味着直接被害人的损失，而且意味着集体内其他个体的共同损失。从原始犯罪的这种集体性中，可以推导出原始犯罪的三个特点：其一，既然犯罪是集体之间的互动，那么，善或恶，道德或不道德，在犯罪评价中并不是最重要的区分。换句话说，冲突的集体之间，并不分享或共有同一种评价标准。其二，既然犯罪是集体之间的互动，那么，其冲突的激烈程度往往难以控制，暴力常常是最基本的犯罪形式。其三，集体之间的冲突更多的是意义之间的对立，是不同教义之间的冲突，是各自祖先之间你死我活争斗的延续，因此，犯罪互动也更容易表现出概括的、象征性的攻击行为。从这个意义上说，原始犯罪的常见形式，就是战争，战争是原始犯罪的集中表现。应当指出，原始犯罪互动的这种集体性，并不等于说只有一个集体中每个成员针对另一个集体中每一个成员的攻击才是犯罪。其实，如果我们深入集体冲突的核心就会发现，集体互动的核心是一种被害本位的描述，换句话说，在集体冲突中，主要是被害一方将加害一方的加害行为称为犯罪，犯罪定义反映了集体冲突中被害一方的立场。从这个意义上说，犯罪不仅意味着来自敌对集体的加害，来自本集体内部的针对本集体的加害也是犯罪。也可以

---

① 参见［法］爱弥尔·涂尔干：《乱伦禁忌及其起源》，439~440页。

说，犯罪并不意味着谁实施了何种行为，而意味着哪个集体遭受了侵害，意味着有权制定犯罪定义的集体遭受了侵害。例如，有学者在对原始文化的研究中就发现了这种原始犯罪（定义）的痕迹——在景颇族的犯罪观中，偷盗比起抢劫来是更为严重的犯罪行为，偷盗要受到本民族习惯法的制裁，抢劫可以是无所谓的事。因为，抢劫一般是对外抢劫，而偷盗往往是损害本寨内部人的利益。[①] 接下来的分析中我们将看到，正是由原始犯罪互动的这种内在属性所决定，针对原始犯罪的社会反应以及刑罚根据，与针对现代犯罪的社会反应以及刑罚根据之间存在着重大区别。总之，集体冲突是最为原始的犯罪互动。

随着社会的进步，犯罪的集体性也相应地逐渐削弱，集体之间的战争已经不再是犯罪互动的基本属性。这个变化首先发端于社会关系的多元化：人们之间不再简单划分为此部落与彼部落的人，或者族长与普通成员。人们发现，每个人都同时承载着越来越多的社会角色，个体已经不仅仅意味着某个集体的一员，相反，个体更多地作为自己的主人而与他人发生关系。受这些变化的影响，犯罪互动的意义也慢慢地发生了变化：个体之间的加害、被害，越来越少地代表了不同集体之间的冲突。犯罪互动逐渐被视为个人之间的冲突——某个集体中的个别成员遭受到某个侵害，并不必然意味着该集体其他成员也同时遭受到侵害；同理，某个集体中的个别成员加害于人，也不必然代表了该集体的整体攻击倾向。从现代犯罪互动关系的这种个体性中，也可以推导出三个属性：其一，现代社会中犯罪更多地意味着个体之间的冲突，因此，犯罪更可能被视为针对冲突各方某种共有规范的违反，犯罪意味着悖德。其二，既然犯罪越来越表现出个体之间的争端，那么，除了暴力以外，还有许多种表达各自主张的手段和行为方式，暴力已经不是犯罪的唯一形式了。其三，由于犯罪已经不再仅仅象征着宗教、文化、价值之间的敌对，犯罪还是具体个体之间的冲突的极端形式，所以，犯罪互动过程也会由某些具体起因发动。总之，个体冲突是现代犯罪的互动形式。

应当说明，从集体与个体的不同来描述犯罪互动形态的历史演变，只是关于犯罪形态的一种抽象把握。事实上，现实中的犯罪互动并非如此界限分明，现代犯罪中也有集体战争的痕迹；另外，原始犯罪也可能表现为个体间的争端。从集体战争走向个体冲突，只是一种犯罪互动形

[①] 参见师蒂：《神话与法制——西南民族法文化研究》，39页，昆明，云南教育出版社，1992。

态演化的历史趋势。从这个意义上说，作为犯罪的基本形态，所谓犯罪互动就是从原始犯罪的集体冲突到现代犯罪的个体冲突之间的连续体，犯罪实际上是这个连续体中无限多个可能的点。

第六节 互动的结构

尽管与犯罪行为、犯罪人相比，犯罪互动的概念包含了更丰富的关于犯罪形态的信息，但是，我们的探索显然不能停留在这种宏观的一般性理解上，而应当继续深入互动关系的内部，使犯罪形态的内在构造得以显现。为此，我们可以根据各种不同的划分标准对犯罪互动结构进行解剖，以便观察不同层面上的犯罪互动关系。

一、被害关系

首先，按照加害人与被害人之间的互动关系的不同，可以将犯罪分为三种：被迫被害犯罪、缺席被害犯罪和交易被害犯罪。所谓被迫被害犯罪，是指将被害人置于被迫型互动关系中的犯罪。在被迫型互动中，被害人是在完全不情愿的情况下直面加害行为，这种被害是在最大限度上对犯罪侵害的消极服从。被害人所遭受侵害的权利，通常是生命、健康、自由等人身权利。犯罪人实施加害的行为可能是暴力行为，也可能是利用其他强势地位的侵害行为。这种互动的内容反映出加害人内心对他人最基本权利的轻视。在我们熟悉的犯罪中，杀人、伤害、强奸、抢劫、爆炸、纵火，等等，都属于这种互动中的犯罪行为。所谓缺席被害犯罪，是指在被害人处于缺席状态时实施的犯罪。在缺席型互动中，被害人是在不在场的情况下受到侵害，这种被害是在较大程度上对犯罪侵害的消极服从。被害人所遭受侵害的权利，通常是财产安全、信息安全，以及人身安全以外的其他安全。犯罪人实施的加害行为通常是在被害人无法控制自身权利时采取秘密窃取的方法进行的偷窃行为。这种互动的内容反映出加害人内心对他人基本生存条件的轻视。现实生活中，盗窃、贪污、侵占、剽窃等，都可以被归入这种互动中的犯罪行为。所谓交易被害犯罪，是指与被害人进行面对面或其他各种形式的沟通、交往、交换中实施的犯罪。在交易型互动中，被害人是在面对面与加害人进行交易的情况下受到侵害,因而是被害人有机会但没有有效运用自身判断力的情况下"自愿"向加害人交付利益而遭受的侵害,是在一定程度上对犯罪侵害的"积极"服从。被害人所遭受侵害的权利,首先是其知情权,然后是与其相关的财产等其他权利。犯罪人实施的加害行为通常是虚构事实、掩盖真相的欺诈行为,通过使参与交易的被害人陷于错误认识而进行加害。但也不尽然,例如,强迫交易罪就发生在交易互动中,但其手段并非欺诈而是强暴力。实际上,诈骗、招摇撞骗、伪造、诱拐等行为,都属于这种互动中的犯罪。

在周延性上,如果某种行为既没有发生在被迫被害关系中,又没有发生在缺席被害关系中,又没有发生在交易被害关系中,那么,便很难说应当将其规定为犯罪。在互斥性上,现实中的绝大部分犯罪,无非被归结为这三类犯罪中的一种,所不同的只是,此罪被归入某个被害关系类型的犯罪时,比彼罪更接近该被害关系类型的本质属性,反之亦然。例如,当我们说医疗事故罪是一种被迫被害的犯罪时,是因为这种犯罪的被害人是在面对加害时不得不交出自己的生命、健康等权益。但是,我们又必须承认,这种"不情愿"与故意杀人罪、强奸罪、抢劫罪等被迫被害的犯罪相比,其不情愿的程度毕竟不同,被害人是在签署了某种协议的情况下才不得不接受治疗,因而遭受被害的。所以,在这三种类型的犯罪中,具体犯罪之间又有所区别,但这并不妨碍我们将所有犯罪大体上划分为上述三种类型。

从立法上看,中国刑法规定的四百多种犯罪中,这三类犯罪在刑法分则 10 章中的分布状况为(见表 5—1):

表 5—1 法定犯罪与被害关系的交互分析[a]

			交易被害犯罪	缺席被害犯罪	被迫被害犯罪	合计
刑法分则10类犯罪	国家安全犯罪	频次		8	4	12
		行百分比		66.7	33.3	100.0
		列百分比		3.9	2.6	2.8
	公共安全犯罪	频次		6	37	43
		行百分比		14.0	86.0	100.0
		列百分比		2.9	24.2	10.2
	市场秩序犯罪	频次	36	51	10	97
		行百分比	37.1	52.6	10.3	100.0
		列百分比	55.4	25.0	6.5	23.0

续前表

			被害关系			合计
			交易被害犯罪	缺席被害犯罪	被迫被害犯罪	
刑法分则10类犯罪	公民权利犯罪	频次	1	9	27	37
		行百分比	2.7	24.3	73.0	100.0
		列百分比	1.5	4.4	17.6	8.8
	财产权利犯罪	频次	1	6	5	12
		行百分比	8.3	50.0	41.7	100.0
		列百分比	1.5	2.9	3.3	2.8
	社会管理犯罪	频次	25	58	39	122
		行百分比	20.5	47.5	32.0	100.0
		列百分比	38.5	28.4	25.5	28.9
	国防利益犯罪	频次	2	5	14	21
		行百分比	9.5	23.8	66.7	100.0
		列百分比	3.1	2.5	9.2	5.0
	贪污贿赂犯罪	频次		12		12
		行百分比		100.0		100.0
		列百分比		5.9		2.8
	各类渎职犯罪	频次		34	1	35
		行百分比		97.1	2.9	100.0
		列百分比		16.7	0.7	8.3
	违反军职犯罪	频次		15	16	31
		行百分比		48.4	51.6	100.0
		列百分比		7.4	10.5	7.3
合计		频次	65	204	153	422
		行百分比	15.4	48.3	36.3	100.0
		列百分比	100.0	100.0	100.0	100.0

a. 样本为刑法典全部法定犯罪；$p<0.005$。

从这样的表格中，我们既可以在犯罪互动关系的视野中观察犯罪的法律属性，也可以从每种具体犯罪的法律层面把握其互动关系的类型。具体方法是：

在表5—1中，如果横着看"行百分比"，便可以观察到刑法分则10类犯罪中任何一类犯罪内部的被迫被害犯罪、缺席被害犯罪以及交易被害犯罪之间的比例关系。这样，10章个罪之间在这个视角上的特点便一目了然。比如，市场秩序犯罪与财产权利犯罪都是贪利性犯罪，都与有形的财产利益有关。从表5—1中可见，这两类犯罪中占第一位的都是缺席被害犯罪，这反映了贪利性犯罪的特点，而不同之处在于，市场秩序犯罪中占第二位的犯罪是交易被害犯罪（37.1%），而财产权利犯罪中占第二位的犯罪是被迫被害犯罪（41.7%），这恰恰说明了这两类犯罪的区别所在。

然后，横着看"列百分比"，便可以观察到被迫被害犯罪、缺席被害犯罪以及交易被害犯罪分别落入10章个罪中某一章类罪的机会有何不同。这样，这三类犯罪在刑法分则中的分布以及各自的法律特征有何区别也变得直观起来。比如，比较一下公共安全犯罪中这三类犯罪的分布便可以看出，在全部被迫被害犯罪中，有24.2%的犯罪分布在公共安全犯罪中；相比而言，在全部缺席被害犯罪中，只有2.9%的犯罪分布在公共安全犯罪中；而在全部交易被害犯罪中，无一分布在公共安全犯罪中。这说明，被迫被害犯罪比其他两类犯罪都有更大的机会表现为危害公共安全的犯罪，其次是缺席被害犯罪，而交易被害犯罪不可能表现为公共安全犯罪。这些，便是对这三类犯罪法律特征的一种描述。

二、行为类型

按照被害人所面对的具体加害行为样态的不同，可以把犯罪分为三类，第一类是强暴力犯罪，第二类是偷窃犯罪，第三类是欺诈犯罪。可以说，"暴、偷、骗"是所有犯罪的原初形式，因而可以称为元犯罪。伴随着社会经济、文化长期发展、变化，这三种元犯罪分别派生为各种具体犯罪，刑法中大多数犯罪都与这三种元犯罪之间具有某种亲缘关系，都是这三种犯罪的进化结果。所谓强暴力犯罪，是指依靠强暴力致使被害人处于绝对劣势而不得不服从加害行为的犯罪，如杀人、伤害、放火、投毒、强奸等犯罪。除了这些凭借自然力迫使被害人服从的犯罪以外，还存在一些不典型的强暴力犯罪，如强迫交易、环境污染、暴力取证等方面的犯罪。所谓偷窃犯罪就是指采用秘密窃取的手段非法占有管理缺席的他人权益的犯罪，如盗窃、贪污、挪用、侵犯知识产权等类的犯罪。所谓欺诈犯罪，是指通过各种虚构事实、掩盖真相的手段，在信息不对称的情况下，骗取他人权益的犯罪，如诈骗以及各类具有欺骗属性的犯罪。

这种划分不可避免地要面临的一个批评是，行为类型与被害关系的划分相重复，认为强暴力犯罪就是被迫被害犯罪、偷窃犯罪就是缺席被害犯罪、欺诈犯罪就是交易被害犯罪。应当说，这种批评的确看到了这两种划分标准之间的相似性。但是，这两种分类并非完全重复，相反，它们对犯罪的描述有其各自的意义。第一，这两种划分之间不交叉的部分仍属常见。比如，有些犯罪发生在被迫被害关系中，但行为人所采用的犯罪手段主要是欺诈而非强暴力。例如，生产、销售伪劣农药、兽药、化肥、种子罪，生产、销售劣药罪，生产、销售不符合标准的医用器材罪，生产、销售不符合安全标准的产品罪，生产、销售不符合卫生标准的化妆品罪，生产、销售不符合卫生标准的食品罪，生产、销售有毒、有害食品罪，投放虚假危险物质罪，编造、故意传播虚假恐怖信息罪，组织、利用会道门、邪教组织、利用迷信致人死亡罪，组织、领导、参加恐怖组织罪等，就属于这种被迫被害关系中的欺诈类犯罪。再如，有些犯罪虽然发生在交易被害关系中，采用的犯罪手段却属于强暴力。例如，强迫交易罪就属于这种交易被害关系中的强暴力犯罪。还有些犯罪发生在缺席被害关系中，但其犯罪手段主要表现为欺诈。例如，损害商业信誉、商品声誉罪、招摇撞骗罪、冒充军人招摇撞骗罪、诬告陷害罪、诽谤罪、擅自设立金融机构罪，以及许多煽动类犯罪，都属于这种缺席被害关系中的欺诈犯罪。总之，事实是，被迫被害犯罪并不等于强暴力犯罪，缺席被害犯罪也不一定是偷窃犯罪，交易被害犯罪与欺诈犯罪也不完全重合。第二，正如"身高"和"体重"两者虽有相关，但都对"身材"的描述有意义一样，只要能使犯罪严重性程度的客观差异得以显现出来的视角，都是有意义的划分标准，都能借此拉开各个评价对象在排序结果中的相对位置。因此，这两种划分有所交叉并不奇怪，如果硬要放弃其中的一种，反而会使对犯罪严重性程度的客观描述失真。第三，具体到这两个划分标准而言，各自的角度也有不同。被害关系是从被害人的感受角度描述罪量，而行为类型是从行为者贯彻自己意志以获得满足的方式描述罪量。这两个角度的观察所获得的信息和意义不同，因而都有存在的必要。

　　这种划分也基本符合周延与互斥的要求，除了强暴力、偷窃、欺诈以外，几乎再无所谓犯罪可言，所有犯罪无非被归结为这三类行为中的某一种。关于犯罪的这种事实学描述也可以与刑法上的规范性描述结合起来，请观察表5—2中所显示的信息：

表 5—2　　　　　　　　法定犯罪与行为类型的交互分析[a]

			行为类型			合计
			欺诈	偷窃	强暴力	
刑法分则10类犯罪	国家安全犯罪	频次	3	3	6	12
		行百分比	25.0	25.0	50.0	100.0
		列百分比	1.7	2.3	5.0	2.8
	公共安全犯罪	频次	6	3	34	43
		行百分比	14.0	7.0	79.1	100.0
		列百分比	3.4	2.3	28.6	10.2
	市场秩序犯罪	频次	62	33	2	97
		行百分比	63.9	34.0	2.1	100.0
		列百分比	35.4	25.8	1.7	23.0
	公民权利犯罪	频次	8	4	25	37
		行百分比	21.6	10.8	67.6	100.0
		列百分比	4.6	3.1	21.0	8.8
	财产权利犯罪	频次	1	5	6	12
		行百分比	8.3	41.7	50.0	100.0
		列百分比	0.6	3.9	5.0	2.8
	社会管理犯罪	频次	52	42	28	122
		行百分比	42.6	34.4	23.0	100.0
		列百分比	29.7	32.8	23.5	28.9
	国防利益犯罪	频次	13	2	6	21
		行百分比	61.9	9.5	28.6	100.0
		列百分比	7.4	1.6	5.0	5.0
	贪污贿赂犯罪	频次		12		12
		行百分比		100.0		100.0
		列百分比		9.4		2.8
	各类渎职犯罪	频次	18	15	2	35
		行百分比	51.4	42.9	5.7	100.0
		列百分比	10.3	11.7	1.7	8.3
	违反军职犯罪	频次	12	9	10	31
		行百分比	38.7	29.0	32.3	100.0
		列百分比	6.9	7.0	8.4	7.3
	合计	频次	175	128	119	422
		行百分比	41.5	30.3	28.2	100.0
		列百分比	100.0	100.0	100.0	100.0

a. 样本为刑法典全部法定犯罪；$p<0.005$。

首先横着观察表 5—2 中的任何一个"行百分比",便可以看出刑法分则 10 类犯罪中任何一类犯罪内部的强暴力犯罪、偷窃犯罪以及欺诈犯罪之间的比例关系。这样,10 章个罪之间在这个视角上的特点便一目了然。比如,贪污贿赂犯罪与各类渎职犯罪都和职务的履行密切相关,但是从表 5—2 中可见,所有贪污贿赂犯罪都可以归结为偷窃类犯罪,而各类渎职犯罪中只有不到一半的个罪(42.9%)属于偷窃犯罪,占第一位的是欺诈犯罪(51.4%),甚至还有 5.7% 的强暴力犯罪。可见,刑法中这两个类罪之间存在着这种事实学上的差异。

然后横着比较表 5—2 中任何一个"列百分比",便不难看出强暴力犯罪、偷窃犯罪以及欺诈犯罪分别落入 10 章个罪中某一章类罪的机会有何不同。这样,这三类犯罪在刑法分则中的分布以及各自的法律特征有何区别也显现出来。比如,仍然比较一下公共安全犯罪中这三类犯罪的分布便可以看出,在全部强暴力犯罪中,有 28.6% 的犯罪分布在公共安全犯罪中;相比而言,在全部偷窃犯罪中,只有 2.3% 的犯罪分布在公共安全犯罪中;而在全部欺诈犯罪中,也只有 3.4% 的犯罪分布在公共安全犯罪中。这说明,强暴力犯罪比其他两类犯罪都有更大的机会表现为危害公共安全的犯罪,其次是欺诈犯罪和偷窃犯罪。这样,我们同样实现了犯罪事实学特征的规范性描述。

三、加害地位

按照加害人身份地位的不同,犯罪可以分为凭借身份优势地位所实施的犯罪和没有身份优势地位可凭借的一般犯罪两种。前者可以称为优势犯罪,后者称为一般犯罪。在犯罪学视野中,加害人与被害人之间在身份地位上的不同是描述犯罪现象的一个重要角度。所谓身份地位的不同,主要表现在重要社会资源的分配关系中,加害人与被害人分别处在何种位置上。首先,权力就是一种重要的社会资源。在权力分配关系中,处在优势地位的人如果利用这种优势地位实施犯罪,就是一种优势犯罪。比如,刑讯逼供罪、虐待被监管人罪、贪污罪、挪用公款罪、虐待俘虏罪、虐待部属罪,民事、行政枉法裁判罪,徇私舞弊减刑、假释、暂予监外执行罪,滥用管理公司、证券职权罪,徇私舞弊不征、少征税款罪,等等,都属于这种滥用权力资源的优势犯罪。其次,财富是另一种重要的社会资源。在财富分配关系中,处在优势地位上的人如果利用这种优势地位实施犯罪，就是一种滥用财富资源的优势犯罪。比如，生产、销售伪劣产品罪，生产、销售假药罪，生产、销售劣药罪，诱骗投资者买卖证券、期货合约罪，操纵证券、期货交易价格罪，违法向关系人发放贷款罪，违法发放贷款罪，用账外客户资金非法拆借、发放贷款罪，串通投标罪，等等，都属于这种滥用财富资源的优势犯罪。再次，信息也是一种重要的社会资源。在信息分配关系中，处在优势地位上的人如果利用这种优势地位实施犯罪，就属于滥用信息资源的优势犯罪。比如，内幕交易、泄露内幕信息罪，诱骗投资者买卖证券、期货合约罪，欺诈发行股票、债券罪，提供虚假财务报告罪、提供虚假证明文件罪，等等，都属于滥用信息资源的优势犯罪。又次，市场也是一种重要的社会资源。在市场关系中，生产经营者与消费者之间也存在某种意义上的身份地位差异，如果生产经营者利用所处的资源优势实施犯罪，加害于消费者，也是一种滥用市场资源的优势犯罪。还有，某些领域中的操作环节其实也是一种资源，比如，生产建设、建筑工程、城市公用系统、汽车驾驶、危险品管理，等等，其中都有一些重要的操作环节，如果处在这些操作环节上的人在从事操作过程中滥用某种特殊的角色身份，也可能造成巨大的危害结果，因而也是一种滥用特殊角色身份的优势犯罪。比如，重大飞行事故罪、铁路运营安全事故罪、交通肇事罪、重大责任事故罪、重大劳动安全事故罪、危险物品肇事罪、工程重大安全事故罪、教育设施重大安全事故罪、消防责任事故罪、传染病菌种、毒种扩散罪，采集、供应血液、制作、供应血液制品事故罪，医疗事故罪、重大环境污染事故罪，等等，都属于这种滥用特殊角色身份的优势犯罪。最后，人际关系中也因生育、教育、抚养、赡养等关系形成某种身份地位差异，如果利用这种差异加害于相应关系中的弱者，也属于一种优势犯罪，如虐待罪、遗弃罪，等等。可见，优势犯罪与刑法上的特殊主体犯罪概念有所交叉，但毕竟不同，优势犯罪的内涵、外延都比特殊主体犯罪要广泛一些。

尽管优势与劣势的区别是相对的，但具体到某个犯罪，到底是否利用了行为人的身份优势，还是不难判断的。因此，这个划分也容易符合周延和互斥的类型学要求。而且，这种观察也能与刑法学描述之间接轨，请观察表5—3中的数据：

表 5—3　　　　　　　法定犯罪与加害地位的交互分析[a]

			加害地位		合计
			一般犯罪	优势犯罪	
刑法分则10类犯罪	国家安全犯罪	频次 行百分比 列百分比	12 100.0 4.2		12 100.0 2.8
	公共安全犯罪	频次 行百分比 列百分比	31 72.1 11.0	12 27.9 8.6	43 100.0 10.2
	市场秩序犯罪	频次 行百分比 列百分比	66 68.0 23.3	31 32.0 22.3	97 100.0 23.0
	公民权利犯罪	频次 行百分比 列百分比	25 67.6 8.8	12 32.4 8.6	37 100.0 8.8
	财产权利犯罪	频次 行百分比 列百分比	9 75.0 3.2	3 25.0 2.2	12 100.0 2.8
	社会管理犯罪	频次 行百分比 列百分比	109 89.3 38.5	13 10.7 9.4	122 100.0 28.9
	国防利益犯罪	频次 行百分比 列百分比	20 95.2 7.1	1 4.8 0.7	21 100.0 5.0
	贪污贿赂犯罪	频次 行百分比 列百分比	3 25.0 1.1	9 75.0 6.5	12 100.0 2.8
	各类渎职犯罪	频次 行百分比 列百分比		35 100.0 25.2	35 100.0 8.3
	违反军职犯罪	频次 行百分比 列百分比	8 25.8 2.8	23 74.2 16.5	31 100.0 7.3
合计		频次 行百分比 列百分比	283 67.1 100.0	139 32.9 100.0	422 100.0 100.0

a. 样本为刑法典全部法定犯罪；$p<0.005$。

首先横着观察表 5—3 中的任何一个"行百分比"，便可以看出刑法分则10类犯罪中任何一类犯罪内部的优势犯罪与一般犯罪之间的比例关系，于是，10章个罪之间在这方面的区别便清晰可见。比如，贪污贿赂犯罪与财产权利犯罪都和财产利益密切相关，但是从表5—3中可见，有75%的贪污贿赂犯罪都属于优势犯罪，只有25%的贪污贿赂犯罪属于一般犯罪，相比而言，只有25%的财产权利犯罪是优势犯罪，有75%的财产权利犯罪是一般犯罪。可见，刑法分则中这两章个罪之间的事实学特征存在显著差异。

接下来，我们还可以横着比较表5—3中任何一个"列百分比"，便不难看出优势犯罪与一般犯罪分别落入10章个罪中某一章类罪的机会有何不同。这样，这两类犯罪在刑法分则中的分布以及各自的法律特征有何区别也显现出来。比如，从表5—3中可见，所有优势犯罪中，有25.2%的个罪被规定为各类渎职犯罪；相比而言，如果是一般犯罪，则没有任何机会成为渎职犯罪。这说明，优势犯罪比一般犯罪有更大的机会表现为渎职犯罪。这同样是一种犯罪事实学特征的规范性描述。

四、国家被害

按照与国家公共权力之间的关系的不同，可以把犯罪分为三类：针对国家权力的犯罪、误用国家权力的犯罪、违反国家权力的犯罪。所谓针对国家权力的犯罪就是指，以国家权力为直接侵害对象，否定国家权力合法性的犯罪，包括：背叛国家罪、分裂国家罪、煽动分裂国家罪等国家安全方面的犯罪；组织、领导、参加恐怖组织罪，资助恐怖活动罪等公共安全方面的犯罪；走私假币罪、伪造货币罪、偷税罪、抗税罪，虚开增值税专用发票、用于骗取出口退税、抵扣税款发票罪，伪造、出售伪造的增值税专用发票罪，非法出售增值税专用发票罪等针对国家经济管理活动的犯罪；妨害公务罪、煽动暴力抗拒法律实施罪、聚众冲击国家机关罪、侮辱国旗国徽罪、扰乱法庭秩序罪，拒不执行判决、裁定罪，组织越狱罪等对抗国家管理活动的犯罪；以及煽动军人逃离部队罪、战时拒绝军事征用罪等国防利益方面的犯罪。所谓误用国家权力的犯罪就是指，在从事公共管理活动过程中不当履行国家权力的犯罪，分为滥用国家权力谋取私利和不恰当从事公务活动造成损失两大类情况，包括：贪污、受贿、挪用公款、私分国有资产罪、私分罚没财物罪等腐败类犯罪；徇私枉法罪，民事、行政枉法裁判罪，私放在押人员罪、失职致使在押人员脱逃罪，徇私舞弊减刑、假释、暂予监外执行罪等徇私舞弊类犯罪；玩忽职守、签订、履行合同失职被骗罪等失职类犯罪；暴力取证罪、刑讯逼供罪、虐待被监管人罪等滥用职权类犯罪，等等。所谓违反国家权力的犯罪就是指，触犯了国家法律的禁止性规范，客观上间接地否定国家权力的犯罪。如故意杀人罪、抢劫罪、强奸罪、盗窃罪等等大部分常见犯罪，都属于这种违反国家权力的犯罪。可见，国家权力以及各种意义上的公共管理活动既可能是犯罪的直接对象，也可能是犯罪的间接对象，还可能是犯罪的载体或工具。

这种划分的周延性和互斥性也是显而易见的，我们很难想象，某种犯罪既没有针对国家权力，又没有误用国家权力，还没有违反国家权力。如果真的存在这样一种被叫做犯罪的行为，我们只能说，它本不该被规定为犯罪。在刑法分则中，这个角度的划分与刑法上的划分之间也存在着某种有趣的关系，请观察表 5—4 中的数据：

表 5—4　　　　　法定犯罪与国家被害的交互分析[a]

刑法分则10类犯罪			国家被害			合计
			违反	误用	针对	
	国家安全犯罪	频次			12	12
		行百分比			100.0	100.0
		列百分比			17.6	2.8
	公共安全犯罪	频次	41		2	43
		行百分比	95.3		4.7	100.0
		列百分比	16.0		2.9	10.2
	市场秩序犯罪	频次	74	7	16	97
		行百分比	76.3	7.2	16.5	100.0
		列百分比	28.8	7.2	23.5	23.0
	公民权利犯罪	频次	30	7		37
		行百分比	81.1	18.9		100.0
		列百分比	11.7	7.2		8.8
	财产权利犯罪	频次	11	1		12
		行百分比	91.7	8.3		100.0
		列百分比	4.3	1.0		2.8
	社会管理犯罪	频次	95	5	22	122
		行百分比	77.9	4.1	18.0	100.0
		列百分比	37.0	5.2	32.4	28.9
	国防利益犯罪	频次	3	2	16	21
		行百分比	14.3	9.5	76.2	100.0
		列百分比	1.2	2.1	23.5	5.0

续前表

			国家被害			合计
			违反	误用	针对	
刑法分则10类犯罪	贪污贿赂犯罪	频次 行百分比 列百分比	3 25.0 1.2	9 75.0 9.3		12 100.0 2.8
	各类渎职犯罪	频次 行百分比 列百分比		35 100.0 36.1		35 100.0 8.3
	违反军职犯罪	频次 行百分比 列百分比		31 100.0 32.0		31 100.0 7.3
合计		频次 行百分比 列百分比	257 60.9 100.0	97 23.0 100.0	68 161 100.0	422 100.0 100.0

a. 样本为刑法典全部法定犯罪；$p<0.005$。

首先横着观察表5—4中的任何一个"行百分比"，便可以看出刑法分则10类犯罪中任何一类犯罪内部的针对国家权力的犯罪、误用国家权力的犯罪以及违反国家权力的犯罪之间的比例关系。这样，10章个罪之间在这个维度上的特点和差异便显露出来。比如，社会管理犯罪与各类渎职犯罪都属于行政犯罪。但是从表5—4中可见，有77.9%的社会管理犯罪都是违反国家权力的犯罪，另有18%的个罪属于针对国家权力的犯罪，只有4.1%的社会管理犯罪属于误用国家权力的犯罪。相比而言，所有渎职犯罪都属于误用国家权力的犯罪，既无违反国家权力的犯罪，也无针对国家权力的犯罪。可见，了解刑法上这两个类罪之间存在着的这种事实学差异，显然有助于对相比较个罪的深入理解。

然后横着比较表5—4中任何一个"列百分比"，便不难看出针对国家权力的犯罪、误用国家权力的犯罪以及违反国家权力的犯罪分别落入10章个罪中某一章类罪的机会有何不同。这样，这三类犯罪在刑法分则中的分布以及各自的法律特征有何区别也显现出来。比如，比较一下公民权利犯罪中这三类犯罪的分布便可以看出，在全部违反国家权力的犯罪中，有11.7%的犯罪分布在公民权利犯罪中；相比而言，在全部误用国家权力的犯罪中，有7.2%的犯罪分布在公民权利犯罪中；而在全部针对国家权力的犯罪中，无一落入公民权利犯罪中。这说明，违反或者误用国家权力的犯罪都有一定的机会表现为公民权利犯罪，而针对国家权力的犯罪不可能表现为公民权利犯罪。这里，我们同样看到了犯罪事实学描述与刑事规范学描述之间的有机结合。

第七节　刑罚立场

现在，如果我们应当在互动关系而非行为或行为人的层面上把握犯罪，如果从集体战争走向个体冲突的趋势可以概括犯罪互动的历史规律，如果法定犯罪还可以从加害—被害关系等各种互动形态的角度进行分析，那么，关于犯罪形态的重新认识是否应当导致犯罪控制的重新理解呢？以往，奠基于罪行中心主义的犯罪控制，其主旨在于报应、惩罚犯罪行为；奠基于罪人中心主义的犯罪控制定位于犯罪人身危险性的预防控制，以及改造、教育犯罪人。现在，奠基于犯罪互动的犯罪控制应以犯罪互动关系的调整与控制为主要内容。

应当指出，从行为，到行为人，到互动关系，并不是历史上先后顺序出现的三种犯罪形态，而是人们关于犯罪形态以及犯罪控制重心的认识不断深化的一个历史过程。也就是说，从有犯罪那天起，犯罪就发生在加害与被害的互动关系中，互动就是犯罪形态的真实反映。与此相应，从报应、惩罚犯罪行为，到教育、改造犯罪人，再到调整、控制犯罪互动关系，也不是历史上先后顺序存在的三种犯罪控制模式，而是人们关于犯罪控制模式和重心不断深入的一个认识过程。因此，同样可以认为，从有犯罪那天起，从有犯罪控制那天起，加害—被害关系的调整与控制，实际上就已经是犯罪控制的核心所在。换句话说，是否专注于犯罪互动关系的调控，不是应当不应当的问题，而是承认不承认这个客观事实的问题。从这个意义上说，犯罪互动本身的历史规律和发展趋势，也必然会带动着旨在互动关系调控的犯罪控制的历史演化和发展趋势。基于这个推论，基于上述对互动历史规律的了解，现在，我们便可以从犯罪控制的漫长历史中抽象出两种犯罪控制模式：倾斜型社会控制和中立型社会控制。

所谓倾斜型社会控制，是以原始的犯罪互动关系为主要调控对象的犯罪控制。在倾斜型社会控制中，对犯罪作出社会控制的主体，同时又是犯罪的集体被害人，所以，倾斜型社会控制的起点，实际上是一种关于犯罪的集体的愤怒。这种集体的愤怒的具体表现，往往是更为严厉的否定评价、比较重的刑罚、比较严苛的刑事政策。因为倾斜型社会控制的本质在于集体冲突中的一方获得了定义犯罪的权力，这个意义上的犯罪控制实际上是集体冲突中的一方控制另一方，对另一方的加害行为作出反应。这也正是为什么公民针对国家的犯罪往往重于公民针对公民的犯罪的一个解释。同理，下层社会成员攻击上层社会成员的犯罪之所以重于上层社会成员攻击下层社会成员的犯罪或者平等的社会成员之间犯罪，也是出于同样的原因。①

与此不同，所谓中立型社会控制，是以现代犯罪互动关系为主要调控对象的犯罪控制。在中立型的社会控制中，对犯罪作出社会控制的主体，既不将自己假定为潜在的加害人，也不将自己置身于可能的被害人，而将自己设定在加害与被害之间的中立地位。所以，中立型社会控制的起点，不是集体的愤怒，而是仲裁者的利益无涉、客观冷静和公允立场。基于这种客观、中立态度的社会控制，不仅会对加害人的加害行为给予否定评价，而且会将被害人自身在互动关系中的责任、控制被害局面的可能性、遭受侵害的权益的重要性程度等因素同时考虑进针对犯罪的否定评价。由于利益无涉，中立型社会控制的一个重要理念就是，不仅加害人因自己的加害行为而承受一定的惩罚，而且被害人也需要因自己的被害而负担一定的法律后果，加害、被害双方都从对方的负担中确证自己、补偿自己，最终使可能的潜在的犯罪互动关系从这种平衡中得到调控。从这个意义上说，把犯罪控制仅仅理解为打击犯罪、保护社会、为被害人找回正义，等等，都是片面的。对现代犯罪互动关系而言，犯罪控制的本质在于每个人主要由于自己而非所属的群体、阶级而加害于人或者受害于人，因此，也只由于自己而受到惩罚或得到保护。

从历史发展的总体趋势来看，倾斜型社会控制主要源自于比较原始的犯罪互动关系，是以集体冲突为其主要特征的犯罪现实的反映。

---

① 美国学者布莱克认为："当其他因素不变时，每一种法律——不论是法令、指控、逮捕、起诉、诉讼、判决、损害赔偿或刑罚——向下指向的可能性都大于向上指向的可能性。这表明向上的不轨行为比向下的不轨行为更严重"（[美]布莱克：《法律的运作行为》，24页），"犯上的犯罪都比犯下的犯罪更严重"（同上书，28页），"人们可以根据不轨行为的纵向位置和方向立即判断出它们的严重程度。假设其他因素不变，犯上的不轨行为是最严重的；其次是高等级人们之间的不轨行为；然后是低等级人们之间的不轨行为；最后是对下的不轨行为"（同上书，33页）。

而中立型社会控制主要奠基于社会关系、角色身份多极化的现代社会中的犯罪互动关系，是以个体冲突为其主要特征的犯罪现实的反映。或者反过来说，如果倾斜型社会控制主导着某个时空条件下社会与犯罪关系的调控，则基于集体被害的否定评价越可能居于主流地位，犯罪互动则在较大程度上停留在集体冲突的阶段；如果中立型社会控制主导着某个时空条件下社会与犯罪关系的调控，则基于集体被害的否定评价越可能居于次要地位，犯罪互动已经逐渐脱离了集体冲突的性质，个体冲突越来越成为犯罪互动的主要内容。总之，犯罪控制从报应、惩罚犯罪行为，教育、改造犯罪人向调整犯罪互动关系的转移，正是倾斜型社会控制向中立型社会控制转变这一历史趋势的反映和历史要求。

现实世界中，刑法是各种针对犯罪的社会反应中最为严厉、直接的一种形式，所以，中立型社会控制思想应当首先体现在刑法当中。那么，刑法在具体的出罪入罪、轻罚重罚实践中，该如何体现社会控制的这种中立性呢？以往，根据犯罪中心主义的理论假定，刑罚自然被理解为国家代表被害人针对加害人施以的报应和惩罚，刑罚本质上是被害人（当然也包括潜在的被害人）复仇意志的一种延伸和法律化。换句话说，刑罚的配置和适用本身，并不在评价加害行为的同时意味着对被害人自身行为的评价。现在看来，这个近乎常识的见解未必全面正确，因为根据上述对犯罪形态以及互动过程的研究，针对犯罪的社会反应中，还隐含着一个社会控制的立场问题。所谓社会控制的立场，就是指社会控制的主体观察和处理社会问题时所处的地位及由此所持的态度。刑罚是社会控制的最极端形式，刑罚立场就是指刑罚的设置者、适用者对犯罪进行观察和作出评价、反应时所处的地位及由此所持的态度。刑罚立场的命题意味着，犯罪所承受和负担的刑罚，取决于立法者、司法者对犯罪所持的态度，而这种态度又来自于立法者、司法者对犯罪进行评价、作出反应时所由出发的地位、立足点。站在不同的立场上从事动刑、配刑、量刑、行刑，人们就会看到针对犯罪的不同态度，犯罪就会受到不同的评价和反应。在这个问题上，我们可以部分地根据上述倾斜型社会控制与中立型社会控制的划分思路，从刑罚史中抽象出两大范式：被害本位的刑罚立场和被告本位的刑罚立场。前者是指，将立法者、司法者的立足点完全设定在被害人的地位，由此决定其态度和对犯罪的评价、反应。后者是指，为了限制刑罚权的滥用，从对被告人合法权益的保护出发，决定立法者、司法者对犯罪所作出的评价和反应。这两种理论上的刑罚立场要么侧重于被害人的保护，要么侧重于被告人的保护，其实是犯罪中心主义的两翼，其各自的偏颇之处都可能在强调某种保护的同时把刑罚变成某种新的伤害。刑罚权的滥用可以在一定程度上从被害本位的刑罚立场中找到解释，同样，从被告本位的刑罚立场本身也无法直接推论出被害人应对自己的被害所负担的法律后果。犯罪中心主义的另一个逻辑结果是，刑罚及其制定者和适用者都无法从被害人总代理的角色中游离出来，无法获得真正属于自己的领地，无法获得并彰显自己的独立品格。

现在，基于上述关于犯罪形态的研究，我们需要的是一种中立的刑罚立场，即同时兼顾被害人保护和被告人保护的刑罚立场。其基本原理是，既然犯罪互动和犯罪行为、犯罪人一起，共同、全面表达了犯罪形态的意义；既然犯罪不仅仅意味着有害的行为或危险的个体，而且意味着加害、被害之间的相互作用和冲突过程；既然从集体战争走向个体冲突的趋势可以概括犯罪互动的历史规律；既然法定犯罪还可以从被害关系等各种互动形态的角度进行分析；既然法律既不由犯罪被害人所独占，又不专用于对犯罪人权利的保障，那么，现代社会中作为针对犯罪的国家反应，刑罚就不应被简单地理解为被害一方意志的延伸，或者仅仅概括为犯罪人的权利大宪章。按照互动分析的逻辑，奠基于犯罪互动的刑罚应当站在加害与被害之间的中立立场上，将客观、公正地调整和控制犯罪互动关系确立为刑罚自身的主要任务。刑罚的这种中立立场不应过多地表现为某种"集体的愤怒"，而应由于仲裁者的利益无涉而表现出客观冷静和公允立场。基于这种客观、中立态度的刑罚，不仅应对加害人的加害行为给予否定评价，而且应将被害人自身在互动关系中的责任、控制被害局面的可能性、遭受侵害的权益的重要性程度等因素同时考虑进针对犯罪的否定评价。

果如此，中立的刑罚立场至少应当在以下几个方面尽可能追求犯罪互动关系的合理调控：

1. 根据犯罪形态的概念，犯罪互动也是犯罪性的一种载体，因此，犯罪加害—被害关系不同，犯罪本身的恶性程度就不同。在被迫被害、缺席被害、交易被害这三种互动关系中，越接近被迫被害犯罪，加害一方对被害一方的强制力就越具有弱肉强食的性质，其中的加害与被害就越体现出赤裸裸的不平等，被害人对加害的服从的自愿程度也越低，对被害局面的控制能力越差，因此，在这三者之中，被迫被害犯罪最为严重，缺席被害犯罪次之，交易被害犯罪最轻。① 据此，这三类犯罪应当根据各自严重性程度的不同导致严厉性程度不同的法律责任。

2. 从犯罪严重性程度的比较角度看，加害行为的不同，对被害人往往意味着被害权利的属性以及重要性程度也随之不同。对强暴力犯罪而言，被害人丧失的往往是最重要、最基本的权利。对偷窃犯罪而言，被害人失去的往往是比较重要的基本权利。而对欺诈犯罪而言，被害人损失的是相对较次要的权利。美国心理学家马斯洛（A. H. Maslow）将人的需要分为若干层次，处在最低层的需要是生理需要，然后是安全的需要，然后是归属的需要，然后是尊敬的需要，最后是自我实现的需要。马斯洛认为，这几个层次的需要之间的关系是顺序的、不可逆的，前一个层次的需要得到了满足，才谈得上下一个层次需要的满足，所以，相对下一个层次的需要而言，前一个层次的需要就是更重要的需要。② 对被害人的权利排序而言，马斯洛的需要层次学说是很有启发意义的。从这个意义上说，被害人的人身权利、财产权利、知情交易的权利，以及法律保护的其他抽象权利的轻重顺序应当是显而易见的：生命、健康的价值对个人而言是第一位的，其次才谈得上有形的财产安全。接下来，只有基本的衣食住行得到了起码的满足，才谈得上使多余财产的利润最大化，才谈得上知情交易。最后，所有这些得到了保障以后，才谈得上其他权利的实现。因此，强暴力犯罪应当是罪量最大的犯罪，偷窃犯罪的罪量次之，欺诈犯罪的罪量相对最小。但是，专家问卷统计结果表明，给强暴力犯罪赋值为最重（众数为 93.3%），这与上述

---

① 为了慎重起见，也为了使对犯罪严重性程度的判断更加合理，笔者以北京大学法学院随机到场的 105 名博士生、硕士生为调查对象，对其进行了专家集体问卷访谈，要求他们在不讨论、不受刑法规定影响的情况下对问卷中每种划分出的不同犯罪类型的罪量轻重进行比较后给出分数，结果将作为比较每类犯罪严重性程度的重要根据。也就是说，各类犯罪之间孰轻孰重的判断并不完全是笔者个人的意见，而是获得一定专家认同的轻重排列。在被害关系这个维度上，专家问卷统计结果表明，给被迫被害犯罪赋值众数（众数是表示研究对象集中趋势的一个重要统计量，是指数分配中，在测量量表上次数发现最多的一个分点。当数据尚未分组时，众数就是发现最频繁的一个测量。这里用众数代表专家的集体倾向，表示较多的专家对各种犯罪轻重顺序的排序意见。众数的百分比数值越大，说明专家意见越集中，反之，专家意见越分歧。笔者在这里如实报告这个数据，给读者提供一个作出判断的依据——每种罪量排序都不是绝对的，而是可以讨论的）为最重（有 90.5% 的专家选择此项），给缺席被害犯罪赋值众数为次重（有 55.2% 的专家选择此项），给交易被害犯罪赋值众数为最轻（有 52.4% 的专家选择此项）。这说明，专家的意见与上述分析基本吻合。

② 参见林秉贤：《社会心理学》，165~181 页，北京，群众出版社，1985。

分析几乎完全吻合；而给偷窃犯罪赋值为最轻（众数为 53.3%），给欺诈犯罪赋值为次重（众数为 52.4%），这说明，在偷窃型犯罪与欺诈型犯罪的轻重排序上，专家。意见与上述分析基本相反。有微微超过半数的专家认为，欺诈型犯罪比偷窃型犯罪要更严重。

  如何对待这一分歧呢？应当承认，专家的意见的确反映出人们对欺诈型犯罪的憎恶，一方面，说明欺诈犯罪不仅侵犯了被害人的财产权，而且侵犯了被害人的知情权，被害人是在被愚弄的情况下遭受被害的；另一方面，也说明近年来各类欺诈型犯罪在数量、形式上不断增多，其社会危害性日渐严重。但也应看到，第一，欺诈型犯罪不论从其发动还是从其得逞的角度看，都在一定程度上与被害人的某些贪利心理、认知疏忽等弱点有关。这意味着，欺诈犯罪的被害人比偷窃犯罪的被害人对于自身的被害具有更大的责任。有时，面对欺诈犯罪，被害人对于自身是否遭受被害甚至持一种放任心态。这便使欺诈型犯罪被害的被迫性程度有所降低，从而使欺诈犯罪比偷窃犯罪具有较小的悖德性程度。第二，从犯罪进化过程来看，暴力侵害在最大限度上受自然规律的支配和影响，在最大限度上表现出起码人性的泯灭，在最大限度上再现了原始的野蛮时代人类行为中动物性的一面。因此，强暴力是犯罪最为原始的形态——早在人类社会尚未拥有剩余产品时，就已经有杀人、伤害、强奸等危害行为了；此后，随着人类社会生产力的发展，出现了剩余产品，才出现了偷窃行为；再后来，随着人们交往半径的不断扩大，剩余产品的交换行为不断普遍化，欺诈行为才可能出现。这其中，进化地位越低的危害行为，其文化含量也就越低，人在道德评价中的重要性也就越无足轻重，与之相应的危害行为的评价也就越负面；相反，进化地位越高的危害行为，其文化含量也相应越多，人即使被害也越大程度上是作为人而被害，与之相应的危害行为的评价也应当随之越轻缓。而欺诈犯罪在这三类犯罪中的进化地位最高，它是把被害人作为人来加害的，而不是像暴力犯罪那样，被害人几乎是被作为物来加害的，因此，欺诈犯罪的罪量应当最小。第三，专家们的意见也不是明显地一边倒，只是微弱多数的专家认为偷窃犯罪的罪量应当小于欺诈犯罪。这说明，如果对偷窃犯罪赋予较高的权数，仍会得到相当数量专家的赞同。基于此，笔者仍坚持上述分析：强暴力犯罪的罪量最大，偷窃犯罪次之，欺诈犯罪的罪量最小。

  3. 站在被害人立场上看，优势犯罪对被害人而言意味着某种"天然"的危险性，加害—被害关系中就潜藏着某种冲突的客观必然性。而且，从冲突的结果来看，优势犯罪的被害人比其他意义上的被害人更加无助、无奈。最后，优势犯罪的被害人的被害预防难度也相对较大。当然，在伦理道德上，优势犯罪也应当比其他犯罪具有更大的当谴责性。因为：一般而言，优势犯罪往往不是出于被迫而是出于贪婪，这些犯罪的行为人不是由于资源的匮乏而犯罪，相反，恰恰是由于拥有的资源相对较多才陷于犯罪。而且，由于利用了某种优势条件，优势犯罪往往致使不特定的个体遭受被害，具有更大的危害性。所以，优势犯罪的罪量显然应当大于一般犯罪，针对优势犯罪的控制应当比针对一般犯罪的控制更加严厉，配置较重的法律责任。

4. 针对国家权力、误用国家权力以及违反国家权力这三种犯罪对国家权力和公共管理的影响与意义是不同的。作为犯罪的直接对象，国家权力和公共管理活动自身的存在以及合法性受到挑战；而作为犯罪载体或工具，国家权力和公共管理活动虽然也受到侵害，但毕竟不是针对国家的挑战；此外，在违反国家权力的犯罪中，国家权力本身既不遭遇直接挑战，又不导致国家权力的腐蚀、软化。从这个意义上说，针对国家权力的犯罪应当是罪量最大的犯罪，而误用国家权力的犯罪的罪量应当次之，违反国家权力的犯罪的罪量应当相对最小。所以，社会控制也应根据这个轻重顺序配置不同严厉程度的惩罚。

总之，中立的社会控制不应当是一句空话，起码应首先体现在一个个具体犯罪互动关系的法律调控操作中。然而，应当如何并不等于实际上一定如何，刑罚的中立立场只是一个应然的理念，而实际上，我们有理由怀疑这个理念在多大程度上得到了贯彻。为此，我们以刑罚的中立性为基本假设，通过实证研究的方法对该假设加以检验。其检验逻辑是，如果现行刑法中上述四个角度的犯罪的法定刑轻重排序符合其应然的理论轻重排序，则说明刑罚根本没有考虑自身中立立场的虚无假设可能无法成立，否则，便有理由相信，刑罚对自身的中立立场缺乏应有的自觉。着手这个检验之前，必须对"刑量"的概念有所了解。所谓刑量，就是刑罚严厉性程度的数量表现。① 只有当此类犯罪的理论罪量重于彼类犯罪的理论罪量，而此类犯罪的平均刑量也重于彼类犯罪的平均刑量时，才能说明实然的配刑符合应然的配刑要求。

首先，根据前文分析，被迫被害犯罪应当最重，缺席被害犯罪次

---

① 其概念、原理和算法模型请参见白建军：《刑罚轻重的量化分析》，载《中国社会科学》，2001（6），114～118页。

之，交易被害犯罪最轻。根据拙文《刑罚轻重的量化分析》所述算法模型计算的结果是，被迫被害犯罪在刑法分则中有 153 个，平均刑量为 34.86；缺席被害犯罪在刑法分则中有 204 个，平均刑量为 25.51；交易被害犯罪在刑法分则中有 65 个，平均刑量为 21.18。说明这三类犯罪的刑量排序基本符合理论顺序。[①] 还应说明，即使平均刑量符合理论顺序，也不等于说各类犯罪内所有具体犯罪都符合应然的理论顺序。例如，虽然被迫被害犯罪的刑量总体上最重，但仍有少量被迫被害犯罪（如刑讯逼供罪）的法定刑过轻。

其次，根据前文分析，强暴力犯罪的理论罪量应当大于偷窃犯罪，偷窃犯罪的理论罪量应当大于欺诈犯罪。根据上述算法模型计算的结果是：强暴力犯罪在刑法分则中有 119 个，平均刑量为 34.1。偷窃犯罪在刑法分则中有 128 个，平均刑量为 29.52。欺诈犯罪在刑法分则中有 175 个，平均刑量为 23.31。初步看，这三类犯罪的刑量排序的确符合理论顺序。但 T 检验结果表明，只有欺诈犯罪与强暴力犯罪之间平均刑量有显著差异，$p<0.05$，才可以认定这两类犯罪的刑量差异显著。另外，也存在一些强暴力犯罪配刑偏轻，或者欺诈犯罪配刑偏重的情况。例如，非法吸收公众存款罪、票据诈骗罪、金融凭证诈骗罪、信用证诈骗罪、非法经营罪等欺诈犯罪，配刑都显得偏重，所以才将这两类犯罪的平均刑量拉高。

再次，基于犯罪互动性原理，凭借身份优势地位对处于劣势地位的被害人发动加害，显然给被害人控制被害局面带来了更大的难度，因而只有对优势犯罪配置较大刑量，才可以合理体现互动双方之间的平衡。但实际情况是，优势犯罪在刑法分则中有 139 个，平均刑量为 20.12；一般犯罪在刑法分则中有 283 个，平均刑量为 32.22。就是说，优势犯罪的刑量反而小于一般犯罪，与理论顺序不符。T 检验的结果也证明，$p<0.005$，说明优势犯罪的刑量的确显著小于一般犯罪，不符合理论期望。统计结果表明，近百分之二十（27 个）的优势犯罪都配型偏轻或

[①] 所谓"基本"符合理论顺序，是因为这三类犯罪的平均刑量差异显著性程度的独立样本 T 检验（独立样本 T 检验即"Independent Samples T Test"是用于检验对于两组来自独立样本空间的样本，其独立样本空间的平均数或中心位置是否一样的一种统计分析方法）结果显示，交易被害犯罪与缺席被害犯罪之间的平均刑量虽然不同，但差异显著值 $p>0.05$，所以不能认为二者之间存在显著差异。缺席被害犯罪与被迫被害犯罪之间的平均刑量有显著差异，$p<0.05$，可以认定这二类犯罪的平均刑量确有不同。交易被害犯罪与被迫被害犯罪之间的平均刑量有显著差异，$p<0.05$，可以认定两类犯罪的刑量差异显著。

过轻，这些偏轻的优势犯罪中，有的发生在司法人员与被告人之间，如暴力取证罪；有的发生在证券发行人与投资公众之间，如欺诈发行股票、债券罪；有的发生在国家工作人员与社会公众之间，如放纵制售伪劣商品犯罪行为罪；有的发生在工矿企业主管人员与作业工人之间，如重大劳动安全事故罪；等等。

最后，按照互动理论，针对国家权力的犯罪应当刑量最大，误用国家权力的犯罪次之，违反国家权力的犯罪最轻。实证检验的结果是，针对国家权力的犯罪在刑法分则中有 68 个，平均刑量为 37.02；误用国家权力的犯罪在刑法分则中有 97 个，平均刑量为 24.48；违反国家权力的犯罪在刑法分则中有 257 个，平均刑量为 27.32。可见，只有针对国家权力的犯罪的刑量符合理论顺序，而误用国家权力的犯罪的平均刑量反倒低于违反国家权力的犯罪。T 检验的结果也基本支持这一判断。可见，国家作为犯罪被害人的地位模糊，对自身不同情境下的被害缺乏应有的自觉。

综合实证检验的各项结果更加证实了我们的怀疑是有理由的。在刑罚立场的中立性方面，中国刑法还有很长的路要走。

小　结

在这一章中，我们首先指出，关于犯罪形态的不同理解，可能导致犯罪学中一些重大理论分歧。所谓犯罪形态，就是指相对于科学研究、控制实践以及评价规范而言犯罪的存在方式。相对于理论研究而言，犯罪形态是一种分析单位；相对于控制实践而言，犯罪形态又是一种控制对象；相对于评价规范而言，犯罪形态又是犯罪性的载体。对此，犯罪学中历来存在两大理论倾向：罪行中心论认为犯罪行为是基本的犯罪形态——犯罪研究、犯罪控制、否定评价所面对或者指向的只是犯罪行为而非犯罪人；而罪人中心论认为犯罪人才是基本的犯罪形态——实施犯罪的人才是犯罪研究活动所关注的、犯罪控制实践所指向的、与否定评价的规范标准相悖的犯罪存在方式。应当说，这两者都各有所长，但又都存在片面之处，它们都是将行为或行为人从特定时空条件下的加害—被害关系中剥离出来，孤立地描述犯罪行为或犯罪人，这样，它们都忽视了任何犯罪都是一定加害—被害关系中的行为或者行为人这一事实。

实际上，犯罪中的加害—被害关系才应当成为我们关注的焦点。犯罪互动应当是同时包容了罪行与罪人且更接近犯罪实际的犯罪学范畴。从这个意义上说，犯罪学的研究焦点应当实现从犯罪中心（罪行中心及罪人中心）向犯罪互动中心的转移。

既然关注的焦点应当是犯罪互动，那么，关于犯罪互动历史规律的考察使我们意识到，最原始的犯罪互动，在较大程度上是集体加害与集体被害之间的互动。集体冲突意味着意义之间的对立、不同教义之间的冲突、各自祖先之间你死我活争斗的延续，原始的犯罪互动因而更容易表现出概括的、象征性的攻击行为。按照原始犯罪互动的这种集体性，犯罪并不意味着谁实施了何种行为，而意味着哪个集体遭受了侵害，意味着制定犯罪定义的集体遭受了侵害。随着社会的进步，犯罪的集体性也相应地逐渐削弱，集体之间的战争已经不再是犯罪互动的基本属性。这个变化首先发端于社会关系的多元化，人们之间不再简单划分为不同集体的人，每个人都同时承载着越来越多的社会角色。于是，犯罪逐渐被视为个人之间的冲突，现代犯罪互动逐渐脱离了原始犯罪互动的简单形态。在这个历史趋势之下，作为犯罪的基本形态，所谓犯罪互动就是从原始犯罪的集体冲突到现代犯罪的个体冲突之间的连续体，犯罪实际上是这个连续体中无限多个可能的点。接下来，根据犯罪形态学分析的基本原理，本章还从被害关系、行为类型、加害地位、国家被害等方面对互动结构进行了剖析和量化分析，结果，我们既可以从中看到不同犯罪互动类型之间在法律上有何不同，又可以反过来了解刑法上不同犯罪类型之间在犯罪形态特征上有何区别。这对于对任何一个具体个罪的理解，无疑都是有意义的。

基于这些分析，本研究导出了犯罪控制的中立立场以及刑罚的中立性命题。其原理在于犯罪学对以往犯罪中心主义（罪行中心及罪人中心）的超越，不断追求犯罪控制从报应犯罪、改造犯罪人到调整犯罪互动关系的转移。中立型社会控制的立足点是仲裁者的利益无涉、客观冷静和公允立场。基于这种客观、中立态度的社会控制，不仅会对加害人的加害行为给予否定评价，而且会将被害人自身在互动关系中的责任、控制被害局面的可能性、遭受侵害的权益的重要性程度等因素同时考虑进针对犯罪的否定评价。包括刑法在内的犯罪控制只有从片面的、潜在的被害假定或被告假定中游离出来，才可能确证自己的独立品格。

在此基础上，本研究还以刑罚立场问题为例，进行了犯罪控制立场中立性的实证研究。

第 六 章

犯罪定义学

对于发生在加害与被害之间的冲突和互动，只能由国家来充当最终的裁判者。而且，国家从中所获得的，绝不仅仅是仲裁者的终极地位，而且还向加害、被害以外的第三人证明，只有国家才有权将某个行为定义为或不定义为犯罪。这种"证明"的过程往往又反过来使犯罪被赋予了新的意义，以至于人们一时很难在这个意义上的犯罪与犯罪定义活动的原始对象本身之间作出区分。从这个意义上说，离开国家的犯罪定义活动，孤立地研究所谓犯罪的现象、原因与控制是不科学的。因此，除了犯罪与被害之间的关系以外，犯罪与国家的惩罚权之间的关系是犯罪学的另一个重要研究对象。在这条线索上，最重要的犯罪学范畴就是犯罪定义，也就是国家将某种行为进行犯罪化处理的根据、过程与结果。对此，依据犯罪定义的决定性因素到底是被定义的行为本身还是定义者自己，犯罪学中存在两种不同的理论范式，各自又导出不同的犯罪控制模式。本章首先回顾了犯罪学中这两种理论范式，并在此基础上提出了中介本位的犯罪定义观、犯罪定义学分析的基本框架及应用领域。

第一节 面包与铁路

"偷面包"和"偷铁路"是同样的犯罪吗？这里所谓"偷面包"，就是对于普通盗窃、扒窃、入室行窃等，下层社会成员实施的传统街头犯罪的形象化描述；所谓"偷铁路"，就是对于贪污、挪用、受贿、舞弊、内幕交易、操纵市场等，上层社会成员实施的"写字楼犯罪"或"白领犯罪"的形象化描述。对此，至少有两种可能的回答：其一，不论偷什么都是偷，因而都是犯罪，只是这两种偷窃行为在严重性程度上轻重不同，偷铁路的行为自然要比偷面包的行为严重，具有更大的危害性。其二，要看谁来定义何谓"偷"。如果由偷铁路的人来定义，那么，可能只有偷面包的行为才是犯罪。如果由偷面包的人来定义，那么，可能只有偷铁路的行为才是犯罪。在这样的争论中，重要的其实不是答案本身的分歧，而是各自所由出发的潜在假定有何不同。在这两种答案背后，存在着两种不同的关于犯罪定义的理解。

在此，首先需要对这两种意义上的犯罪定义作出区分。通常理解，所谓犯罪定义就是从形式上和内容上界定犯罪的法律特征以及社会内涵的概念。比如，"犯罪是危害社会的，依照法律应当受刑罚处罚的行为"[1]，"所谓犯罪，概括地说，就是统治阶级通过国家法律规定或认可并给予刑罚处罚的那些危害统治阶级利益和统治秩序的行为"[2]，"犯罪的混合概念，是指犯罪的实质概念和形式概念合而为一，既指出犯罪的本质特征，又指出犯罪的法律特征的概念"[3] 等表述，都可以说是犯罪定义。还有，现行《刑法》第13条规定：一切危害国家主权、领土完整和安全，分裂国家、颠覆人民民主专政的政权和推翻社会主义制度，破坏社会秩序和经济秩序，侵犯国有财产或者劳动群众集体所有的财产，侵犯公民私人所有的财产，侵犯公民的人身权利、民主权利和其他权利，以及其他危害社会的行为，依照法律应当受刑罚处罚的，都是犯罪，但是情节显著轻微，危害不大的，不认为是犯罪。这当然也是犯罪定义，而且是法定的犯罪定义。这些犯罪定义都在回答什么是犯罪的问题，这个意义上的犯罪定义就是指犯罪概念。

与此不同，本章所要讨论的犯罪定义不是这个意义上的犯罪定义，而是回答什么样的概念是犯罪定义的问题。前者讨论什么行为是犯罪，后者讨论什么概念是犯罪定义；前者关注的是犯罪行为本身的特征和本质，后者关注的是将某种行为界说为犯罪的那些话语形式的属性和规律。简言之，前者的对象是犯罪本身，后者的对象是犯罪概念。作为一种对象化活动及其结果，犯罪定义的内涵绝不仅仅是被定义为犯罪的那些行为本身，指出杀人、盗窃、抢劫这些行为是犯罪并加以禁止，并不

---

[1] 杨春洗等：《刑法总论》，88页，北京，北京大学出版社，1981。
[2] 高铭暄、王作富主编：《刑法总论》，61页，北京，中国人民大学出版社，1989。
[3] 高铭暄主编：《新编中国刑法学》，64页，北京，中国人民大学出版社，1998。

是犯罪定义的全部内容。犯罪实际上是怎样的和犯罪是被怎样叙述的，是相互联系但又不完全相同的两个层面。从某种意义上说，犯罪就是被叙述为犯罪的那些行为。如果没有被叙述为犯罪的行为，或者没有将某种行为叙述为犯罪的过程，就没有犯罪。问题是：为什么某些行为被叙述为犯罪，而另一些行为没有被叙述为犯罪？为什么对于同样一种行为，有些文化中就将其叙述为犯罪，而另一些文化中不将其叙述为犯罪？到底何种因素决定着哪些对象应被叙述为犯罪？这种叙述的过程实际上是一种选择的过程，而这种选择过程是不是任意的、随机的？如果不是任意的或者随机的，它有何客观规律可循？这些问题就是犯罪定义学提出并力图回答的问题。

在认同这个区分的基础上，便可以讨论犯罪定义的概念了。所谓犯罪定义就是一套符号体系和规范准则，这套符号和规范被用来指称那些需要被冠名为犯罪的行为，并赋予这些行为以犯罪的意义和属性以彰显一定的主流价值取向，因而又是记录犯罪化过程的符号体系和规范准则。很显然，这个犯罪定义的概念本身并没有给出一个行为是因为危害了社会还是违反了道德才构成犯罪的解说，而是分别描述了作为一个语词的犯罪定义的结果、形式和内容。犯罪定义具有以下几个方面的形式特征：

一、犯罪化的过程和结果

将何种行为定义为犯罪，首先就是个好与坏的评价问题。可以说，世界上任何一个动作、行为，都不天生地固有犯罪的意义和属性。一个动作之所以是犯罪，首先是因为人们赋予其犯罪的意义和属性。这里，行为被赋予犯罪的意义和属性，就是犯罪定义活动的结果，也就是出罪入罪、轻罚重罚的犯罪化过程。如果不是人们将某个行为叫作犯罪，这个世界上便没有"犯罪"这种东西。正如有学者所说："越轨不是任何特殊行为的固有的特性，它是与这种行为有直接或者间接关系的人，加给这种行为的一种属性。"[①] 比如，故意剥夺他人生命的行为，发生在战场上，或在刑场上，或在正当防卫的场合，或在图财害命的情况下，或在安乐死的情况下，就被赋予了完全不同的意义。仅仅是取人性命的

---

① [美] 巴克主编：《社会心理学》，南开大学社会学系译，210页，天津，南开大学出版社，1984。

行为，从来就不曾被简单定义为犯罪。或者说，世界上从来就没有什么纯粹的无条件的杀人罪。哪个杀人是犯罪，哪个杀人不是犯罪，其犯罪性的标签都是制定犯罪定义的人将不同的取向、好恶投射到或者说粘贴到不同的故意剥夺他人生命的行为上的结果。不仅如此，就连偷窃、欺诈、强暴性的性行为等，都并非天然地就是犯罪。是否是犯罪，都取决于不同定义者的不同主观意愿。总之，没有犯罪定义者，便无所谓犯罪；没有人们将某个行为叫做犯罪即出罪入罪、轻罚重罚的犯罪化过程和结果，也没有犯罪。从这个意义上说，所谓犯罪定义首先是赋予行为以犯罪的意义与属性的过程和结果。这是犯罪定义学分析之所以存在的逻辑前提。

二、指称犯罪的符号体系

对行为赋予犯罪的意义和属性所凭借的，是由一定的话语、词语所构成的语言符号，语言符号是使行为获得犯罪的意义和属性的媒介。对犯罪化的过程来说，语言符号的一个基本作用在于指称被定义的行为，使人们明确被定义为犯罪的是何种行为。比如，"故意杀人罪"这个符号所指称的就是故意非法剥夺他人生命的那些行为，"盗窃罪"所指称的就是秘密窃取公私财产的那些行为，"诈骗罪"所指称的就是虚构事实、掩盖真相骗取公私财产的那些行为。当人们利用这些符号交流时，便能够通过这些符号联想到它们背后被指称的对象本身。由于具有指称犯罪的功能，所以，犯罪定义就是指称犯罪的符号体系。

然而，任何指称事物的符号都是有一定意义的符号，所以，作为语言符号的犯罪定义不仅仅是指称一定行为的媒介，不仅仅使人知道"故意杀人罪"这个词不是指"虚构事实、掩盖真相骗取公私财产"的行为，更重要的是，犯罪定义还是表达一定意义的符号：凭借犯罪定义，人们不仅能够立即想到符号所指称的那个对象，还可以意识到被称为犯罪的行为对于包括自己在内的所有潜在被害人而言意味着何种危险，国家对这种行为持否定的态度，如果谁实施了这种行为便会遭受牢狱之灾等。其实，这些意义都没有由符号本身直接显示出来，但人们仍然可以通过符号意识到它们的存在。这就是因为，凡是作为犯罪定义的符号，都会激活人们头脑中预存的观念、知识，使人们将被指称的行为与自己联系起来。能够表达一定的意义，是犯罪定义作为符号体系更为重要的功能。有没有某个符号，有何种符号来指称犯罪，都直接影响着人们如何理解被犯罪化的行为，影响着被赋予犯罪性的行为对人有何意义。例如，古代的某些死刑展示方式很是耐人寻味。在波斯，对犯了渎职罪的法官要处以活剥，然后把剥下来的皮铺在继任者的审判席上，以示警醒。[①] 这就是一个象征意义非常明显的犯罪定义。其中，"渎职罪"只是个指称，而这个指称的具体意义不仅包括了立法者对渎职行为的否定评价，而且对被定义者意味着非常严厉的惩罚。

三、表达价值取向的规范准则

犯罪定义作为一个符号体系之所以可能代表一定的意义，主要不是因为这些符号本身固有什么意义，而是因为组成犯罪定义的符号体系同时又通过一套人们认同并遵循的规范准则表达着一定的价值取向。首先从表面的意义看，刑法禁止盗窃行为，如果有谁实施了盗窃，便会受到一定惩罚。这就是一个获取他人财产的禁止性规范。犯罪定义其实就是由一系列这种行为规范所组成的准则体系。具体来说，刑法分则中规定的几百个罪刑关系就是这样一个庞大的犯罪定义体系。当然，由犯罪定义所组成的规范体系，往往表现为禁止性的行为规范即不能为何种行为，而非可以或应当为何种行为。犯罪定义通常只说，不能通过秘密窃取的方法获取他人财产。至于是通过交换还是买卖还是受赠等方式获取他人财产，犯罪定义不予直接回答。从这个意义上说，犯罪定义是反过来写的行为规范，是倒过来看的行为规范。进一步说，作为反过来写的行为规范，犯罪定义说到底是在彰显、表达、强调一定的价值取向。

四、犯罪定义的类型

首先，犯罪定义既包括刑法规定的犯罪定义，又包括各种非法律载体中蕴涵的犯罪化符号和规则体系，其中，政策、道德、宗教、习俗、习惯中都存在着大量犯罪定义的原型；媒体、文化产品、组织内的规章制度、人际间的日常交往中，反复表达着这些形式的犯罪定义。例如，

[①] 参见［法］马丁·莫内斯蒂埃：《人类死刑大观》，97页。

第六章 犯罪定义学

原始禁忌就是最早的犯罪定义[①]，其中已经包含了犯罪定义的几乎全部内涵：被列为禁忌的行为，以及为什么某种行为被列为禁忌。

其次，犯罪定义既包括何种行为被规定为犯罪的法律规范本身，也包括司法实践中将某个具体行为认定为犯罪的法律适用活动。比如，法律说，故意杀人是犯罪，实施者要承担刑事责任。这是法律中静态的犯罪定义。某人实施了杀人行为，是不是构成故意杀人罪，要经过一系列调查取证和认定过程，最终决定该案件按照故意杀人罪处理。这个过程就是动态的犯罪定义。立法上的犯罪定义是制订规则时对各种可供选择的行为进行犯罪化或非犯罪化的选择过程，而司法等规则适用过程中的犯罪定义活动则是根据某种已然的规则寻找符合犯罪概念的行为的过程。这两种筛选，都是行为的犯罪化或非犯罪化的过程。

再次，犯罪定义既包括概括性的、准则性的符号和规范体系，又包括具体法条构成的符号和规则体系。例如，《刑法》第13条规定：一切危害国家主权、领土完整和安全，分裂国家、颠覆人民民主专政的政权和推翻社会主义制度，破坏社会秩序和经济秩序，侵犯国有财产或者劳动群众集体所有的财产，侵犯公民私人所有的财产，侵犯公民的人身权利、民主权利和其他权利，以及其他危害社会的行为，依照法律应当受刑罚处罚的，都是犯罪，但是情节显著轻微。危害不大的，不认为是犯罪。《刑法》第14条规定：明知自己的行为会发生危害社会的结果，并且希望或者放任这种结果发生，因而构成犯罪的，是故意犯罪。这些，都属于概括性的、准则性的犯罪定义。然而，与日常生活和经验更为接近的，是大量由具体符号所指称的、由具体规则所描述的犯罪定义。例如，刑法分则规定的四百多个具体个罪，就是四百多个具体的犯罪定义。

最后，大部分犯罪定义都表现为对某种行为的否定评价，即禁止性的、堵塞性的、遏止性的或者称为消极的犯罪定义，但犯罪定义也可能

[①] 为什么考察犯罪定义要从原始禁忌开始？因为原来我们以为是我们自己的东西，有许多都应该归于我们的祖先，他们的错误并不是有意的夸张或疯狂的呓语，而是一些假说，在提出它们的时候确实算得上是假说，只是后来更充足的经验证明那些不足以成为假说罢了。只有不断地检验假说，剔除错误，真理才能最后明白。归根结底，我们叫做真理的也不过是最有效的假说而已。所以，检查远古时代人类的观念和做法时，我们最好是宽容一些，把他们的错误看成是寻求真理过程中不可避免的失误，把将来某一天我们自己也需要的那种宽容给予他们。参见［英］詹·弗雷泽：《金枝精要：巫术与宗教之研究》，刘魁立编，243页，上海，上海文艺出版社，2001。

表现为对某种行为的肯定评价、鼓励性评价，即疏导性的、建设性的或者称为积极的犯罪定义。尽管犯罪定义从本质上说都意味着惩戒、恶报和禁止，但事实上，惩戒此行为，其实意味着不惩戒或者默许彼行为；禁止今天的行为，其实意味着预防明天的同种行为。所以，任何犯罪定义都不仅仅意味着消极、恶报。例如，刑法中的"但书"、从轻减轻、禁用死刑的条件、自诉案件告诉放弃则不追究刑事责任、从旧兼从轻制度、《刑法》第449条规定的将功折罪制度，等等，都不仅仅是为了节省惩罚资源，还是为了分化犯罪，鼓励与司法机关适用法律的活动配合，鼓励加害与被害之间化解冲突，预防未然的犯罪等各种积极的犯罪定义。通过这些积极的疏导性的犯罪定义，一些犯罪行为被否定评价的同时，其实也获得了某种建设性的意义。

五、犯罪定义的本质

综上，犯罪定义就是对行为进行犯罪化处理过程中所使用的符号和规范体系。其中，"犯罪化"、"符号体系"和"价值准则"是犯罪定义的三个外在的形式特征，不具备这三个特征的概念，便不是我们所说的犯罪定义。另外，犯罪定义学研究更应当着重回答的问题是犯罪定义的内在根据问题，即，一种行为被标定为犯罪的决定性因素到底是什么。对此，犯罪学中有两大理论倾向：主体本位的犯罪定义观和客体本位的犯罪定义观。主体本位的犯罪定义观认为，行为被赋予犯罪意义的决定性因素是定义者即定义的主体，而非被定义的行为本身即定义的客体：主体性是犯罪定义的核心属性。与此不同，客体本位的犯罪定义观认为，犯罪定义中的决定性因素是被定义的行为、现象本身，而非定义者自身的主体性：客体性是犯罪定义的核心属性。这两种理论倾向，实际上是对犯罪定义本质的不同理解。

仍以前文提到的偷面包与偷铁路的问题为例。如果坚持客体本位的犯罪定义观，认为决定犯罪定义过程的主要因素是犯罪定义的客体即被犯罪化的行为，那么，这两种偷只会是轻重的不同，但因本质上都是偷，都将被定义为同样的犯罪。因为，不论是作为符号体系还是作为禁止性规范，作为客观对象的反映，犯罪定义都是描述并且禁止"偷"这种行为的符号体系和规范准则。"偷"的行为是因，对"偷"的行为给予否定评价的定义是果，有因才有果，无因便无果。相反，如果坚持主体本位的犯罪定义观，认为主导犯罪化过程的决定性因素是犯罪定义的主体即从事犯罪化活动的人,那么,这两种偷不一定都被定义为犯罪,也许只有偷面包的行为才被定义为犯罪,或者只有偷铁路的行为才被定义为犯罪。因为,既然定义犯罪的人主导着犯罪化过程,那么,问题的关键便不是何种行为应被定义为犯罪,而是谁的行为更可能被定义为犯罪,具体来说,就要看是偷面包的人群主导着犯罪化过程,还是偷铁路的人群拥有着定义犯罪的权力。其中,定义犯罪的主体自身的好恶、取向、偏好、利益便不可避免地被植入犯罪的符号体系、规范准则当中,对什么行为赋予犯罪的意义和属性,便不可避免地凝结着、包含着定义者自身的印记和痕迹。看来,所持的犯罪定义观不同,对于同样行为是否为犯罪的问题就会有截然不同的回答,对同一犯罪定义也会有不同的解读。因此,和"犯罪特性"、"犯罪形态"一样,"犯罪定义"是犯罪学中另一个基本范畴,如何理解犯罪定义,是犯罪与国家之间关系问题研究的基础理论问题。

第二节 主体本位的犯罪定义观

如前所述,按照主体本位的犯罪定义观,犯罪定义并非犯罪行为本身固有属性的翻版或者摹写,而是定义犯罪的主体赋予某些行为以犯罪的意义和属性的结果。谁,根据何种标准,出于何种利益驱动,将何种行为界说为犯罪等问题在犯罪定义中更具有前提意义。尽管没有犯罪定义的主体,仍然可以存在可能叫做犯罪的那些行为,但是,没有犯罪定义的主体,这些行为便不可能具有犯罪的意义和属性。所以,主体本位的犯罪定义观认为,主导犯罪化过程的决定性因素是犯罪定义的主体即从事犯罪化活动的人,而非可能叫做犯罪的那些行为本身。现代社会的犯罪定义和原始禁忌之间虽然内容不同,但在一定意义上是一样的:它们都不是犯罪行为本身的复制,而是在很大程度上映射出犯罪定义制定者自身的某种属性即犯罪定义的主体性。因此,关键不在于什么行为实际上是犯罪,而在于什么行为应当或者需要被称为犯罪。应当不应当,需要不需要,不取决于被定义的行为自身,而取决于操作符号体系和规范准则的定义者。可见,主体本位的犯罪定义观实际上是应然犯罪学在犯罪定义问题上的具体化。主体本位的犯罪定义观认为,重要的不是盗窃行为是不是犯罪,而是为什么盗窃行为应当被叫做犯罪;不是人为什么会实施盗窃行为的原因、社会上为什么总会有人盗窃的原因，而是社会需要将盗窃行为定义为犯罪的原因。这倒不是说，主体本位的犯罪定义观认为定义者应当主导犯罪化过程，而是说，犯罪定义中的主体性因素是犯罪化过程实际上的主导因素。在后面的分析中我们还将看到，揭示主体性因素在犯罪定义过程中的作用，才谈得上理性地限制主体性因素在犯罪化过程中的能动作用。具体说来，主体本位的犯罪定义观有以下三种理论依据：

一、能动论

主体本位的犯罪定义观认为，犯罪化过程是个能动的过程。因为从某种意义上说，犯罪定义过程又是个对象化的过程。所谓对象化，就是通过有目的的活动，主体将自身的某种属性植入或者凝结到对象身上。比如，商品生产的过程、艺术品的塑造过程，都是生产者、艺术家在原材料身上展示自己的知识、技能、审美、功利计算等主体性因素的过程，而这些展示的过程，既离不开作为客体的原材料，又离不开主体的知识、审美和技能。其中，同样的客体、同样的原材料，由不同的主体进行加工、塑造，便会有完全不同的成果。通常情况下，面对某个伪劣产品或者低俗的艺术品，一般没人责问这些产品或者艺术品的原料如何如何，相反，人们最为直接的反应是制作这个产品的人素质如何低劣、该艺术品的作者品味如何一般。之所以如此，就是因为对象化过程中的主体实际上是能动的、积极的、主动的、自我的主体。犯罪化过程也是一样：它也是人们对各种原本裸的行为进行对象化活动的结果。通过这种特殊的对象化活动，定义者将犯罪的意义、属性以及主体自身的好恶标准、利害取向、是非观念等粘贴到某个动作、行为上，使其从此可以合法地被称为犯罪。对此，一个民间传说形象、生动地说明了犯罪定义中能动性的一面。

"过去有个女人，三十多岁时死去丈夫。拉扯着儿子守寡，怎么能守住？不久，便与河对岸庙里的和尚私通。河上没有桥，便黑夜跳水过河幽会。这娃子聪明过人，长大进京城考得状元。考中回乡，人们说这和尚怕没得命了。谁料想状元回来，只字不提往事，却下令手下人，在河上修一座石拱小桥。自此，他娘夜里与情人私通，再不用跳水。多年过去，老娘丧命。状元回家奔丧。人们都说这状元心地好，说不定还要把和尚老儿的后事一块安排、料理一下。谁知状元忽然下令，将和尚绑起来杀掉。乡邻皆惊。状元提笔写下一副对联：修小桥给母行孝，杀和尚为父雪耻。"①

故事里，就某个行为是否应被赋予犯罪意义的问题，一共发生了两次争论，实际上是两次定义权的争夺：第一次是状元考中回乡，乡亲们认为"这和尚怕没得命了"，其潜在的假定就是认为，私通的行为属于罪恶，所以状元一定会适用这一犯罪定义，将和尚绳之以法。但状元有不同意见，他认为不孝才是最大的罪恶，所以要"修小桥给母行孝"。第二次是状元回乡奔丧，乡亲们认为"状元心地好，说不定还要把和尚老儿的后事一块安排、料理一下"。如果心地不好，就不会照料老和尚了。没想到，状元又有不同意见，认为和尚罪大恶极，使家父蒙耻，应当就地正法，所以要"杀和尚为父雪耻"。从这两次争论中不难看出，生活世界中犯罪定义的制定、运用都是非常灵活且能动的，犯罪定义与被定义的行为之间，从来就不存在一对一的固定关系。对于某个行为到底是赋予还是不赋予犯罪的意义，操作起来的灵活性显而易见。其间，许多来自定义者自身的处境、目的、观念、需要等因素，都在不同程度上对这种对象化活动产生影响。而且，现实生活中某种行为与犯罪意义之间的关系不是孤立的、线性的，某种行为往往同时和许多种可能的意义评价相关联。可见，在关于犯罪的对象化活动中，对何种行为赋予或不赋予犯罪的意义固然重要，谁参与这种能动的选择更为重要；而且，在有权从事这一活动的主体之间还存在着话语权的较力和竞争，谁最终获得了话语霸权，他定义为犯罪的行为才能最终获选成为犯罪，而最终取得话语霸权的主体的自身好恶、价值取向、认识局限等主体性因素，都不可避免地影响着犯罪定义过程，从而体现在犯罪定义的结果中。正如福柯所说："实际上，这里包含着一种计算原则。肉体、想象、痛苦、应受尊重的心灵，实际上不是应受惩罚的罪犯的，而是那些加入契约的、有权对罪犯行使集体权力的人的……需要加以调解和计算的，是惩罚对施加惩罚者及其声称有权行使的权力的反馈效果。"②

福柯认为：在犯罪定义活动中，犯罪成为依据一般规范确立的事实，罪犯是依据特殊标准才能辨认的个人，这是一种客体关系（object-relation）。这种客体关系并不是从外部附加给惩罚实践的，也不是情感

---

① 师蒂：《神话与法制——西南民族法文化研究》，37页。
② ［法］福柯：《规训与惩罚》，101页。

的极限对公开处决的残暴所施加的禁锢,也不是对"受惩罚的人究竟是什么"所作的理性的或"科学"的质疑。这种对象化过程起源于有关权力及其使用、安排的策略本身。在这种权力及其使用、安排的策略中,权力以符号学为工具,把"精神"(头脑)当做可供铭写的物体表面,通过控制思想来征服肉体,这比酷刑和处决的仪式要有效得多。[①] 这种"权力安排的策略"对生活世界还是具有相当解释力的:在我国西南地区,直到20世纪90年代仍保留着一些处理纠纷的原始方式,其中一个特点就是,许多在今天看来属于刑事问题的冲突,最终往往转化为以民事手段了结。例如,怒江白族对复仇械斗的解决,最终都很少真的以命抵命,许多冲突都转化为经济赔偿。在复仇械斗中,如果双方死亡人数不等,一方要赔偿另一方命金,按习惯是一赔二,但实施起来,往往以实物或牲畜抵偿,通常是8条牛抵1人,而8条牛中,又可以只赔偿4条,其余4条牛,每条可用一只铁三脚架或1只鸡、1只羊作抵偿。若以赔人抵命,则两个老人或两名妇女抵一个青壮年男子。另外,死者家属还可以要求对方赔偿"眼泪钱"。景颇族对杀人案件的处理一般也不要求偿命,在山官等人的调解下,通常1条人命赔1条到8条牛或一百到数百文钱,此外,还要赔龙袍、黑布衣服、火枪、擦血布、长刀、矛头等物。[②]

在当代犯罪学说中,著名的标签论就较早地注意到犯罪定义过程的这种主体能动性并从理论上给出了解释。标签论是20世纪30年代末由美国社会学家坦南鲍姆、莱默特、贝克尔等人在先后发表的《犯罪与社区》、《局外人》等论著中提出的一种犯罪学理论。标签论认为,犯罪现象的产生是一个"贴标签"的过程。所谓"贴标签",就是立法者、司法者、社会舆论,把某些人的某些行为定义为越轨的过程。贝克尔关于大麻相关行为犯罪化过程的个案研究,就是这个"贴标签"过程的缩写:服用大麻,在1937年以前的美国是合法的。1937年《美国联邦大麻印花税法》通过以后,服用大麻就成了非法行为。贝克尔对此首先提出问题:其实,从医学效应上看,大麻比鸦片等其他毒品对人体的致害作用小得多。那么,社会为什么硬要把服用大麻的行为非法化呢?贝克尔发现,美国麻醉品管理局的官僚们为了提升自己的社会地位和权力,

---

[①] 参见[法]福柯:《规训与惩罚》,112~113页。
[②] 参见师蒂:《神话与法制——西南民族法文化研究》,112~113页。

发动了一场大规模的宣传运动,竭力把服用大麻与暴力犯罪联系起来,影片《大麻狂》就是这一时期的产物。结果,在这种夸大性宣传的推动下,立法机关果然把服用大麻的行为非法化了。贝克尔认为,在这个过程中,麻醉品管理局的官僚们就是所谓的"道德创业者"、"道德企业家",正是他们利用立法机关把本来不被视为非法的行为非法化,从而使其被贴上了非法的标签,创造了新的非法行为。贝克尔分析道:越轨"是由社会造成的。我这样说所表达的并不是通常人们所理解的那种意思:把越轨行为的原因归于越轨者的社会情境和促成其行为的'社会因素'。我的意思是说,各种社会群体创造了越轨行为;其方式是制订那些一经违反就会造成越轨的准则,并把这些准则应用于特定的人,给他贴上不受欢迎者的标志。从这种观点看,越轨不是人们所从事的某种活动的特质,而是其他人将准则及制裁施加于'触犯者'的结果。越轨者是被成功地贴上了这种标志的人,越轨行为也是人们如法炮制的行为……"① 总之,犯罪定义的能动性是理解其主体本位的前提:正因为何种行为被赋予犯罪的意义取决于主体的自主活动,所以才可能使定义的"原料"服从定义者的意志,被塑造出任何一种后来被人们叫做犯罪的东西。从这个意义上说,犯罪定义的制定过程,也是各种社会意义资源的选择、争夺、运用与分配的过程。在这当中,任何参与意义资源争夺的人,都不可能只消极、被动地反映、符合对象,服从对象。

二、多元论

能动的主体才可能成为主导犯罪化过程的主体,然而,主体能动性的发挥有赖于一个前提条件:存在着多种可供争夺和分配的意义资源。如果社会中只有一种所谓统一的公认的规范准则,那么,便不会发生意义资源的选择与争夺,也就没有所谓犯罪定义中的主体能动性问题。在这个问题上,主体本位的犯罪定义观相信,任何社会都不存在衡量犯罪的唯一通行、公认的所谓行为准则和价值规范,行为准则是多元的,而且是相互冲突的。犯罪学中的文化冲突论就清楚地表达了这样的理念。1938年,美国学者塞林在《文化冲突与犯罪》一书中提出,犯罪是文化冲突的结果。文化冲突论有两个基本假定:第一,社会中每个群体,

---

① [美]杰克·D·道格拉斯、弗兰西斯·C·瓦克斯勒:《越轨社会学概论》,152~157页。

不论是地缘群体、阶级、阶层、权力集团、亚文化群体,等等,都拥有自己的文化规范,包括道德规范、行为准则、价值观念或者法律制度。就像不存在不属于任何群体的个体一样,也不存在不属于任何群体的文化规范。社会群体是多元的,这就使得文化规范也是多元的。第二,任何个体指引自己行为的准则,都是他所处社会群体的文化规范。每个人都有遵从自己所属群体的文化规范的倾向。既不能仅仅用所谓一般的通行的价值规范来解释人的行为,也不能用所谓冲动、本能、需要、遗传等生物性因素来解释人的行为。基于这两个前提,如果人们都拥有、遵从自己的群体规范,而这些被遵从的规范又是多元的,那么,当每个人都按照自己所属群体的规范去行为时,就意味着触犯其他群体规范的可能性。于是,由文化冲突所导致的极端形式即犯罪便在所难免。从这个意义上说,犯罪其实是不同文化之间发生碰撞的结果。塞林认为,对每个人来说,在一定场合下,都有按照正确的、规范的或者不正确、不规范的方式去行为的可能性。而何谓正确,何谓规范,合乎什么规范,都是个体所属的社会群体定义的。当一个人按照他或者她所属的社会群体定义的规范和期望去行为时,就意味着违反或者触犯其他社会群体所定义的规范的可能性,从而意味着与其他社会群体的成员发生冲突的机会。犯罪,就是这种规范冲突的结果。① 塞林相信有两种文化冲突:一是纵向的冲突,二是横向的冲突。前者是新旧文化之间的冲突,后者主要是不同文化圈之间冲突。不论是何种冲突,都不能简单地说,犯罪是对规范的不适应、不服从。从某种意义上说,犯罪恰恰是遵从、服从某种规范,从而触犯了另一种规范的结果。②

可以看出,文化冲突论不仅仅是一种用来解释犯罪行为的犯罪原因理论,更是一种解释犯罪定义原因的理论。按照文化冲突论,从事规范制定的主体并不是唯一的,因而可供人们选择、适用的规范本身也自然不会是一元的,而是多元的。正因为如此,人们才可能积极、能动地在规范库中寻找对自己有利的规范,并将其运用到犯罪定义的制定中去。在犯罪学中,认同这种多元论的理论学说并非凤毛麟角。比如,1956年,美国学者塔夫特在《犯罪学》一书中提出了犯罪文化论,认为美国

---

① See Stuart H. Traub and Craig B. Little, *Theories of Deviance*, F. E. Peacock Publishers, Inc., 1985, pp. 58–68.
② 参见白建军:《犯罪学原理》,78~83页。

文化是动态的,其行为规范的标准不断改变,昨天错的,就是今天对的。美国文化还具有复杂性,犯罪是文化之间相互冲突的产物。① 再如,1974年,美国学者巴伦在《犯因性社会:社会价值观与越轨》中提出了犯因性社会论。按照该说,美国文化本身就包含着文化准则的动态性特征,行为准则的变化相当迅速,以至于正确与错误之间的差别变得越来越小。而且,美国文化还产生新的相互冲突的价值观和行为准则,在美国主流社会中被认为非法的行为,在一些群体的亚文化中不一定被认为是错误的。②

这些多元论都揭示了这样一个事实:多元化的社会中,人们用来界说各种行为的规范和准则也是多元的。因此,不同的定义者,根据不同的准则,就会定义出不同的犯罪,犯罪定义因而也不是唯一的。正因为规范是多元的、犯罪定义是多元的,所以,某个行为到底是不是犯罪,也从来就不是只有一个答案,更不能说,同一个行为被赋予的众多意义和属性中,只有其中哪一个才是唯一、正确的定义。行为被定义或者不被定义为犯罪,关键在于定义者,而不是被定义的行为本身。

三、冲突论

可供选择的规范是多元的,所以才会有主体能动性的发挥空间。然而,多元的规范准则又是怎么来的呢?主体本位的犯罪定义观相信,多元化的规范标准来自于社会关系的多元化和社会资源分配的不平等所导致的社会冲突。20世纪70年代开始,西方犯罪学家们开始关注这样一些问题:如何识别美国社会中"真正的"犯罪,如牟取暴利、性别歧视、种族歧视?如何评价刑法是怎样被作为一种社会控制工具而被使用的?如何将注意力从公民转向美国社会中的不平等?③ 冲突论就是西方犯罪学围绕这些问题的一系列理论回答。

在冲突论看来,人与人之间的社会关系,至少可以分为经济关系、权力关系和意义关系。在经济关系中,物质财富资源在人们之间的分配从来就没有平等过。在强制与服从的权力关系中,权力作为另一种社会资源在人们之间的不平等分配更是不争的事实。这种不平等意味着,总

---

① 参见吴宗宪:《西方犯罪学史》,692~693页。
② 参见上书,694页。
③ 参见上书,736页。

是有人比另一些人更容易贯彻自己的意志以获得他人的服从。此外，所谓意义关系，就是指人们之间因符号资源的不平等占有而形成的社会关系。比如，在性别歧视的情况下，男性比女性拥有更多的优势资源；在一定的专业领域中，职称、学历较高者比他人拥有更多的优势资源；在崇尚竞争和物质成功的社会中，成功者比其他人占据了更多的符号优势；在某个文化圈中，外来者就不像本土人口有那么多的便利条件可以利用；在熟人社会里，有没有某种人际关系上的优势显然大不一样。凡此种种，都意味着符号资源的拥有或不拥有的差异，因而也就意味着意义作为一种资源在人们之间的不平等分配。如果说较多的财产、较大的权力对人们的强制是一种显而易见的强制的话，那么，意义资源对人的强制是一种无形的强制。总之，人们之间的社会关系是多元的、复杂的，所以，人既是经济人，又是政治人，还是观念人。同时，人们之间的社会关系又存在着资源分配的不平等，所以，有人拥有较多的财富、权力或者符号，于是就拥有了较多的工具性资源。因为人们可以凭借较多的财富、权力或者符号资源去更方便地获得更多的财富、权力或者符号，结果，有人拥有一定的资源优势，有人则只能处于资源分配关系中的劣势地位。[①] 据考，在吐蕃行为规则中，如果被害人的身份是大尚论本人或与大尚论赔偿命价相同者之一人，而加害人是尚论告身以下、铜告身以上赔偿命价之人，那么，处罚方法就是男性杀之以绝其嗣，没收全部牲畜、奴户、库物，或者赔偿银5 000两。如果被害人的身份是大尚论或与大尚论赔偿命价相同之人，而加害人是"大藏"以下、平民百姓以上者，那么，处罚方法就是子孙一并杀之，以绝其嗣，没收全部牲畜、奴户、库物。如果被害人是王室一切奴隶及尚论所属耕奴等人，而加害人是"大藏"以下一切武士赔偿命价相同之人中一人，那么，处罚方法最高只是赔偿银100两。总之，被害人的身份越高，加害人的犯罪就越严重，对其处罚也随之越重，最高的命价为1万两白银，最低的命价仅为20两白银，相差200倍。[②] 很显然，有序性是秩序的重要属性，而在资源分配关系中，所谓有序性其实就是资源分配关系中的不平等性，就是资源优势与资源劣势的差异性。这种差异性体现在犯罪定义中，表面上是保护普遍意义上的秩序，其实是以有益于资源优势拥有者的方式被制定和适用，也就是说，"法律以其庄严的平等，禁止穷人，

---

① 参见白建军：《犯罪学原理》，125～146页。
② 参见师蒂：《神话与法制——西南民族法文化研究》，102～105页。

也同样禁止富人在桥下睡觉、沿街乞讨和偷面包"①。

　　由资源分配关系的这种横向上的多元性和纵向上的不平等性所决定，用来标定人们行为的意义和属性的规范准则，绝不可能是所谓唯一的、每个人都认同的规范准则。而且，人们都会倾向于从各种可能的选择中寻找有利于自己的规范准则来定义别人或者自己的行为。例如，1949年，美国学者默顿在《社会理论与社会结构》中提出了社会异常论，认为犯罪是文化目标与手段之间断裂的结果。所谓文化结构，就是指社会通行的价值目标，它规定着人们的生活目的。所谓社会结构就是由不同的角色、身份、地位的人所组成的社会关系，也即人们之间因社会分层所形成的社会地位差别。默顿认为，社会成员都是通过一定社会结构去实现价值目标的。也就是说，社会结构是实现一定价值目标的手段。当目标和手段一致时，人们可以凭借社会提供的合法手段去实现社会规定的价值目标。但是，如果一方面社会为人们规定了通行的价值目标，但另一方面又没有给人们提供足够的实现价值目标的手段，那么，目标与手段之间就发生了矛盾、断裂。具体到美国社会，一方面，通行的价值目标是获取物质上的成功，但另一方面，社会只给上层社会成员提供了足够的手段，而对下层社会成员来说，手段与目标并不一致：要么放弃通行的价值目标，安于现状；要么放弃合法手段，用非法的手段去追求通行的价值目标。这就在社会成员实现通行价值目标过程中，存在着手段上的不平等。社会鼓励人们去赚大钱，但不允许每个人有同等的机会去赚大钱。于是，就在目标与手段相矛盾的个体内心中形成一种压力、紧张等内心体验。于是，面对这种压力，便存在表6—1所示几种可能的反应方式：

表6—1　　　　　　　对社会异常的个体反应方式

适应方式	文化目标	规范手段
遵从	＋	＋
改革	＋	－
形式主义	－	＋
退却主义	－	－
造反	±	±

（＋代表接受；－代表拒绝；±代表拒绝并代之以新的价值）

---

① ［美］格尔哈斯·伦斯基：《权力与特权：社会分层的理论》，关信平等译，68页，杭州，浙江人民出版社，1988。

其中，遵从的反应方式表现为个体既接受通行的文化目标，又接受规范的行为手段，目标与手段是一致的，因而此种个体通常不会越轨。可是，对改革的反应方式而言，目标与手段之间就没有那么和谐了：个体接受了文化目标，但是，如果单单凭借社会提供的合法手段，根本不足以实现社会通行的文化目标。这些个体不拥有足够的正统手段，又渴望物质上的成功，于是，用非法手段去实现社会文化目标便成为他们的必然选择。[1] 在其他几种反应方式中，目标与手段之间也存在不同形式的断裂，而不同形式的断裂又影响着人们的行为决策和定义他人行为时的不同立场。这是一种典型的社会"事实的联系和相互依赖性的动力学分析"[2]。

此外，美国学者克洛沃德和奥林于1960年在其合著的《少年犯罪与机会：一种少年犯罪帮伙理论》中提出了不同机会论，认为犯罪是由个人对获得成功的合法机会和非法机会的不同接近程度决定的：当个人谋求成功的合法机会受到阻碍时，就会利用非法的机会（手段）追求成功，从而导致越轨及犯罪行为的产生。值得注意的是，在不同机会论中，人们之间成功的合法机会、社会地位的差异，也和多种可供选择的亚文化群之间密切相关。这些亚文化群包括三种类型：犯罪亚文化群、冲突亚文化群、逃避亚文化群。在这些亚文化群的影响下，多数犯罪行为都是功能性的或工具性的——它们都是达到最终目的的手段，都是达到一般人都在追求的那些习俗目标的过程，即获得人们普遍追求的那些成功。[3] 就是说，尽管人们有权平等地具有获得成功的愿望，但人们实际上并没有同样的成功机会。这就使得人们必然亲近完全不同的文化，用不同的规范解释自己或定义别人的行为。

此外，犯罪学中还有许多理论学说，都分别从各自的理论视角说明，社会资源分配关系中的各种不平等如何导致了行为评价和界说过程中的多重性、多义性。例如，沃尔德在其《理论犯罪学》中提出的利益群体冲突论认为，犯罪是利益群体之间冲突的必然结果。特克在其《犯罪学与法律秩序》一书中提出的权力冲突论，就十分强调权力在定义犯

---

[1] See Stuart H. Traub and Craig B. Little, *Theories of Deviance*, F. E. Peacock Publishers, Inc., 1985, pp. 107–138.
[2] [苏]伊·安东诺维奇：《美国社会学》，12页，北京，商务印书馆，1981。
[3] 参见吴宗宪：《西方犯罪学史》，645～648页。

罪时的关键作用。特克也认为，不存在固有的犯罪行为和犯罪人，犯罪是有权这样做的人根据非法的、法律之外的和法律规定的标准，将犯罪身份强加给一些人的结果；由于社会冲突的存在，在一定的社会条件下，一些人比另一些人更有可能被当做犯罪人。昆尼在其《犯罪的社会现实》一书中提出的犯罪社会现实论认为，犯罪是由利益冲突引起的权力争夺的结果，犯罪是有权力的群体为维护自身利益并控制无权者而设立的定义。昆尼明确指出，犯罪定义就是有权者控制无权者的工具，犯罪定义的适用，并不取决于行为本身的性质，而是取决于对该行为人及其所属阶级的认识，因此，那些行为模式与统治阶级的行为模式相冲突的人，最有可能被当做犯罪人。因此，无论是设立犯罪定义的人还是被当做犯罪人的人，都涉及相互关联的行为模式……每一方的命运都是与另一方的命运相联系的。[①]

从冲突论的这些论述中，可以清楚看到犯罪定义的主体性因素是如何因社会冲突的存在而得到解释的。按照冲突论的逻辑，由资源分配的不平等、不同利益群体之间的社会冲突所决定，将何种行为冠名为犯罪、何种行为被赋予犯罪的意义，不可能过多地考虑被定义的行为自身的原有属性，相反，犯罪定义倒是冲突中赢得犯罪定义权的主体用来贯彻自己意志的最好工具。

综上，认为犯罪定义中的主导因素是定义者的主体性，是能动论、多元论以及冲突论的合乎逻辑的必然推论结果。只要定义者在定义活动中积极、能动地确证自己，只要这种能动性以多种可供选择的规范资源为条件，只要被用来支持某个犯罪定义活动的规范资源奠基于定义者的群体利益和优势地位，那么，犯罪定义便不可能不表现出突出的主体性特征。

第三节　客体本位的犯罪定义观

犯罪定义过程以主体性为主导，是个深刻的事实，但同时又是个危险的事实：对主体性的过分强调，很可能会使得犯罪定义活动远离犯罪

[①] 参见吴宗宪：《西方犯罪学史》，741～749页。

行为本身的客观属性,将主体性放大到过分的程度。因此,与主体本位的犯罪定义观相对,犯罪学中出现了另一种犯罪定义学的理论范式,即客体本位的犯罪定义观。这种理论认为,犯罪定义中的主导因素、决定性因素,是被定义的行为本身。这些行为不以认识者的意愿而转移,不随着定义者的需要而变化。不论谁是定义者,只要他尊重事实,只要他从客观的犯罪实际出发,被定义为犯罪的行为都将是一样的。因此,犯罪定义说到底是犯罪行为的副本,是犯罪行为的客观反映。犯罪定义的客体性,主导着犯罪定义的制定和变化。客体本位的犯罪定义观也有三种基本理论依据:

一、摹状论

摹状,就是指描摹、摹写、摹绘、临摹、摹本等义。在客体本位的犯罪定义观看来,犯罪定义主体与犯罪行为之间的关系主要是认识与被认识、反映与被反映的真理关系、认知关系。作为认识、反映犯罪客观实际的结果,犯罪定义中被认识、被反映的犯罪行为自然是第一性的、决定性的因素,有什么样的犯罪行为,才会有什么样的犯罪定义,才会有什么样的犯罪摹本。没有被认识的客体,任何所谓的犯罪定义都只能是杜撰。从这个意义上说,犯罪定义只是关于犯罪行为的一套客观知识,是犯罪定义者描摹、摹绘犯罪现实的结果。按照这种摹状论,犯罪定义不应该过分流露出定义者自身的主观能动性。

摹状论的典型代表就是意大利学派的实证主义犯罪定义观。意大利学派的学者坚持认为,犯罪定义完全是对客观存在着的犯罪行为的尽可能真实的反映。在实证学派的理论体系中,我们可以清楚看到犯罪人、犯罪原因、犯罪定义这三条线索之间的决定与受动的相关关系。其中,第一条线索是犯罪人分类。龙布罗梭认为,犯罪人可分为生来犯罪人、悖德狂犯罪人、激情犯罪人、精神病犯罪人、偶然性犯罪人。[1] 菲利将所有罪犯分为 5 类:精神病犯、天生犯罪人、惯犯、偶犯、情感犯。[2] 显然,菲利和龙布罗梭的犯罪人分类不尽相同,但共同点还是显而易见

---

[1] 关于龙布罗梭的犯罪人分类,不同学者有不同的归纳。但总体来看,不同分类的一端往往是生来犯罪人,另一端往往是偶然性犯罪人。足见作为特殊人的犯罪人,其特殊的程度在不同类型的犯罪人身上有不同的体现。参见吴宗宪:《西方犯罪学史》,196~198 页。
[2] 参见 [意] 恩里科·菲利:《犯罪社会学》,21 页。

的：罪犯的划分标准，实际上都是实施犯罪时的可选择性的大小。这两个分类体系中，一端要么是生来犯罪人，要么是精神病犯罪人，反正都是在更大程度上不得不实施犯罪的人；另一端要么是偶然性犯罪人，要么是偶犯和情感犯，反正都是在一定程度上由于自由选择而实施犯罪的人。总之，有的罪犯的特殊性更加稳定、固化，而有的犯罪人的犯罪素质或倾向相对不那么稳定。前者的犯罪必然性较大，后者的犯罪必然性较小。

在第二条线索上，实证学派又按照其作用的稳定性程度对影响犯罪人的因素进行分类。在实证学派看来，各种犯罪原因中强度最大、影响力最稳定、作用面最深刻的，当属人类学因素。另外，实证派的学者们又认为，犯罪不都是人类学因素的结果，犯罪原因体系中还有一些比较活跃的因素，它们对犯罪的影响具有较大的或然性。在多数情况下，这种活性因素往往是指社会因素。除了犯罪人自身固有的生理、心理、遗传等方面的原因以外，龙布罗梭并不否认其他许多因素也对犯罪产生影响。他明确指出，所有的犯罪均起源于多种原因，这些原因往往相互交织并且相互包容，但这并不妨碍我们遵循学术上的要求并使用其术语，一个一个地对它们进行研究。就像在考察所有人类现象时所做的那样，对于这些现象人们几乎从来不能用单一的原因加以解释，否认其他原因的影响作用。① 对菲利来说，犯罪不仅仅是人类学因素作用的结果，还是自然因素以及社会因素共同作用的结果。犯罪的发生机理在于，犯罪人分类与犯罪原因分类之间的正相关关系：犯罪原因的稳定性越强，犯罪的不可选择性就越强；犯罪原因的活动性程度越大，犯罪的可选择性或偶然性就越大。或者说，犯罪人实施犯罪的不可选择性越强，越可能是犯罪原因的稳定影响的结果；犯罪人实施犯罪的不可选择性越弱，越可能是犯罪原因的活动性影响的结果。

在第三条线索上，实证学派认为，社会对犯罪的各种反应构成了犯罪定义体系，这些反应的严厉程度因犯罪类型和犯罪原因的不同而不同。这三者之间存在着某种定序上的相关性：其一，犯罪原因——从稳定性较大的人类学因素到活动性程度较大的社会因素；其二，犯罪人——从"返祖"现象最明显的精神病犯罪人、天生犯罪人到偶犯、情感犯；其三，犯罪定义——从进化地位较低的刑罚到进化地位较高的刑罚替代物。这三个变量之间呈现出一种正相关关系：犯罪原因的稳定性

---

① 参见［意］切萨雷·龙勃罗梭：《犯罪人论》，200页。

越大，犯罪越可能表现为"返祖"现象，犯罪定义越可能以严厉的刑罚形式出现。反之，犯罪原因的活动性程度越大，犯罪越可能表现为偶然现象，犯罪定义越可能以刑罚替代物的形式出现。这个关系如图6-1所示：

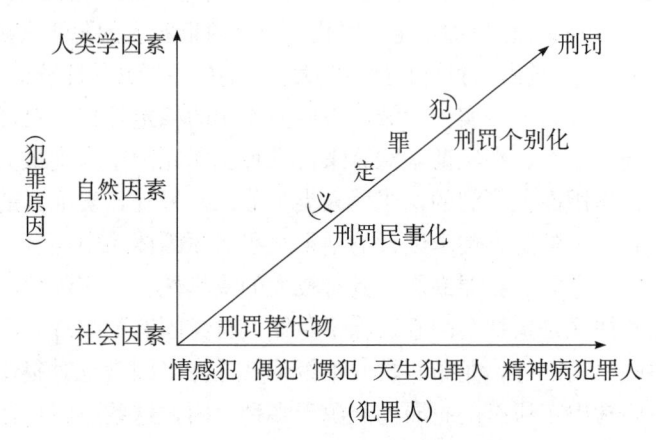

```
人类学因素 ↑                        刑罚
                              犯
                           罪
(犯罪原因)  自然因素      定        刑罚个别化
                      义
                            刑罚民事化

社会因素    刑罚替代物
         ────────────────────────→
         情感犯 偶犯 惯犯 天生犯罪人 精神病犯罪人
                        (犯罪人)
```

图6—1 实证学派的犯罪学理论中犯罪人、犯罪原因、犯罪定义三者之间的逻辑关系

从图中可以清楚地看到，由刑罚、刑罚替代物等社会反应所构成的犯罪定义体系，完全受制于两个先在的客观因素：犯罪人和犯罪原因。可见，犯罪定义是犯罪人和犯罪原因的主观反映，而不是相反。犯罪定义不可能决定着犯罪人如何变化，更无法对犯罪原因的变化产生影响。这里基本上看不到犯罪定义主体的能动性。相反，客体本位的犯罪定义观的理论基础之一，就是这种摹状论的理念。

二、一元论

在客体本位的犯罪定义观看来，不仅犯罪定义应当忠实反映犯罪的客观实际，而且，用来衡量何谓犯罪的规范尺度也不可能是多元的，而应当是统一的、公认的。他们相信：的确存在着判断何谓犯罪的唯一通行、公认的行为准则和价值规范。行为准则不可能是多元的，因而也不可能是相互冲突的。按照这种犯罪定义观，所谓犯罪也只可能是一种客观存在的与唯一、正统的规范准则相悖的行为。这就是犯罪定义学中的一元论思想。

在犯罪学中，一元论的典型代表就是意大利学派的加罗法洛提出的所谓"自然犯罪"观。加罗法洛为自己规定的基本问题是，在为现存法律所确认的犯罪中，是否存在所有时期和所有地方都认为应受到处罚的行为。加罗法洛企图找到这种超越时空界限而普遍存在的犯罪。加罗法洛认为，虽然不存在在任何时空都被叫做犯罪的行为，但存在具有某种"永远的特性"的、在任何时空都会受到侵害的道德情感，这种侵害普遍道德情感的行为就叫做自然犯罪。在《犯罪学》中，加罗法洛指出，实际上存在着"那些被所有文明国家都毫不困难地确定为犯罪并用刑罚加以镇压的行为，它是最清楚和不准确成分最少"的一个指称。[1] 按照加罗法洛的观点，"被所有文明国家都毫不困难地确定为犯罪并用刑罚加以镇压的行为"就是"一种有害行为，但它同时又是一种伤害某种被某个聚居体共同承认的道德情感的行为"[2]。这种所谓共同承认的道德情感就是怜悯、正直这两种利他情感。加罗法洛认为，"在一个行为被公众认为是犯罪前所必需的不道德因素是对道德的伤害，而这种伤害又绝对表现为对怜悯和正直这两种基本利他情感的伤害。而且，对这些情感的伤害不是在较高级和较优良的层次上，而是在全社会都具有的平常程度上，而这种程度对于个人适应社会来说是必不可少的。我们可以确切地把伤害以上两种情感之一的行为称为'自然犯罪'"[3]。实际上，如果把所有犯罪分为两类的话，即悖德性十分明显的犯罪（如杀人、盗窃、抢劫、强奸等），以及悖德性并不明显但触犯了国家某种管理制度的犯罪（如走私、伪造货币、擅自设立金融机构等），那么，加罗法洛所主张的就是，只有前者应被界定为犯罪，可以归入"自然犯罪"的范畴，而后者应被排除在犯罪概念的范畴之外。总之，犯罪的本质属性既不是对法律的违反，也不是对权利的侵害，而是对人类普遍道德情感的伤害。这种伤害是否存在，不以法律是否禁止为转移，也不取决于被害人的某种权利是否已由法律规定得到了设定。

一元论与客体本位的犯罪定义观之间的逻辑联系在于，如果衡量犯罪的尺度是唯一的、统一的、公认的，那么，与其宣布这个唯一的尺度只属于社会中某一个利益集团，与其承认这个所谓的主流尺度只是用来定义某些人的行为的工具，与其让人们看到这个所谓统一的尺度仅仅使各种危害行为中的某些类型被赋予犯罪的意义，倒不如坚持说，这个唯

---

[1] 参见［意］加罗法洛：《犯罪学》，20页。
[2] 同上书，22页。
[3] 同上书，44页。

一的尺度来自于客观世界中一种应当被称为犯罪的行为的客观属性,这个尺度就是犯罪性在人们头脑中的反映。因此,恰恰是客观世界中的犯罪性决定着主观世界中衡量犯罪的尺度,而不是相反。

三、自然论

从某种意义上说,客体本位的犯罪定义观并不直接否认冲突论的观察,也从未明确说过,社会中不存在不同利益集团之间的不平等分配关系以及由此所驱动的社会冲突对犯罪化过程有何影响。然而,客体本位的犯罪定义观还是坚信,社会冲突也许会导致犯罪定义的多元化,但是,这并不等于说犯罪真的是多个定义的产物。相反,他们还是认为,犯罪只有一个,因为犯罪是自然的产物,是不以人的不同"认为"或者"需要"为转移的自然事实。总之,犯罪不是被塑造出来或者发明出来的,而是被认识、发现的客体。所以,客体本位的犯罪定义观又可以被称为自然主义犯罪学。

本书曾经提到的意大利学派关于犯罪现象的自然主义解释以外,在近代的犯罪学研究中,这种自然主义倾向仍然很有影响。比如,1929年,德国学者朗格在《作为命运的犯罪:犯罪孪生子研究》中公布了他的孪生子研究成果,他发现同卵孪生子犯罪的一致率较高,因此得出结论说,犯罪与遗传有关,犯罪人具有不同寻常的遗传素质。朗格首先在巴伐利亚监狱和慕尼黑精神病研究所中找到了[①] 30 对男性孪生子,其中,13 对是同卵孪生子,17 对是异卵孪生子。研究发现,在 13 对同卵孪生子中,双方都有犯罪记录的有 10 对,犯罪一致率为 77%;而在 17 对异卵孪生子中,双方都有犯罪记录的仅有 2 对,犯罪一致率仅为 12%。同时,研究者还调查了 214 对年龄接近的普通兄弟,结果发现,其犯罪一致率仅为 8%。于是得出结论:遗传在制造犯罪人方面起着重要作用。此后,犯罪学研究中不断有人重复孪生子研究,结论不完全一致。美国学者罗萨诺夫等人从事了类似的研究,该研究中,65 对孪生子中的 37 对为同卵、28 对为异卵,样本同样来自监狱和精神病院。研究者将样本分为 3 组:犯罪的成年人,少年犯罪人,有行为障碍但未违法的儿童。结果发现:(1)在成年犯罪人组中,同卵孪生子的犯罪一致

[①] 参见吴宗宪:《西方犯罪学史》,399~404 页。

率为67.6%；而异卵孪生子中，同性别的孪生子犯罪一致率为17.9%，不同性别的孪生子犯罪一致率仅为3.1%。(2) 在少年犯罪人组中，同卵孪生子的犯罪一致率为93%；而在异卵孪生子中，同性别的犯罪一致率为80%，不同性别的犯罪一致率为20%。(3) 在儿童组中，同卵孪生子的行为一致率为87%；而在异卵孪生子中，同性别的行为一致率为43%，不同性别的行为一致率为28%。这说明，犯罪不仅和遗传有关，而且和性别有关。孪生子研究意味着，犯罪人之所以犯罪，很可能是因为他们身体内部具有某种遗传而来的物质因素，犯罪人在自然属性上与其他人之间存在着某种固有的差异，正是这种差异，为其犯罪提供了某种解释。

如果犯罪可以被还原为自然现象，那么，不论定义者如何"看"犯罪，也不管定义者是否需要某个行为被称为犯罪，更不管犯罪应当被赋予何种属性，关键都在于，被定义的犯罪实际上是什么，此即自然主义犯罪学与客体本位的犯罪定义观之间的内在联系。

综上，客体本位的犯罪定义观的理论基础是犯罪学中的摹状论、一元论和自然论。基于这些理论，犯罪化过程中的决定性因素不应是犯罪定义的制定者，而应是被定义的对象本身。犯罪并不是人塑造出来的，而是自然的、固有的。犯罪定义主体只能发现犯罪，而不能发明犯罪。犯罪定义只能是实然犯罪行为的复印件或影像，而不是按照应然的主观标准塑造出来的产物。

第四节 中介本位的犯罪定义观

深入研究犯罪定义的本质问题，有助于科学把握犯罪现象与犯罪定义者之间的关系。因为作为犯罪化的过程与结果，犯罪定义是发动并适用刑罚的前提；作为指称犯罪的符号体系，犯罪定义又是调整加害—被害关系的尺度或天平；作为表达定义者一定价值取向的规范准则，犯罪定义还是一定社会中主流意识形态的一部分。所以，一方面，如果相信犯罪定义仅仅源自于定义的客体本身，相信犯罪定义只是对犯罪现象本身的摹写，则意味着任何刑罚的配置和适用都只能被唯一地归因于被惩罚的对象，任何刑罚适用的合理性和正当性都将不容置疑。而且，任何现行犯罪圈内的行为都是全社会价值体系的反面，而不可能是某某定义者特有价值取向的反面。总之，如果仅仅接受客体本位的犯罪定义观，那么，合法的犯罪定义当然也一定是合理、正当、公正、无可置疑的犯罪定义，犯罪定义中不可能存在实质意义上的不公正。于是，客体本位的犯罪定义观赋予定义者在道义上、权力上、程序上的绝对优势地位，对被定义者而言则意味着绝对的危险，法定的犯罪定义因而获得了一种当然的实质合理性，而在这种"当然的实质合理性"背后，定义者自身的某种局限或者利害便可能被掩盖起来。

另一方面，如果认为犯罪定义仅仅源自于定义者自己所处的地位和价值取向，认为犯罪完全是定义者能动塑造的结果，那么，犯罪定义背后可能隐藏着的恣意妄为和定义权的滥用的确很难再有藏身之地。但是，这种批判性理解在指出犯罪定义虚伪一面的同时，也使得犯罪定义的客观性显得可有可无。而事实上，任何犯罪定义都不是完全独立于其定义对象的纯粹的主观杜撰；而且，即使是定义者自身好恶的彰显，也源自于一定的客观必然。如果将犯罪定义百分之百地归结为定义者的任意所为，那么，任何法定的犯罪定义都可能是不合理的、不公正的，于是，法定的犯罪定义便不可避免地失去其作为规范的严肃性以及作为科学研究对象的客观性，最终，人们仍然无法借助犯罪定义科学地把握犯罪与国家惩罚权之间的关系。可见，犯罪定义的本质问题，是理解犯罪与国家之间关系的关键点，也是犯罪学与刑法学之间的核心链接。

那么，犯罪到底是被人们发现的，还是被人们发明的？笔者认为，首先应当承认，没有对象化活动中的对象本身便没有对象化活动，没有犯罪定义的客体便谈不上犯罪定义。从这个意义上说，犯罪定义的过程首先是个发现犯罪的过程。如果没有犯罪本身的非善性（恶意与敌意）、悖逆性（反伦理性与反秩序性）、危险性（原因危险与结果危险）以及严重性（定性与定量），犯罪定义便没有了对象。犯罪性是犯罪定义的客观根据，犯罪定义离不开犯罪性的客观限制。然而也应看到，主体性也的确是在何种行为应当被犯罪化的过程中表现最为活跃的因素，这就使得犯罪定义有可能成为犯罪定义主体滥用规范优势的工具。所以说，犯罪定义同时又是选择规范准则的能动过程。不承认这一点，就看不到犯罪定义过程中可能存在的危险性和虚伪性。

综合起来看，犯罪定义实际上是主、客体之间的一个中介物，只有在主、客体的共同影响下不断调整自己，既服从来自主体方面的能动要求，又接受来自客体方面的规定和制约，犯罪定义才能比较客观地反映犯罪问题的现实，尽可能避免主体性的恣意放大。通过作为中介物的犯罪定义，一方面，定义者可以积极、能动地塑造犯罪行为，以表达自己的价值导向和确证自己的控制力；另一方面，被定义的行为也在约束定义者的主体性，在犯罪定义中体现自己。目前，客体本位的犯罪定义观更加接近人们的常识性理解，而且，不少犯罪定义主体也非常成功地利用了人们的这种常识。因此，深入挖掘主体本位的犯罪定义观将有助于完善中介本位的犯罪定义观。

一、任性的主体性

中介本位的犯罪定义观承认，在犯罪化的过程中，犯罪定义的主体的确最终决定着某个行为是否被赋予犯罪的意义和属性。这种最终的取舍往往表现为犯罪化过程的任意性、随意性、恣意性、盲目性、情绪化和感性化，有时表现为同罪异刑、同案异判、异罪同刑、异案同判。正是看到了犯罪定义中事实上包含的浓厚的主体性色彩，正是意识到了定义者在犯罪化过程中实际上起着不可替代的作用，正是不得不承认被叫做犯罪的那些行为其实已经在一定程度上失去了原有的作为犯罪定义素材时的本来属性而被粘贴上了它本来也许并不具有的某些意义和属性，我们才必须进一步思考：透过这个意义上的犯罪定义，我们所看到的犯罪到底是什么？凭借这个意义上的犯罪定义，我们所惩罚、制裁、预防的行为到底是什么？犯罪化过程的运作到底该如何面对活跃、能动的主体性影响？以及最后，犯罪定义自己到底该如何行为？

二、片面的主体性

犯罪定义主体常常会忽视了一个事实：犯罪定义其实是主体性与客体性的共同产物。正是由于忽视了这个事实，犯罪化过程中的主体性又往往是片面的主体性。所谓共同产物就是指，犯罪定义中的主体性和客体性超越各自本身属性而表现出来的不可还原性。比如，当我们说"辛辣"这个概念时，往往容易将其还原为辣椒、大蒜等物质的某种属性。其实，"辛辣"是辣椒、大蒜等食物的某种微观构造与人的舌头上的味蕾相互作用的结果。既不能将"辛辣"仅仅归结为辣椒、大蒜等物自身的属性，也不能将其还原为人体某个器官的构造。离开味蕾这种来自主体自身的构造，就无所谓辣还是不辣；同样，离开辣椒、大蒜等客体，也没有"辛辣"这个概念。所以，不存在纯粹的主体性，也不存在纯粹的客体性，只有与客体性相联系而存在的主体性以及与主体性相联系而存在的客体性。

片面的主体性首先意味着犯罪定义主体只能局限于自己对犯罪的认知能力界说犯罪，这种认知能力上的局限性是犯罪定义往往在反映犯罪现实过程中发生"失真"现象的一个原因。例如，在未开化的原始人看来，一饮一食都带有特别的危险，因为饮食之际灵魂可能从口中逃逸，或者被在场的敌人以巫术摄走。在非洲某地，每当人家宴会的时候，总是门户紧闭，好让灵魂留在屋内享用美食。卢安戈的国王也有这个禁忌：一次，国王自己12岁的儿子无意中看见了国王饮酒。国王马上下令让他穿上美好服装，吃上一顿酒食，然后将他砍成几段，在全城各处示众，宣布他看了国王饮酒。[①] 在澳大利亚，人们相信被月经期的妇女触摸过的东西会致人死亡。一个当地黑人发现他妻子月经期间躺在他的地毯上，便杀死了他的妻子。[②] 这里，我们首先看到原始人在制定犯罪定义时就已经将自身的某种价值——安全——深深嵌入被定义的行为：犯罪意味着危险。然而，原始人对于何种行为才是危险的认识，却显得愚昧、幼稚。原始禁忌中禁止或不禁止某种行为，都反映出制定这些禁忌的人的价值取向和对事物之间因果关系的认识水平。也就是说，某种行为之所以被定义为犯罪，与其说是因为这种行为是有害的行为，不如说是因为犯罪定义制定者认为它是有害的行为。某种行为真的有没有危险并不是问题的关键，问题的关键是，基于某种利害关系和认识局限而制定禁忌的人是否认为某种行为有害。

三、危险的主体性

在犯罪化过程中，任性且片面的主体性往往使得本来旨在保障社会安全的、针对犯罪的社会控制变得比犯罪本身还要危险。因为，犯罪定义是使定义主体的暴力合法化的工具，是定义主体获得强制力和他人哪怕是最不情愿的服从的前提，是定义主体巧妙地用来对抗其他合法性的制高点。总之，对制定、适用犯罪定义的主体而言，犯罪定义具有可利用性。请看下面一则案例：

1999年冬天，一位刚刚举行过婚礼的新娘在婚礼8天后逃离了新

---

① 参见［英］詹·弗雷泽：《金枝精要：巫术与宗教之研究》，182页。
② 参见上书，190页。

房，并向当地公安机关报案，状告新郎强奸了她。报案10个月后，新郎被当地公安机关逮捕。新郎叫李某，农民，初中文化。新娘叫吉某，农民，初中文化。双方经媒人介绍相识，吉某收了李家的彩礼后，1999年12月12日二人举行了婚礼，但按照当地习俗没有领取结婚证。婚礼的晚上，吉某不愿与李某同房，以后的连续4天吉某都拒绝了李某的要求。到了第五天晚上，李某的父亲将新房的门反锁起来。据吉某说，门被反锁上那天晚上，李某就开始打吉某了。连续三个晚上，两人都被反锁在新房里。新婚后第八天早上，吉某离开李家，到派出所报了案。吉某认为："他这种行为，不像是一个人，好像不是一个正常人所为。再说他用这种捆绑手段，还又殴打，我想他这是暴力手段，我想应该是属于强奸。我也没回家，就直接去报案了。"没想到，刑警队的人认为"毕竟按照农村习俗，这是明媒正娶，不太构成强奸"。后来，吉某想找县妇联帮忙，结果，自己在县妇联也受到了"批评"，因为县妇联认为"反抗包办婚姻应该在举行婚礼之前，而不应该在举行婚礼之后"。村民们也认为，"你已经进过人家门了，喝过喜酒了，走过娘家了，你怎么能说人强奸呢？四大红媒说来的，三个车去拉来的，给你拉到家，你不同床，这能算强奸吗？作为一个女的，你到人家，男的必须要求女的要那个。到人家就要传宗接代，你不那个，人家男的对你什么看法"。村里人从来都是先举行婚礼后领结婚证，吉某状告自己的丈夫强奸，不仅村里人不理解，就连自己家里的人也想不通。吉某为什么会想到用这个名义来告自己的丈夫呢？她说："我平时看杂志嘛，知道婚姻是要由结婚证来保证的。我们没打结婚证，所以不受法律保护。"既然她这么明白，可当初为什么还是走进了洞房呢？

正在吉某一趟又一趟地进城状告她丈夫强奸时，自己也收到了一张法院的传票。她万万没想到，丈夫强奸的案子还没立案，自己竟然先成了被告。1999年12月，李某到法院状告自己的妻子利用婚姻诈骗财物。3个月后，法院宣判，吉某无力偿还彩礼，被法警带走，关进了县看守所。为了能把女儿救出来，吉家借了4 000块钱，退还了当初收下的彩礼。吉某被放出来以后，记者问她："你出来以后还想再告吗？"吉说："那肯定。当时我的信心更加强了。不管告到哪里，我一定要搞个结果下来，不然的话，我真的无脸见江东父老。"结果，在县公安局副局长的亲自过问下，2000年1月18日，李某因涉嫌强奸吉某被逮捕。2000年6月6日，县人民法院判决：根据《婚姻法》的规定，吉与李的婚姻不受法律保护，依照《刑法》第236条，认定李某强奸罪成立，判处有期徒刑3年。农村青年李某就这么糊里糊涂地犯了强奸罪,要坐3年牢。李家失去了唯一的壮劳力,早该收的麦子还疯长在地里。老父母还呆呆守着儿子那间新房,为了小伙子结婚而搬到茅棚里住的大嫂扛起了生活的重担。法院判决后,李某的双亲说:"想我孩子多冤。钱也花了,媳妇还没在这儿,还把我孩子搞去蹲,我想太冤了。"判决1年后,记者问吉某这一年怎么过的。吉某说:"这一年我天天在家待着,哪里也不去。我父母也不让我下地做活,因为田里面都是人,人家都对你指指点点的,说些闲言碎语,还怕接受不了。"①

其实就这个故事本身而言,李某的行为未必就构成强奸罪,因为吉某毕竟有进入洞房的行为,这使得李某的行为是否"违背妇女意志"值得研究。另外,吉某的行为也未必属于诈骗,原因也是吉某毕竟实施了进入洞房这个行为,这使得吉某的行为是否属于"虚构事实、掩盖真相"的诈骗行为值得研究。而在犯罪定义学的视野中,从故事里看到的是一场既双赢又两败俱伤的战争:一方面,吉某和李某都成功地运用了对各自有利的犯罪定义,将对方置于法律上的被动境地。对吉某而言,要想把县里的各方面国家强制力都调动起来指向李某,就必须给李某(其实还有李父)的行为贴上犯罪的标签,赋予其犯罪的意义,否则,怎能说服县妇联、县公安局、县人民法院站在自己一边呢?因此,吉某运用"以暴力手段强行与女性发生性行为就是强奸犯罪"这个犯罪定义为自己开道。另一方面,李某也不是法盲,也晓得运用法律武器与吉某对抗。在各种可供选择的犯罪定义库中,李某发现,诈骗他人钱财这个罪名最符合自己当下人财两空的情况,自己正是这种诈骗犯罪的被害人。而且,既然自己不运用法律武器,而吉某是要运用的,那么还不如也给吉某的行为贴上犯罪标签,这样,县里的国家权力说不定还会替自己撑腰呢。而结果是谁都无法满意:一边是李某被判有罪入狱,弄得当年的麦子就在地里撂了荒;另一边是吉某借钱还彩礼,还被乡亲们在背后指指点点。

在这个例子中,冲突的双方都成功地获得了犯罪定义适用者的主体身份,但同时又都互为定义的对象。这个故事生动地说明,对于包括适用者在内的犯罪定义主体而言,犯罪定义的制定和适用都是一种危险但

---

① 梁建增等:《调查中国:中央电视台"新闻调查"内部档案》,110~127页,北京,中国民族摄影艺术出版社,2001。

又诱人的游戏，它足以使得任何一个人，哪怕再势单力薄、再不起眼，都能激活并调动起最强大的国家暴力，包括媒体、监狱、警察、法庭乃至电椅，来对付另一个同样平凡的人、同样平常的事，或者不平凡的一群人、不平常的一串事件。平民百姓尚可如此，何况本来就握有立法、司法大权的人呢？犯罪定义之所以具有如此巨大的能量，原因就在于，对冲突中的主体而言，犯罪定义可以使得国家强制力被重新分配以后，有人获得社会控制意义上的制高点，有人则被置于劣势。这也再一次证明，规范的运用往往大于规范的遵守，在紧张关系中，人们运用规范的热情往往高于遵守规范的热情。这种规范的运用与遵守的矛盾，能够加剧人与人之间的紧张，强化人们之间的敌意，使许多敌意和冲突更具有理性的合法的色彩。它有时甚至能使敌对双方或者一方在一定程度上忘记了自己最初所追求的实际利益，为信条而奋斗比为面包而奋斗要高尚得多。[①]

四、互动中的犯罪化

如果行为的犯罪化过程因犯罪定义主体性的客观存在而表现出恣意性、片面性和危险性以及虚伪性，那么，犯罪定义是在一种什么样的机制之下使得自己的这些属性得到有效控制，从而使得犯罪化过程不那么任性、片面和危险呢？笔者认为，犯罪定义实际上是主、客体之间的一个中介物，承载着主、客体之间的信息交换，并在这种交换中调整自己，既服从来自主体方面的规定，又接受来自客体方面的制约。只有承认并尊重这种中介性结构的自身规律，才能使犯罪定义的主体性得到有效限制。这其中的主体是制定、运用犯罪定义的人，客体就是被定义为犯罪的那些行为、现象。这个意义上的互动包括两个方向上的过程：主体对客体的影响和作用过程，以及客体对主体的影响和作用过程。

所谓主体对客体的作用，就是客体（被）主体化的过程，表现为主体从自身的属性、地位和要求出发，按照自己的目的和要求去改造客体、影响客体，在客体身上显现、直观、复制、确证自己，使客体为自己服务以实现自己的发展。犯罪定义过程中的客体（被）主体化的过程也是如此，即定义者能动地塑造犯罪，通过将某种或某个行为定义或不

---

① 参见白建军：《犯罪学原理》，151 页。

定义为犯罪的活动来表达、彰显立法者、司法者以及其他犯罪定义的适用者自己的价值取向、善恶判断和利益自觉。其中，主体对客体的积极影响过程，本质上是主体性的积极展示。在犯罪定义学中，主体本位的犯罪定义观所看到的正是这个过程。犯罪定义的主体性之所以具有恣意性、片面性和危险性，也与这个方向上的运动有关。据考，西双版纳傣族的封建法规中关于"通奸"的禁止性规定中说："百姓甲与百姓乙的妻子发生关系，罚28元"；"土司甲与土司乙的妻子发生关系，罚款36元"；"傣族抱一下哈尼族妇女罚10元半，哈尼族抱一下傣族妇女罚10元。"说明通奸或被调戏妇女的地位越高，被告人受到的处罚就越重。① 在景颇族的道德观念里，偷盗比抢劫是更为严重的犯罪行为，偷盗要受到本民族习惯法的制裁，抢劫可以是无所谓的事。因为，抢劫一般是对外抢劫，而偷盗往往是损害本寨内部人的利益。② 的确，在许多古老文化中，女性被视为财产，不仅被买来卖去，也常常作为个人财产受到保护。但是，在这两例中，根本不存在一般意义上的财产，法律并不是将所有侵犯财产的行为定义为偷窃或其他什么犯罪，关键在于是谁的财产受到了侵犯：百姓的，还是土司的；本族的，还是外族的；自己的，还是别人的。只有在犯罪定义的适用者看来更重要的财产利益受到侵害时，才发生犯罪化或非犯罪化、重刑还是轻刑问题。凭借这个过程的演示、运作，犯罪定义的主体性得到了充分的显现和确证，偷盗行为也获得了形形色色的意义。这就是犯罪定义过程中的客体（被）主体化。正所谓，人们无法使公正的事物变得强大，却能够把强大的事物树为公正。③

对此，也许有人会提出疑问说：客体的主体化是不是把因果的时序搞反了呢？也就是说，不以人的主观意志为转移的客观事物怎么可能随着人们如何"看"、如何"认为"和如何"希望"而不同呢？其实，在自然科学中，的确如此，不论认识者怎么"看"，被"看"的对象是什么还是什么，但在犯罪问题上，情况则有所不同。福柯曾通过对犯罪的自然演化过程的描述表达了这样的思想："实际上，从流血的犯罪转向诈骗犯罪，是完整复杂的机制的一部分，这个机制包括生产的发展、财富的增加、财产关系在司法和道德方面获得越来越高的评价、更严格的监视手段、居民的划分愈益精细、寻找和获得信息的技术愈益有效。因

---

① 参见师蒂：《神话与法制——西南民族法文化研究》，173页。
② 参见上书，39页。
③ 参见［美］格尔哈斯·伦斯基：《权力与特权：社会分层的理论》，65页。

此，非法活动中的变化是与惩罚活动的扩展和改进相互关联的。"① 就是说，随着对犯罪的惩罚活动的改变，犯罪本身也改变了。显然，论者的意思并不是认为犯罪定义凭空创造了原本不存在的犯罪，而是说，透过不同的主体性，人们从客观世界已经存在的某些行为中看到了新的意义。比如，"圆"是指周围各点与中心的距离均等的图形。但是，我们在现实中根本找不到绝对符合这个概念的圆，经验世界中的圆都是相对的、近似的。因此，"圆"这个概念不是纯现实的客体，也不完全是主体的杜撰，它产生于主体与客体的关系中，是主体能动地认识并规定客体的结果。犯罪定义也是这样一个概念：透过犯罪定义我们所看到的，既非纯粹的作为客体的犯罪，又非纯粹的来自主体的臆造。

除了客体的主体化以外，犯罪化过程中的主、客体互动还有另一个方向上的过程，即客体对主体的影响和作用过程，也就是主体（被）客体化的过程，表现为客体的属性、规律在主体头脑中的反映，主体对客体客观规律的认识、掌握、接近、符合和服从。或者说，这个过程就是客体对主体能动性的某种限制、约束和规定。在这个过程中，定义对象对主体的制约作用随处可见。例如，证券市场中禁止内幕交易行为，构成这个罪，必须利用了内幕信息，而内幕信息的条件是两个："未公开"和"价格敏感"。问题是：何谓"价格敏感"？如果某信息不足以左右投资者作出买进或者卖出的决定，内幕人员对该信息的利用就不会在较大程度上对市场构成影响，利用该信息进行的交易也不会给行为人带来较大的非法利益，因而不具有严重的社会危害性。在多数情况下，内幕人员一旦知悉某未公开信息，就能立即意识到它的价值，并能迅速作出买进或者卖出的决定。而在有些情况下，这一判断就不那么简单。例如，某年11月12日，一公司的勘探队在某地区打出第一口探井。次年4月9日，该勘探队打出第三口探井。7天后，即4月16日，公司向报界公开了发现矿藏的消息。在此期间，该勘探队还打出了第二口探井。从第一口探井的化验结果出来，到公司向报界公开消息以前，该公司的高级管理人员、工程技术人员、律师以及这些人的亲友陆续以17美元到18美元的价格买进大量该公司的股票。到了4年后，该公司的股票已经飞涨到每股150美元。② 不同法院对该案作出了不同的结论。下级法院认

---

① ［法］福柯：《规训与惩罚》，86页。
② 参见饶声勇：《金融诈骗防范手册》，1111页，北京，工商出版社，1995。

为：第一、二口探井的化验结果尚不能证实（不能使人确信）矿藏的存在，只是很有希望的发现，因此，这两个探井的化验结果虽"未公开"，但不构成可能影响该公司股票价格的重大信息；在第三口探井的化验结果出来以前，内幕人员买进股票的行为不构成内幕交易行为。只有第三口探井的化验结果才是足以左右投资者交易行为的重大信息，在该结果出来以后，到 4 月 16 日公司向报界公开信息以前，内幕人员买进股票的行为才构成内幕交易。而上级法院作出了相反的认定结论：内幕人员从第一口探井的化验结果出来以后就已经开始买进大量该公司的股票，说明第一、二口探井的化验结果足以影响投资者的决定，应视为价格敏感信息。于第三口探井的化验结果出来以前买进公司股票的内幕人员应当承担内幕交易的法律责任。显然，认定何谓"可能影响证券价格的重大信息"，涉及技术、经营、市场等一系列非法律问题，这使得内幕信息的认定需要某种客观而且能够被普遍适用的判别标准。在该案中，公司的股票价格翻了将近十倍，事后判断第一、二口探井化验结果的价值，自然不难。试想，如果在 4 月 16 日公司向报界公开利好消息后，接下来的勘探又证实矿藏量并非原来估计的那么丰富，说明内幕人员对未公开信息的价值判断是错误的。这时，内幕人员在利好消息公开前买进股票的行为还是不是内幕交易？在这个例子中，认定"价格敏感"时，要综合考虑信息公开后是否对相关股价形成了影响，多数投资者在知悉该信息后是否会对相关股票的投资价值作出合理的重估，被告在知悉该信息后是否从事了与该信息的内容相一致的交易行为，相关公司是否对该信息采取保密措施等多方面的因素。可见，在犯罪定义活动中，主体从来都无法随意发挥其主观能动性，都不得不受到来自客体的影响和制约。

可见，人们正是意识到犯罪定义的主体很可能夸大客体的主体化过程、过分强调自己的主导作用，所以才对犯罪定义的行为设置了各种规制，如程序法的规制，各个司法机关及法律工作者之间的监督、制约，罪刑法定的原则，法律面前人人平等原则的"入宪"，先例拘束原则，量刑规格透明化、制度化，等等，其实都是在设法约束恣意妄为的主体性。

综上，为了避免、降低犯罪化中主体性被过分夸大的危险，犯罪定义应当在主、客体之间的互动关系中认识自己、调整自己、完善自己，主、客体之间的互动关系规定着、制约着犯罪定义的行为，引导着犯罪化的社会实践。一方面，如果偏离客体性，忽视主体的客体化过程，过于突出主体性的作用，犯罪定义就会表现出主体性的恣意放大，将潜在的被定义者置于危险境地。另一方面，如果偏离主体性，忽视客体的主体化过程，过于强调客体自身属性的影响，则犯罪定义很可能表现出盲目性，弄不清为什么、应当将何种行为界定为犯罪。所以，犯罪化其实是处于这个互动关系和过程中的犯罪化，犯罪定义必须同时以客体的主体化和主体的客体化为自己的参照系，否则便是非理性的犯罪定义。从这个意义上说，前文提到的主体本位和客体本位两种相互对立的犯罪定义观，要么只看到了这个互动过程中客体的主体化方面，要么只看到了其中主体的客体化方面，因而都忽视了客观存在着的另一方面，都是不够科学的犯罪定义观。中介为本位的犯罪定义观，才是比较科学的犯罪定义观。

由此推论，既然犯罪定义只是主体（被）客体化和客体（被）主体化这两个过程的一个中介载体，那么，犯罪定义也应被视为一种客观事实。作为事实的犯罪定义，背后也存在一定的客观必然性，也受制于一定的客观规律，也可以作为科学的对象被观察和分析。其中，主体（被）客体化的过程使得犯罪定义显示出事实学特征，而且，客体（被）主体化的过程也不可能超越主体自身的规定性而表现为绝对的任意性或随意性——任何主体性都是一定资源分配关系所决定的主体性。

第五节　犯罪定义的事实学分析

如果犯罪定义也是一种事实，那么，犯罪定义不再仅仅是规范学解释的对象了，犯罪定义也可以作为事实学的对象被分析。对犯罪定义进行事实学分析，不仅可以探求其中的客观规律，还可能发现可能存在的非理性。所谓犯罪定义的事实学分析就是在影响犯罪化过程的主、客体之间的互动关系中，对各式犯罪定义的属性、形成过程及内在结构所作的实证分析。实际上，强调犯罪定义的中介性，其意义就在于使人们认识到犯罪定义不再是要么纯客观要么纯主观的动刑前提，任何犯罪定义都是可分析的。应当说，研究犯罪行为本身的原因只是半个犯罪解释论，犯罪解释论的另一半对象不是犯罪本身而是犯罪定义。研究人为什么杀人固然重要，而为什么将杀人行为视为犯罪也是个真问题。

一、价值分析

对犯罪定义进行观察分析的基本参照系是影响犯罪定义行为的主、客体互动关系,其中,价值分析和真理分析是这个参照系中两个基本维度。在价值关系中,客体被打上了主体的烙印——客体(被)主体化;在真理关系中,主体被印刻上客体的影像——主体(被)客体化。对于这两个过程,福柯描述了惩罚犯罪的活动中使犯罪和罪犯对象化的两条路线:一方面,罪犯被视为公敌,镇压罪犯符合全体的利益。因为罪犯显露出自身野蛮的自然本性,他看上去是个恶棍、怪物、疯子、病人,总之是不正常的人,总有一天成为科学活动的对象。另一方面,度量惩罚权力的效果,这种内在需求规定了对现实或潜在的罪犯进行干预的策略:设置防范领域,权衡利弊,传播表象和符号,规定判断和证据的领域,根据其精细的变量调整刑罚。所有这些也导致一种罪犯和罪行的对象化。[①] 在第一条路线中,罪犯被视为具有特殊素质的人,这条路线中的主导原则是真理原则,犯罪和罪犯的客观性得到强调。在第二条路线中,人人都可能被纳入干预的对象,主导原则是价值原则,犯罪行为的负价值得到了强调。

对犯罪定义进行价值分析的核心问题就是对犯罪定义对象如何被主体化的过程加以解读,从被定义为犯罪的行为中分辨出来自定义主体的烙印。在主、客体之间的价值关系中,如果没有价值客体本身,如食物中有蛋白质、维生素或毒素,客体就不具有食物的价值。另外,如果没有主体对蛋白质、维生素的需要或对毒素的拒斥,也无所谓价值。主体往往积极、能动地对客体的属性加以选择、取舍、改造和利用,主体需要的内容、大小和方向是客体价值的最终尺度。例如,刑事犯罪和民事侵权行为之间到底界限何在?经济学家做了一个思想实验:需要多少钱才能使你允许别人杀害你或砍掉你的一只手臂?答案是显而易见的。总之,完美的损害赔偿根本不存在。如果完美的损害赔偿是不可能的,那么,理性的自利者就会干出比侵权行为更得寸进尺的事情,因此,需要一种法律规则对这些人进行惩罚。就是说,如果完美的损害赔偿是不可能的,那么,取缔刑法并代之以侵权行为法,以致用损害赔偿代替刑

---

① 参见[法]福柯:《规训与惩罚》,112页。

罚，可能是无效率的。① 按照这种分析，之所以需要将某些行为规定为犯罪，原因之一是定义者自身对付这种侵害的效能。由于不可能有完美的损害赔偿，无法百分之百地恢复被犯罪损害的利益，所以，有些损害行为就需要获得犯罪的属性，使得刑罚资源的投入显得合情合理。

具体来说，主、客体之间围绕着犯罪所发生的价值关系有言明的与未言明的之分。例如，绝大多数犯罪定义都将否定评价指向危害安全价值的各种危险行为：凡在主体看来危及安全的行为，便被认为是具有负价值的行为，因而要被定义为犯罪。这其中的"安全"从内容上看至少包括生命、健康等方面的人身安全，财产安全，以及主体生存环境的安全；从主体的属性上看至少包括国家的安全、公众安全，行业、组织、社区的安全，以及个人安全。凡对这些安全具有或可能具有威胁的行为，是被赋予犯罪意义的首选行为，绝大多数犯罪说到底都可以归结为对社会安全构成威胁。不论是法定的犯罪定义还是民间的犯罪定义，或者不同国家的犯罪定义，都是如此。最严重的犯罪，首先是对安全构成最直接危险的行为。对安全价值的追求就反映了犯罪定义的主、客体关系中一种言明的价值关系。而与此不同，刑法中对侵犯公共财产和私有财产犯罪的不同等配刑，对强奸妻子与其他女性两种行为的不同刑法定义，对某些风化犯罪的过重配刑等，都事实上表现出立法者的某种价值导向，同时也反映了犯罪定义的主、客体关系中某些未言明的价值关系。

二、真理分析

如果说，犯罪定义中客体（被）主体化的过程本质上是一种价值关系的话，那么，主体（被）客体化的过程应当是一种真理关系的体现，是犯罪化活动中主体与对象之间的认识与被认识、反映与被反映的关系。尽管对何种行为赋予犯罪的意义，在很大程度上取决于有权从事这种对象化活动的主体的主观意志、对其自身利益的自觉、价值取向等因素，但主体的这种"为我"的能动活动不能变为"唯我"的恣意妄为，主体必然受到来自客体的制约。这就出现了主体（被）客体化的过程，也就是认识客体的客观规律，服从这一规律，有条件地服务于主体自身

---

① 参见［美］罗伯特·考特、托马斯·尤伦：《法和经济学》，张军等译，706～711页，上海，上海人民出版社，1994。

的价值目标。可以说，一部刑法学史，一部犯罪学史，就是人们对犯罪行为的认识活动史。① 犯罪定义在多大程度上符合犯罪的客观实际，是犯罪化活动中真理原则的直接体现。具体来说，在犯罪定义活动中，主、客体之间的真理关系大体上表现在两个方面：关于某种行为是否危险的认识，以及关于危险行为的规律的认识。

第一，既然安全和秩序是两个最基本的价值，那么只有当某种行为对安全和秩序构成威胁时，才可能被赋予犯罪的意义。问题是，某种行为是否带来不安全，是否可能危及现行秩序，并不是任何情况下都一目了然的。对此，人们曾经经历了并且正在经历着一个漫长的认识过程。后来不被人们认为有危险的行为，也许历史上曾经被认为是危险行为。同理，对于当下人们认为不可能危及安全或秩序的某种行为，也许将来的某个时候，人们认识到了它的危害性。总之，某种行为是否被赋予犯罪的意义，在很大程度上还与人的认识能力、局限有关。比如，原始人相信巫术、魔法，认为最可怕的危险莫过于来自陌生人的巫术、魔法。因此，许多原始禁忌中都有对陌生人的排斥和防范。也许有人会认为，这些原始禁忌只是某种仪式化的活动，只具有一定的象征意义，其实，原始人并不真的相信违反禁忌会招致危险。这种说法也许有一定道理，因为仪式化和象征性活动的确意味着要求他人服从某种力量，意味着拥有某种权力。但是，如果以根本没有因果联系的事物作为确证自身权力的载体，也是难以想象的。起码，连自己都不相信其真实性的行为准则，对人、对己都是没有意义的。从这个意义上说，作为最初的犯罪定义，原始禁忌的基本特征就在于认识能力和认识水平的低下，对于何种行为与灾难性后果之间具有因果联系缺乏足够的真理性把握。其实，人类认识能力和水平的提高是个连续的过程，换句话说，在某种行为是否可能危及人们的安全或导致秩序的破坏的问题上，当代人的境遇并不比原始人强。对于某种行为到底是否意味着对安全价值的威胁，是否意味着对秩序价值的否定，其实也需要长期的认识过程。比如，对于计算机网络领域中的某些行为，是否可能危害社会安全，是否该将其犯罪化，就经历了一个认识过程。当这些行为最开始出现时，人们绝对不会想到有一天这些充满智慧的高技术含量的行为会被规定为犯罪。再如，在生物技术领域中也可以看到这个过程：时至今日，克隆人类的行为是否应

---

① 参见白建军：《犯罪学原理》，241 页。

当被禁止，仍是一个众说不一的问题。总之，关于行为是否可能导致安全和秩序价值受到危害的认知过程，是犯罪定义中主体能动性的导航机制。

第二，除了某种行为有没有危险以外，人们还必须科学把握危险行为可能受到哪些因素的影响、它们受制于何种客观规律，这样才能更有效地控制这些危险行为，否则，主体的对象化活动就会陷于被动。例如，罪刑法定原则的确立就凝结着人们对犯罪客观规律的科学认识，绝大多数犯罪是行为人对其行为的法律后果的确定性预见的功利计算的结果：人们预见到实施犯罪所获得的快乐将大于受到刑罚惩罚的痛苦时，就可能决定实施犯罪；反之，当人们的推算得出的结论相反，即实施犯罪所获得的快乐将小于受到刑罚惩罚之苦时，就可能放弃犯罪的打算。正是由于认识到了这一客观规律，并且决定服从这一规律，犯罪定义的制定者才意识到罪刑法定的重要，才将其确定为刑法的基本原则之一。可见，罪刑法定也是犯罪与社会之间真理关系的科学总结。这种尝试反映了人们对犯罪客观规律的尊重与服从，而这种尊重与服从恰恰说明对何种行为赋予犯罪的意义绝对不可能是纯随意的权力滥用，塑造犯罪，不等于编造犯罪。

三、结构分析

犯罪定义的结构分析就是利用类型学方法，根据不同的理论视角，对一组犯罪定义或者某一个犯罪定义进行划分或归类的分析方法。所谓划分就是把类分为若干子类，把属分为若干种的思维过程。与此不同，归类就是把具有共同特点的个体对象归入一类，并把具有共同特点的子类集合成类的思维过程。前者是从大到小的分析过程，后者是从小到大的综合过程。对犯罪定义进行的结构性分析至少可以包括：

1. 按照犯罪所侵害利益的价值内容的不同，把犯罪分为危害安全价值的犯罪、破坏经济秩序的犯罪、违背文化规范的犯罪三类。危害安全价值的犯罪是指危害个人安全、群体安全、国家安全的犯罪。破坏经济秩序的犯罪是指危害经济秩序、分配秩序、财产关系的犯罪。违背文化规范的犯罪是指针对社会精神文化、主流规范所实施的犯罪。例如，危害国家安全、危害公共安全、侵犯公民人身权利、危害国防利益、军人违反职责等方面的犯罪，都属于危害安全价值的犯罪；破坏市场秩序的犯罪、侵犯财产权方面的犯罪，便属于破坏经济秩序的犯罪；而侵犯公民民主权利、妨害社会秩序等方面的有些犯罪属于违背文化规范的犯罪。这个角度的结构性分析，便是关于犯罪定义的一种价值分析。具体请看表 6—2：

表 6—2　　　　　　　　法定犯罪定义的宏观价值分析[a]

			犯罪侵害的价值类型			合计
			文化	经济	安全	
刑法分则10类犯罪	国家安全犯罪	频次 行百分比 列百分比			12 100.0 7.5	12 100.0 2.8
	公共安全犯罪	频次 行百分比 列百分比	2 4.7 1.7		41 95.3 25.5	43 100.0 10.2
	市场秩序犯罪	频次 行百分比 列百分比	4 4.1 3.4	83 85.6 57.2	10 10.3 6.2	97 100.0 23.0
	公民权利犯罪	频次 行百分比 列百分比	17 45.9 14.7	2 5.4 1.4	18 48.6 11.2	37 100.0 8.8
	财产权利犯罪	频次 行百分比 列百分比		9 75.0 6.2	3 25.0 1.9	12 100.0 2.8
	社会管理犯罪	频次 行百分比 列百分比	79 64.8 68.1	18 14.8 12.4	25 20.5 15.5	122 100.0 28.9
	国防利益犯罪	频次 行百分比 列百分比	1 4.8 0.9	1 4.8 0.7	19 90.5 11.8	21 100.0 5.0
	贪污贿赂犯罪	频次 行百分比 列百分比	2 16.7 1.7	10 83.3 6.9		12 100.0 2.8
	各类渎职犯罪	频次 行百分比 列百分比	10 28.6 8.6	22 62.9 15.2	3 8.6 1.9	35 100.0 8.3
	违反军职犯罪	频次 行百分比 列百分比	1 3.2 0.9		30 96.8 18.6	31 100.0 7.3
	合计	频次 行百分比 列百分比	116 27.5 100.0	145 34.4 100.0	161 38.2 100.0	422 100.0 100.0

a. 样本为刑法典全部法定犯罪；$p<0.005$。

对这样的表格，我们可以从纵（列）、横（行）两个角度进行观察。从纵（列）向上看，危害安全的犯罪、破坏经济秩序的犯罪以及违背文化规范的犯罪各自在刑法分则中分布在哪一章一目了然。从横（行）向上看，刑法分则中每一章具体个罪中，侵害价值各异的三类犯罪是如何分布的，也一目了然。而且，对每一个法定犯罪而言，除了法定的类罪特征以外，还多了一个犯罪定义学属性。

在表6—2中，如果横着比较"行百分比"，便可以观察到刑法分则10类犯罪中任何一类犯罪内部危害安全的犯罪、破坏经济秩序的犯罪以及违背文化规范的犯罪之间的比例关系。这样，10章个罪之间在这个视角上的特点便显现出来。比如，社会管理犯罪与各类渎职犯罪都是与社会行政管理活动有关的犯罪，但是从表6—2中可以清楚看出，这两类犯罪中占第一位的犯罪显然不同：在社会管理犯罪中，占第一位的犯罪是违背文化规范的各式犯罪（64.8%）；而在各类渎职犯罪中，占第一位的犯罪是破坏经济秩序的犯罪（62.9%）。这说明这两类行政管理类犯罪的价值分析结果显著不同，也即犯罪定义学特征不同。

然后，如果横着看"列百分比"，便可以观察到危害安全的犯罪、破坏经济的犯罪以及违背文化规范的犯罪分别落入10章个罪中某一章类罪的机会有何不同。这样，这三类犯罪在刑法分则中的分布以及各自的法律特征有何区别也变得直观起来。比如，比较一下社会管理犯罪中这三类犯罪的分布便可以看出，在全部违背文化规范的犯罪中，有68.1%的犯罪分布在社会管理犯罪中。相比而言，在全部破坏经济秩序的犯罪中，只有12.4%的犯罪分布在社会管理犯罪中。而在全部危害安全的犯罪中，只有15.5%的犯罪分布在社会管理犯罪中。这说明，违背文化规范的犯罪比其他两类犯罪有更大的机会表现为社会管理犯罪。这些，便是对这三类犯罪法律特征的一种描述。

应当说，安全、经济、文化，对社会生活而言是最基本的价值领域，因而也是对利益类型的主要划分。与其相对应，便有三个价值领域中的犯罪。从这个角度看，安全价值是最具前提意义的价值，没有了安全，一切都失去了意义。没有疆土、公民生存安全，便谈不上分配秩序、市场秩序以及精神文化的健康发展。进一步看，经济秩序与精神文化相比，经济秩序属于物质性社会关系，因而处于比较前提性的地位，而精神文化属于思想性社会关系，属于上层建筑的范畴，因而处于被决定的地位。从这个关系顺序来看，相应地，这三类犯罪的罪量大小也应当依次为：危害安全价值的犯罪的罪量最大，破坏经济秩序的犯罪的罪量次之，违背文化规范的犯罪的罪量最小。根据这种价值分析，社会针对这三类犯罪所配置的惩罚资源，也应在总体上与这个顺序大体上相适应。当然，这个顺序只是应然的顺序，实际如何还要进行实证检验。

2. 按照犯罪对个人利益构成的不同影响，还可以把犯罪分为三类：个人利益犯罪、共有利益犯罪、派生条件犯罪。所谓个人利益犯罪，是指直接侵害个人的人身、自由、名誉、财产等专属权利的犯罪。比如，杀人、伤害、抢劫、强奸、侮辱、诽谤、诈骗等犯罪都属于个人利益犯罪。共有利益犯罪就是对人们的个人利益赖以存续的共同基本条件构成危害的犯罪。例如，如果失去了公共安全、消费安全、环境安全、医疗卫生安全、居住安全，个人利益便失去了基本保障，因此，危害这些安全利益的犯罪就是共有利益犯罪。所谓派生条件犯罪，是指以公共利益派生出来的各种组织形式、规范秩序、精神文化象征、基础设施为侵害对象的犯罪。例如，危害国家安全、破坏社会管理秩序、扰乱经济秩序等方面的犯罪，都可以归入派生条件犯罪。应当承认，这种划分的原型来自公法益与私法益之分。之所以另作表述，主要出于两个考虑：第一，按照一种常见的理解，侵害公法益的犯罪就是侵害国家利益、社会利益的犯罪，侵害私法益的犯罪就是侵害个人利益的犯罪。[1] 而实际上，已经有学者指出，在很多情况下，国家法益与社会法益是难以区分的，有些法益很难严格地归属于国家法益或社会法益。例如，《刑法》第408条规定了环境监管失职罪，从其属于渎职罪来看，可以说该罪侵犯的是国家法益；但从其导致发生重大环境污染事故来看，也可以说该罪侵犯了社会法益。[2] 因此，所谓公法益的含义无从确切把握。第二，按照另一种解释，与个人法益相对的，是超个人法益，即个人法益的集合。[3] 此说与国家利益、社会利益最终都可以还原为个人法益的理解有一定关联。应当说，如此理解国家利益和社会利益的本源，显然是有其合理性的。但是，如果仅仅把国家利益与社会利益等同于个人利益之和，国家利益、社会利益就是个人利益，个人利益反过来也就是国家利益、社会利益，就是说，任何犯罪都同时既是侵犯个人利益的犯罪，又是侵犯国家利益、社会利益的犯罪，那么，在经验世界中，到底如何区分何谓侵害个人利益的犯罪，何谓侵害国家利益、社会利益的犯罪？换句话说，故意杀人行为因为其侵害了构成公法益的个人法益，所以也是侵犯了公共利益的行为；同时，危害国家安全的犯罪因为其侵害了国家所由构成的个人的利益，因而又是一种侵害私法益的犯罪。而且，按照

---

[1] 参见《刑法学全书》，617页，上海，上海科学技术文献出版社，1993。
[2][3] 参见张明楷：《法益初论》，245页，北京，中国政法大学出版社，2000。

以往公法益、私法益之分，谁轻谁重的问题往往纠缠不清，到底是公法益重要还是私法益重要？与之相关的问题便是：侵害公法益的犯罪更严重还是侵害私法益的犯罪更严重？可见，按照这种标准划分犯罪不够科学。于是，我们需要的是这样一种辨别标准，按照这种标准，人们可以清楚地将侵害个人利益的犯罪与其相对意义上的犯罪区分开来。将犯罪分为个人利益犯罪、共有利益犯罪与派生条件犯罪，就能满足这个要求。根据这种价值分析，我国刑法中法定犯罪的划分和归类结果便可以显示在表6—3中：

表6—3　　　　　　　法定犯罪定义的微观价值分析[a]

			犯罪对个体被害的负价值			合计
			派生条件	基本条件	个人利益	
刑法分则10类犯罪	国家安全犯罪	频次	12			12
		行百分比	100.0			100.0
		列百分比	4.1			2.8
	公共安全犯罪	频次		43		43
		行百分比		100.0		100.0
		列百分比		58.9		10.2
	市场秩序犯罪	频次	85	8	4	97
		行百分比	87.6	8.2	4.1	100.0
		列百分比	29.1	11.0	7.0	23.0
	公民权利犯罪	频次	6		31	37
		行百分比	16.2		83.8	100.0
		列百分比	2.1		54.4	8.8
	财产权利犯罪	频次	5		7	12
		行百分比	41.7		58.3	100.0
		列百分比	1.7		12.3	2.8
	社会管理犯罪	频次	101	9	12	122
		行百分比	82.8	7.4	9.8	100.0
		列百分比	34.6	12.3	21.1	28.9
	国防利益犯罪	频次	14	7		21
		行百分比	66.7	33.3		100.0
		列百分比	4.8	9.6		5.0
	贪污贿赂犯罪	频次	12			12
		行百分比	100.0			100.0
		列百分比	4.1			2.8
	各类渎职犯罪	频次	32	2	1	35
		行百分比	91.4	5.7	2.9	100.0
		列百分比	11.0	2.7	1.8	8.3

续前表

			犯罪对个体被害的负价值			合计
			派生条件	基本条件	个人利益	
刑法分则10类犯罪	违反军职犯罪	频次	25	4	2	31
		行百分比	80.6	12.9	6.5	100.0
		列百分比	8.6	5.5	3.5	7.3
合计		频次	292	73	57	422
		行百分比	69.2	17.3	13.5	100.0
		列百分比	100.0	100.0	100.0	100.0

a. 样本为刑法典全部法定犯罪；$p<0.005$。

在表6—3中，如果横着比较"行百分比"，便可以观察到刑法分则10类犯罪中任何一类犯罪内部个人利益犯罪、共有利益犯罪、派生条件犯罪之间的比例关系。这样，10章个罪之间在这个视角上的特点便显现出来。比如，刑法上的市场秩序犯罪与财产权利犯罪都是与有形的物质利益有关的犯罪，或者说是贪利型犯罪，但是从表6—3中可以清楚看出，这两类犯罪中占第一位的犯罪显然不同：在市场秩序犯罪中，占第一位的犯罪是派生条件犯罪（87.6%）；而在财产权利犯罪中，占第一位的犯罪则是个人利益犯罪（58.3%）。这说明这两类贪利型犯罪的犯罪定义学特征不同。

然后，如果横着看"列百分比"，便可以观察到个人利益犯罪、共有利益犯罪、派生条件犯罪分别落入10章个罪中某一章类罪的机会有何不同。这样，这三类犯罪在刑法分则中的分布以及各自的法律特征有何区别也变得直观起来。比如，比较一下刑法上的公民权利犯罪中这三类犯罪的分布便可以看出，在全部个人利益犯罪中，有54.4%的犯罪分布在公民权利犯罪中；相比而言，在全部派生条件犯罪中，只有2.1%的犯罪分布在公民权利犯罪中；而在全部共有利益犯罪中，无一分布在公民权利犯罪中。这说明，个人利益犯罪比其他两类犯罪有更大的机会表现为公民权利犯罪。这些，便是对这三类犯罪法律特征的一种描述。

按照个人利益犯罪、共有利益犯罪和派生条件犯罪这种划分，所谓共有利益，既非人人都有的利益，又非每个人利益的相加，而是与每个个人需要的满足都直接相关的一种独立存在的，每个人又无法单独将其分割、处分、转让的社会基本条件。生命、健康是人人都有的利益，但非共有利益。公共安全、环境安全、消费安全等，虽然都与个人有关，但都不能直接分解、还原为每个人的利益，因而是共有利益。而且，国家机关、司法活动、边境管理等，虽然也都是人人共有，但与公共安全、环境安全这些利益相比，与个人利益的关系毕竟比较间接：没有边境管理，个人尚可生存，但没有了公共安全、环境安全，个人利益便一天都无法存续。所以，派生条件犯罪以及共有利益犯罪只是侵害了个人利益得以存续的前提条件，而个人利益犯罪是侵犯了个人利益本身。从这个意义上说，利益得到满足的条件受到侵害，并不等于利益本身已经受到侵害。条件受到侵害时可以重构、恢复，而生存其上的个人利益一旦丧失，再无其他利益需要保护了。所以，这三类犯罪的罪量排序应当是：个人利益犯罪罪量最重，共有利益犯罪罪量其次，派生条件犯罪罪量最轻。基于这个价值分析，社会针对这三类犯罪所配置的惩罚资源，也应在总体上与这个顺序相适应。

3. 按照犯罪结果的可控性及波及范围的大小，还可以把犯罪分为两种：结果离散型犯罪和结果集中型犯罪。所谓结果离散型犯罪，就是指不论犯罪对象的范围怎样具有确定性，其危害后果的影响范围无法或很难加以控制而波及、蔓延到较大的范围，致使多人遭受犯罪侵害的犯罪。可以说，大部分危害公共安全、市场秩序、公共管理秩序的犯罪都可能具有此类效果，例如，放火罪会使多少房屋、人员遭到损失，伪劣产品方面的犯罪可能导致多少消费者蒙受伤害，证券市场中的内幕交易犯罪、操纵市场犯罪可能把多少投资者推向灾难性的谷底，都是不确定的。现代社会中，在科学技术、人际关系、休闲方式、工作场所、经济组织等要素的影响下，人类的生存安全比以往任何历史条件下都显得脆弱，因此，结果离散型犯罪的社会危害性实际上相对更大。在刑法中，诸如失火罪，过失爆炸罪，过失投放危险物质罪，过失损坏易燃易爆设备罪，重大飞行事故罪，铁路运营安全事故罪，重大责任事故罪，重大劳动安全事故罪，危险物品肇事罪，工程重大安全事故罪，教育设施重大安全事故罪，采集、供应血液、制作、供应血液制品事故罪，生产、销售假药罪，生产、销售不符合卫生标准的食品罪，生产、销售有毒、有害食品罪，非法采集、供应血液、制作、供应血液制品罪，以及编造并且传播证券、期货交易虚假信息罪与集资诈骗罪等，都属于结果离散型犯罪。所谓结果集中型犯罪，就是指犯罪危害后果的影响范围比较容易控制在犯罪行为所指向的对象范围内的犯罪，例如，普通的情杀、盗窃、脱逃，都不会导致被害人大面积的损失。应当说，这个角度的犯罪定义学分析，实际上是一种真理性分析。根据这个真理性分析，我国刑法中法定犯罪的划分和归类结果便可以显示在表6—4中：

表 6—4　　　　　　　法定犯罪定义的犯罪结果特性分析[a]

			犯罪影响范围		合计
			集中	离散	
刑法分则10类犯罪	国家安全犯罪	频次 行百分比 列百分比		12 100.0 5.5	12 100.0 2.8
	公共安全犯罪	频次 行百分比 列百分比	4 9.3 2.0	39 90.7 17.8	43 100.0 10.2
	市场秩序犯罪	频次 行百分比 列百分比	34 35.1 16.7	63 64.9 28.8	97 100.0 23.0
	公民权利犯罪	频次 行百分比 列百分比	31 83.8 15.3	6 16.2 2.7	37 100.0 8.8
	财产权利犯罪	频次 行百分比 列百分比	12 100.0 5.9		12 100.0 2.8
	社会管理犯罪	频次 行百分比 列百分比	73 59.8 36.0	49 40.2 22.4	122 100.0 28.9
	国防利益犯罪	频次 行百分比 列百分比	11 52.4 5.4	10 47.6 4.6	21 100.0 5.0
	贪污贿赂犯罪	频次 行百分比 列百分比	12 100.0 5.9		12 100.0 2.8
	各类渎职犯罪	频次 行百分比 列百分比	17 48.6 8.4	18 51.4 8.2	35 100.0 8.3
	违反军职犯罪	频次 行百分比 列百分比	9 29.0 4.4	22 71.0 10.0	31 100.0 7.3
	合计	频次 行百分比 列百分比	203 48.1 100.0	219 51.9 100.0	422 100.0 100.0

a. 样本为刑法典全部法定犯罪；$p<0.005$。

在表 6—4 中，如果横着比较"行百分比"，便可以观察到刑法分则10 类犯罪中任何一类犯罪内部结果离散型犯罪和结果集中型犯罪之间的比例关系，这样，10章个罪之间在这个视角上的特点便显现出来。比如，刑法上的公共安全犯罪与公民权利犯罪都是与安全价值密切相关，都涉及对生命、健康、财产安全等权益的侵害，但是从表6—4中可以清楚看出，该两类犯罪中占第一位的犯罪显然不同：在公共安全犯罪中，占第一位的犯罪是结果离散型犯罪（90.7%）；而在公民权利犯罪中，占第一位的犯罪是结果集中型犯罪（83.8%）。这说明这两类安全相关型犯罪的犯罪定义学特征明显不同。

然后，如果横着看"列百分比"，便可以观察到结果离散型犯罪和结果集中型犯罪分别落入10章个罪中某一章类罪的机会有何不同，这样，这两类犯罪在刑法分则中的分布以及各自的法律特征有何区别也变得直观起来。比如，比较一下刑法上的公共安全犯罪中这两类犯罪的分布便可以看出，在全部结果离散型犯罪中，有17.8%的犯罪分布在公共安全犯罪中；相比而言，在全部结果集中型犯罪中，只有2%的犯罪分布在公共安全犯罪中。这说明，结果离散型犯罪比结果集中型犯罪有更大的机会表现为公共安全犯罪。这些，便是对这两类犯罪法律特征的一种描述。

将犯罪分为结果离散型犯罪和结果集中型犯罪，意味着不论犯罪人意图如何、主观恶性有多大，其行为结果离散的程度越大，说明犯罪的已然危害与未然危险都可能较大；而行为结果集中的程度越大，说明因犯罪遭受损失的范围也相对比较确定，因而危害性和危险性都较小。从潜在被害人的角度看，每个公民遭受结果离散型犯罪侵害的机会要大于遭受结果集中型犯罪侵害的机会。对被害人而言，前者意味着更大的危险。因此，结果离散型犯罪的罪量应该较大，结果集中型犯罪的罪量应该较小。根据这个真理性分析，社会针对这两类犯罪所配置的惩罚资源，也应在总体上与这个顺序相适应。

4. 按照国家司法机关发现、证实犯罪案件的及时性程度的不同，可以把犯罪分为高暗数犯罪和低暗数犯罪两类。所谓犯罪暗数就是潜伏犯罪的估计值，即确已发生，但由于种种原因未被记入官方犯罪统计的犯罪。因此，所谓高暗数犯罪，就是指确已发生，但难以被司法机关甚至被害人自己及时发现的犯罪。比如，贿赂犯罪、风化犯罪、税收犯罪、失职类犯罪、金融犯罪往往属于高暗数犯罪，给被害人及时控制损失，国家及时发现、制裁这类犯罪带来较大困难。所谓低暗数犯罪，就是指一经发生便不可避免地纳入司法机关视野中的犯罪。比如，公共安全类犯罪、事故类犯罪、凶恶犯罪、暴力犯罪、街头犯罪往往属于低暗数犯罪。犯罪暗数的大小与社会、文化因素有关，但比较直接相关的是犯罪类型的属性。通常，凶杀、伤害、抢劫等暴力犯罪、人身犯罪与盗窃、诈骗等财产犯罪的暗数比较低[1]，而经济犯罪、职务犯罪、白领犯罪的犯罪暗数比较高。应当说，这个角度上的犯罪定义学分析也是一种真理性分析。根据这种真理性分析，我国刑法中法定犯罪的划分和归类结果便可以显示在表 6—5 中：

表 6—5　　　　　　　　法定犯罪定义的犯罪隐蔽性分析[a]

			犯罪隐蔽性		合计
			低暗数	高暗数	
刑法分则10类犯罪	国家安全犯罪	频次	9	3	12
		行百分比	75.0	25.0	100.0
		列百分比	3.7	1.7	2.8
	公共安全犯罪	频次	40	3	43
		行百分比	93.0	7.0	100.0
		列百分比	16.6	1.7	10.2
	市场秩序犯罪	频次	28	69	97
		行百分比	28.9	71.1	100.0
		列百分比	11.6	38.1	23.0
	公民权利犯罪	频次	30	7	37
		行百分比	81.1	18.9	100.0
		列百分比	12.4	3.9	8.8
	财产权利犯罪	频次	7	5	12
		行百分比	58.3	41.7	100.0
		列百分比	2.9	2.8	2.8
	社会管理犯罪	频次	63	59	122
		行百分比	51.6	48.4	100.0
		列百分比	26.1	32.6	28.9
	国防利益犯罪	频次	21		21
		行百分比	100.0		100.0
		列百分比	8.7		5.0
	贪污贿赂犯罪	频次		12	12
		行百分比		100.0	100.0
		列百分比		6.6	2.8

---

[1] 受某种文化因素的影响，有时涉及性的犯罪，如强奸、侮辱等，虽然也是人身犯罪，但报案率往往不高，导致此类犯罪的暗数也可能较高。

续前表

			犯罪隐蔽性		合计
			低暗数	高暗数	
刑法分则10类犯罪	各类渎职犯罪	频次	14	21	35
		行百分比	40.0	60.0	100.0
		列百分比	5.8	11.6	8.3
	违反军职犯罪	频次	29	2	31
		行百分比	93.5	6.5	100.0
		列百分比	12.0	1.1	7.3
合计		频次	241	181	422
		行百分比	57.1	42.9	100.0
		列百分比	100.0	100.0	100.0

a. 样本为刑法典全部法定犯罪；$p<0.005$。

在表6—5中，如果横着比较"行百分比"，便可以观察到刑法分则10类犯罪中任何一类犯罪内部高暗数犯罪和低暗数犯罪之间的比例关系，这样，10章个罪之间在这个视角上的特点便显现出来。比如，刑法上的贪污贿赂犯罪与渎职犯罪都是与公务履行密切相关的犯罪，但是从表6—5中可以清楚看出，这两类犯罪中，100%的贪污贿赂犯罪都是高暗数犯罪；而在渎职犯罪中，仍有40%的低暗数犯罪。这说明这两类公务履行犯罪的犯罪定义学特征明显不同。

然后，如果横着看"列百分比"，便可以观察到高暗数犯罪和低暗数犯罪分别落入10章个罪中某一章类罪的机会有何不同。这样，这两类犯罪在刑法分则中的分布以及各自的法律特征有何区别也变得直观起来。比如，比较一下刑法上的公共安全犯罪中这两类犯罪的分布便可以看出：在全部低暗数犯罪中，有16.6%的犯罪分布在公共安全犯罪中。相比而言，在全部高暗数犯罪中，只有1.7%的犯罪分布在公共安全犯罪中。这说明，低暗数犯罪比高暗数犯罪有更大的机会表现为公共安全犯罪。这些，便是对这两类犯罪法律特征的一种描述。

在犯罪人看来，高暗数犯罪通常是诸如贿赂、挪用、诈骗等报案率较低的犯罪，而报案率较低意味着高暗数犯罪中相对较少地存在典型意义上的被害人。因此，高暗数犯罪的犯罪人也往往不像传统街头犯罪、暴力犯罪等低暗数犯罪的犯罪人那么容易体验到罪恶感、罪责感，相反，犯罪人往往对高暗数犯罪作出更多的合理化解释。结果，高暗数犯罪的犯罪人会认为这种犯罪的罪量低于低暗数犯罪的罪量。然而，正是这种评价结果，再加上高暗数犯罪受到惩罚的机会比较低，致使犯罪人更倾向于实施高暗数犯罪。对国家来说，高暗数犯罪的初犯率和再犯率都可能很高，而且难以控制其危害的范围。这既是个执法效率问题，又是个犯罪的自然规律问题。因此，国家会认为，如果完全按照罪量大小配置刑罚，那么，将会有更多的人发现，实施高暗数犯罪比实施低暗数犯罪更有利，因为刑罚预期＝刑罚确定性×刑罚严厉性[1]，结果，犯罪倒成了一种有利可图的事业。[2] 基于这种考虑，站在国家评价的立场上，对于高暗数犯罪的罪量应当考虑给予相对更严厉的反应。

犯罪定义的结构分析有一个基本假定：理性化程度较高的犯罪定义，应当具有较高水平的内在一致性、相互协调性和构造系统性，能够将任意性和片面性尽可能降低在一定水平。如果某个犯罪定义的一致性、协调性水平较低，其首选的解释便是犯罪定义的任意性和片面性程度较高。通过犯罪定义的结构分析，可以发现、证实不够一致、不够协调的犯罪定义，以提高其理性化程度。例如，《刑法》第144条规定的生产、销售有毒、有害食品罪和第192条规定的集资诈骗罪，其法定刑组合方式都是"五年以下有期徒刑（或者拘役）"、"五年以上十年以下有期徒刑"、"十年以上有期徒刑或者无期徒刑"，上限都有死刑。此即"同刑"。按理说，刑因罪生，犯罪是刑罚发动和配置的唯一原因，因此，只有同罪才会同刑，也只有同罪才应当同刑。具体到这两个罪来说，两者的确都发生在市场经济中，一个卖的是有问题的食品，另一个卖的是有问题的金融产品。然而，仔细观察这两个罪便不难发现，该两罪在罪量上其实并不相等。第一，生产、销售有毒、有害食品罪是一种被迫被害的犯罪，被害人是在完全不知情、不情愿的情况下遭受被害的。而集资诈骗罪只是一种交易被害犯罪，加害与被害双方是在交易过程中发生冲突的。显然，被迫被害犯罪重于交易被害犯罪，因此，生产、销售有毒、有害食品罪应当重于集资诈骗罪。第二，生产、销售有毒、有害食品罪是一种优势犯罪，行为人往往是利用了某种资源分配关系中的优势地位，如生产者、销售者对消费者的优势地位，而实施犯罪的，因此，这种互动关系中的加害人对被害人形成了一种天然优势。而集资诈骗罪不一定具备这个特征。从这个角度看，生产、销售有毒、有害食品罪也应当重于集资诈骗罪。第三，生产、销售有毒、有害食品罪

---

[1] 参见［美］罗伯特·考特、托马斯·尤伦：《法和经济学》，743页。
[2] 参见［美］迈克尔·D·贝勒斯：《法律的原则——一个规范的分析》，张文显等译，341页，北京，中国大百科全书出版社，1996。

是一种个人利益犯罪，而集资诈骗罪只是一种派生条件犯罪，这也说明前者应重于后者。第四，生产、销售有毒、有害食品罪是一种危害安全价值的犯罪，而集资诈骗罪只是一种危害经济秩序的犯罪，两相比较，还是生产、销售有毒、有害食品罪应当重于集资诈骗罪。尽管生产、销售有毒、有害食品罪有可能由复合罪过构成，而集资诈骗罪只能由故意构成，但总起来看，还是前者应当重于后者。然而，刑法对这两个明显不同罪的行为配置了同样的刑罚。这就是所谓"同刑不同罪"现象。

再如，在我国刑法中，法定刑组合为"五年以上十年以下有期徒刑"、"十年以上有期徒刑或者无期徒刑"并且上限为死刑的犯罪只有3个，即第240条规定的拐卖妇女、儿童罪和第358条规定的组织卖淫罪和强迫卖淫罪。那么，这3个同刑之罪是否同罪呢？第一，这3个罪中，只有组织卖淫罪是发生在交易被害关系中的犯罪，其余两个犯罪都是发生在被迫被害关系中的犯罪。这说明，组织卖淫罪在这个角度上应轻于另外两个罪。第二，组织卖淫罪只是一种派生条件犯罪，而其余两个犯罪都是个人利益犯罪。这也说明，组织卖淫罪应轻于其余两罪。第三，拐卖妇女、儿童罪还直接危害到被害人的生命安全、健康安全，而其余两罪一般而言属于一种违反文化规范的犯罪，和安全价值基本无关。由此可见，这3个罪的严重程度并不等值，而立法者对其配置了完全相同的刑罚。这也是"同刑不同罪"的一个表现。

"同刑不同罪"以及"同罪不同刑"现象的存在，意味着犯罪定义的协调性、一致性、系统性水平还与应然的要求之间存在一定距离，要么是当重的不重，要么是当轻的不轻。于是，接下来的问题便是：为什么"同刑不同罪"或者"同罪不同刑"？为什么当重的犯罪却配置了较轻的刑罚，为什么当轻的犯罪却配置了过重的刑罚？仍以前两个比较为例便可以看出，这两例当中被轻视的，都是被害人的生命、健康等安全价值，而得到突显的价值，要么是市场交易秩序，要么是某些文化规范。可见，从犯罪定义的协调性程度中，可以反观犯罪定义主体性的张扬。如果这种反观能够透视出主体性中任性或片面的一面，便是结构分析的意义所在了。

四、历史分析

所谓犯罪定义的历史分析，就是在历史发展过程中观察主、客体之间的互动如何影响犯罪定义产生、变化的动态分析。例如，"禁止贪污"

就是一个犯罪定义,而贪污这个概念的产生过程耐人寻味:按照中世纪的普通法,盗窃罪仅指未经财产所有者同意故意取其财物的行为,因此,如果某人受物主之托为其清洗衣物,后携其衣物潜逃,则无法按犯罪处理。[1] 随着中世纪后期商品经济的发展,人们之间的经济关系日益复杂,狭窄的盗窃罪概念已经无法适应需要。第一个打破盗窃罪概念的是1473年的"运送人案",一送货人因私拆货主的货箱取其货物而被判有罪。随后,银行业的发展使人们之间的经济关系更为多样化。受托人侵吞委托人财物的行为是犯罪,第三人又从受托人处私取委托人财物的行为是不是犯罪?到了1742年,一位英国银行出纳员盗窃了银行价值13 000英镑的证券,依据当时的英国普通法无法追究其刑事责任。这个案件导致了西方历史上第一个反贪污立法的制定和颁布。[2] 这段历史说明,"贪污"这个概念中的确存在客体性和主体性两个方面:未经许可占有他人财物的偷窃行为是其客体性的一面,人们之间日益复杂化的经济关系和相应的利益关系是其主体性的一面。这两个方面如果单独存在,都无法想象"贪污"的概念。当它们互为条件、相互作用时,便生成了新的事物:"未经许可占有他人财物的偷窃行为"因人们之间委托——受托关系的出现而获得了新的意义——在新型利益关系中的"偷"已经不完全等同于原有的"偷",于是人们用新的符号指称这种"偷",叫做"贪污"。另外,人们之间新出现的委托——受托关系也因与之相关的"偷"而获得了新的意义——受托人非法侵占委托人的财产的行为,原本也是一种"偷",只是发生在新型利益关系中的"偷"。这就是"禁止贪污"这个犯罪定义中"与客体性相联系而存在的主体性,以及与主体性相联系而存在的客体性"。

小 结

本章首先指出,犯罪定义就是对行为进行犯罪化处理过程中所使用的符号和规范体系。在犯罪学中,围绕犯罪定义的问题,有两大理论倾

---

[1] See James Willian Coleman, *The Criminal Elite: the Sociology of White Collar Crime*, St. Martin's Press, 1989, p. 125.
[2] Ibid., p. 126.

向：主体本位的犯罪定义观和客体本位的犯罪定义观。主体本位的犯罪定义观的基本观点是，犯罪定义中的决定性因素是定义者，即定义的主体，而非被定义的行为本身，即定义的客体；主体性是犯罪定义的核心属性。这是能动论、多元论以及冲突论的合乎逻辑的必然结果。与此不同，客体本位的犯罪定义观的基本观点是，犯罪定义中的决定性因素是被定义的行为、现象本身，而非定义者自身的主体性；客体性是犯罪定义的核心属性。客体本位的犯罪定义观的理论基础是摹状论、一元论和自然论。按照客体本位的犯罪定义观，犯罪并不是人塑造出来的，而是自然的、固有的；犯罪定义主体只能发现犯罪，而不能发明犯罪；犯罪定义只能是实然犯罪行为的复印件或影像，而不是按照应然的主观标准所塑造出来的产物。不论怎样，如何理解犯罪定义的本质是个犯罪观问题。如果坚持客体本位的犯罪定义观，犯罪就是自在地独立于定义主体而客观存在的事物。如果坚持主体本位的犯罪定义观，则犯罪是被按照一定需要和标准塑造出来的事物。深入研究犯罪定义的本质问题，有助于科学把握犯罪现象与犯罪定义者之间的关系。因此，和"犯罪特性"、"犯罪形态"一样，"犯罪定义"是犯罪学中另一个基本范畴。

研究认为，首先应当承认，主体性的确是在何种行为应当被犯罪化的过程中表现最为活跃的因素，这就使得犯罪定义有可能成为犯罪定义主体滥用规范优势的工具。然而，犯罪定义实际上是主、客体之间的一个中介物，因此，只有在主、客体之间的互动中调整自己，既服从来自主体方面的规定，又接受来自客体方面的制约，犯罪定义才能避免主体性的恣意放大。主体本位和客体本位两种相互对立的犯罪定义观，要么只看到了这个互动过程中客体的主体化方面，要么只看到了其中主体的客体化方面，都忽视了客观存在着的另一方面，因而都是不够科学的犯罪定义观。把犯罪定义理解为定义对象与主体之间的中介物，理解为客体（被）主体化和主体（被）客体化的互动过程的记录，有三方面理论意义：

其一，既然犯罪定义是客体（被）主体化和主体（被）客体化的互动过程的记录，那么，犯罪定义也是由大量法条、裁判、法律解释、政策文件、习惯禁忌、媒体报道等事件构成的事实，因而也获得了事实学属性。而刑法规范也是一种犯罪定义，因此，刑法规范也是一种事实，也具有事实学属性。从这个意义上说，对刑法规范也可以进行事实学的实证研究。由此推论，我们可以导出实证刑法学的概念，并基于"规范也是事实"的判断开辟出实证刑法学的特有研究领域。所谓实证刑法学，是指基于犯罪学的原理，运用实证分析的研究方法，对刑法规范及其适用所进行的事实学观察与分析。可见，中介本位的犯罪定义观奠定了通向实证刑法学的理论道路，为犯罪学研究打开了新的研究视野。

其二，如果犯罪定义是定义对象和定义者之间的一种中介载体，那么，通常所谓犯罪的危害性就不能简单地理解为定义对象独立于定义者而自有的客观属性。正如"辛辣"既不能完全归结于辣椒自身的化学结构，也不能全都归因于食者口中的味觉器官一样，犯罪的危害性是客体作用于社会的同时社会又作出排斥性反应的过程。因此，对犯罪作出暴力性的刑事反应，其根据不仅仅是某种行为本身有害，还意味着反应者拒斥某种行为。于是，"危害性"便不再是犯罪的终极属性，刑罚的发动也将自然面对各种合理性、正当性的追问，犯罪的危害性也不应该必然导致人权问题。也就是说，中介本位的犯罪定义观深化了对犯罪本身的理解。

其三，如果犯罪定义既非定义对象的简单复写，又非定义者意志不折不扣的体现，那么，犯罪定义便很可能不是当然的关于犯罪的指称。在对行为进行犯罪化处理的过程中，充满着任意性、片面性和恣意性，这就使得指向犯罪的国家暴力有可能指向无辜的人，因而，这个意义上的犯罪控制实际上又是一种危险的社会控制——犯罪定义可以用来打击犯罪，也可能被人滥用，成为恣意妄为的最为合理、合法的工具。因此，犯罪控制的要义之一应当是对犯罪化过程的控制，也即对犯罪定义的制定和运用过程的控制。事实上，将犯罪控制仅仅理解为犯罪定义所指称的那些所谓危害行为的控制，无法排除犯罪定义被滥用于无辜的可能性。只有把犯罪定义理解为主、客体之间的一种中介物，犯罪与国家惩罚权之间的关系才可能得到客观、中立的科学理解；也只有揭示出犯罪定义的中介性质，对犯罪定义滥用的控制才有了理论根据。总之，中介本位的犯罪定义观丰富了犯罪控制的内涵。

第七章

犯罪规律学

除了与秩序、被害人、惩罚权的关系以外，犯罪还与周围环境密切相关，所以犯罪还应当被放在一定的环境关系中加以理解。在这条线索上，基本的犯罪学范畴就是犯罪规律。的确，犯罪是行为人主观选择的结果，是否犯罪，何时、何地、因何、如何犯罪，都具有较大的偶然性。但是，正如许多社会现象一样，在大量主观选择背后，仍然存在着某些共同性、普遍性和必然性联系；大量随机事件背后，仍然有规律可循。所谓犯罪规律，简单地说就是犯罪与各种社会现象、自然现象之间的稳定联系。围绕着犯罪规律问题，存在两种基本的理论倾向：因果中心说和概率中心说。在因果中心说看来，规律即因果，犯罪规律研究也即犯罪原因研究。而概率中心说则认为，规律即相关，犯罪规律研究也即犯罪相关性研究。可以看出，这两种理论对"规律"有各自的不同理解。本章将分别讨论这两种理论倾向，认为因果中心说和概率中心说都没有准确把握犯罪规律的意义，并在此基础上讨论了犯罪规律的相关问题。

第一节 鸡鸣与日出

因果、概率、规律，是本章讨论的几个基本范畴。为了准确把握这几个范畴，我们还是从一个问题的思考开始：人们每天都能观察到公鸡打鸣与日出之间前后相续的稳定联系。那么，公鸡打鸣与日出之间的这种联系，是不是一种规律？一说认为，这不能说是规律，因为日出作为后续现象，绝非公鸡打鸣打出来的，并不是公鸡打鸣引起了日出这一现象的出现,所以,两者之间的联系不是规律。另一说认为:公鸡打鸣与太阳东升西落之间稳定的联系,就是一种规律。只要人们感受到一种现象的出现以后,便总能接着感受到另一种现象的出现,那么,这种前后相续的联系就是规律。

可以看出,答案不同的原因在于该两种意见中所含的关于规律的理解不同。因果中心说认为,规律即因果,事物之间存在引起与被引起、决定与被决定、导致与被导致的因果关系时,才能说规律在起作用。而公鸡打鸣不可能导致日出,所以,即使两者日复一日地相继出现,也不能认为是规律。在因果中心说看来,研究事物之间的规律,就是研究事物之间的因果联系,不存在因果联系的现象之间,都无规律可言。与此不同,概率中心说认为:规律不一定都是因果,只要是人们能感觉到的事物之间的稳定联系,都可以被称为规律,或者说,只要存在相关关系,事物之间便都有规律可循。日出虽然不是公鸡打鸣所导致的结果,但是,如果人们每天都坚信,明天只要公鸡一打鸣,太阳一准出现,那么,就可以断定,这两种现象之间存在某种稳定联系,这就是规律。在概率中心说看来,某种现象与另一种现象相伴随而出现的概率越大,前后相续的可能性或者机会越大,那么,越有理由被视为规律,因此,研究事物之间的规律,就是观察、分析事物之间相伴随而出现的机会的大小。可见,在概率中心说看来,因果关系肯定是规律,但规律不仅仅限于因果关系,某些尚未或者无法被发现其引起与被引起关系的现象之间,某些相伴随而出现的概率不足百分之百的现象之间,也有规律可言。

尽管存在分歧,但是,这两种关于规律的理解之间,还是存在着一个明显的共同点:它们都相信,规律是可以用来预见同类现象重复出现的理论,因而,人们可以根据规律的指引,事前采取一定措施,对于尚未出现但将会出现的现象加以积极调控,或阻止其出现,或延缓其出现,或加速其出现,或改变其出现的形式。可以说,自有犯罪学以来,这个意义上的犯罪规律研究就一直诱惑着人们,而且,人们自觉不自觉地将这个意义上的犯罪学研究冠名为犯罪原因研究,为的是通过解释犯罪、消除原因、预见犯罪,进而预防犯罪。然而,在这些犯罪学研究中,犯罪原因、犯罪概率以及犯罪规律的概念并未真正得到澄清,以至于实际上导致了犯罪学研究中一些逻辑上的混乱。在接下来的分析中我们将看到,从某种意义上说,正是犯罪原因这个范畴在理解和使用上的各行其是,使得犯罪学研究长期以来停步不前。因此,与其让各种意义上的犯罪原因概念统领犯罪学研究，不如以犯罪规律的概念取而代之。这并不是要从根本上颠覆犯罪学的根基，相反，也许会为犯罪学的发展带来新的契机。

第二节　犯罪原因

在犯罪学中，对犯罪规律的第一种理解是，犯罪规律即犯罪原因，因此，研究犯罪原因也就是研究犯罪规律。此即犯罪规律的因果中心说。那么，犯罪原因能否等同于犯罪规律？这就需要首先弄清何谓犯罪原因、何谓犯罪原因研究等问题，然后才能讨论犯罪原因与犯罪规律的关系。

一、犯罪原因的概念

一直以来，犯罪原因都是犯罪学研究的基本范畴，以至于有人将犯罪学直接称为犯罪原因学。[1] 犯罪原因的概念是任何犯罪学研究都无法回避的问题。然而，犯罪原因的概念和犯罪有哪些原因是两回事，有些犯罪学研究对此未作明确区分，研究伊始，尚未对何谓犯罪原因给出明确界说，便直接讨论犯罪有哪些具体原因，急于建立所谓犯罪原因理论学说。所幸，并非所有研究都是如此，尚有一些规范的学术研究致力于犯罪原因概念的讨论。储槐植教授认为：犯罪原因就是引起犯罪发生和变化的决定性因素（四维结构犯罪原因，即社会生产方式结构、社会意识、个体心理结构、个体人生观）和影响因素（犯罪场，即犯罪的社会原因和个体原因以外的能够制约和影响犯罪发生的诸因素，包括时间因素、空间因素、犯罪侵害对象的有关情况、犯罪控制机制弱化情况）相互作用的统一体。[2] 康树华教授认为：凡是诱发、促成和影响犯罪现象及其过程的，均为犯罪因素；各犯罪因素按其作用层次和作用机制构成的系统便是犯罪原因。因此，犯罪原因是一个多质多层次性的、综合的、变化的、彼此互为作用的相关系统，它包含社会因素、心理因素、生理因素、自然环境因素以及文化因素等多种因素，这诸多因素有机结

---

[1] 参见张甘妹：《犯罪学原论》，17页，台北，汉林出版社，1977。
[2] 参见储槐植：《刑事一体化与关系刑法论》，26页。

合而形成一定的罪因结构时，便可能导致某种犯罪现象的发生。[1] 魏平雄教授认为，犯罪原因有狭义和广义之分。[2] 徐久生认为，犯罪原因是指引起犯罪发生的所有社会因素和犯罪人个体因素。[3] 林品东认为，应对犯罪原因作广义和狭义上的两种理解。广义上的犯罪原因是一个总的概念，是指引起、影响犯罪产生、存在的各种因素。它有四个层次：第一层为犯罪根源，第二层为犯罪原因（直接原因），第三层为犯罪条件，第四层为相关因素。狭义上的犯罪原因是指直接引起犯罪产生、存在的因素，即广义上的犯罪原因中的第二层次。[4] 金其高认为，犯罪原因是一个多层次的过程。犯罪原因的第一层次是主、客观因素相互作用的过程，第二层次是量变、质变的过程，第三层次是形成系统的过程，第四层次是因果循环的过程。这四个过程依次展开，逐层深入，从而形成犯罪原因过程之整体。[5] 从对这些犯罪原因概念的探讨中可以看出，理解犯罪原因的概念有两条基本线索：一是被视为犯罪原因的那些事物与犯罪之间到底存在何种性质的关系。二是在犯罪原因的概念中，这种关系到底以何种方式运作着。

首先，被视为犯罪原因的那些事物与犯罪之间存在何种性质的关系。对此，可以从以上各说中抽取出以下说法，即"诱发"、"促成"、"形成"、"影响"、"引起"、"决定"，等等。就是说，按照这些犯罪原因的定义，犯罪原因与犯罪之间是诱发与被诱发、促成与被促成、影响与被影响、引起与被引起、决定与被决定的关系。总之，这些意义上的所谓犯罪原因，要么是导致犯罪的根据，要么是参与犯罪形成过程的条件，没有对犯罪的发生和变化产生实际作用的事物不能称作犯罪原因。通俗地说就是，太阳不是公鸡打鸣打出来的，公鸡打鸣没有引起日出，太阳东升西落也许是别的什么原因比如说地球自转的结果，但不是公鸡打鸣的结果。换句话说，这个意义上的犯罪原因概念，排除了公鸡打鸣与日出之间这种前后相续的稳定联系，只有与犯罪之间具有实际作用于与被作用的关系，才属于犯罪原因。从这个意义上说，将犯罪原因与

---

[1] 参见康树华等主编：《犯罪学大辞书》，299页。
[2] 参见魏平雄等主编：《犯罪学教程》，213页。
[3] 参见徐久生：《德语国家的犯罪学研究》，19页，北京，中国法制出版社，1999。
[4] 参见林品东：《犯罪成因过程论》，载肖剑鸣、皮艺军主编：《罪之鉴：世纪之交中国犯罪学基础理论研究》（上），450页。
[5] 参见金其高：《犯罪原因的过程性》，载上书，458~468页。

犯罪之间的关系理解为因果关系比较符合犯罪原因的概念。

其次，构成犯罪原因的事物不仅与犯罪之间具有这种作用于和被作用于的关系，还以一定的方式实施着这种作用。这就是犯罪原因的第二个方面，即犯罪原因与犯罪之间的关系的运作方式。对此，还可以从前述对犯罪原因的界说中提取出4种运作方式：其一是组成一个完整系统，如前文中储槐植、康树华的犯罪原因概念。以这种方式存在的犯罪原因以其相对独立的犯罪原因群作用于犯罪。其二是处于不同层次，如前文中林品东的犯罪原因概念。以这种方式存在的犯罪原因以其不同层次上的犯罪原因分别决定或影响着犯罪。其三是形成犯罪过程，如前文中金其高的犯罪原因概念。以这种方式运作着的犯罪原因，是一个动态的过程而非静态的结构。其四是作为单个现象，如西方犯罪学中某某因素与犯罪的犯罪原因研究。以这种方式存在的犯罪原因以其个别的作用力直接导致犯罪的产生和变化。

从这些分析中可以看出犯罪原因这个概念的各个方面。基于这些分析，可以将犯罪原因的概念表述为：与犯罪的产生、发展、变化之间具有因果联系的事物所组成的静态关系和动态关系。简单说，犯罪原因就是犯罪产生、发展、变化中的因果关系。这个概念在吸收上述犯罪原因概念精华的基础上，强调了两点：第一，犯罪原因不是孤立或静止的现象，而是事物之间多种结构方式和动态过程组成的关系。第二，犯罪原因不是其他意义上的关系，而属于因果关系范畴。

二、犯罪原因研究

犯罪原因研究发端于人们对刑罚功效的怀疑。[①] 从犯罪学产生的历史便可看出，贝卡里亚等人正是目睹了封建刑法和刑事司法制度的残酷以及反而日益增多的犯罪，才提出刑法改革。而古典学派的刑法改革恰恰是基于对犯罪本质和犯罪原因的重新解释，把对于人们之所以犯罪以及社会上总会有人犯罪的解释，从宗教神学预定论、自由意志论中解脱

---

① 德国著名犯罪学家李斯特曾经指出："如果不从犯罪的真实的、外在的表现形式和内在原因上对犯罪进行科学的研究，那么，有目的地利用刑罚——与犯罪作斗争的武器——充其量只不过是一句空话。这种解释犯罪因果关系的'犯罪学说'称之为犯罪学（犯罪病源学）。"（[德] 弗兰茨·冯·李斯特：《德国刑法教科书》，[德] 埃贝哈德·施密特修订，徐久生译，8页，北京，法律出版社，2000。）

出来，代之以现代理性人、经济人理念之下的犯罪解释论，才推导出罪刑法定、罪刑均衡、法律适用人人平等、刑罚人道等现代刑法主张。此后，实证主义犯罪学的出现，也与古典学派倡导刑法改革以后的一百多年来犯罪仍在增多的事实以及这一现象给人们带来的困惑有关。实证学派的问世，更是公开、全面地以犯罪原因研究为契机，为人们重新解释犯罪现象打开全新的视野。从这个过程来看，人们研究犯罪原因，就是由于人们意识到，刑之轻重、宽严只能在一定范围内解释人为什么会犯罪或不犯罪，只能在有限的意义上说明为什么犯罪率会此消彼长，只能在较低的程度上解释犯罪的个体差异，即同样条件下此人犯罪而彼人不犯罪，或者，同样类型的个体，甲倾向于实施此类犯罪，乙更偏向于实施彼类犯罪。人们相信，如果能够找到犯罪的真正原因，如果能建立某种对犯罪的新解释，便可以通过消除原因或者控制原因等渠道，提前预见、预防犯罪的发生。于是，犯罪原因研究吸引了来自多种知识背景的科学研究。归纳起来，大部分犯罪原因研究都表现出如下几个方法论特点：

1. 根据犯罪原因的概念，犯罪的因果关系应当是一种必然性的、确定性的关系，即有因必有果，有果必有因。很难想象某个原因在作用过程中没有导致结果，或者某个结果不是任何原因所致。原因和结果之间的联系可以是间接的，但一定是连续的。因此，犯罪原因研究实际上就是关于犯罪的这种必然性、确定性关系的理论。例如，李斯特认为，应当将犯罪人类学和犯罪社会学结合起来研究犯罪现象。在此基础上，他提出了犯罪原因二元论，即认为任何一个具体犯罪的产生均是两个方面的因素共同使然：一个是犯罪人的个人因素，一个是犯罪人的外界的、社会的尤其是经济的因素。犯罪的产生以及犯罪对犯罪人的意义随着这两个因素的变化而变化。其中，外界因素是主要诱因，个人因素是重要的诱因……对犯罪人的研究向这两个方向发展，是刑事政策对犯罪人的评价超越外行对犯罪动机所作的陈词滥调的解释的前提条件，它也是现代刑罚执行工作取得成效的先决条件，同时，它还是正确运用现代刑事政策为特殊预防目的而提供的各种各样的措施的先决条件。[①] 李斯特的犯罪原因二元论就是关于犯罪产生、发展、变化的一种因果性解释，是一种典型的犯罪原因理论。这种理论实际上意味着刑罚并非万能，这便为刑事政策的研究和制定奠定了理论基础。然而，作为一种犯

---

① 参见［德］弗兰茨·冯·李斯特：《德国刑法教科书》，9~11页。

罪原因学说，和菲利的三因素论一样，李斯特的二元论也没有给犯罪的偶然性留下一席之地。除了个人原因和外界的社会原因（李斯特认为菲利三因素论中的自然因素可以归结到社会因素中[①]）以外，还有什么因素可以解释犯罪呢？如果这两个因素齐备，那怎么可能不出现犯罪呢？这里，从犯罪原因到犯罪，是一条确定的、必然的直线。这种线性的犯罪学说，对于理解、支持和论证某种宏观上的刑事政策很有意义，但由于排除了犯罪产生过程中其他各种可能的影响，所以往往在一定程度上使自身的可信性有所折扣。

2. 根据犯罪原因的概念，犯罪的因果关系应当是生活世界中诸多因果关系中的一种，因此，犯罪原因理论也往往是从众多公理中演绎出来的应有命题。可以说，相当一部分犯罪原因研究都属于这种演绎型研究，而非归纳型研究。

例如，龙布罗梭认为，犯罪人头骨一般比常人的偏小。其实，这个结论来自于这样一个原理：脑容量越大的动物，其进化地位越高，心理能力越强，越可能顺利融入正常的社会生活；相反，脑容量越小，其进化地位越低，心理能力越弱，越可能实施野蛮的攻击行为。显然，这是达尔文进化论的典型表述。如果犯罪人的脑容量较正常人的偏低，那么，达尔文学说的解释力就从单纯的生物学扩展到犯罪学，犯罪是"返祖"现象的结论便成为合乎逻辑的结论。从这个意义上说，龙布罗梭的观察和结论，恰恰是达尔文学说在犯罪现象解释中的演绎，进化论是龙布罗梭学说所由出发的前提性假定。再如，巴甫洛夫的条件反射理论是众所周知的心理学概念：本来，铃声并不会使狗分泌唾液，但如果每次在喂食前打铃，重复多次后，狗听到铃声后就会分泌唾液。此即有机体后天学习中建立的条件反射。据此，巴甫洛夫认为，有机体是一个整体，其机能的统一是由神经系统来实现的。这种统一表现为有机体内部的统一、有机体与外界环境的统一、精神与肉体的统一。1962年，英国学者特拉斯勒在其《对犯罪性的解释》一书中提出了一种犯罪原因理论，即特拉斯勒学习理论。按照这种理论，犯罪行为是通过条件反射作用学会的，个体幼年时期不恰当的教养活动往往使个人形成不正确的条件反射联系，使个人为了追求快乐和避免痛苦而进行犯罪行为。特拉斯勒也做了一个实验：让老鼠在实验中学会怎样通过一个压杠杆的行为来

[①] 参见吴宗宪：《西方犯罪学史》，332页。

获取食物。然后，实验者用电击代替食物。尽管最初还有驱力、饥饿，但老鼠最终还是学会了避免压杠杆的动作，它们因为害怕被电击（惩罚）而放弃需要的满足。甚至当电击被去掉以后，老鼠还是不敢压杠杆。特拉斯勒由此得出结论说，老鼠通过这种方式学会了"焦虑"，焦虑抑制老鼠不去进行可能获得愉快的行为。研究者认为，可以通过同样的方法培养个人对犯罪行为的厌恶和焦虑，也就是在个体头脑中建立犯罪行为的实施与受到惩罚之间的条件反射，使其在实施犯罪行为之前对于预期会受到惩罚产生焦虑，以预防个体犯罪行为的发生。按照特拉斯勒的理论，焦虑的程度正好与个人在童年时期的条件反射或社会化过程中所受到的惩罚的数量相称，焦虑的强度取决于在形成条件反射时所激起的恐惧的严重程度。特拉斯勒断言，容易进行犯罪的人，就是那些在童年时期其犯罪行为没有得到适当惩罚的人。没有受到会使个人产生恐惧的惩罚，因此，将要进行的犯罪行为就不能唤起焦虑，从而不会产生内在的抑制力，他们就容易进行犯罪行为。[①] 可以说，从巴甫洛夫理论中的铃声与狗进食，到特拉斯勒研究中的电击与老鼠惧食，再到人的童年时代缺少惩罚与越轨行为以及成年后的违法犯罪，我们可以清楚地看到一个演绎的链条。这种演绎型的犯罪原因研究，实际上也是一种应然犯罪学的表现。其实，犯罪学中的许多观察和归纳都是基于某种事先的理论预设和假定。在这当中，观察、归纳所由出发的前提预设为观察和归纳规定了目的和方向，也为观察、归纳活动本身事实上的高度选择性规定了取舍标准。从这个意义上说，犯罪原因研究又都是演绎科学，没有演绎逻辑，便没有犯罪学。

  3. 作为一种因果性研究，犯罪原因研究还往往具有抽象性、思辨性、拟似性的方法论特点。在这方面，古典犯罪学的思辨传统一直影响至今，在不少犯罪原因研究中再现。其实，贝卡里亚的功利主义犯罪解释论、经济人假设，都是典型的犯罪因果性理论。按照这种理论，犯罪是人们趋利避害、驱苦求乐、得失计算的必然结果。尽管贝卡里亚学说被后来的实证主义犯罪学派批得几乎一无是处，但其极富张力的理性思辨色彩，从来就没有在犯罪学中消失。美国学者贝克尔在其著名的经济学理论中，也涉及了犯罪原因问题。贝克尔认为，人之所以犯罪，并不是因为他的基本动机与别人的不同，而是因为他从成本—收益的分析中

[①] 参见吴宗宪：《西方犯罪学史》，557～558页。

得出了与别人不同的结论。犯罪人像正常人一样，在进行犯罪行为时也评价犯罪机会的预期收益，选择可能获得最大收益的行为。当某人从事违法行为的预期效用超过将时间及另外的资源用于从事其他活动所带来的效用时，此人便会从事违法行为。按照贝克尔的理论，犯罪同5个基本变量有关：(1)定罪的可能性；(2)判定有罪后的惩罚；(3)从事合法活动与其他非法活动可得到的收入；(4)逃避逮捕的机会；(5)违法意愿等。贝克尔将这个关系用函数表示为：

$$O_j = O_j(p_j, f_j, u_j)。$$

其中，O_j 表示特定时期的违法数量，p_j 表示每桩违法的定罪可能性，f_j 表示每桩犯罪的惩罚，u_j 代表所有其他影响的混成变量。[①] 除了宏观上的量化分析以外，贝克尔还给出了微观上的犯罪决策公式：

$$EU = P(s) \times G - P(f) \times L。$$

其中，$P(s)$ 是犯罪成功的可能性（possibility of success）；G是预期从犯罪行为中得到的利益（gains），例如金钱、财物；$P(f)$ 是犯罪失败的可能性（possibility of failure）；L是如果犯罪失败就会随之遭受的损失（losses），例如被判处监禁等。[②] 由于这种犯罪原因研究借助的是计量经济学理论方法，所以，贝克尔的这种学说被犯罪学界称为犯罪计量经济学。在这类犯罪原因研究中，犯罪原因与结果之间的关系，被学者用抽象层次很高的数学模型加以描述，从中我们可以清楚看出理性思辨在解释犯罪因果关系中的作用是何等重要。

综上，以因果关系的解释为主旨的犯罪原因研究，通常描述的是犯罪原因与犯罪之间的确定性、必然性联系，表现为公理演绎型研究，具有抽象性、思辨性、拟似性的理性化特征。

三、因果中心说批判

因果中心说认为规律即因果，犯罪规律即犯罪与其原因之间的因果联系，因此，犯罪规律研究也即犯罪原因研究。然而，基于上述分析我们会发现，如果我们仍然坚持说犯罪规律即犯罪原因的话，其实很难自

[①] 参见[美]加里·S·贝克尔：《人类行为的经济分析》，63~64页。
[②] 参见吴宗宪：《西方犯罪学史》，111页。

圆其说，因为，除了"可利用性"这一条以外，我们很难将犯罪原因与犯罪规律两个范畴等同起来。的确，对犯罪因果关系的认识和犯罪规律性知识，都可以被用来预见未然的犯罪，都可以在制定犯罪预防措施和预案时作为理论根据加以考虑，都对刑事政策的制定和调整具有指导意义，但是：第一，规律也可能以事物之间的或然性关系表现出来，因此，有罪因必导致罪果、有罪果必源于罪因的逻辑在这里难以作为规律的唯一形式而存在。第二，从公理演绎出来的因果解释可以成为犯罪原因理论，但从大量经验观察中归纳而来的关系，也可以用来解释犯罪，也可以被称为犯罪规律。第三，抽象理论可以解释犯罪现象中的因果规律，但不能反过来说，因果规律只能用抽象的思辨的语言加以描述。

更重要的是，如果认为只有确定的、公理型的、思辨的因果理论才是犯罪规律理论的话，那么，将给利用犯罪规律从事犯罪控制的社会实践带来某种危险：无须经验归纳，无须实证检验，无须试错性验证，无须操作化处理，一种学说便可以被奉为无可怀疑的指导原则付诸实施。这意味着任何一种学说只要有权对社会控制的权力运作产生影响，便可直接转化为大规模的犯罪控制活动。而作为犯罪定义的一部分，犯罪控制活动将给被赋予犯罪属性和意义的任何人和行为带来沉重的惩罚后果的负担以及另一些人和行为因此而获益的结果。这种惩罚资源的分配如果比较接近和符合客观真理，自然有益于社会的健康发展；反之，如果只是某种主观臆想，甚至是非理性的，对社会而言则意味着灾难。而未经操作化处理和实证检验的犯罪解释学说可能是真理，但也可能是谬误；这种学说可能使社会获益，但也可能将犯罪控制实践引入歧途。总之，将犯罪规律等同于犯罪原因理论，是一种学术政治意义上的危险。这样的犯罪原因学说不都是靠得住的理论。让人放心的犯罪规律学说，不仅要告诉社会犯罪有哪些规律，而且要让社会知道，关于这些犯罪规律的认识是从哪儿来的、是否经过实证的检验、能在多大程度上指导犯罪控制实践。至少，这种让人放心的犯罪规律学说，不能等同于上述意义上的犯罪原因学说。

第三节 犯罪概率

犯罪学中关于犯罪规律的另一种理解是犯罪规律即犯罪概率，因此，研究犯罪概率也就是研究犯罪规律。此即犯罪规律的概率中心说。那么，犯罪概率到底是否是犯罪规律？这就需要首先弄清何谓犯罪概率、何谓犯罪概率研究等问题，然后才能讨论犯罪概率与犯罪规律的关系。

一、犯罪概率的概念

对犯罪现象的解释，实际上发生在两个层次上：宏观的和微观的。在宏观上，解释的任务在于回答，社会上为什么总会存在犯罪现象。在这个层次上，犯罪原因与犯罪之间的关系是一种确定性的必然的因果关系。在微观上，解释的任务则需要回答，为什么犯罪此消彼长，为什么这些人犯罪、那些人不犯罪，为什么存在不同类型的犯罪，为什么存在轻重不同的犯罪，等等。在这个层次上，犯罪和与其相关联的现象之间是一种或然的概率关系。所谓犯罪概率，就是在相对微观的层次上，受方向、性质、强度不同的偶然性因素的影响，犯罪是否、何时、何地、如何、由谁、针对谁而发生或实施的可能性。简单说，犯罪概率就是具体犯罪的出现机会。

犯罪概率的范畴建立在犯罪的随机性假定之上，按照这种假定，虽然有犯罪原因便意味着会有犯罪出现，但具体到某人是否犯罪，具有明显犯罪倾向的人何时、何地犯罪，具体犯罪由何种具体诱因所发动，某个时空的犯罪率、犯罪结构有何变化，都是不确定的。犯罪之所以是一种随机现象，首先是因为犯罪原因本身就是多元的、多质的、多层次的；犯罪原因可以分为社会的、自然的，环境的、个体的，社会学的、心理学的、生物学的，家庭的、学校的、社区的、职业的，决定性的、条件性的，直接的、间接的，等等。受这些原因的分别影响，犯罪的出现机会自然不同，表现方式也会不同。有的人看上去根本不可能犯罪，最终却实施了犯罪；而有的人是具有比较显著的犯罪倾向，却终其一生都没有犯罪，其中一个重要解释就是犯罪原因本身的多质性。其次，犯罪之所以表现出随机性，还因为作为一种社会现象，犯罪不仅受到促成其发生的犯罪原因的影响，而且受到阻碍其发生的各种社会控制活动的影响。在阻碍犯罪的各种因素中，有来自被害人的被害预防，有来自犯罪人自身的自我抑制力，也有来自法律、道德、制度、规范等社会控制方面的遏止力。其中，何种正面因素与何种负面因素的相互作用导致了何种抵消结果，都是不确定的，在很大程度上与因素的作用力度、条件有关。而犯罪又恰恰是这两个方向共同作用的结果，而非犯罪原因一个方向上的影响所致。因此，作为正、反两方面因素抵消之后的产物，犯罪的发生和形式也不可能十分确定，至少不可能仅仅由犯罪原因的存在与否单独给出解释。最后，从必然性与偶然性的关系来看，任何必然性都要通过大量的偶然性才能表现出来，世界上不存在所谓纯粹的必然性。同时，偶然性又是必然性的表现形式和重要补充，在大量的偶然性中实际上都包含事物发生、发展、变化的必然趋势，世界上也不存在所谓纯粹的偶然性。从这个意义上说，犯罪在宏观上、总体上是一种必然性现象、确定性现象，而在微观上、个别上，又是一种偶然现象、随机现象。

把握犯罪的必然性一面，有助于从根本上理解犯罪本质，而更具实践意义的，是把握犯罪的随机性，因为只有这方面的犯罪知识才可能更有效地指导具体犯罪的控制实践活动。

二、犯罪概率研究

犯罪概率研究有三种类型：犯罪出现机会的分析、犯罪属性特征的归纳、犯罪相关性的观察。现分述如下：

1. 犯罪出现机会的分析

犯罪出现机会的分析包括犯罪行为付诸实施的可能性分析和犯罪行为造成危害后果的可能性分析。例如，格卢克再犯预测法，就是一种预测拟被假释者出狱后重新犯罪可能性大小的犯罪概率研究。1930年，美国学者格卢克夫妇发表的论文《500名犯罪人之经历》报告了该预测方法。研究者首先对1919年至1920年间由麻省矫治机构假释的510名男性犯罪者做实地调查，收集其入狱前、入狱中、假释中及假释后4阶段中各种资料，选出犯罪可能因子共50个；然后运用统计技术，再选择与犯罪具有重大关联的因子8个，以作再犯预测。具体方法是：首先对50个因子中的每个因子设定2~4个细目，并将全体被调查者假释后的情况分为成功、部分失败、失败三组。然后分别对每个因子与三种假释成功情况之间的关系进行交互分析。比如，50个因子之一是"劳动习惯"，分为"勤勉"、"普通"、"懒惰"三个取值。当每个被调查者的"劳动习惯"取值和假释成功情况都被记入统计表格以后，经过统计分析便可以得出结论：每百个勤勉者有多大的概率假释成功，有多大的机会部分失败，有多大的可能性假释失败。相比而言，每百个普通者或者懒惰者有多大的概率假释成功或者部分失败、失败便一目了然。比较之后也许就会发现，勤勉者比懒惰者假释成功的概率较大，或者反过来说，懒惰者比勤勉者假释失败的机会大。在分别完成 50 个这样的分析之后，研究者又对被调查者的假释成功率变量与预测因子之间的关系分别进行皮尔逊相关分析，将皮尔逊相关系数最高的 8 个预测因子留下：劳动习惯（R=0.42）、犯罪之重度与次数（R=0.36）、本犯以前之检举（R=0.26）、收容前之受刑经验（R=0.29）、判决前之经济责任（R=0.27）、入狱时精神的异常性（R=0.26）、在监狱中违反规则之频度（R=0.33）、假释期间之犯罪（R=0.47）。为了给裁判提供依据，格卢克只取前 6 个因子制作预测表。预测表制作的技术关键是对每个被调查者赋值给点，具体方法是：将上述交互分析结果中每个预测因子中不同取值情况下的假释失败率作为应得的点数，由此累积成每个被调查者的总得分。最后，把 510 个被调查者的总分分为若干组别，再分别计算每个组别的假释成功率、部分失败率、失败率。比如，总分在 244 分～295 分之间的个体，假释成功率为 75.0％，部分失败率为 20.0％，失败率为 5.0％；而总分在 346 分～395 分之间的个体，假释成功率为 26.2％，部分失败率为 19.1％，失败率为 54.7％；如果总分在 396 分以上，其假释成功率仅为 5.7％，部分失败率为 13.7％，失败率则高达 80.6％。基于这个结果，人们便可以对 510 个被调查者以外的任何条件大体相同或类似的个体进行再犯预测了，做法就是先对其进行 6 个因子的取值测量，得出总分后在预测组别中找到相应组别，然后便可检索到如果对其假释，其假释成功、部分失败或者失败的概率。[①]

2. 犯罪属性特征的归纳

由于犯罪是一种随机现象，所以，只有当某个现象出现以后犯罪现象在较大概率上相伴随而出现时，才可以相信某种因果关系可能存在。这种相伴随出现而出现的机会越大，可能性越高，存在因果关系的可信性程度才越高。例如，犯罪学中最常见的思维形式是：

B 犯罪时 27 岁。

F 犯罪时 18 岁。

Q 犯罪时 22 岁。

…… ……

[①] 参见张甘妹：《犯罪学原论》，249～251 页。

他们都实施了突发性激情犯罪。

所以,激情犯罪具有低龄化的特点。

再如,

杀人案件 A 中可见破损家庭因素的影响。
抢劫案件 B 中可见破损家庭因素的影响。
强奸案件 C 中可见破损家庭因素的影响。
…… ……
这些案件都是暴力犯罪。

所以,暴力犯罪都与破损家庭因素的影响有关。

犯罪学如此看重归纳法,显然是其经验主义传统的一种表现。经验主义哲学的早期代表培根是现代归纳逻辑的创立者,培根的影子在贝卡里亚的著作中随处可见。经验主义发展到实证主义,观察和归纳仍然在科学活动中占据重要位置,龙布罗梭、菲利、加罗法洛正是这一传统在犯罪学中最忠实的实践者。从这个意义上说,犯罪学是实证科学,是经验科学,是归纳科学,犯罪学中的许多理论都是归纳逻辑运用的结果。犯罪学家不仅从大量犯罪行为中归纳出犯罪的一般属性,从对大量犯罪人的各种观察中归纳出犯罪人的各种特征,从犯罪案件的经验事实中归纳出犯罪现象的各种规律,还以不同时间、地域、社区、国家的犯罪统计数据为观察对象,从中归纳出各种对犯罪具有影响的因素、关系。例如,1983 年,美国学者阿德勒对 1970 年到 1975 年间瑞士、日本等 10 个国家进行了比较研究,结果发现这 10 个国家有几个共同点:家庭和亲属关系都比较牢固,社会成员在家庭里普遍感到安全和支持;集体和集体意识得到强化;警察、法院、监狱等正式监督体系与非正式监督体系相适应。而这 10 个国家都是低犯罪率国家。于是,阿德勒得出结论,低犯罪率这一结果可以从这些属性的存在得到解释。[①]

3. 犯罪相关性的观察

现象之间两两相继出现的重复性越大,说明相继出现的现象之间的相关性程度越大,而只有相关性程度高的现象之间,才谈得上是否可能存在规律。从这个意义上说,相关性观察是绝大多数犯罪原因研究的前

---

① 参见[德]汉斯·约阿希姆·施奈德:《犯罪学》,33 页。

期研究。例如，1926年，美国芝加哥大学的帕克、伯吉斯、肖、麦凯等学者，在《作为一种空间模式和道德秩序的城市社区》中公布了他们的一项研究成果，用制图学方法研究城市中的"犯罪区"，此即芝加哥学派的同心圆研究。在该项研究中，学者们从三个方面展开对城市生态区域与犯罪之间关系的观察：第一，市中心与少年犯罪率的关系。他们绘制了少年犯的居住地区域图，也绘制了少年犯罪的发案密度图，然后将两个图进行比较，结果发现，两者并不吻合，少年犯居住密集的地区，不一定是发案率最高的地区。实际上，发案率高的地区，往往是市中心地区。第二，经济落后区域与少年犯罪率的关系。他们将经济落后的变量具体操作化为接受福利救济家庭的百分比、中等租金、拥有住房家庭的百分比、婴儿死亡率、结核病发病率、精神病发病率等经验现象，然后计算这些经验现象与少年犯罪率之间的数量关系。结果发现，经济越落后的地区，少年犯罪率越高。第三，国外出生者密集的地区与少年犯罪率的关系。他们发现，1884年有8个社区的人口中大约有90%是德国人、爱尔兰人、英格兰人、苏格兰人、斯堪的那维亚人，到了1930年同样地区的人口中大约85%是捷克人、意大利人、波兰人、斯拉夫人。尽管人种替换了，这8个社区仍然是该城市中少年犯罪率最高的地区。这8个区就是伯吉斯所描述的过渡区。更有趣的是，他们发现，当一批移民迁入过渡区而另一批移民迁出该过渡区时，该区域的少年犯罪率仍很高；而从该区域迁出的居民迁入其他社区后，新社区的少年犯罪率并没有上升。这说明少年犯罪率的升降与群体本身无关，也和种族、文化等因素无关，而与区域本身有关。学者们还在伯明翰、克利夫兰、丹佛、费城、里奇蒙、西雅图等城市重复了他们的研究，结果都支持他们在芝加哥得出的上述结论。这说明犯罪与父母的生物学特性无关，而与地域生态环境有关。[①]

三、概率中心说批判

概率中心说认为规律即概率，犯罪规律即经验世界中具体犯罪出现、变化的概然性特征及程度，因此，犯罪规律研究也即犯罪出现机

[①] 参见［德］汉斯·约阿希姆·施奈德：《犯罪学》，339页。

会的分析、犯罪属性特征的归纳、犯罪相关性的观察，总之，犯罪规律研究也就是具体犯罪出现概率的研究。然而，这种关于犯罪规律的理解也未免有些偏颇。按照概率中心说，当某种条件出现以后，某种犯罪或者某个犯罪也随之出现的机会较大。只要某种犯罪较大程度上表现出某个属性特征，只要犯罪与某个现象之间的相关系数较高，就意味着犯罪规律的存在。然而，概率中心说没有进一步回答，为什么某些条件出现以后，犯罪出现的概然性较大，而另一些情况下，犯罪出现的概然性则较小；为什么从某类犯罪中可以归纳出某个特征，而在另一些犯罪中观察不到同类特征；为什么犯罪与某些现象之间的相关性程度较高，而与另一些现象之间的相关性程度不那么高。也就是说，概率中心说没有在经验观察所获得的感性认识的基础上进一步把握其现象联系背后的本质联系，而现象背后的这种本质联系，也是犯罪规律的应有之义，不应被排除在犯罪规律及其研究的范畴之外。其实，现象都是本质的现象，本质通过现象表达自身，因此，人的感性能力可以认知事物之间的现象联系，而现象背后的本质，只有通过人的理性能力才能得到把握。从这个意义上说，犯罪出现机会的分析、犯罪属性特征的归纳、犯罪相关性的观察，只是犯罪规律的感性认识，如果停留在这种感性认识阶段，犯罪规律还是未能得到深刻、全面的认识。

第四节　犯罪规律

犯罪原因和犯罪概率都无法准确表达犯罪规律的内涵，然而，因果中心说和概率中心说毕竟从各自的角度反映出犯罪规律的基本点。在此基础上，所谓犯罪规律，就是指犯罪现象中客观存在的本质联系，它的反复作用，使得犯罪现象中的相关联系重复出现，以至于人们可以据此预见、预防和控制犯罪。按照这个概念，犯罪规律从根本上规定着犯罪的产生、变化和消失，因此，犯罪规律首先是指犯罪的因果关系。此外，作为本质联系的犯罪规律的具体表现，又是重复出现的各种犯罪相关性，是人们能够感受到的现象联系。这里，因果中心说和概率中心说的互补，使得犯罪规律的概念得以完善。不仅如此，这个概念还意味着，作为本质联系和现象相关时，犯罪规律是客观的。然而，作为指导人们犯罪控制实践的理论时,犯罪规律又是主观的。这个意义上的犯罪规律其实是客观规律在人们头脑中的主观反映。有何种关于犯罪规律的理论,便有相应的何种犯罪控制实践。这个意义上的犯罪规律,具有如下基本属性:

一、理论假设

犯罪规律的主观形式首先是解释犯罪的理论假设。例如,"越贫穷的社会,犯罪就越多","如果生活在问题家庭中,就会形成犯罪人格","犯罪是文化冲突的结果",等等,都是关于犯罪解释的理论假设。因为规定着、决定着犯罪的产生、发展、变化的,是深藏于犯罪现象背后的、客观世界所固有的本质联系,而所谓本质联系是无法靠人的感官直接感受或经验的,只有依靠人的理性能力,才能把握现象背后用肉眼看不见的本质联系,所以,离开人的理性和抽象能力,人的认识便无法到达现象背后的本质联系。在这一点上,因果中心说关于犯罪规律的理解是可取的,因为因果中心说十分看重对犯罪原因与犯罪之间必然联系的抽象性、思辨性、拟似性的把握。从这个意义上说,直观到的现象联系本身不是理论,因而也不能直接被称为规律。犯罪学中大量存在的所谓"犯罪学理论",其实只是一些直观到的现象联系,在它们尚未得到深刻、理性把握之前,就被冠以规律。应当说,这是对犯罪规律的机械的简单化理解。例如,犯罪解释论中的所谓颅相说、骨相说、人种论、内分泌论、染色体异常论、体格说、体型说、性别差异说、月经说、季节说、气候说、季风说、时日说,等等[1],都分别从某个具体的现象联系来解释犯罪。然而,如果认为这些现象联系本身就是犯罪规律,而放弃对这些联系背后真正起作用的本质规定性加以探寻,那么,这就是一种关于犯罪规律的浅显理解。

不过,也正是由于犯罪规律深藏于现象背后,正是由于关于犯罪规律的理性认识具有思辨性和拟似性,关于犯罪规律的主观认识存在偏离本质而成为谬误的可能性。从这个意义上说,犯罪规律的主观形式又是一种待证实或者证伪的理性认识,也即需要检验的理论假设。

---

[1] 参见康树华等主编:《犯罪学大辞书》。

二、实证检验

既然犯罪规律的主观形式是理论假设，那么，一个理论假设最终被确认为可利用的客观规律，就需要经过实证的检验，未经严格的实证检验程序认定的任何所谓抽象犯罪解释理论，都不能被妄称为犯罪规律。在这里，犯罪规律与犯罪原因的重要区别，不仅仅是外延大小的问题——因果一定相关，而相关的不一定都是因果，问题的关键在于，现象之间是否具有决定与被决定、作用与被作用、引起与被引起的本质联系的确信和认定，必须经过严格的检验程序加以证实或者证伪，而只要进行实证检验，就离不开能否直观得到、有多大的概率相伴随而出现、有多大程度上的相关性、有多大的出现频次等经验判断，作为接受或不接受一个理论的证据支持。

之所以如此：第一个理由是，任何本质都是一定现象的本质，世界上不存在所谓孤立的不表现为任何经验现象的本质。既然表现为各种经验现象，就有理由以某一组现象联系的发现并证实与否，作为是否该相信某个理论的证据。第二个理由是，既然一个理论声称是犯罪规律的客观反映，而犯罪规律往往是反复起作用的，那么，只要一定条件具备，合乎规律的现象联系必然会重复出现。如果生活世界中从未观察到这种稳定联系的存在，或者很难观察到它们的存在，或者某种联系只存在于某个或少数极端事件中，都没有充分理由认定关于该联系的一个理论是客观规律的总结。规律存在于大量个别事件背后，必然性通过大量偶然性表现出来。任何单个的犯罪事件，无论它有多极端，都无法从它归纳出所谓犯罪规律。这里，涉及一个何谓"典型事件"的问题。通常人们相信，典型事件中蕴涵着普遍规律，人们可以认识典型事件，进而把握普遍规律。问题是：常见事件为典型还是极端事件为典型？一张白纸上有一非常显眼的黑点，其中，有人认为黑点的部分是典型，有人则认为其余部分才是典型。不同的理解，当然导致不同的行为决策。笔者认为，规律性认识起码应来自于大概率事件，而非极端事件，因此，黑点的部分只是极端事件而非典型事件。如果误以极端事件为典型事件，如果进而误将非典型事件的特性作为大概率事件的规律，如果又将行为决策建立在对非典型事件的认识基础之上，结果只能是决策失误。可见，根据犯罪规律性认识指导犯罪控制实践，要杜绝把极端事件作为犯罪控制的决策依据。第三个理由是，如果无须证实或证伪的检验程序，便可将某种自称为理论的认识用于指导犯罪控制实践,那么,国家惩罚资源的发动和配置都可能因建立在主观臆想或谬误基础上而表现出盲目性,立法、司法、罪名、刑罚、警察、监狱,都可能成为无辜者的噩梦和滥用权力者的工具。所以,将某种观察奉为理论并上升为规律,要十分地慎重。

在这方面,概率中心说对犯罪规律的理解是十分可取的。因为在概率中心说看来,犯罪规律研究就是犯罪出现机会的分析、犯罪属性特征的归纳、犯罪相关性的观察,这些,都是检验某种理论、学说真理性程度的实证途径。相比而言,犯罪原因研究的对象可以是个别事件,如某个犯罪家庭、某个惯犯、某次袭击等,它的来龙去脉、各种相关因素等。但是,作为实证研究的犯罪规律分析的对象应当是大量事件而非少数个别事件,从单个事件中,无法提取出规律性的认识。也正是由于这个区别,规律才具有可推论性、可利用性,个别事件的原因不能被直接用于对其他个别事件的解释和预测。我们可以说,由于观察了1 000个问题家庭以后发现,85%的问题家庭的子女实施了违法犯罪行为,所以,条件、特征类似的其他个体如果生活在同样的问题家庭中,也有85%的几率实施违法犯罪行为。但是,我们不能说,由于观察了一个出自问题家庭的少年甲实施了违法犯罪,于是可以断定,出自问题家庭的少年乙、丙、丁也会违法犯罪。显然,犯罪学更感兴趣的,应当是可以用来预测样本以外的其他个体的行为的规律性认识。所以,一种判断被认为是关于犯罪的规律性认识,需要经过严格的科学研究程序和多次重复性检验,否则,只能是关于犯罪规律的猜想或假设,不能用来指导犯罪控制实践。

犯罪学中,强调理论、学说必须经过实证检验的典范比比皆是。例如,1913年,英国学者格林(Charles Buckman Goring,1870—1919)在《英国犯罪人:统计学研究》中公布了研究成果,通过对4 000名累犯数据的统计分析,提出与龙布罗梭的天生犯罪人论相反的结论,此即犯罪学中著名的格林研究。[①] 1889年,在巴黎召开的第二届国际犯罪人类学大会上,龙布罗梭与其对手们争论了整整1个星期,结果相持不下,最后,还是加罗法洛建议成立一个7人委员会,对100名生来犯罪人、100名具有犯罪倾向的人、100名正常人进行比较研究。龙布罗梭提出,如果结果是这3组样本没有差异,他就收回他的理论;如果发现

---

① 参见吴宗宪:《西方犯罪学史》,280~293页。

了显著差异，人们就该接受他的理论。包括法国的托皮纳德在内的一些学者拒绝接受龙布罗梭的挑战，然而，英国帕克赫斯特监狱的副医官菲思博士接受了这一挑战。这个菲思，就是格林的前任。这项研究从1901年开始，得到了政府资助，还得到了著名统计学家皮尔逊（Karl Pearson）的帮助。从1902年起，格林接替菲思，主持该研究。他们先后测量了4 000名犯罪人，对照组是未犯罪的英国男性，包括牛津大学、剑桥大学的学生，以及苏格兰的大学生，英格兰、苏格兰的中小学男生，伦敦大学教授，苏格兰的精神病人，德国陆军新兵，英国皇家工兵。对每个样本的测量包括37种生理特征、6种心理特征。该研究的测量阶段持续了8年之久。此后，资料的统计分析、解释工作又持续了5年。整个研究从1901年开始，到1913年才出版成果，即《英国犯罪人：统计学研究》。该项研究的几个结论是：首先，在犯罪人的37种生理特征中，只有6种特征与犯罪类型相关，其相关系数仅为0.15。犯罪的严重程度与身高、体重、头围、眼距无关。（按照格林的方法，犯罪的严重程度的指标为：第一，被判刑的次数；第二，刑期与两次判刑间隔年限之间的比率。）在生理特征方面，格林还注意到了阶级、职业等因素的控制：不能笼统地比较犯罪人与非犯罪人的身体差异。警察平均身高超过一般市民，这是职业的要求。因此，要在同等职业或阶级内比较犯罪人与非犯罪人的身体特征。格林将样本分为4种阶级、7种职业，然后进行比较，结果发现，除诈骗犯以外，犯罪人比一般人身高低两英寸、体重轻3磅～7磅；此外，没有发现任何犯罪类型、犯罪程度与生理特征之间的联系。格林讽刺说："这是可以作为犯罪人类学基础的唯一的事实。"其次，在格林测量的犯罪人的6种心理特征中，只有智力因素与犯罪显著相关，相关系数为0.655 3。而且，格林证实，智力因素与身体因素相互独立，相关系数仅为0.02±0.03。统计学家皮尔逊对格林的工作给予高度的评价：格林自己没有提出犯罪理论，他只用客观事实和科学方法说话，从它们中自然而然地得出结论，而不是先得出一套理论，然后再去论证……格林著作的主要优点之一是，由于它非常自然，所以迫使那些想从科学方面攻击它的人收集更好的资料，并且实际上采纳了格林的步骤、方法。他们可能成功，也可能失败。虽然这看起来似乎奇怪，但是，格林的方法已经产生了深刻的影响、确立了牢固的方向，未来的科学的犯罪学家们不得不沿着这个方向发展。与这种基本事实相比，对格林结论的否定是微不足道的。

既然关于犯罪规律的理论认识必须经得起实证检验，那么，这个检验过程就自然涉及对犯罪自身的分布、强度、密度、轻重、动态、结构、消长幅度、速度、消极影响、积极影响、历史进化、对犯罪控制活动的反应等多方面现象联系的观察和描述。而在传统的犯罪学体系中，这些观察和描述通常被放在犯罪现象论中考察，而未被归入犯罪原因研究的范畴。其实，这些现象中蕴涵着大量的客观必然性和规定犯罪发生、发展的内在根据，显然属于犯罪规律研究的范畴。

三、普遍联系

作为必须经过实证检验的理论假设，犯罪规律来自于犯罪现实中多层次、多维度、多个方向上的普遍联系，犯罪规律性认识是这些普遍联系的主观反映。任何一个单一因素、孤立片段、单向过程，都不能被称为完整的犯罪规律。从静态的范围来看，实际上有两类规律：一类规律是对事物运动变化的"不变秩序"所作的单纯的经验性归纳，不包含"因果必然性的链条"。这属于经验规律。另一类规律包含对事物运动变化的"因果必然性的链条"的"不变秩序"的全称判断。这属于"因果必然性规律"或严格意义上的"科学规律"。经验规律的共同点在于，都是观察者根据现象的类似性、重复性或反复出现的"不变秩序"所作的归纳，其中没有"因果链条"。如"凡天鹅皆白"这一类"规律"，由于不含任何"因果链条"，所以不可能具有任何范围内的普遍有效性。但即使如此，只要经验归纳确有大量事实为依据，把"凡天鹅皆白"修改为"天鹅大都为白色"，仍有一定的认识价值。因果必然性规律才是科学意义上的因果规律，如"凡是人，若不吃饭，也不以其他方式给身体补充营养物质，那就必然要饿死"。此类规律有一个因果链条支撑着它——生理规律，由此具有普遍的必然性。① 换句话说，规律包括因果规律和概率规律，前者是"踩上地雷必死"的必然性规律，后者是"穿越雷区很可能死"的或然性规律，这就是规律的双重性。犯罪规律也一样，也具有犯罪因果规律和犯罪概率规律两重属性。由此推知，犯罪原因的概念为犯罪规律的概念所包容，犯罪规律比犯罪原因更具有普适性。事实上，自犯罪学诞生以来，学者们虽言必称犯罪原因，其实，真

---

① 参见庞卓恒、吴英：《什么是规律：当代科学哲学的一个难题》，载《天津师范大学学报》，2000（2），4页。

正算得上因果规律的犯罪原因寥寥无几,大多数所谓犯罪原因研究实际上都是犯罪因素研究,往往是对犯罪现象的概率性解释或描述。这个意义上的犯罪原因研究,已经是犯罪规律研究,只是"戴了一顶小帽子"。从这个意义上说,犯罪学没有必要把自己定位在犯罪原因研究上,而应以犯罪规律研究替代之。这样才名副其实,否则,可能限制了犯罪学对犯罪规律的研究,甚至可能违背犯罪学的初衷。①

进一步从规律的运动方向来看,犯罪规律往往表现为犯罪与各种现象之间的相对运动,这是犯罪规律与犯罪原因的另一个重要区别。严格讲,犯罪原因只能是引起犯罪现象的现象,因而逻辑上犯罪原因研究只限于犯罪原因引起犯罪的过程。与此不同,犯罪规律的范畴不仅涵盖了犯罪被引起的关系,还包括犯罪引起的社会效应以及相应社会控制的关系,即犯罪与社会控制之间的关系,甚至还包括犯罪控制与各种犯罪原因之间的关系。就是说,犯罪本身不是孤立的存在,犯罪规律只有在犯罪现象与各种因素、犯罪控制活动之间的相对关系中才能得到把握。这就是犯罪规律的相对性。因此,凡是与犯罪的产生、变化、影响有关的事物,都在犯罪规律分析的视野之内。而在逻辑上,犯罪原因的范畴无法包容这些关系的研究。既然如此,从学科发展的历史和未来着想,也应考虑用犯罪规律研究取代犯罪原因研究。而在传统犯罪学体系中,犯罪现象、犯罪原因、犯罪控制,被作为相对独立的事物分别研究,而它们在犯罪问题中的相互作用过程没有得到着重分析,但犯罪规律的相对性决定了犯罪控制必须不断根据犯罪的变化调整自己的反应。按照犯罪规律相对性的原理,犯罪规律不仅是"犯罪原因—犯罪现象"的关系,还包括"犯罪现象—犯罪控制"、"犯罪现象—犯罪效应"、"犯罪控制—犯罪因素"等各种关系。这意味着犯罪规律不是单向的关系,而是规律中各个要素之间的相互作用。犯罪规律在互动关系中得到把握,意味着

---

① 通说认为,犯罪原因的概念是犯罪学的基石,犯罪学以犯罪原因研究为自己最主要的任务。从犯罪学自身的产生、发展历史来看,正是犯罪原因研究使犯罪学从众多犯罪研究中脱颖而出,成为独立学科。18世纪中晚期古典犯罪学产生以前,人们也思考过"人为什么会犯罪"这类问题。贝卡里亚以及后来的龙布罗梭等人的研究,使这类追问不断重复,加上孔德、休谟等人的因果观的影响,认为因果关系只是感觉现象的先后顺序,于是,不论犯罪因果关系的研究还是犯罪概率关系的研究,都一律被冠以"犯罪原因"的研究。也就是说,最初的犯罪学研究并不排斥概率性犯罪规律的研究,只是扩大了"原因"的范围。如果严格按照"原因"的本来含义界定犯罪学研究,那么,许多在犯罪学看来天经地义的研究范围都不得不被排除在该学科视野之外了。这显然不是犯罪学的本意。

犯罪规律不仅通过罪前各种因素对犯罪的影响显现自己，还通过犯罪发生后社会控制的不同效果显现出来。比较成功的控制效果说明较好地利用了犯罪规律，反之，失败的控制效果意味着没有准确把握犯罪的客观规律。这就是犯罪与社会控制之间的博弈过程：一方面，在这个博弈过程中，犯罪规律不断证明自己的存在，被人经验到并确信它的存在；另一方面，这个博弈过程也是个不断"试错"的过程，社会不断调整自己对犯罪的反应而获得或成功或失败的体验，通过"试错"的各种效果，不断接近、符合自在自然的犯罪规律。可见，犯罪规律比犯罪原因包含了更丰富的内涵。

四、一个悲观的结论

综上，笔者提出所谓犯罪规律的理论构成说，即一个可以用来指导犯罪控制实践的犯罪规律学说，必须同时满足三个条件：其一，犯罪规律的理论必须是犯罪现实本质联系的反映，因而必须具有犯罪解释论的形式。其二，犯罪规律的理论必须是可信的犯罪解释论，因而是须经实证检验和事实证实的理论。其三，所发现的犯罪规律必须是犯罪问题普遍联系的一部分，因而不能是人为任意简约、分割的复杂联系的片段或枝节。这三条应当缺一不可：没有理论的实证数据犹如没有放盐的菜肴，再丰富、再好看也没有味道；没有实证检验和实际数据的理论就像方向或制动随时会失灵的汽车，可以跑得很快，但不可靠；而没有体系或思维框架的不论是理论还是数据，好像被放大1 000倍的美女脸上的一个汗毛孔，虽然真实、可靠，但一点儿也不好看，因为这是一种过于真实的失真。

遗憾的是，在我们所能见到的犯罪规律研究中，真正同时符合以上三个条件的，几乎没有，大多数研究尚处在真实、可靠却难看无比的"美女脸上的汗毛孔"，或者只可摆设却不可靠的"汽车"，或者粗心厨师烹制的"无盐菜肴"的水平上。具体到当下的我国犯罪学研究，比较突出的问题恐怕还是只可摆设却不可靠的"汽车"太多，就是说，标准的实证分析凤毛麟角，尚未成为犯罪学研究者们真正的共同语言。这一方面表现在真正标准的犯罪规律实证研究尚不多见，另一方面也说明并非每个研究犯罪学的学者都能用实证分析的语言进行交流。所以，对我国目前的犯罪学研究而言，实证分析的理论方法仍是比具体犯罪规律研究更具前提性的问题。

第五节　犯罪规律的发现与证实

犯罪规律反映在人脑中，就形成关于犯罪规律的真理性认识。所以，犯罪规律性认识不是意见，也不是价值判断，而是一个个具体的有待实证检验的理论假设。从这个意义上说，研究犯罪规律，离不开实证分析的理论方法。犯罪规律的发现与证实，就是犯罪规律的实证研究。

一、实证分析与犯罪规律

在本书第一章第二节，笔者讨论了实证分析的概念，认为实证分析就是按照一定程序性的科学研究规范进行经验研究、量化分析、关系分析的研究方法。在笔者2008年出版的《法律实证研究方法》中也详细讨论了实证分析方法的具体运用，这里不再赘述。问题是：为什么研究犯罪规律要依靠实证分析的方法？

首先，为了遏制犯罪危害，犯罪控制的确是一种价值实践。然而，这种活动不仅具有利益驱动的一面，也具有不得不服从客观规律的一面。实证分析方法就是被用来帮助犯罪控制实践的主体将自我利益的价值追求限制在客观、现实的可能范围之内，在科学把握"实然"的前提下贯彻"应然"的价值取向，以防"为我"变为"唯我"的一种认识工具。在犯罪控制过程中，人们非常容易陷入良好愿望和想象指导实践的泥潭。美国犯罪学家 Harold E. Pepinsky 和 Paul Jesilow 经过大量实证研究发现，犯罪问题上的不少常识性观念实际上都是谬误。[1] 比如，人们普遍相信，"某类人比别人更容易违法"、"白领犯罪都是非暴力的"、"行政监管可以预防白领犯罪"、"吸毒会引起犯罪"、"社区矫治有助于犯罪控制"、"刑罚可以医治犯罪"、"法律可以规治人们的行为"，等等，而事实并非如此。

其次，社会控制与犯罪之间实际上存在着某种双向、互动的博弈关

---

[1] See Harold E. Pepinsky and Paul Jesilow, *Myths that Cause Crime*, Seven Locks Press, 1984, p. 3.

系。因此，最有效的犯罪控制是不断根据实际控制效果调整自身的控制，而不是僵化的价值准则和规范宣言。或者说，犯罪控制中需要不间断地调整、试错、再调整、再试错，这样才能使各种形式的控制信息往返于互动主体，使犯罪规律得以显现，也使犯罪控制自身在不断的调整中得到不断的完善。对这个过程的实时关注所凭借的科学手段之一就是实证分析。

最后，犯罪规律是质和量的统一，而实证分析就是处理此类信息的必备工具。从实然的角度看，包括立法、司法、守法在内的犯罪控制实践是具有相当规模的社会实践，规模性意味着有许多主体的参与、大量事件的发生、多个法律规则的选择和运用、法律适用的多次重复以及许多种可能的法律后果，这种规模性使得犯罪规律的定量分析成为可能。此外，犯罪规律的经验信息并不是现成的可拿来直接进行定量分析的信息，只有对这些原始信息进行标准化处理，才能进而实施定量分析。所谓标准化处理就是将不可比的信息转化为可比的信息，对具有不同性质量纲的信息进行无量纲化处理，使之可能进行相应的数学运算。[①] 在这些过程中，都需要大量实证分析方法的运用。

应当看到，实证分析对犯罪规律分析的重要意义，并没有得到足够的认同。违反科学研究的程序规范，用价值取向代替理论假设，忽视经验数据的采集分析，热衷于从概念到概念的推导，排斥量化分析方法的运用等学术现象仍然普遍。其实，之所以需要实证分析，还是由犯罪规律的性质及与犯罪控制的关系决定的：第一，既然犯罪规律的双重性——既有因果性又有概率性——决定了犯罪控制的实际效果与理想效果之间往往存在距离，那么，如何发现、证实、缩小这种距离呢？这正是实证分析方法的优势所在。第二，既然犯罪规律的相对性——犯罪规律在犯罪关系中才能得到把握——决定了犯罪控制必须不断根据犯罪的变化调整自己的反应，那么，怎样设计、实施、记录这种调整过程呢？这正是实证分析的主要领域。第三，犯罪规律的客观性决定了犯罪控制必须以科学数据而非个别事件为决策基础，而对大量事件进行数据分析处理，恰恰是实证分析从事的基本认识活动。第四，犯罪规律的可利用性决定了预警性犯罪控制的客观基础，对这种预防实践效

[①] 有学者指出，在社会科学研究中，非变量的类型化和使之向变量转换、普遍变量的探索以及发现或创新变量，是最基本的作业。参见季卫东：《法治秩序的建构》，352页，北京，中国政法大学出版社，1999。

果的测量,更是离不开实证分析。所以,没有实证分析,就没有犯罪规律分析。

二、犯罪强度

对犯罪强度进行科学描述和解释,是犯罪规律实证分析的重要组成部分。所谓犯罪强度,是犯罪的密度、频率、重度的综合指标。其中,犯罪密度是一定总人口中犯罪案件或犯罪人出现的频次,通常由犯罪率等犯罪统计指标来指示。[①] 一般而言,单位总人口内,犯罪案件或犯罪人出现的频次越高,说明犯罪的强度越大;反之,犯罪的强度越小。比如,某时空条件下的犯罪率为万分之五,另一时空条件下的犯罪率为万分之十,那么,我们就可以有条件地说,前者的犯罪强度较后者的轻,后者的犯罪强度较前者的重。为什么是"有条件地说"?因为犯罪率作为指示犯罪强度的一个指标,是有自身局限性的。犯罪率的局限性表现在:第一,两个时空条件下的犯罪强度是否相等,首先要看计算犯罪率时所依据的犯罪概念是否一致。如果两个时空中某些行为的犯罪化存在显著差异,那么,这两个时空的犯罪率就不具有可比性。第二,犯罪率中的分子实际上是各类犯罪的总和,没有反映出不同种类犯罪在危害程度上的差异。因此,假设两个时空条件下的犯罪率都是万分之十,但其中一个时空中的10个犯罪有8个重罪、2个轻罪,而另一个时空中的10个犯罪有2个重罪、8个轻罪,那么,虽然这两个犯罪率数值相等,却不能说这两个时空中的犯罪强度相等。第三,犯罪率中的分母是被简化为1万或10万的总人口数,而不是具有刑事责任能力者的总人口数。因此,假设两个社会的人口结构不同,一个社会的人口结构的特征是青壮年男性比例较高,另一个社会的人口结构的特征是妇孺老年比重较大,这时,这两个社会的犯罪率也不具有可比性。第四,犯罪率只是相对数,如果相对数相等,而绝对数上升,对每个可能的被害人来说,被害的几率实际上是增加了,而犯罪率不能单独反映出这种变化。所以,还要和总量指标结合起来综合评价一个社会的社会治安状况。第五,犯罪率的计算依据只是已知犯罪的

[①] 犯罪密度还可以是个空间分布的概念,即,单位地理空间内犯罪案件或犯罪人出现的频次。

数量，只有把犯罪暗数的因素考虑在内，犯罪强度的指示才可能比较符合实际。

所谓犯罪暗数，就是潜伏犯罪的估计值。所谓潜伏犯罪，就是确已发生，但未被记录到官方犯罪统计中的犯罪。实际上，潜伏犯罪就是未知的犯罪，而非未侦破的犯罪，也不是具有一定人身危险性但尚未实际实施犯罪的犯罪倾向。犯罪暗数的存在基础，是犯罪现象本身的某种递进关系：犯罪现象可以分为实际的犯罪、获悉的犯罪和查明的犯罪。[①]实际的犯罪就是确实已经发生，不论是否进入司法程序的所有犯罪。犯罪是被禁止的行为，必然受到否定评价，所以其隐秘性使相当一部分犯罪始终不被发现，于是就有获悉的犯罪之说。所谓获悉的犯罪，就是指司法机关已经知悉并依法立案侦查的犯罪。尽管立案侦查的结果也可能是无罪，但最终成罪的获悉之罪的总体规模毕竟小于实际的犯罪规模。所谓查明的犯罪，就是指经司法程序的运作最终由庭审认定的犯罪。显然，这部分犯罪的规模更是小于获悉的犯罪。正是因为存在犯罪现象的这种递进关系，犯罪暗数才是必然现象。当然，犯罪暗数的大小，往往与犯罪类型的属性有关，通常，凶杀、伤害、抢劫等暴力犯罪、人身犯罪和盗窃、诈骗等财产犯罪的暗数比较低，而经济犯罪、职务犯罪、白领犯罪的犯罪暗数比较高。

犯罪频率是单位时间内犯罪发生的频次。单位时间内犯罪发生的频次越高，意味着犯罪的强度越大；相反，单位时间内犯罪发生的频次越低，意味着犯罪的强度越小。通常，所谓"犯罪高峰"的说法所表达的就是犯罪频率。比如，每年夏季，性犯罪的犯罪率较高，相比而言，其他季节里性犯罪率比较低。这时我们就可以说，夏季性犯罪的强度比较大。犯罪频率还可以用"犯罪钟"来指示，"犯罪钟"就是反映每年每起犯罪发生间隔的时间密度指标，犯罪发生间隔越小，说明犯罪发生的时间密度越大，例如，我们可以用图表标志出某个空间的"犯罪钟"：每17秒钟发生一起暴力犯罪，每2秒钟发生一起财产犯罪，每22分钟发生一起谋杀案件，每5分钟发生一起强奸案件，每49秒钟发生一起抢劫案件，等等。

犯罪重度又称罪量，是指犯罪的严重程度。迄今为止，关于罪量的认识主要是定性分析，很少有公认的量化指标。

[①] 参见张远煌：《犯罪学原理》，94页，北京，法律出版社，2001。

三、犯罪结构

对犯罪规律进行实证分析的另一个角度就是犯罪结构分析,而犯罪结构分析的重要方面就是犯罪的类型学分析。[①] 犯罪规律包括一般规律和特殊规律。一般性的犯罪规律是对任何犯罪都起作用的客观规律,特殊规律是只对某类特殊犯罪起作用的客观规律。犯罪规律之所以具有这种层次性,是因为任何规律都有其作用的条件和边界,离开一定条件,某个规律就不起作用。因此,对经济犯罪发生作用的某些规律,在未成年人犯罪中就不成其为犯罪规律,反之亦然。对犯罪控制实践来说,更有意义的是各类具体犯罪的客观规律。在犯罪统计学上,表示犯罪结构的统计指标是犯罪分配率,即按照同一标准对犯罪进行一次划分以后,各个部分与总体的比率关系。犯罪类型学分析的基本要求是周延和互斥:如果按照某种标准对犯罪进行划分以后,某个案件无法归入任何一个种类,那么,这一划分就不周延。如果按照某种标准对犯罪进行划分以后,某个案件既可以归入此类犯罪,又可以归入彼类犯罪,那么,这一划分就不符合互斥的要求。犯罪学中,对犯罪进行类型划分所依据的标准至少有:

1. 归类和划分

归类是依据某种标准对个体从种到属的方向进行类型学分析。在犯罪学中,常见的做法是把符合某个特征的犯罪归为一类,然后对其进行研究。比如,美国学者萨瑟兰提出了"白领犯罪"的概念,实际上就是将凡是符合"白领犯罪"特征的行为归结为一类集中分析,其余犯罪实际上就是"非白领犯罪"。萨瑟兰并没有在"白领犯罪"对面制造出"蓝领犯罪"或"黑领犯罪"。再如,金融犯罪也可以叫做一个犯罪类型,如果说存在与其相对的类型,那就是非金融犯罪。还有性犯罪、财产犯罪、毒品犯罪、涉税犯罪、黑社会犯罪等类型,都是如此归类的结果。对归类型犯罪类型学分析而言,着眼点在于被定义的犯罪类型本身,它的特征、属性、特殊规律。换句话说,将性犯罪与所谓非性犯罪进行比较分析,或者将金融犯罪与非金融犯罪相比,几乎没什么意义。

划分是依据某种标准对个体从属到种的方向进行类型学分析。在犯罪学中,就是把所有犯罪无一遗漏地分别归入按照统一标准区分开的两

[①] 参见储槐植:《刑事一体化与关系刑法论》,91页。

种或两种以上犯罪类型。比如，按照犯罪人性别的不同，犯罪可以分为男性犯罪和女性犯罪两类；按照犯罪人年龄的不同，犯罪可以分为未成年人犯罪、中青年人犯罪和老年人犯罪三类；按照主观方面的不同，犯罪可以分为故意犯罪和过失犯罪；按照犯罪的严重程度，犯罪可以分为轻罪和重罪，等等。对划分型犯罪类型学分析来说，划分出来的不同类型犯罪之间的比较研究是有意义的，比如，男性犯罪与女性犯罪的比较就有意义。

2. 客观标准与主观标准

作为规律分析的对象，犯罪是经验现象和抽象属性的统一，因此，犯罪规律既有可见性、可直观性的一面，又有抽象性、本质性的一面。由于犯罪的经验层面靠人的感性认识就可以把握，而犯罪的抽象层面只有凭借人的理性思维才能把握，所以，以犯罪的感性经验为标准所作的犯罪类型学分析，就是按照客观标准所作的归类或划分；以犯罪的抽象属性为标准所作的犯罪类型学分析，就是按照主观标准所作的归类或划分。[①] 比如，按照性别的不同，把犯罪人分为男犯和女犯；按照犯罪数额的不同，把犯罪分为某个数额以上和以下的两种犯罪；按照犯罪对象的不同，把犯罪分为人身犯罪和财产犯罪，等等，这些分析所依据的标准都是客观标准。与此不同，主观标准中包含了一定的理论深度和抽象要素，比如，可以把犯罪分为恶意型和道德冒险型两类：恶意型犯罪就是出于明知危害后果可能发生仍追求其发生的主观心态而实施的犯罪；道德冒险型犯罪就是对自己的行为可能导致的危害后果有所预见，但出于轻率、放任、儿戏、博弈等心理，致使危害后果发生的犯罪。显然，具体到个案时，何谓恶意型、何谓道德冒险型，不是一目了然的，需要根据一定的理论把握进行判别。再如，"白领犯罪"的概念，其实也包含着一定的抽象要素，如何谓社会分层、何谓履行职能，这些要素的判断都不是非常直观的。从认识功能而言，依据客观标准所进行的犯罪类型学分析比较侧重其描述功能，而按照主观标准所进行的犯罪类型学分析更显示其分析、透视功能。

3. 犯罪行为类型和犯罪人类型

西方犯罪学中有不少重要的犯罪行为分类，比如，克林纳德

---

① 客观标准与主观标准在一些学者的犯罪类型学体系中叫做"经验性分类"和"理论派生的分类"。参见 [英] Ronald Blackburn：《犯罪行为心理学》，吴宗宪、刘邦惠等译，53~61页，北京，中国轻工业出版社，2000。

(Marshall B. Clinard) 和昆尼在《犯罪行为体系：一种类型学》(1973年) 一书中将犯罪行为分为 9 类：一是暴力性人身犯罪，二是偶然性财产犯罪，三是利用职业性犯罪，四是政治性犯罪，五是非道德性犯罪，六是传统犯罪，七是有组织犯罪，八是职业性犯罪，九是法人犯罪。[①] 值得肯定的是，作者在对这 9 种犯罪进行类型学分析时，不是像许多犯罪类型学分析那样仅仅描述不同类型犯罪的特征，而是将这 9 种犯罪放在一个分析框架中进行比较，这个分析框架由犯罪人的犯罪生涯、对犯罪行为的群体支持、与合法行为模式的一致性、社会反应、法律类型五个维度组成。比如，利用职业性犯罪（occupational crime）主要包括贪污、欺诈销售、不正当竞争等行为，而职业性犯罪（professional crime）主要指诈骗、扒窃、行窃、伪造等行为。两者在犯罪生涯水平上不同：职业性犯罪的犯罪人往往犯罪生涯水平较低，犯罪人没有犯罪的自我概念，只是偶然违反法律；而对职业性犯罪的犯罪人来说，其犯罪生涯水平较高，犯罪行为对犯罪人而言是一种谋生手段，犯罪人把自己视为犯罪人。

犯罪学上另一种重要的犯罪行为分类是自然犯罪与法定犯罪之分。实际上，加罗法洛的所谓"自然犯罪"是应当被视为犯罪的行为，而不是现行法律实际上将其规定为犯罪的行为。加罗法洛在驳斥一个批评意见[②]时指出："我们最终所要达到的目标是纯科学性的，即查明什么行为应作为惩罚的对象……"[③] 如果说自然犯罪是一种"自体恶"的话，那么，与其相对的法定犯罪就是一种"禁止恶"。和自然犯罪不同，那些在伦理上无关紧要，却完全因法律的禁止而获得犯罪性的行为，就被称为法定犯罪。当然，自然犯罪和法定犯罪的区分也是相对的：在伦理道德的社会内容变化过程的某个阶段上，诸如环境犯罪等犯罪是法定犯罪，随着伦理道德的演化，这些犯罪越来越具有自然犯罪的性质。这就是所谓法定犯罪的自然犯罪化。[④]

关于犯罪人类型，在犯罪学中有着更多的研究，尽管令人满意者

---

① 参见吴宗宪：《西方犯罪学史》，850~852 页。
② 这种意见认为，加罗法洛的"自然犯罪"概念缺乏实践价值，因为自然犯罪如果已经规定在法律中，那么加罗法洛的工作便为时已晚；如果还没规定在法律中，这样界定犯罪便毫无用处。参见［意］加罗法洛：《犯罪学》，54 页。
③ 同上书，54 页。
④ 参见陈兴良：《本体刑法学》，173 页，北京，商务印书馆，2001。

不多。① 对此，本书在此后的相关部分将有所涉及。应当说明，在犯罪类型学分析中，行为分类就应当坚持以行为特征为区分标准，行为人分类就应当坚持以行为人的主体性特征为区分标准。有时，从行为本身的角度进行类型学分析可以更准确把握犯罪规律；有时，从人的角度进行类型学分析，才能够科学认识犯罪规律。对此，虽然不存在严格界限，但选择更符合实际的视角还是必要的。比如，从行为的视角，可以把犯罪分为暴力犯罪、偷窃犯罪和欺诈犯罪等，对这些犯罪从行为本身的特征进行分析，就要比从人的角度分析更有意义。这样，就没太大的必要从人的角度再分析一次，分别从暴力犯罪人、偷窃犯罪人、欺诈犯罪人的角度进行研究。反之亦然，可以从人的心理状态角度，将犯罪人分为低能型犯罪人、精神病型犯罪人、常态犯罪人。这种划分的意义在于对行为人内心状态的关注，至于每种犯罪人都可能涉及哪些犯罪行为就不是最重要的了。

4. 犯罪案件类型和犯罪群组类型

只要对犯罪规律进行实证分析，就要把犯罪视为一个个事件或者一个个记录，而不能笼统、抽象地研究整个危害社会的现象与某某因素之间的关系。把犯罪作为事件来研究，其分析单位是固定的，不会引起研究中的"区群谬误"。比如，有这样一个判断："黑人多的城市犯罪率很高，因此，黑人比白人更容易犯罪。"这个判断就犯了区群谬误的逻辑错误，把"人"和"城市"两个不同的分析单位混用。事实上，黑人多的城市犯罪率高，可能是因为黑人更多犯罪，也可能是因为在黑人多的城市，更多的黑人成为白人犯罪的被害人。而且，作为事件的犯罪既具有不可重复性，又具有规模性，是唯一性与可比性的统一形式，因而可能纳入实证分析。这些都是实证分析不同于思辨研究的重要特征。作为事件，每个犯罪都具有时间上的不可逆性、空间上的定在性，每个犯罪事件都是唯一的存在。此外，个别的犯罪事件之间又具有某些共同属性或样态。首先，犯罪事件可以依照前述分为犯罪人和犯罪行为，每个犯罪人或犯罪行为都是一定时间、一定地点、一定因素作用的特定结果。其次，犯罪事件还有犯罪案件和犯罪群组两种分析单位。犯罪案件是在

---

① 有学者认为，一种有用的犯罪人分类应当符合7项标准：全面覆盖所有的犯罪人，每一种类型有明确的操作定义，可靠的编目方法，类型之间有恰当的区别，对变化的敏感性，矫治相关性，应用的经济性。然而，自龙布罗梭以来，人们已经提出了很多分类，但符合这些要求的分类寥寥无几。参见 [英] Ronald Blackburn：《犯罪行为心理学》，53页。

一定时间、地点，发生在一定加害人与被害人之间的触犯刑法的行为。而犯罪群组是持续在一定时期内分布在较为广泛的区域、行业、领域中，具有相对稳定的组织形式和职业化的反社会行为方式的犯罪人群。犯罪群组的典型形式就是有组织犯罪。

这两者都是一种犯罪的存在，然而，不同之处在于：第一，犯罪案件在时间与空间定位、人和行为的界定等方面都比较确切、确定；而犯罪群组在这些方面的界定都比较模糊，时间上持续性较长，空间上分布比较广泛，人和行为方式上具有较突出的组织性、集群性、稳定性。第二，犯罪案件一般具有比较明确的法律意义；而犯罪群组作为一种人和行为的集合体，往往是跨国、跨地区的存在，其法律意义很可能不是唯一的，往往使法律的适用出现冲突或盲点。第三，犯罪案件的伦理意义在于犯罪人与被害人之间基本上不存在严重分歧，而犯罪群组之内和之外往往缺乏共同伦理文化的共享。

于是，对犯罪进行结构分析也应注意到犯罪样态上的这一区别，要么对犯罪案件进行结构分析，要么对犯罪群组进行结构分析。前者的实例较多，如故意犯罪案件、过失犯罪案件之分，职务犯罪、普通犯罪之分，等等。至于犯罪群组的类型，可以分为政治性犯罪群组和营利性犯罪群组，跨国性犯罪群组和国内犯罪群组，暴力性犯罪群组和欺诈性犯罪群组，信仰性犯罪群组和利益性犯罪群组，官、商、匪混合型犯罪群组和单一型犯罪群组，等等。对犯罪群组的研究不仅具有重要的法律意义，还对一些传统犯罪学理论的解释力提出了挑战。

5. 横向结构和纵向结构

横向结构分析是纵向结构分析的前提。所谓横向结构分析，就是根据同一标准对犯罪总体进行一次划分。比如，首先根据性别的不同将犯罪人分为男犯和女犯两种。然后，又在此基础上根据行为是否为暴力犯罪对原有的划分进行再一次划分，于是，就出现了男性暴力犯、男性非暴力犯、女性暴力犯、女性非暴力犯4个类型。如果以此为基础，再次引进一个新变量"是否为财产犯罪"，那么，再次划分的结果就会出现8个类型：男性暴力财产犯罪、男性暴力非财产犯罪、男性非暴力财产犯罪、男性非暴力非财产犯罪、女性暴力财产犯罪、女性暴力非财产犯罪、女性非暴力财产犯罪、女性非暴力非财产犯罪。从平面上看，每增加一个变量，只是出现新的犯罪类型。但实际上，从新类型所显示出来的信息量看，划分的次数越多，关于对象的认识越丰富。这种从简单到复杂的解构过程，实际上就是对犯罪的立体结构的分析过程。

犯罪结构学分析在犯罪规律分析中具有不可替代的重要作用。首先，划分本身就是解释。通常，类型学分析被视为观察、描述而非解释。然而，在有些情况下，类型学分析既是描述性研究，又是解释性研究。例如，美国犯罪学家科恩（Murry C. Cohen）等人将强奸犯分为4类：一是替代攻击型强奸犯。这类强奸犯没有或很少有性兴奋，其犯罪的主要动机不是出于性要求，而是攻击倾向。他们往往手段残忍，竭力损害被害人的乳房、外阴，甚至凶残地将物体塞入被害人的阴道。他们与被害人往往素不相识，强奸行为往往发生在其与妻子、女友、母亲冲突之后。二是补偿型强奸犯。这类强奸犯主要追求性欲的满足，犯罪过程中较少使用暴力。他们自尊心不强，社会关系不完整，往往幻想能以自己杰出的性能力赢得被害人的同情。强奸过程中如遇反抗，便会放弃攻击行为。三是混合型强奸犯。对这样的人来说，暴力和性欲相伴随，暴力是唤起性兴奋所不可缺少的因素。被害人的反抗，恰恰能引起他们的兴奋。四是冲动型强奸犯。这类强奸犯主要是由于偶然的机会诱发了强奸行为。比如，在抢劫、盗窃等行为过程中，恰遇被害人独处，临时起意，实施强奸行为。[①] 其次，犯罪类型是质的规定性与量的规定性的统一。犯罪规律本身既有质的一面，又有量的一面，因此，犯罪规律分析就需要同时运用定性研究和定量分析的研究方法，而犯罪类型学分析就为这种定性与定量相结合的研究提供了可能，因为只要对犯罪进行归类或者划分，就不可能出现仅仅具备定性属性或者仅仅具有量化因素的犯罪类型。例如，在某个时空条件下，侵害公法益的犯罪占70%，侵害私法益的犯罪占30%。而在另一个时空条件下，侵害公法益的犯罪占30%，侵害私法益的犯罪占70%。于是，人们很快可以发现，在前一种情况下，公法益受到了更严重的侵害；在后一种情况下，私法益受到了比较严重的侵害。没有类型学分析，就看不到犯罪规律的这些层面。最后，通过不同犯罪类型之间的比较研究，可以使犯罪的某些规律得以显现。比较研究是规律分析的重要方法，对不同类型犯罪进行比较，是犯罪规律分析的基本形式。比如，通过调查统计人们发现，甲类犯罪的得逞率为80%，而乙类犯罪的得逞率仅为30%。在此基础上，人们便可以进一步观察分析，为什么甲类犯罪的得逞率高于乙类犯罪的得逞率。随着研究的不断深入，犯罪规律将逐渐显现出来。

[①] 参见吴宗宪：《西方犯罪学史》，839～840页。

四、犯罪动态

犯罪规律既有静态的、结构的一面，又有动态、过程的另一面。对犯罪动态过程的实证分析，就需要相应的动态指标体系。犯罪动态指标是犯罪现象变化、消长过程的数量表现，具体包括：第一，犯罪总量数列，即一定空间若干连续时点的总量指标按时间先后的顺序排列。第二，犯罪绝对消长量，是总量数列中报告期（下期）总量指标与基期（上期）总量指标之差，以绝对数形式反映由基期到报告期犯罪消长的幅度和方向。第三，犯罪发展（下降）速度，是报告期总量指标对基期总量指标的百分比率，以相对数形式反映犯罪发展、变化的方向和速度：比值大于100%说明犯罪有所上升；小于100%说明犯罪有所下降；比值距离100%越近，说明变化速度越慢，反之则越快。以同一基期的总量指标为基数而计算的发展速度，称为定基发展速度；以总量数列中依次移动基期数值而计算的发展速度，称为环比发展速度。第四，犯罪增减速度，是报告期绝对消长量对基期总量指标的百分比率，同样以相对数的形式反映犯罪发展、变化的方向和速度。

犯罪动态的实证分析是描述犯罪现象发展、变化过程的重要手段，因而其结果是配置相应控制资源的重要事实依据。而且，犯罪动态实证分析的结果还是犯罪预测的数据基础，因为以往的犯罪动态是推测未来犯罪走势的根据。当然，犯罪动态实证分析最重要的认识价值还在于它是研究犯罪规律的主要方法，因为犯罪规律只有在运动过程中才能显现自己。

五、犯罪相关

研究犯罪规律，实际上就是研究犯罪与周围各种事物之间的关系。这就要求，研究犯罪规律必须确切描述、解释并证实犯罪与什么现象之间具有何种关系，而不能泛泛地猜想犯罪与何种因素之间的关系，更不能从某个概念的含义中直接推论某个事物与犯罪之间的关系。从思维顺序上看，对犯罪与周围事物之间关系的实证分析，起码应先后回答三类问题：第一，谁跟谁之间的关系？第二，被分析的事物之间是否存在真实的关系？第三，相关的事物之间在多大程度上相互联系？

1. 谁跟谁之间的关系

在实证分析的框架中,任何分析对象无非分属四种变量属性中的一种,它们是定类变量、定序变量、定距变量、定比变量。在着手分析犯罪相关以前,首先要弄清所研究的犯罪及其相关事物是定类变量、定序变量还是定距以上的变量,然后才谈得上所观察的关系是定类变量之间的关系,还是定序变量之间的关系,或者,是定类变量与定序变量之间的关系,等等。最后,才谈得上选用何种分析方法进行关系分析。这就是所谓"谁跟谁之间的关系"问题。这是事物之间有无关系、有多大程度上的关系的逻辑前提。

定类变量就是只有品质之别而无大小之分的变量,如性别分为男女,职业分为法官、医生、教授等,犯罪分为暴力犯罪、财产犯罪、性犯罪等。定序变量就是具有大小、高低不同取值的变量,如文化程度分为文盲、小学、中学、大学,满意程度分为很不满意、不满意、满意、很满意,犯罪分为轻罪、重罪,刑种分为生命刑、自由刑、财产刑等。定距变量就是各个取值之间的距离有实际意义的变量,如智商不同分数之间的距离。定比变量就是取值中具有实际零点的变量,如年龄、身高、收入、体重等。从下表中可以看出,当这4种变量作为测量尺度对社会现象进行测量时,它们在包含的信息量以及允许的数学运算方面都有所不同。

表 7—1   测量尺度的比较[1]

尺度	特征	数字性质	平均量度值	统计检验
定类变量	相互排斥且可辨别的类别	$=, \neq$	众数	X^2
定序变量	等级顺序大于或小于	$>, <$	中位数	符号秩检验
定距变量	尺度上的单位具有相等的意义	$+, -$	算术平均数	t 检验,F 检验
定比变量	有一个真正意义的零点	$+, -, \times, \div$	几何平均数	t 检验,F 检验

应当指出,虽然变量的层次越高,所含信息量就越大,但是,在对犯罪现象的研究中,绝大多数变量都只能是定类变量或者定序变量。而

---

[1] 参见袁方:《社会研究方法教程》,172 页。

且，一定变量层次的测量与一定分析方法的选用相对应。但对高层次变量的分析方法可用来分析低层次的变量，反之则不行。具体看，犯罪规律的实证分析主要在以下几种关系中进行：

(1) 定类变量—定类变量之间。第一种情况是，当犯罪事件本身是定类变量时，犯罪因素也是定类变量。例如，按照犯罪对象的不同，将犯罪事件分为人身犯罪和财产犯罪，然后按照犯罪人的性别不同，将犯罪分为男性犯罪和女性犯罪。于是，便可以对犯罪的这两个侧面之间的关系进行实证分析，看看犯罪人的性别因素对犯罪对象的选择有无影响。第二种情况是，当犯罪事件本身是定类变量时，犯罪控制也是定类变量。例如，将犯罪事件分为人身犯罪和财产犯罪以后，按照刑罚的性质将刑罚分为财产刑和非财产刑两类。于是，便可以对这对关系进行实证分析，看看犯罪对象因素对财产刑的适用与否有无影响。第三种情况是，当犯罪事件是定类变量时，犯罪效应也是定类变量。例如，将犯罪事件分为人身犯罪和财产犯罪以后，犯罪效应按照证人出庭情况分为是与否两种。于是，便可以对这对关系进行实证分析，看看犯罪对象的不同，对证人作证行为有何影响。第四种情况是，犯罪的某个侧面和另一个侧面都是定类变量。例如，从对象看犯罪分为人身犯罪和财产犯罪，从手段看犯罪又可分为智能犯罪和体能犯罪两种。于是，便可以对犯罪手段与犯罪对象的关系进行实证分析。

对定类变量—定类变量之间的关系进行测量，可选用的分析方法通常是 Lambda 和 Tau-y 两种相关系数分析。[①]

(2) 定序变量—定序变量之间。第一种情况是，当犯罪事件本身是定序变量时，犯罪因素也是定序变量。例如，重新犯罪可以按照次数的不同分为再犯一次、再犯两次、再犯三次、再犯四次、再犯五次、再犯六次、再犯七次以上几种。同时，可能与重新犯罪有关的犯罪因素分为智商很低、智商较低、智商中等、智商较高、智商很高几种。然后，利用实证分析的方法，就可以测量智商因素与重新犯罪现象之间的等级相关，看看是否智商越高或越低，则再犯率越高或越低。第二种情况是，当犯罪事件是定序变量时，犯罪控制也是定序变量。例如，犯罪事件仍是再犯次数，而犯罪控制可以按照刑罚的严厉程度分为较轻、中等、较重等不同等级，然后，便可以测量刑罚的轻重与再犯次数之间的等级相

[①] 参见袁方：《社会研究方法教程》，471 页。

关。第三种情况是，犯罪事件仍是定序变量，而犯罪效应也是定序变量。例如，犯罪事件是某地区若干年的犯罪率分别为万分之五、八、十、六、七、十二，等等，而公众安全感为若干定序的综合测量结果，于是，我们便可以推算出两者之间等级相关的方向和程度，看看犯罪密度与犯罪效应之间到底有何相关。第四种情况是，犯罪事件的某个侧面和另一个侧面都为定序变量。例如，按照主观心态的不同，可以把犯罪分为直接故意犯罪、间接故意犯罪、有认识过失犯罪、无认识过失犯罪四种。此外，又可以按照犯罪被害的属性不同，将犯罪分为人身伤害、财产损失、人身伤害与财产损失同在三种。这两个侧面都是定序变量，因此，可以测量这两者之间的等级相关。

对定序变量—定序变量之间的关系的测量，可选用的分析手段通常是 Gamma 系数、dyx 系数和斯皮尔曼等级相关系数分析。①

（3）定距变量—定距变量之间。第一种情况是，当犯罪事件是定距变量时，犯罪因素也是定距变量。例如，犯罪轻重评价等级与罪犯受教育年限之间的关系，就可以通过实证分析的方法进行测量。第二种情况是，当犯罪事件是定距变量时，犯罪控制也是定距变量。例如，对于犯罪轻重评价等级与刑罚轻重综合评价等级之间的关系，也可以计算其相关的方向和程度。第三种情况是，当犯罪事件是定距变量时，犯罪效应也是定距变量。例如，对于不同地区犯罪轻重评价等级与这些地区刑罚威慑效果评价之间的关系，也可以进行实证分析。第四种情况是，犯罪事件的不同侧面都是定距变量。例如，对于犯罪所得数额和犯罪损失数额之间的关系，也可以测量其相关关系。

对定距变量—定距变量之间的关系的测量，可选用的分析方式通常是皮尔森相关系数分析。②

（4）定类变量—定距变量之间。第一种情况是，犯罪事件与犯罪因素两者中，分别为定类变量和定距变量，例如，抢劫行为中是否实际使用暴力与罪犯受教育年限之间的关系。第二种情况是，犯罪事件和犯罪控制两者中，分别为定类变量和定距变量，例如，是否再犯与刑罚轻重综合评价等级之间的关系。第三种情况是，犯罪事件和犯罪效应两者中，分别为定类变量和定距变量，例如，是否为黑社会犯罪与报案率之间的关系。第四种情况是，犯罪的不同侧面分别为定类变量和定序变

---

① 参见袁方：《社会研究方法教程》，472 页。
② 参见上书，476 页。

量，例如，故意、过失两种罪过形式与犯罪数额之间的关系。这些关系的程度和方向都可以在实证分析中得到显现。

对定类变量—定距变量之间的关系的测量，可选用的分析方式通常为 eta 相关系数分析。[①]

(5) 定类变量—定序变量之间。第一种情况是，犯罪事件与犯罪因素两者中分别为定类变量和定序变量，例如，家庭贫困等级与是否实施财产犯罪之间的关系。第二种情况是，犯罪事件与犯罪控制两者中分别为定类变量和定序变量，例如，刑罚严厉程度与故意、过失两种犯罪主观心态之间的关系。第三种情况是，犯罪事件与犯罪效应两者中分别为定类变量和定序变量，例如，是否适用死刑与公众对司法满意程度评价之间的关系。第四种情况是，犯罪事件不同侧面之间，既有定类变量，又有定序变量，例如，犯罪人的血型与其犯罪严重程度之间的关系。对于这些关系的程度和方向，也可以进行实证分析。

对定类变量—定序变量之间的关系的测量，可选用的分析手段通常是 θ 系数、λ 系数和 τy 系数分析。[②]

(6) 定序变量—定距变量之间。第一种情况是，犯罪事件和犯罪因素两者中一个是定序变量，另一个是定距变量，例如，强奸犯罪率与气候温度之间的关系。第二种情况是，犯罪事件与犯罪控制两者中，一个是定序变量，另一个是定距变量，例如，贪污犯罪人的职务级别与刑期之间的关系。第三种情况是，犯罪事件与犯罪效应两者中，一个是定序变量，另一个是定距变量，例如，贪污腐败类犯罪的发案情况与公众对政府工作的满意程度之间的关系。第四种情况是，犯罪事件不同侧面之间，既有定序变量，又有定距变量，例如，贪污犯罪人的职务级别与其贪污案件实际涉案金额之间的关系。这些都是实证分析的对象。

对定序变量—定距变量之间的关系的测量，通常是将定序变量视为定类变量，或者将定序变量视为定距变量，然后采用相应分析手段进行分析。[③]

2. 事物之间相关的程度和方向

详析分析的主要作用在于从各种关系中识别出那些看上去相关，甚

[①②③] 参见袁方：《社会研究方法教程》，477 页。

至统计上相关,但实际上是虚假相关的关系。此后,需要回答的问题便是相关的事物之间在多大程度上相关,朝着什么方向相关。这里涉及相关关系的几种分类。首先,所谓相关关系可以分为函数关系和相关关系。函数关系就是现象之间一一对应的确定的数量关系,在社会现象研究中,函数关系是罕见的。与函数关系相对的是相关关系,即现象之间不确定的数量关系,某个现象出现以后,另一个现象可能出现,也可能不出现。当相关关系的相关程度高到最大时,就是函数关系。其次,相关关系还可以分为正相关和负相关两种。正相关就是当一个现象的数量增加或减少时,另一个与之相关的现象的数量随之增加或减少。负相关就是当一个现象的数量增加或减少时,另一个与之相关的现象的数量反而随之减少或增加。最后,相关关系还可以分为高度相关和低度相关,其区分标准是相关系数的大小。相关系数是其绝对值从 0 到 1 之间任何相对位置上表示现象之间相关程度的量值,用 r 表示。通常认为,当 r 小于 0.3 时,认为基本无关;当 r 为 0.3~0.5 时,认为是较低的相关;当 r 为 0.5~0.8 时,认为是显著相关;当 r 为 0.8 以上时,认为是高度相关。[1] 当然,这个划分也是相对的,因为到底显著不显著、高度还是低度,还与测量对象本身的性质甚至测量目的有关。对有的对象而言,0.5 的相关系数就已经相当可观了,而对另一些对象而言,相关系数达到 0.8 也很难说高度相关。至于相关系数达到多少表明事物之间具有规律性联系,更是难以一概而论。[2]

现在,以 12 个城市的流动人口数与刑事案件发案数的相关关系计算为例[3],说明如何利用 SPSS(社会科学统计分析软件)进行犯罪相关分析,并解读这一分析过程提供的两个信息:相关系数(当然同时包括了相关方向)和回归方程。表 7—2 即为该 12 个城市的有关数据:

表 7—2　　　　　　12 城市流动人口与犯罪关系参数

城市	流动人口 x(万)	刑事案件 y(件)
A	12	300
B	12	250

---

[1] 参见李田夫等:《犯罪统计学》,415 页,北京,群众出版社,1988。
[2] 参见袁方:《社会研究方法教程》,471 页。
[3] 参见李田夫等:《犯罪统计学》,417 页。

续前表

城市	流动人口 x（万）	刑事案件 y（件）
C	14	280
D	18	390
E	20	540
F	20	500
G	22	560
H	30	600
I	30	590
J	34	620
K	36	650
L	40	768
合计	288	6 048

首先，对这些城市的流动人口数和刑事案件数进行相关分析，以便观察流动人口与犯罪之间是否存在高度相关关系。按照前述，由于流动人口数和案件数都是定距变量，所以可选用的分析方式通常是皮尔森相关系数分析。第一步，先打开 SPSS 数据表，将表 7—2 中的数据输入编辑器中，然后单击 Analyze Correlate Bivariate，打开 Bivariate Correlations 对话框。第二步，在左边的源变量对话框中选择变量"流动人口"、"刑事案件"进入 Variables 框中。第三步，在 Correlation Coefficients 栏内选择 Pearson 选项以计算 Pearson（皮尔森）相关系数。第四步，在 Test of Significance 栏选择 Two-tailed 选项。第五步，选择 Flag significant correlation 复选项。第六步，单击"Options"按钮，打开 Options 对话框，选择 Mean and standard deviations 复选项、Cross-product deviations and covariances 复选项和 Exclude cases pair-wise 选项。第七步，单击"OK"按钮，系统即开始运行统计分析过程。

很快，系统给出如表 7—3 所示的皮尔森相关系数矩阵：

在表 7—3 中可见，皮尔森相关系数为 0.941，即 12 个城市的流动人口与刑事案件之间的相关系数为 0.941，两者不相关的双尾检验值为 0.000。从以上统计结果可知，流动人口与刑事案件之间存在正相关关系：当流动人口数上升时，刑事案件也随之上升；流动人口越多，城市刑事案件发案数越高，从而否定了流动人口与刑事案件发案数不相关的虚无假设。

表 7—3　　　　　　　流动人口与刑事案件的相关分析

		流动人口	刑事案件
流动人口	Pearson Correlation	1.000	0.941*
	Sig. (2-tailed)		0.000
	Sum of Squares and Cross-products	1 032.000	16 408.000
	Covariance	93.818	1 491.636
	N	12	12
刑事案件	Pearson Correlation	0.941**	1.000
	Sig. (2-tailed)	0.000**	0.000
	Sum of Squares and Cross-products	16 408.000**	294 832.000
	Covariance	1 491.636**	26 802.909
	N	12.000**	12.000

* Correlation is significant at the 0.01 level (2-tailed).

第六节　犯罪规律类型

相对于具体的犯罪控制实践而言，任何犯罪规律都是犯罪现实某个层面的反映，不存在绝对抽象的能解释所有犯罪的所谓终极犯罪规律。因此，在了解了犯罪规律的基本属性、构成条件和发现、证实方法等问题以后，讨论犯罪规律的具体运用之前，必须对犯罪规律丰富的具体性加以展开。通过不同类型的犯罪规律，人们关于犯罪规律的认识才能从最高的抽象层次逐渐下降到一个个具体犯罪解释论与反应论的关系中，实现犯罪规律的有效利用。具体而言，犯罪学中较为常见的至少有以下类型的犯罪规律及其研究：

一、原生性犯罪规律

原生性犯罪规律是反应性犯罪规律的对称，指先于犯罪存在而存在的现象引起、决定、影响犯罪的过程中所固有的客观规律。其理论假定的内容可以包括时序上先于犯罪的任何社会、自然、宏观、微观、个体、环境等方面因素对犯罪的形成、属性、形式所构成的影响。其实证检验逻辑通常为：如果测量到某个或某些因素的有无，然后又可以测量到是否犯罪、犯罪机会的大小、犯罪的特点等方面在统计学上的显著差异，则可以排除某个或某些因素与犯罪之间无任何相关关系的虚无假设，说明该因素对犯罪可能具有以及在多大程度上具有实际影响。其功用在于，帮助人们通过某个或某些因素的存在、发生、变化来预见受其影响的犯罪的形成、出现以及变动趋势，为各类犯罪的预警机制设置提供根据。按照储槐植教授的分类，犯罪现象的解释性研究的对象可以分为犯罪现象之外和之内两部分，犯罪现象之外的部分又可分为犯罪现象之前和之后两部分，犯罪现象之前的部分又可分为犯罪现象之下（经济基础）和之上（上层建筑）两部分，原生性犯罪规律就存在于这其中的犯罪现象之前部分中。① 可以说，现有绝大多数犯罪规律研究都可以归结为原生性犯罪规律的研究。

龙布罗梭关于种族、酒精、遗传、年龄等因素与犯罪之间关系的研究，实际上就是试图发现原生性犯罪规律的实证研究。龙布罗梭发现，非洲的 Balanti 人靠狩猎和抢劫生活，他们杀死所有到他们村子里行窃的人，却不因此而放弃到别的部落中行窃。在印度，有个部落以盗窃为业，男孩子生下来很小时，人们为其举行仪式，让他从家里墙壁上的洞中钻过去，并向他唱三遍：你是一个窃贼。西西里的地痞流氓活动几乎都集中在某个著名的山谷，有两个部落的人曾在那里定居，那里居民的解剖学特征、习惯和道德标准都保留着阿拉伯的烙印。吉普赛人完全是犯罪种族的活标本，不断产生着犯罪的情欲和恶习：他们厌恶所有的需要有基本的专注力的事情；他们宁愿忍受饥饿和苦难，也不愿意忍受一件小小的具有连续性的工作；对于他们来说，只要能够维持生活就够了；他们在自己人之间也相互背弃誓言；他们忘恩负义，胆小怯懦，同时又很残忍；他们爱寻欢作乐，喜欢喧嚣，在市场上总是乱喊乱叫；他们凶残，杀人不眨眼。吉卜赛妇女善于偷窃，并训练自己的孩子偷窃。②

龙布罗梭还通过对各国犯罪统计数据的分析，描述了酗酒对犯罪行为的影响：在比利时，因酗酒而引发的犯罪占 25%～27%。在纽约，在 49 423 名被告中，有 30 509 人是惯常性醉酒者。在俄罗斯，86%的

---

① 参见储槐植：《刑事一体化与关系刑法论》，81 页。
② 参见［意］切萨雷·龙勃罗梭：《犯罪人论》，205～212 页。

精神病人滥用酒精饮品,这一比例在犯罪人中是75%。有人统计,有85%的乞讨和流浪街头的孩子的父母是酗酒者。在英国,1867年到1868年间,因酗酒而发生的犯罪为111 465件;1871年到1872年间,这类犯罪就上升到151 054件。在荷兰,4/5的犯罪是因酗酒而引起的。在爱尔兰,一神父的布道致使酒的消费量在1838年到1840年减少了一半,而在这几年中,犯罪也从64 000起减少到47 000起,死刑判决从59件减少到21件。[1]

至于遗传因素对犯罪的影响,透过龙布罗梭的观察,犯罪与遗传之间至少存在两类关系:第一,犯罪与犯罪的延续关系。龙布罗梭枚举了大量案例,以证明祖辈与晚辈在是否犯罪上的一致性。例如,残暴的G是吃人肉的强奸犯O的孙子;罪犯D是一名谋杀犯的儿子;罪犯P的祖父和曾祖父都是谋杀犯;毒死丈夫的M出生于乱伦关系;著名女窃贼S是已故盗窃犯C的女儿;某黑帮组织的干将M的母亲是窃贼,父亲曾因盗窃被判刑5次。此外,龙布罗梭还引用一些统计数据说明这一关系:某研究报告表明,被判刑人的亲属犯罪的占26.8%,而且几乎都是父系亲属犯罪。第二,酗酒、卖淫、纵欲、精神疾患及其他各种病态、悲惨状况与犯罪之间的延续关系。例如,1871年至1872年间,对2 800名未成年犯罪人的正式统计表明,他们中有6.4%的人父母酗酒。龙布罗梭在对314名犯罪人进行调查后发现,7人的父亲精神失常,2人的父亲患有癫痫病,3人的兄弟精神失常,4人的母亲精神失常,4人的叔叔精神失常,1人的堂兄弟精神失常,2人的父亲和叔叔患有呆小症,1人的兄弟和父亲患有惊厥症,2人的兄弟和父亲是酒鬼。此外,在那些流行呆小症的地方,争吵和凶残犯罪的倾向都比较常见,在妇女中更为突出,数量多达5倍。此外,许多妓女、精神病患者、酒鬼的祖先或亲属中,都不乏凶恶的罪犯。龙布罗梭引述的一项研究表明,某声名狼藉的女人的900名后裔中不仅有200人是歹徒,而且有200人是精神病患者和流浪者。龙布罗梭也注意到了达格代尔的"朱克家族研究",认为该研究是关于犯罪、精神病、卖淫等综合性病态遗传关系的重要证据。

关于年龄与犯罪的关系,龙布罗梭的观察可以归结为三个现象:第一,犯罪人的年龄主要集中在青少年阶段。他引证的一项数据表明,20

---

[1] 参见[意]切萨雷·龙勃罗梭:《犯罪人论》,222~223页。

岁~30岁是犯罪的高峰年龄段；引述的另一项数据表明：在英国，15岁~25岁的自由人只占人口比例的1.9%，而这个年龄段的犯罪人占48%，在伦敦上升到49.6%。在奥地利，1/6的被判刑人在14岁~20岁，4/6的被判刑人在21岁~40岁。① 第二，龙布罗梭认为，犯罪的早熟性比精神失常的早发性更为常见。他由此得出结论说，犯罪比精神失常更多地受到先天性因素的影响。第三，龙布罗梭同意凯特勒、格雷等人的观点，认为每个年龄段都有自己特定的犯罪。他根据1826—1840年间各年龄段犯罪人实施各类犯罪的频次分布统计证实了这一点。按照该统计数据，16岁以下的犯罪人，犯罪数量占第一位的是盗窃，占第二位的是投毒；16岁到21岁的犯罪人，犯罪数量占第一位的也是盗窃，其次是强奸；21岁到25岁的犯罪人，最多实施的也是盗窃，第二位的是杀人；25岁到30岁的犯罪人，犯罪数量占第一位的是实施伤害犯罪，其次是杀人犯罪；30岁到35岁的犯罪人，犯罪数量占第一位的是实施伤害犯罪，其次是实施谋杀犯罪；35岁到40岁的犯罪人，犯罪数量最多的是实施诈骗犯罪，第二位的是实施伤害犯罪；40岁到45岁的犯罪人，犯罪数量占第一位的是投毒犯罪，第二位的是诈骗犯罪；45岁到65岁之间的犯罪人，犯罪数量占第一位的是诬陷，其次是诈骗；65岁到70岁的犯罪人开始有所变化，犯罪数量占第一位的仍然是诬陷，但第二位的犯罪变为强奸；70岁到80岁的犯罪人中，最多实施的是强奸犯罪，其次是诬陷犯罪；80岁以上的犯罪人中，数量占第一位的犯罪是投毒，占第二位的是强奸。②

二、反应性犯罪规律

反应性犯罪规律是原生性犯罪规律的对称，是指后于犯罪的出现而出现的针对犯罪的各类社会反应因素与犯罪之间相互作用过程中所固有的客观规律。其理论假设的内容包括时序上后于犯罪而存在的针对犯罪的各种社会反应与犯罪之间的相互作用，是如何影响着犯罪进一步发展、变化的，包括犯罪与法律、犯罪与刑罚、犯罪与道德、犯罪与传媒、人际各类社会评价等一系列关系对犯罪的影响。其实证检验逻辑为，当某种社

---

① 参见［意］切萨雷·龙勃罗梭：《犯罪人论》，231页。
② 参见上书，234页。

会反应被采用或未被采用时,相应的犯罪便出现或不出现、增多或减少、严重或减轻,即可以测量到统计学意义上的显著差异,则意味着可以排除它们之间不存在任何关系的虚无假设,说明这种社会反应与相应犯罪之间可能存在以及在多大程度上存在显著影响。其功用在于,帮助人们对各种法律制度、刑事政策、刑法制度、社会防范措施等社会反应的实际效果作出评估,并进一步认识犯罪对各种社会反应的敏感性,为优化社会反应提供根据。在储槐植教授的分类中,此类规律属于犯罪现象之后的犯罪规律。

应当指出,现有犯罪学研究中,此类研究尚不多见,笔者关于"曲解因素"与犯罪行为之间关系的研究,可以算作一例。[1] 在犯罪解释论中,"恶因必致恶果,恶果必有恶因"的模式似乎理所当然,其实未必。笔者曾走访一些监狱,结果发现:相当一部分罪犯认罪伏法较为痛快,但认错悔罪的难度很大,他们总感到自己的行为中有一些"说得出来"的理由。可耻而不知耻,认罪而不知罪,在犯罪人中的确是较为普遍的心理现象。那么,犯罪人的内心世界中还有哪些既非"丑恶灵魂",又对犯罪行为具有解释意义的心理因素呢?根据观察,笔者发现,通行的社会规范的确可能在人们头脑中发生某种"变形",使某些犯罪行为得到合理化解释。为了深入探讨这个问题,笔者首先假设,犯罪行为是个体对某些非否定评价化的社会规范曲解的结果。换言之,如果个体在较大程度上歪曲或片面理解社会默许或通行的准则、规范,就可能使其犯罪倾向得到强化。这一假设中的自变量是"个体对某些非否定评价化的社会规范的曲解",因变量就是个体的犯罪行为。"曲解"这一概念是在以下意义上使用的:第一,所谓"非否定评价化的社会规范",从内容上说,是现行社会公认的正统的社会规范,不是社会中特定群体特有的亚文化的行为准则或规范;从形式上说,包括法律、制度、道德规范、文化传统、媒介舆论等;从时空条件上说,是个体所处的现行社会中的社会规范,不是以往社会或其他国度、文化圈中的通行社会规范。第二,所谓"曲解",就是上述社会规范在个体头脑中的歪曲反映,也可以说是个体对这些规范的片面理解或歪曲解释。"曲解"不是误解,不是人们认识事物的自然误差。曲解主要与个体的价值取向、社会地位、

---

[1] 参见白建军:《曲解因素与犯罪》,载《刑事法学要论:跨世纪的回顾与前瞻》,北京,法律出版社,1998。

身份、角色有关，具有明显的功利性。第三，"个体对某些非否定评价化的社会规范的曲解"是处在特定境遇中的特定个体的心理活动，不存在一般意义上的抽象的曲解。

为了证实（或证伪）这个假设，先将假设中的自变量进行操作化处理，以问卷的形式将其分解为若干具体指标并将其数量化，然后在抽样调查的基础上，对不同样本组的曲解程度进行测定并加以比较。如果统计结果表明，犯罪个体的曲解程度大大超过正常个体的曲解程度，就有理由认为，"曲解"可能是犯罪个体特有的心理现象之一；进而作出推论：犯罪个体由于在较大程度上具有此种心理特征，所以较他人具有更明显的犯罪倾向。如果统计结果表明，犯罪个体与正常个体的曲解程度没有显著差别，就意味着原假设被证伪，"曲解"并非犯罪个体特有的心理现象，不能以此解释为什么有的个体犯了罪，而另一些个体没有犯罪。

为了检验假设，笔者于1986年8、9月间到京、津、鲁、辽的9个"劳改"、"劳教"机关以及8个工厂、农村、学校，对500名犯人、"劳教"人员、普通公民进行了问卷调查。样本在各单位内部随机产生，总体上分为违法犯罪人组和普通公民组，目的是比较两种个体测量结果的集中量数，以了解假设中的自变量是否确系违法犯罪个体所特有。违法犯罪人组被试是从1986年6、7、8月刚进入京、津、鲁、辽的9个"两劳"单位的"两劳"人员中抽取的。由于具有总体名单，所以这组样本的抽取采用了系统随机抽样法。普通公民组样本的抽取，由于不可能得到总体名单，只能采用定额抽样法。两大组样本的自然条件差别不大。

500名样本（不论违法犯罪人还是普通公民）使用同一份问卷作为度量尺度。问卷由23个问题构成，每个问题就如何理解某种非否定评价化的社会规范提问，给出5个答案供被试选择。每题的5个答案按对某一通行规范的曲解程度从0到4随机排列（答案序号与实际得分无关）。问卷中的23个问题来自大量青少年违法犯罪个案资料，所测量的非否定评价化的社会规范分别是：（1）见义勇为；（2）见利忘义可耻；（3）助人为乐；（4）礼尚往来；（5）走私违法；（6）禁止盗窃；（7）婚姻自由；（8）家长负有管教子女的责任；（9）服务行业的职业道德；（10）领导干部不得以权谋私；（11）法律保护正当防卫；（12）按劳分配，多劳多得；（13）宁为玉碎，不为瓦全；（14）集体财产人人有份；（15）友情为重；（16）搞活经济，发家致富；（17）"只要不索贿，就没有什么丢人的"；（18）有刑事记录的人更容易引起他人的戒心；（19）夫妻之间应当忠诚；（20）领导干部利用职务上的便利侵害妇女人身权利的行为是丑恶的；（21）与世无争；（22）市场经济中的生存竞争；（23）领导干部侵吞公物是更大的腐败。虽然就其内容而言，这些项目未能穷尽所有与犯罪相关的曲解，但作为统一的测量尺度，不同样本的不同测量结果之间是可比的。为了保证问卷中每个项目都具有灵敏的辨别力，在正式调查之前，笔者首先设计了一个具有 28 个项目的问卷初稿，在天津某工厂和监狱进行小规模预试，通过项目分析的方法，剔除 5 个辨别力较低的项目，才得到了正式调查时所使用的具有 23 个项目的问卷。这意味着，如果有条件地重复本测量，得出大体一致结果的可能性较大。

在此基础上开始了正式测量，两组样本平均分差异显著性检验结果见表 7—4。

表 7—4　　　　违法犯罪人组和普通公民组问卷得分的比较[a]

	普通公民组	违法犯罪人组
N	160	340
X	6 136	17 283
$\overline{X}$	38.35	50.83
$\sum x^2$	13 836.4	83 746.946
S	9.329	15.718
$\overline{Sx}$	0.739 8	0.853 7
$\overline{Dx}$	12.48	
$\overline{Sdx}$	1.129 6	
Z	11.048＞3.70	

a. $p<0.0001$。

由表 7—4 中的 Z 值可见，两组样本各自平均得分之间差异非常显著，他们对问卷中所列通行社会规范理解的正误程度大不相同。普通公民组的理解与社会期望之间的距离比较小，或者说"曲解"的程度较小；而违法犯罪人组的理解与社会期望之间的距离比较大，或者说"曲解"的程度较大。这证明，"曲解"现象的确是违法犯罪个体特有的一种心理特征，而多数普通公民基本不具备这一特征。证实这一点就意味着，笔者提出的假设是真实的，否则，怎样解释不具备这一特征的人（普通公民组被试）就没有（被发现）犯罪，而具备这一特征的人（违法犯罪组被试）就实施了犯罪呢？归结起来，"曲解"有以下几种形式：

"曲解"一：以通行规范支持越轨行为。例如，问卷中第六个问题是："某生产队种植人参的专业户甲的责任田中人参屡次被盗，甲怀疑本村有偷摸行为的乙偷了人参……假如你是甲，你会怎么办？"多数违法犯罪者被试选择了"自己架设电网,以惩盗贼",或者"找些人闯到乙家搜查证据"的答案。而多数普通公民组被试选择了"用适当方式告诫乙不要一犯再犯",或者"假称田里架设了电网,威吓盗窃分子"的答案。本例中,被"曲解"的对象是"禁止盗窃"或"法律保护公私财产不受侵犯"等通行规范,"曲解"的形式是以为这一通行规范支持私设电网或非法搜查等违法犯罪行为。又如,问卷中第十一个问题是测量被试对"正当防卫"的理解。多数违法犯罪人组被试认为"事前防卫属于正当防卫"这一判断"很正确"或"正确",而多数普通公民组被试认为这一判断"很不正确"或"不正确"。本例中,被"曲解"的通行规范是"法律保护正当防卫","曲解"的形式是以这一规范解释打架斗殴等违法犯罪行为的合理性。以通行规范支持越轨行为是"曲解"因素的最常见情况。

"曲解"二:以通行规范歪曲正当行为。例如,问卷中第二个问题是:"你认为下述哪种行为符合'见利忘义'的含义?"多数违法犯罪人组被试的选择是,认为向司法机关坦白交代犯罪同伙或者自己的女朋友另择男友属于"见利忘义";而多数普通公民组被试认为"向外国人出卖国家经济情报换取金钱的行为属于见利忘义"。本例中,被"曲解"的通行规范是"见利忘义可耻"。"曲解"的形式是,用见利忘义诠释正当合法行为。

"曲解"三:以通行规范解释亚文化。例如,问卷调查中,多数违法犯罪人组被试认为"宁可为哥们两肋插刀,也不能在打架斗殴中甘拜下风",或者违法犯罪后拒绝与司法机关合作的意义就是"宁为玉碎,不为瓦全"。其中,越轨青少年亚文化被贴上了"宁为玉碎,不为瓦全"的标签。

"曲解"四:以通行规范反对通行规范。许多违法犯罪人组被试认为司法机关对某些经济犯罪判处刑罚是错误的,理由是判决不符合"政府鼓励个人发财致富,搞活经济"的政策。在这些被试头脑中,"打击经济犯罪"与"搞活经济"两种通行规范成了相互冲突的规范。

"曲解"五:给常见现象贴上通行规范的标签。例如,问卷第二十三个问题中,某单位会计贪污公款1 000元,理由是"州官可以放火,百姓就可以点灯"。许多违法犯罪人组被试对此选择了"很正确"或"正确"的答案。应当指出,认为普遍存在的行为就是社会允许的行为,是"曲解"的最主要形式之一,也是执法、守法的最大心理障碍之一。

这五种形式的"曲解"的共同本质是，通行的行为准则或规范的运用大于它们的遵守，这些准则或规范作为"律他工具"的意义大于它们作为"律己尺度"的意义。从对"曲解"这一本质特征的描述出发，可以进一步看到犯罪行为的形成过程。

为什么"曲解"因素会引发个体实施犯罪行为呢？一般认为，羞耻心、罪责感是阻碍个体实施犯罪行为的重要内部力量之一。相当数量的个体之所以没有实施犯罪行为，就其内部因素而言，并不是绝对没有犯罪意念，而是羞耻心、罪责感的存在遏制了犯罪意念。没有羞耻之心，就谈不上自制力。俗话说，"一怕不要命的，二怕不要脸的"。羞耻心、罪责感的缺乏，是犯罪动机恶性发展的重要内部因素。羞耻心、罪责感的缺乏不是天生的，而是许多因素作用的结果，其中，"曲解"就是一个重要因素。"曲解"的主要作用是：直接破坏羞耻心、罪责感对犯罪意念的遏制能力，使人丧失自制力，促成犯罪动机的恶性发展。

"曲解"之所以具有这一作用，是因为追求周围世界的肯定、赞许，是每个人都具有的自尊的需要。人人都对他人的评价非常敏感，从而避免被拒绝或否定评价。在这种"对偏离的恐惧"[①]的作用下，个体必须积极探索周围世界通行的行为准则、规范的意义，理解这些规范并依其行事，才可能得到肯定、赞许。换句话说，人是按照自己对通行规范的理解去行为的，而不是在行为中直接复制通行规范本身。这种理解规范、折射规范的过程，比直接听命于低等生物性需要的过程要复杂得多。和理解自然事实不同，人对社会规范的理解更多地依靠抽象思维和语言符号，在更大程度上受个体的文化程度、社会地位、角色身份、情境因素的影响。这就使规范的误解、曲解成为可能。"曲解"是对社会通行规范的理解，因此，当个体按照自己所理解的规范去行为时，也许没有意识到自己的理解可能偏离了规范的本来意义，却认为是规范本身。后来的一错再错就是从这里开始的：罪责感是伴随着被社会给予否定评价的预见而产生的。只有当个体意识到自己的行为可能被社会给予否定评价时，才可能产生罪责感。如果他确信，自己将要实施的行为会得到社会的肯定评价，就谈不上罪责感的产生。这时，对通行规范的"曲解"会使个体相信，自己的动机或行为将得到通行社会规范的支持。

[①] [美] J. L. 弗里德曼等：《社会心理学》，442 页，哈尔滨，黑龙江人民出版社，1984。

一旦越轨乃至违法犯罪行为也得到个体内心的这种"合理化解释"[①]，受到否定评价的预见将不容易出现，相反，却可能产生得到肯定评价的预见。这时，羞耻心、罪责感从何而来？特别是当"曲解"与明显的主观恶性并存于同一动机系统中时，"曲解"会表现出某种"理性"的力量，积极、"理直气壮"地溶解、动摇罪责感和羞耻心，甚至使个体感到自制都是多余的。至此，就完成了从"虽可耻但知耻"到"既可耻又不知耻"的恶性转化，罪责感与"合理化"在良心的天平上达到了某种平衡。这时的个体为什么不去越轨犯罪呢？

可见，"曲解"因素对羞耻心、罪责感、自制力特有的破坏作用是其他许多犯罪原因所无法替代的。首先，否定评价化的价值观、被社会拒绝的亚文化等因素也能削弱罪责感、羞耻心对犯罪的抑制能力，但这种抑制是一种强制性的克服或排斥，不能从根本上消除可能被社会拒绝的预见以及不愉快的心理体验。而"曲解"是通过怀疑罪责感出现的必要性而使人丧失抵抗力的。相比之下，"曲解"因素的破坏作用具有更大的隐蔽性和危险性。其次，侥幸心理对羞耻心、罪责感抑制犯罪的能力也具有破坏作用，但侥幸心理的依托是确信东窗事发的可能性很小，很可能逃避社会的否定评价。这和行为人相信不应当受到社会的否定评价有本质的区别。在侥幸心理支配下，促成犯罪的是"不会受到处罚"的信念，而不是罪责感本身的丧失。而"曲解"因素使人感到没有必要责怪自己。这一心理活动是不能从侥幸心理中直接推论出来的。最后，人的低等生物冲动也可能削弱羞耻心、罪责感对犯罪行为的遏制，但是，放任这种需要的社会后果是比较容易预见到的；而且，这种预见反而能使个体更强烈地体验到罪责感和羞耻心。而"曲解"的直接后果就是使个体只预见到肯定和赞许，而没有预见到否定和惩罚。这正是许多能够正确理解社会规范的人，虽然同样感觉到低等需要的冲动，却始终未陷于越轨犯罪的原因之一。

既然犯罪人容易曲解社会规范并因此而弱化了自制力，既然他们可以用其理解的通行规范去支持越轨行为、歪曲正当行为、解释亚文化甚至反对通行规范，那么，"反社会意识"、"丑恶腐朽的灵魂"就不一定是构成犯罪人内心世界的唯一成分。由此推论，刑法、警察、监狱、惩罚便不一定是对付犯罪的唯一手段。科学总结德育规律，重视青少年早

---

① Stuart H. Traub and Craig B. Little, *Theories of Deviance*, F. E. Peacock Publishers, Inc., 1985, p. 174.

期教育，使其明了各项法律规范的伦理基础和道德规范律他与律己的统一，也是预防、减少犯罪行为的重要途径。

三、差异性犯罪规律

差异性犯罪规律就是指决定或影响着不同时空之间在犯罪规模、数量、水平、动态方面的差异性，或者不同个体之间在是否犯罪、如何犯罪方面的差异性的客观规律。其基本理论假设为，不同时空之间在犯罪状况上的差异性，或者不同个体在犯罪行为方面的差异性，可以由某种因素的影响得到解释。其实证检验逻辑为，如果有某种因素的影响，相比较的不同时空之间，或者相比较的不同组别个体之间，便可以观察到犯罪出现概率或相关性等方面的显著差异，则可以认为某差异性犯罪规律可能存在。

在犯罪学中，此类研究比比皆是。例如，在个体差异方面，同样身处某种犯罪因素的影响之中，有人犯罪而有人不犯罪，原因之一就可能在于个体之间的内在差异。对于个体差异可以从经历、角色、心理、生理等方面加以观察和描述。个体之间在这些方面的不同，常常是微观犯罪行为的重要解释。在这方面，犯罪学关注最多的是个体的心理差异和生理差异。例如，一种犯罪心理学理论认为，应当从三组命题推断犯罪人的特性：第一组命题是与人类气质差别有关的人格描述模式。人类气质在三个维度上有差别：（1）神经质——稳定性；（2）精神质——超我；（3）外倾——内倾。第二组命题涉及人格的生物学基础。第三组命题就是社会化的控制理论。[①] 还有人考察了大量研究报告后发现，犯罪行为与外倾型性格特征之间具有一定关联性。[②] 我国学者对个性心理特征与犯罪的关系也有一些研究报告。例如，有学者报告说，气质与犯罪之间有两种关系：其一，犯罪人各种气质类型在犯罪种类的分布上不存在显著差异，相关性不大。其二，在被调查的犯罪人中胆汁质者显著多于多血质者、粘液质者和抑郁质者。[③] 笔者本人也曾对银行从业人员违规倾向问题进行过实证分析，结果之一是发现，违规倾向明显的银行从业人员和普通银行从业人员相比，在自我意识上具有显著不同。该研究

---

① 参见［英］Ronald Blackburn：《犯罪行为心理学》，102～103 页。
② 参见上书，108～109 页。
③ 参见周路主编：《当代实证犯罪学》，129 页，天津，天津社会科学院出版社，1995。

对218名银行工作人员进行问卷调查,其中对"自我意识"的测量体现在三个问题中:

问题21:您认为您与周围大多数同事相比,在物质生活方面属于:
上等;　　　　中等;　　　　下等;
问题22:您认为您与您的大多数朋友相比,属于:
相当成功的;　　　比较成功的;　　　一般;
比较失意的;　　　最失败的;
问题23:您认为您与您的大多数同事相比,在道德品质方面:
很好;　　　　一般;　　　　较差;

这三个问题主要测量被试对本人在物质能力强弱(问题21)、道德层次高低(问题23)、事业追求上成败(问题22)三个方面的自我意识。从本质上看,自我意识是个体对人我关系、周围事物与自我之间关系的各种观察、评价、体验的综合结果。自我意识基本上可以分为两类:一类是自我意识较高者,表现为在物质、道德、事业等方面的高度自信。另一类是自我意识较低者,表现为在物质、道德、事业各方面的高度自卑。如果个体通过对人我关系、周围事物与自己关系的观察、评价,结果体验到更多的自信,说明在个体眼中,自我的地位较高。如果个体的这种观察、评价所得到的结果是体验到更多的受挫、自卑、不满足,说明在个体眼中,自我的地位较低。问卷统计结果表明,基本不具备违规倾向的被调查者中,只有15.3%的人表现出自我意识较低,而违规倾向明显的一组被试中自我意识较低者达到28.6%。而且,如果自我意识较低,落入违规倾向明显一组的概率在40%;而如果自我意识较高,则落入违规倾向明显一组的概率仅为23.1%。就是说,自我意识的高低与违规倾向呈反比关系:自我意识程度越高,违规倾向越不明显;自我意识程度越低,违规倾向越明显。[①] 总之,除了因素压力不同以外,对个体犯罪行为解释的另一个维度就是个体在心理、生理等各方面的差异。

犯罪学中另一个典型的差异性犯罪规律研究就是对个体犯罪差异的遗传学解释。例如,1972年,美国学者克劳(R. R. Crowe)在《女性犯罪人的养子女:对他们的逮捕记录的研究》中报告说,养子女与其血亲犯罪一致率比较高,因此,犯罪与遗传有关。此即犯罪学中的养子女

---

① 参见白建军:《金融犯罪研究》,174~175页,北京,法律出版社,2000。

研究。该研究假设，如果养子女的犯罪与生父母的具有较高的一致率，说明遗传的影响大于环境；如果养子女的犯罪与养父母的具有较高的一致率，说明环境的影响大于遗传。于是，研究人员对艾奥瓦州的41名女性犯罪人（90%为重犯）的52名被人收养的子女进行了研究，结果发现，这些生母为罪犯的养子女中，有37人有过多次犯罪行为。而对照组，也就是生父母没有犯罪的养子女，却没有这些犯罪行为。哈钦斯等人也比较了生父母与养父母在与养子女之间行为的一致率，结果发现，如果生父母和养父母都是犯罪人，那么，36.2%的养子女变成了犯罪人。如果只有生父母犯罪，21.4%的养子女成了犯罪人。如果只有养父母犯罪，11.5%的养子女犯罪。如果生父母和养父母都不犯罪，只有10.5%的养子女犯罪。这说明，生父母和养父母具有共同作用，而且，生父母的影响大于养父母的影响。1984年，梅德尼克等人报告了类似的研究结果：他们对丹麦的14 427名养子女进行了研究，结果是：当生父母和养父母都有犯罪记录时，24.5%的养子女实施了犯罪。当生父母是犯罪人而养父母不是犯罪人时，20%的养子女实施犯罪。如果养父母犯了罪，而生父母没有犯罪，其养子女中有14.7%的人实施犯罪。如果生父母和养父母都没有犯罪，养子女中有13.5%的人实施犯罪。①

　　除了个体差异以外，犯罪学还希望解释不同时空之间在犯罪方面的差异。例如，法国学者孟德斯鸠在《论法的精神》一书中提出，犯罪与地理环境及气候因素有关。他认为，气候影响人们的体格、性格和道德风尚，因而与犯罪有关。他认为，在北方的国家，人们的体格健康、魁伟，但是迟笨，他们对一切可以使精神焕发的东西感到快乐，例如狩猎、旅行、战争和酒。你将在北方的气候之下看到邪恶少、品德多、极诚恳而坦白的人民。当你走近南方国家的时候，你便将感到自己已完全离开了道德的边界：在那里，最强烈的情欲产生各种犯罪，每个人都企图占别人的一切便宜来放纵这些情欲。在气候温暖的国家，你将看到风尚不定的人民，邪恶和品德也一样无常，因为气候的性质没有充分的决定性，不能把它们固定下来。② 此后，龙布罗梭、菲利、凯特勒、格雷等人也观察到气候等自然因素在很大程度上影响着犯罪行为的出现。

---

① 参见［英］Ronald Blackburn：《犯罪行为心理学》，123页。
② 参见［法］孟德斯鸠：《论法的精神》（下），230页，北京，商务印书馆，1959。

1833年，法国学者格雷出版了《论法国的道德统计》一书，此书被称为"科学犯罪学"的第一部著作。书中，格雷以1825年至1830年间的犯罪统计资料为基础，描述了犯罪与许多现象之间的关系，其中，也包括气候因素对犯罪的影响。格雷发现：在法国北部地区，气候比较寒冷，如果把这里的人身犯罪作为基数100的话，那么侵犯财产犯罪的犯罪率就是181.5%。在法国南部，气候比较温和，如果把这里的人身犯罪作为基数100的话，那么侵犯财产犯罪的犯罪率就是48.8%。这说明，气候暖和地区的人身犯罪率高，气候寒冷地区的财产犯罪率高。此外，比利时学者凯特勒也发现了这一关系。他在1835年出版的《论人及其才能的发展，或论社会物理学》一书中报告说：道德随季节的变化而变化。在南方和温暖的季节中，侵犯人身的暴力犯罪盛行，而在北方和气候寒冷的季节里，财产犯罪盛行。这被凯特勒称为"犯罪的热定律"[①]（thermic law of delinquency）。

四、学科还原性犯罪规律

学科还原性犯罪规律是指以某工具性学科的理论方法为知识背景，将犯罪或某类犯罪的发生、发展、变化还原到该学科的知识体系中加以研究所揭示出来的犯罪规律。其基本理论假设的内容主要是某犯罪现象与一定工具性学科视野中的现象之间的本质联系，如犯罪或未成年人犯罪与生物学现象、心理学现象的联系，经济犯罪与经济学现象之间的联系，下层社会财产犯罪与社会学现象之间的联系，等等。其实证检验逻辑一般为，如果被还原为某学科现象的犯罪的特点可以由该学科中某种原理、理论和方法加以测量并得到解释说明，这种测量和解释与该学科的基本理论体系之间实现了逻辑上的内在一致性，则意味着这种特有犯罪规律可能是一种客观存在。其功用在于，使人们关于犯罪规律性的认识被赋予更浓厚的科学色彩，提高犯罪预测和预防的理性化程度。犯罪学中，此类犯罪规律研究主要表现为犯罪社会学、犯罪心理学、犯罪人类学、犯罪生物学、犯罪生态学、犯罪经济学、犯罪遗传学、犯罪地理学，等等。可以说，此类犯罪规律研究也是犯罪学中较为常见的一种。

---

① 吴宗宪：《西方犯罪学史》，136～137页。

第七章 犯罪规律学

犯罪社会学是运用社会学的理论、方法研究犯罪问题的科学。其早期的重要学者有意大利学派的菲利，德国学者李斯特，法国学者格雷、塔尔德、迪尔凯姆，比利时学者凯特勒，荷兰的哈默尔、邦格，美国学者默顿等人。现代犯罪社会学的主要代表人物是美国学者帕米利（Maurice F. Parmelee，1882—1969）、齐林（John Lewis Gillin，1871—1958）、帕森斯（Philip A. Parsons）、萨瑟兰等人。美国学者赫希将现代犯罪社会学理论分为紧张或动机理论（如默顿、科恩、卡拉沃德、奥林等人的理论）、控制或联系理论（如赫希、赖斯、奈、马茨阿、雷克利斯等人的理论）、文化越轨理论（如萨瑟兰、芝加哥学派、塞林等人的理论）。美国学者西格尔将现代犯罪社会学理论分为社会结构理论（如文化越轨理论、紧张理论、亚文化理论、社会生态学理论）、社会过程理论（如社会学习理论、控制理论、标定理论、整合理论）、社会冲突理论（冲突论、马克思主义犯罪学）。我国学者吴宗宪将现代犯罪社会学理论分为芝加哥学派、紧张理论、文化与亚文化理论、控制理论、标定理论、冲突理论和当代马克思主义犯罪学理论。按照吴宗宪的归纳，现代犯罪社会学理论的主要观点是：第一，犯罪行为是一种社会现象，是由犯因性的社会条件造成的，其中，不合理的社会制度、社会结构和社会过程所起的推动作用尤其明显。第二，犯罪行为的模式与犯罪人的社会/经济地位、种族、性别和年龄密切相关。社会学的犯罪学家试图发现为什么存在这样一些犯罪模式，应当如何解释这些犯罪模式。任何忽视了社会因素的理论模式，都不可能对犯罪行为提供一个完整的解释。第三，社会变迁与犯罪行为有关。社会学的犯罪学家试图说明变化着的规范、价值观、制度和结构影响个人与群体的犯罪行为方式。第四，技术的发展及其对社会制度的影响，对犯罪的发生有重要的作用。第五，群体之间和人们之间的相互作用对犯罪的发生有重要的影响。社会学的犯罪学家相信，理解个人与其家庭、同辈朋友、学校、工作单位和刑事司法之间的相互作用，是理解犯罪原因的重要方面。某一社会阶级或群体与另一社会阶级或群体之间的关系，或者某一社会阶级或群体与控制国家的法律和经济制度的现行权力结构之间的关系，也与犯罪的发生有密切的关系。人们能从积极的人际互动中受益，也会从消极的人际互动中受害。犯罪本身就是一种人际互动，因此，应该从与犯罪有关的各个方面，包括犯罪人、被害人、司法人员、立法人员、整个社会来理解犯罪，考虑这些因素之间的相互作用对犯罪的影响。[1]

犯罪心理学是运用心理学的理论方法研究犯罪问题的学科。奥地利犯罪学家格罗斯（Hans Gross，1847—1915）的《犯罪心理学》一书的出版（1897年），标志着现代犯罪心理学的诞生。从广义上看，犯罪心理学包括四个主要研究领域：精神分析学的犯罪心理学理论、精神病学的犯罪心理学理论、正常个性心理学的犯罪心理学理论、社会心理学的犯罪心理学理论。具体来说，犯罪心理学主要研究犯罪人的类型学、犯罪行为模式的学习过程、犯罪的精神动力学、犯罪人格、个体的道德发展过程与犯罪、脑功能障碍与犯罪，以及家庭、就业、婚姻等因素对犯罪行为的影响，智力、认知、自控力、态度、价值观、信念、人际关系等因素对犯罪的影响，暴力攻击的心理学解释、精神障碍对犯罪的影响、性变态与性犯罪的关系、犯罪心理的司法干预、犯罪人的矫正和治疗规律，等等。

犯罪生物学是运用生物学的理论方法研究犯罪问题的科学。继龙布罗梭的犯罪人类学之后，随着现代生物学的不断发展，以生物学为知识背景的犯罪学研究也日渐增多，如达格代尔的《朱克家族：对犯罪、贫穷、疾病与遗传的研究》（1874年），戈达德在《卡利卡克家族：关于低能的遗传性研究》（1913年）中提出的低能理论；萨瑟兰在《心理缺陷与犯罪》（1931年）中报告的少年智力测验结果与少年犯罪之间关系的研究；朗格在《作为命运的犯罪：犯罪孪生子研究》（1929年）中报告的同卵孪生子在犯罪的一致性上高于异卵孪生子；马尔达尔和奥凯在《柳叶刀》上发表的《"双"男性：克兰费尔特综合征中一种新的性染色体结构》（1960年），以及雅各布斯等人在《自然》上发表的《攻击行为、精神亚正常与XYY男性》（1965年）中报告的异常染色体与犯罪关系的研究；舒尔辛格等人在《病态人格：遗传与环境》中报告的养子女研究；以及从体质生物学角度研究犯罪行为的一些成果，如伯曼的《内分泌控制人格》（1921年）中报告说犯罪与肾上腺、甲状腺、垂体、性腺、胸腺等因素有关，还有学者报告说犯罪与月经、睾酮、体型、中枢神经系统损伤等因素有关。

犯罪问题的确是一种复杂现象，因而的确吸引了多种学科的共同关注，将犯罪问题还原为各个不同的学科领域进行观察和解释。

---

[1] 参见吴宗宪：《西方犯罪学史》，603～604页。

五、犯罪累积规律

犯罪累积规律就是指在犯罪倾向、犯罪行为方式、犯罪态度形成的漫长过程中，个体所受到的各种因素的影响，逐渐导致犯罪可能性积累的过程中所起作用的各种客观规律。其基本理论假设的内容一般是，个体生活史即社会化过程中曾经受到的某些影响，是否以及如何对其日后最终成为罪犯构成实际影响。其实证检验逻辑是，如果生活史中受到过某种刺激的个体日后犯罪或犯某类罪的概率，显著大于生活史中未曾受到过同种刺激的同类个体日后犯罪或犯同类罪的概率，便可以相信，该种刺激和犯罪与否之间可能存在客观联系。其主要功用是，在个体犯罪预防中，将适当的犯罪预防措施前置，定位到相对比较准确的心理发展阶段和处境中，以提高犯罪防范的效率。

犯罪学中，关于个体犯罪累积规律的经典研究，当属萨瑟兰的不同联系论。1939年，萨瑟兰在《犯罪学原理》一书中提出了"不同联系论"（Differential Association Theory，又译"不同接触论"）。按照这种理论，犯罪是一种习得的行为方式。这一理论由9个命题构成：

第一，犯罪行为是习得的，而非天生的，未经训练的个体不会卷入犯罪。

第二，犯罪行为是在与人交往的互动过程中习得的，这种交往既包括语言的，也包括肢体动作的。

第三，犯罪行为的习得主要发生在与自己关系密切的群体中，而其他间接的沟通，如通过媒体的沟通，就没那么重要。

第四，犯罪行为的习得包括犯罪方法的习得，动机、冲动、态度及合理化解释的特定倾向的习得。

第五，动机、冲动的定向是通过对法律规范的肯定或否定评价而习得的。有的个体的生活环境对法律持肯定态度，而有的个体的生活环境则充满了对法律的否定态度，因为美国社会中充满了关于法律的文化冲突。

第六，当一个人的违法倾向超过守法倾向时，就可能犯罪。这是不同联系的基本原理。不同联系既包括与犯罪模式的联系，又包括与反犯罪模式的联系。个体成为罪犯，一方面是因为他与犯罪模式的联系，另一方面也是因为他远离非犯罪的模式。任何个体都自然会审视周围的文化环境。南方人的口音中没有"r"，因为其他南方人都这样。实际上，如果犯罪没有引起另一个犯罪，不同联系只是中性的。如果一个行为与法律无关，就无所谓积极还是消极。如果一个少年大量接触中性行为，也不会受到犯罪模式的影响。

第七，不同接触在经常性、持续性、侧重点及强度诸方面有所不同。其中，频率、持续性等概念都容易理解。所谓"优先性"，是指如果个体早年形成了合法的行为方式，那这种方式将伴随其一生；如果他早年形成的是违法越轨的行为方式，那这种方式也将伴随其一生。当然，这一点尚未有足够的证据证明。强度的概念基本上与犯罪模式或非犯罪模式的权威性以及对联系的情绪性反应有关。这些侧面为犯罪的定量分析提供了可能，但真正的量化分析仍然十分困难。

第八，参与犯罪习得过程的机制与其他学习过程的机制是一样的。这意味着犯罪的习得不仅仅是个模仿的过程。

第九，犯罪行为也是一般欲求和价值观的实现，尽管正常行为同样表现为一般欲求和价值的实现。所以，一般欲求和价值观不足以解释犯罪行为。小偷盗窃是为了钱，工人工作也为了钱。学者们往往用常人的欲求解释犯罪行为，而事实并非如此。就像呼吸对任何动作都有用一样，有无常人的欲求无法将犯罪与非犯罪区分开来。[①]

简言之，这一理论可以被归结为四个命题：第一，犯罪的主观心理和行为技能是行为人在与某种犯罪行为模式的不断接触和交往过程中学来的，而不是天生的。第二，所谓犯罪行为模式，既包括蔑视现行秩序、法律的态度，也包括触犯法律的手段、技能。第三，个体的日常生活中总能接触到哪类违法行为方式及其肯定评价，他就更可能陷于哪类犯罪。第四，违法态度的获得与违法技能的习得之间相辅相成，互相强化。在他人的不良影响下，反社会意识的形成过程中必然伴随着犯罪手段、方法的习得；反之亦然，在犯罪方法、技能的习得过程中，也不知不觉地接受了某种反社会意识。

其实，早在1890年，法国学者塔尔德就在《模仿规律》、《刑罚哲

---

① Edwin H. Sutherland, "Differential Association", in *Criminology Theory*: *Selected Classic Readings*, Anderson Publishing Co., 1993, pp. 56-58.

学》中提出了"习得"的概念，认为犯罪不是天生的，而是模仿的产物，即所谓模仿论。① 塔尔德不赞成龙布罗梭的天生犯罪人理论，认为犯罪人并非重现的野蛮人。他引证另一学者马罗对4 000名犯罪人的研究结果作为论据：马罗发现，像大脑前庭的大小、后缩的额头、斜眼等身体异常，在犯罪人中的出现频率与在正常人中的出现频率一样。在此基础上，塔尔德提出了模仿规律论，认为存在着三种模仿规律：第一种是距离规律，即人们之间按其接触的密切程度进行模仿。像光一样，距离光源越近，光照强度越大。其中，对于"距离"不仅仅是从物理空间意义上理解，而应从心理学意义上理解。总之，与犯罪人在空间上离得越近，心理关系上越密切，越可能模仿其犯罪行为。第二种是方向规律，即低劣者通常模仿优越者。流浪、酗酒、投毒、谋杀等行为，最初都是由宫廷贵族实施的，后来被人们模仿；许多犯罪方式是先在城市出现，后来才被农村模仿。第三种是插入规律，即当相互排斥的时尚相遇时，往往是新时尚取代老的时尚。用枪杀人，取代了用刀杀人。总之，在塔尔德看来，近朱者赤，近墨者黑，只有用环境中的"朱或墨"，才能解释人的"赤或黑"。这显然是典型的环境理论。

犯罪倾向的累积，显然不仅仅是学习而来的，还包括了个体生活史中的某些经历。1944年，英国学者鲍尔比在《44名小偷：他们的性格与家庭生活》中公布其研究成果，即母爱剥夺论。该说认为人在幼年期母爱剥夺的经历会导致个体日后的犯罪。② 他对44名小偷和44名年龄相仿的少年进行比较后发现：44名小偷中的17名在出生后的头5年中与母亲分离长达6个月以上。而在对照组中，只有2人具有这种母爱剥夺的经历。这17人中的14人，表现出严重的、特殊的人格倾向，缺乏与人建立亲密关系的能力。按照该项研究，个体在出生后的头几年中没有得到母亲或母亲般的爱，就会形成一种"无感情性格"，这样的少年实施违法犯罪时手段特别恶劣。

六、犯罪决策规律

犯罪决策规律，又称犯罪原因的实现规律，是指犯罪行为人在是否犯罪、如何犯罪、犯什么罪、针对谁犯罪等重大问题上作出抉择过程中

---

① 参见吴宗宪：《西方犯罪学史》，352～359页。
② 参见上书，517页。

起作用的某些客观规律。其理论假定的基本内容包括对个体犯罪抉择的心理过程具有影响的任何因素与个体犯罪行为的付诸实施（而非犯罪倾向逐渐形成）之间的规律性联系。其实证检验逻辑通常为，最终实施了犯罪的个体与没有实施犯罪的个体，在犯罪抉择过程中，是否以及在多大程度上曾经受到某某因素的影响，如果某某因素的影响与最终是否选择了犯罪之间存在着统计学意义上的高度相关性，则证明某某因素对犯罪决策可能具有实际影响。其基本功用在于，根据犯罪决策规律设置相应的制度手段，以调整个体的犯罪预期，即如果犯罪则可能承担一定法律负担的预见，达到遏制犯罪抉择的目的。

犯罪决策的经济学解释是美国学者罗伯特·考特和托马斯·尤伦提出的犯罪学理论。[①] 这两位学者相信，行为的决策者都是有理性的，也包括罪犯在内。首先，犯罪可以按照严重性进行分类，刑罚也可以按严厉程度加以分类。犯罪就好比一个坐标系的横轴，刑罚就是坐标系的纵轴，二者的关系是，犯罪越严重，刑罚则越严厉。然而，现实生活中的犯罪受罚率是不确定的，并非每个犯罪都一定会受到处罚。因此，受罚与否，不仅取决于犯罪本身的严重性程度，还在很大程度上与受罚的不确定性有关。例如，假定一个贪污 1 000 美元的犯罪将受到 2 000 美元的罚金刑处罚，那么，如果受罚是必然的，即受罚概率为 1，则 1×（2 000美元）＝2 000 美元罚金。这时，刑罚大于犯罪收益，每个理性人都不会犯罪。如果受罚是不确定的，受罚概率为 0.75，则 0.75×（2 000美元）＝1 500 美元罚金。这时，刑罚仍然大于犯罪收益，多数理性人还是不会犯罪，因为这时犯罪还是不够合算。如果受罚的不确定性继续提高，受罚率仅为 0.25，则 0.25×（2 000 美元）＝500 美元罚金。这时，刑罚便开始小于犯罪收益，多数理性人就很可能决定实施犯罪。此外，就像除了刑罚以外社会中还有一套强有力的非刑事反应方式（耻辱感、社会舆论的谴责等）一样，人是否犯罪除了物质利益的计算以外，还与许多因素有关，如某贪污犯作案手段高明，为其同犯所推崇，由此他或许会沾沾自喜，获得了非金钱的精神满足。这就是对犯罪行为和犯罪行为人主观决策的心理过程的一种经济学解释。显然，对犯罪人行为决策规律的科学认识，将有助于对刑法本质和刑罚目的的理解。两位学者就基于上述分析得出结论说："遭受拘捕、判罪和处罚的概率的增加和刑

---

① 参见［美］罗伯特·考特、托马斯·尤伦：《法和经济学》，713～722 页。

罚的严厉程度的提高，看来对所有的人和一小撮最有可能犯罪的人都具有威慑效应；改善劳动力市场的就业机会似乎对犯罪的总体水平没什么重大影响。所以，改善就业机会并不能与刑事审判制度变量的增加一样可以有效地制止那些危险性很大的潜在罪犯的犯罪。这些结论是合乎情理的。不太肯定的结论是，改善劳动力市场的条件可以减少新手和初犯的犯罪可能性。"[1]

七、犯罪互动规律

犯罪互动规律就是在犯罪事件发生前后，犯罪加害人与被害人之间的相互作用本身所特有的客观规律。其理论假设的内容为，加害—被害之间的互动取决于何种因素、现象的实际影响，既包括来自加害人方面的影响，也包括来自被害人方面的影响，还包括来自客观环境、利益关系、文化背景等多方面的影响。其实证检验逻辑为，可能对犯罪互动构成影响的因素如果实际存在并作用于犯罪互动过程，被作用的犯罪互动在其强度、方式、结果等方面便被观察到显著改变，则这种改变可以被视为该因素作用的结果，否则，便无法用该因素解释犯罪互动的改变。其功用在于，根据犯罪互动的实际原因、结果决定社会反应的方式和力度，而非仅仅根据犯罪行为本身决定犯罪人单方面的法律责任负担。

以色列学者萨拉·本-戴维的强奸罪被害互动性研究为犯罪互动规律的认识提供了有益的见识。本-戴维的研究发现，在强奸这种情境中，强奸犯曾有一个将被害人非人格化（depersonalization of the victim）的过程……如果在强奸时非人格化过程未能成功，强奸犯无法将被害人不当做人，那么，就很可能出现：a. 强奸行为没有发生；b. 事后强奸犯对被害人流露出某些情感反应。[2] 研究认为，是否将被害人当人看，是否成功地对被害人进行非人格化处理，不完全取决于加害人自己固有的某种因素，还可能与来自被害人方面的某种影响有关。一项以 50 个强奸犯为样本的研究中，有这样两个问题："她做了什么使你停止了犯罪"、"是什么使你不想强奸"。其中，有 75% 的被调查者回答说，当被

---

[1] [美]罗伯特·考特、托马斯·尤伦：《法和经济学》，730 页。
[2] 参见[德]汉斯·约阿希姆·施奈德：《国际范围内的被害人》，许章润等译，226 页，北京，中国人民公安大学出版社，1992。

害人设法引起他们的注意,当她说他们把她看做一个人时,此时他们就不会去实施强奸。对于第二个问题,70%的被调查者回答说当他们以人的态度来对待被害人时,就不想强奸她。就是说,当一名妇女发觉自己处于被强奸的威胁情境中时,通过唤起强奸犯对她的人的感情,或者,换言之,通过她的行为,使强奸犯不能完成将她非人格化的过程,那么,她就有可能防止强奸的发生……如果被强奸的妇女是一个人而不仅仅是被害人,她就不能满足强奸犯将其当做一种象征的需要,那么强奸情境对于强奸犯来说就毫无象征意义,他就不会实施强奸行为。作者将这种能否防止被强奸的过程称为"人与人之间的互动",正是这种互动使得强奸犯罪的固定模式失去了存在的条件。[①] 所以,当女性处于被强奸的情境中时,必须以"非预期"的方式行事,例如,不要自卫或者屈服,而要力图唤起强奸犯对她们的人的情感,她们的行为必须使强奸犯无法将其当做人看待。[②]

美国学者约翰·W·汤姆林的白领犯罪被害互动性研究,从另一个角度丰富了对犯罪互动规律的认识。该项研究指出,被害人的天真、"可预见性"麻痹了被害人对诈骗行为的警觉、加害者的贪婪,等等,是"白领犯罪"加害—被害关系的重要基础。不论被害人是消费者、病员、银行制度或政府的财政官员,被害人的天真无疑使他们具有一种"能动者"(enabler)的作用。比如,有的病员接受了他们不曾知道的多余的外科手术,当事人由于欺诈性的土地销售而购买了毫无价值的土地,等等。而且,"白领犯罪"的被害人被害后往往不愿意向司法机关报案,因为他们对刑事司法程序的效果持否定态度,他们觉得司法机关对"白领犯罪"者不会采取什么重大行动。[③] 这些,都造成"白领犯罪"人更加有恃无恐。

我国学者张建荣的犯罪互动递进关系研究,将加害人与被害人之间关系的互动规律具体化为以下几种关系:第一,对应共存关系,即被害人与犯罪人互相对应、互为依存、缺一不可的关系。第二,二元原因关系,即被害人与犯罪人在引发"犯罪—被害"这一互动过程的原因方面,存在着被害原因与加害原因同时共存、互相结合、缺一不可的关

---

① 参见[德]汉斯·约阿希姆·施奈德:《国际范围内的被害人》,234~235 页。
② 参见上书,236 页。
③ 参见上书,274~275 页。

系。第三，彼此作用关系，即被害人与犯罪人各自以其被害原因或加害原因为作用力，彼此互动、相互影响，共同对于推进互动进程发挥其作用的关系。第四，刺激反应关系，即被害人与犯罪人在互动的内在心理方面，存在着一种彼此互为刺激、互作反应的关系。第五，被害转化关系，即被害人与犯罪人在互动结果的趋向方面，存在着"角色易位"或"角色竞合"这种被害转化趋向的关系。第六，互塑共塑的关系，即被害人与犯罪人在互动的结果方面相互塑造，共同塑造出双方角色的关系。第七，归责可能关系，即被害人与犯罪人在推进互动进程的责任方面，往往存在着可以因情划归出各自不同责任程度的关系。第八，刑事对立关系，即被害人与犯罪人在其互动关系的本质属性方面，存在着刑法和刑事诉讼法意义上的相互冲突、相互对立的刑事法律关系。研究认为，这八个方面的关系基本上概括了被害人与犯罪人之间层层递进的互动关系的全貌，认识这些关系对于被害预防实践具有重要意义。[①]

八、结构性犯罪规律

结构性犯罪规律就是指相对静态的多种现象之间的联系方式，以及犯罪的空间分布中所蕴涵的影响犯罪的客观规律。其基本理论假设是，犯罪的发生、特点、变化可以由若干现象之间的某种构成方式得到解释。其实证检验逻辑是，即使构成原因系统的元素不变，只要其构成方式发生改变，便伴随有相关犯罪的相应变化，就可以证明该原因系统的构成方式对犯罪没有任何影响的虚无假设无法成立，两者相伴随而变化的相关性越高，说明该系统对犯罪的解释力越大。其功用主要体现在有助于对宏观犯罪现象的更加深刻的理解，如果可能，还可以在无法消除具体犯罪因素的情况下，通过调整若干因素之间的构成关系来控制犯罪的发展、变化。

在犯罪学中，日本学者伊藤滋的城市化与犯罪之关系的研究是一种比较典型的结构性犯罪规律研究。在《城市与犯罪》一书中，伊藤滋提出：由于在任何犯罪案件中，犯罪人、被害人、犯罪现场这三个基本要素都与一定地理、空间环境有关，又由于1955年以后，日本来势凶猛的城市化创造出一种新型城市空间和环境，所以，城市化为犯罪人实施

[①] 参见张建荣：《被害人与犯罪人互动关系与被害预防》，载肖剑鸣、皮艺军主编：《罪之鉴：世纪之交中国犯罪学基础理论研究》（下），1038页。

犯罪行为提供了更多的条件。他认为，真正的城市犯罪是从市民和犯罪人对这种崭新的城市环境和空间开始习惯时产生的。① 在伊藤滋看来，所谓城市化就是城市社会或城市物理环境、空间进一步膨胀，并向多元化、多样化发展的状态或过程。② 具体看，城市化的概念可剖分为两个方面：其一，经济发展：技术进步，就业机会扩大，劳动时间减少，业余时间增多，生活方式多样化，消费的社会化，信息社会化，人员流动社会化，高等教育普及。其二，空间环境变化：人口密度过大，引起房地产业向郊区发展；土地的高效利用导致了空间环境的立体化、复合化。伴随着城市化程度的不断提高，城市犯罪与日俱增。当时的日本，每年犯罪量中近 90% 发生在城市，城市的每平方公里犯罪密度为 3.1 起，而且，城市规模越大，犯罪率越高：人口在 5 万以下的小城市的犯罪率为每万人 78 起，而人口在 100 万以上的大城市的犯罪率高达每万人 177 起。③ 具体看，城市人口密度与犯罪之间的相关系数为 0.457 0，第一产业人口比与犯罪之间的相关系数为 -0.471 2，第三产业人口比与犯罪之间的相关系数为 0.601 2，小卖店数目与犯罪之间的相关系数为 0.461 9，等等。

如何解释这些现象联系呢？伊藤滋认为，犯罪的确和区域环境、空间特征具有密切关系。"监视作用"和"区域性"是两者具有这种高度相关的原因。正是监视作用的减弱和区域性的薄弱，使得城市空间出现产生犯罪的死角。所谓城市空间的死角，由"时间死角"、"心理死角"、"社会死角"以及"空间死角"构成。所谓时间死角，就是有人出现的机会较小，无人目睹犯罪发生的时间，例如下班后的办公室、夜晚的街道、上班时间的宿舍区，等等。心理死角是人们内心中普遍对不会发生犯罪的时间、空间的认识，例如，人们心目中关于大庭广众肯定不会发生犯罪、学校老师肯定不会针对学生实施犯罪等的错觉。社会死角是对于实施犯罪有利而对于发现、证实犯罪不利的城市特有的人际、邻里关系，例如，高层住宅中邻里之间互不相识、互不关心，都不利于犯罪的发现、制止和证实。空间死角是遮挡人们视线，因而难以及时发现、制止犯罪的物理空间，例如高层建筑的顶楼，电梯内，无路灯大街角，

---

① 参见［日］伊藤滋：《城市与犯罪》，夏金池、郑光林译，12 页，北京，群众出版社，1988。
② 参见上书，1 页。
③ 参见上书，30～31 页。

等等。

用城市死角解释城市犯罪，还不仅仅是用死角本身解释犯罪，而在于用各种死角之间的重合关系解释犯罪。就是说，当两个甚至更多的死角交织、重合在一起时，具有更大的犯罪原因意义。例如，上班时间的高层公寓顶楼，既是时间死角，又是空间死角。这种重合的情况有更大的机会诱发犯罪。而且，伴随着城市化程度的不断提高，这种重合的情况也有所不同。一般说来，城市化程度较低时，如果死角之间发生重合，只是两两之间的重合，比如时间死角与空间死角之间的重合、时间死角与心理死角之间的重合、心理死角与社会死角之间的重合，等等，而到了城市化程度较高的阶段，这种重合可能是三种甚至四种死角之间的同时重合[①]，比如，利用计算机实施金融犯罪的案件，就涉及多种死角的重合：计算机的反应速度和准确性使犯罪人被发现的机会极低，效率很高，这是其时间死角；人们普遍认为操作计算机无法接触现金，因而不可能犯罪，这是其心理死角；金融机构内部工作人员之间冷漠的人际关系，这是其社会死角；计算机可进行异地账务处理，这又是其空间死角。可见，用各种死角的重合的确可以解释城市化与犯罪之间的某些相关。这种解释显然对于城市规划、建筑设计、城市节奏的安排与特殊行业、场所、时间的犯罪预防，等等，具有一定的理论指导意义和实用价值。

九、过程性犯罪规律

过程性犯罪规律就是指犯罪自身的动态过程或时间分布中显现出来的犯罪规律。其理论假定为，犯罪在数量、强度、密度、构成方式等方面的明显变化应当可以由某个或某些现象的变动得到解释。其实证检验逻辑为，如果被认为是犯罪原因或者相关因素的现象与犯罪现象之间可以测量到程度较高的同步变化的相依性关系，则可以排除两者之间无任何相关的虚无假设。其功用主要在于，借助某现象的变化预见犯罪的变化，或者通过对某现象施加影响而对犯罪的出现和表现施加影响。

关于动态的关系，意大利学派的著作中也有不少分析。实际上，只有动起来的关系，才具有规律的意义；在动态中把握关系，才能对犯罪

---

① 参见［日］伊藤滋：《城市与犯罪》，168～172页。

现象作出科学解释。比如，关于犯罪的周期性变化与犯罪之间的关联性，菲利认为有关犯罪人的人类学因素，如年龄、性别等，每年的变化都很小。至于气候、土壤、空气、季节、气温等自然环境方面的因素，也不是十分活跃的因素。实际上，我们应当把犯罪的周期性变化主要归结于社会因素的作用，因为最严重的犯罪，尤其是侵犯人身罪，恰恰因为它们多半为天生犯罪行为而表现出来的周期性变化，往往比那些程度轻微但数量众多的侵犯财产罪、妨害公共秩序罪和更带有偶然性的侵犯人身罪的变化要稳定并且更有规律。其实，作为犯罪界的微生物，后面这些犯罪是社会环境更直接的结果。① 就是说，在各种影响犯罪的因素中，有的比较稳定，有的则比较活跃，而犯罪的波动性变化，往往需要由那些比较活跃的因素的作用加以解释。看到这一点，对于理解犯罪的变化规律显然十分重要。

再如，关于各类犯罪之间的动态关系。菲利注意到了这样一些现象：由于最严重的犯罪稳定不变而比较轻微的犯罪持续增长，由于侵犯财产罪在大城市中代替了以往盛行的侵犯人身罪，所以，犯罪数量趋于增加，但犯罪程度减轻了……除了由于动产的增加使得暴力犯罪向诡计诈骗犯罪转化之外，侵犯财产罪的减少不过是用简易程序代替陪审团审理这一司法程序的人为改变的明显结果……在很多情况下，侵犯财产罪增加的年度，侵犯人身罪一般就会减少，反之亦然。② 各类犯罪之间的这种此消彼长的背后，往往另有某种因素的影响。因此，注意到这种此消彼长，才可能进一步发现引起这种共变关系的深层原因。

加罗法洛也注意到了犯罪内部各个部分的动态过程。他看到，犯罪正在不断缩小其范围，并逐渐集中于某个单一阶层。从犯罪手段看，自从铁路被发明，罪犯不再到公路上打劫马车，而是乘坐火车时乘机伤害熟睡着的旅客以抢劫其财物。如何解释这些变化？有一种理论认为：经济、商业等物质繁荣程度越高，越可能带来犯罪率的增长。邪恶的犯罪活动与诚实的商业活动之间存在某种固定的比例关系。只要发展经济，只要文明程度获得提高，必然刺激着犯罪与之相伴随地同步增长。③ 加罗法洛不赞成这种理论。他首先观察犯罪统计数据，从中发现，1826年到1878年间的法国经济增长了3倍，税收以100∶300的比率增长，

---

① 参见［意］菲利：《犯罪社会学》，47页。
② 参见上书，47～48页。
③ 参见［意］加罗法洛：《犯罪学》，154页。

而犯罪的总量虽然也在增长，但其速度低于经济的增长。对意大利的社会经济及犯罪统计数据的总体观察结果也证实了这一点，即犯罪的增加与社会经济的增加之间不成比例。加罗法洛引述菲利的话说：我们怎能肯定商业600％的增长在比例上表示犯罪200％增长的3倍呢？加罗法洛的结论是：人类生产活动的增长绝不会导致犯罪的增加。文明只能使犯罪活动专门化，即将它局限于某种特殊形式的范围内并使其成为顽固阶层特有的行业或职业。但是，我们不能要求犯罪完全不发生，文明并不创造犯罪，但它也没有力量去消灭犯罪，文明的作用只是改变了犯罪的形式。[①]

还有，关于某个因素的波动与不同犯罪类型的消长变化之间的动态关系。不少意大利学派的学者都发现，在德国，食品的市场价格与不同种类的犯罪之间有着明显的相关关系：伴随着食品价格的下降过程，一方面，强奸及其他侵害人身的犯罪明显增加；另一方面，侵犯财产犯罪却在减少。[②] 龙布罗梭曾引用格雷的统计数据证明：在英国、法国、意大利，6、7、8、9这几个月，是强奸犯罪的高发季节。相比之下，冬季为财产犯罪高发季节。龙布罗梭引述的"犯罪日历"也显示出犯罪的动态过程：在"犯罪日历"中，1月份发案率最高的是伪造货币和教堂盗窃等犯罪；2月份占首位的是溺婴和隐匿生育等类的犯罪；3月份发生最多的是溺婴和强奸；5月份发案率最高的是流浪罪和强奸罪；6月份占第一位和第二位的分别是强奸和奸淫未成年人；7月份最多的还是强奸未成年人的犯罪；8月份最多的犯罪变成纵火罪；9月份盗窃等类犯罪开始增多；10月份贪污贿赂类犯罪占到首位；11月份最常见的是伪造文书和贪污等犯罪。龙布罗梭从中得出结论，温度越高的季节，越可能是冲动型或激情犯罪的高发季节。这正是为什么在有的国家中，生活在南方的居民中侵犯人身犯罪的发案率大大高于北方。[③]

十、抵消性犯罪规律

抵消性犯罪规律就是指引起、诱发、强化犯罪的事物与预防、遏止、惩戒犯罪的事物之间相互对抗、抵消过程中所固有的客观规律。其

---

① 参见［意］加罗法洛：《犯罪学》，156～162页。
② 参见［意］切萨雷·龙勃罗梭：《犯罪人论》，220页。
③ 参见上书，200～204页。

基本理论假设为，犯罪是某某有利于犯罪的因素与某某不利于犯罪的因素共同作用的结果。其实证检验逻辑通常是，如果被模拟的某某有利于犯罪与某某不利于犯罪的若干因素同在时，犯罪的出现概率显著不同于只有被模拟的某某有利于或者不利于犯罪的因素存在时的犯罪出现概率，则可以证实或证伪两个方向上的犯罪因素共同作用对犯罪的影响。其功用在于，使人们对犯罪控制的预期效果抱有客观的认识：犯罪控制可以把犯罪控制在一定范围内，也只能将犯罪控制在一定范围内。

犯罪学中，抵消性犯罪规律研究的经典范例是"社会连接"对犯罪的影响研究。[①] 在该研究中，美国犯罪学家赫希提出了社会连接理论(Social bond theory，又译"社会联系理论"、"社会键理论")。赫希研究的基本问题不是为什么人会犯罪，而是人为什么不犯罪。他用一个概念对此作出回答："社会连接(Social bond)"。他认为，人之所以不犯罪，主要是由于人与传统社会之间的各种连接，阻止人们去实施犯罪，因此，如果这些"连接"薄弱或者断裂，人便可能实施犯罪。问题是，何谓"社会连接"，如何说明这个"连接"的牢固与否和犯罪与否的规律性联系。赫希对"社会连接"这个抽象概念进行操作化处理，将其分解为四个具体含义：依恋、奉献、卷入和信念。使人们明白，所谓社会连接就具体化为这四种形式，或者说，个人与传统社会之间就是通过这四个链条连接在一起的，这四个链条是个人不犯罪的解释，它们的薄弱或断裂是个人之所以犯罪的解释。为了对"连接"与犯罪的关系进行规律分析，赫希又进一步对这四个具体链条进行再分解、再下降。

首先，所谓依恋(attachment)是指个人对他人或所属群体的情感联系。由于这种联系，个体在决定实施某种行为时，会考虑到这种联系。这种联系越牢固，对犯罪的遏制作用就越明显。在此基础上，赫希对"依恋"又再次剖分，将其对应三个更直观的现象：对父母的依恋、对学校的依恋、对同辈朋友的依恋。经过这次下降，"社会连接"的概念得到了更直观的把握。于是，赫希在这个层次上开始对"连接"与犯罪之间关系的描述。他发现，少年与父母之间的依恋越削弱，犯罪的可能性就随之增加；如果这种联系越强，犯罪的可能性

[①] 参见［美］特拉维斯·赫希：《少年犯罪原因探讨》，吴宗宪等译，北京，中国国际广播出版社，1997；吴宗宪：《西方犯罪学史》，706~712页。

就随之下降。对学校的依恋也是一样，赫希发现，学习能力和学习成绩与学生对学校的态度有关：不依恋学校的学生学习成绩就较差，这样的学生也有更大的可能性实施犯罪。这就是对学生学习成绩与对学校的依恋及犯罪概率之间关联的经验观察。关于对同辈朋友的"依恋"，赫希观察到，有4个甚至更多的朋友被警察逮捕过的少年中，有3/4的概率实施犯罪；而没有犯罪朋友的少年中，只有1/4的概率实施犯罪。这样，"依恋"便得到了实际的表征，"依恋"与犯罪之间关系的测量也变得可操作了。

其次，所谓奉献（commitment）就是将时间、精力投入传统活动的努力。这是"社会连接"的另一个重要侧面。赫希认为，如果少年为传统生活方式而花费时间、精力，就不大可能进行与传统价值相悖的活动，因而不太可能陷于犯罪；相反，如果个体拒绝献身于传统活动，则相对更可能犯罪。赫希把"奉献"进一步分解为向成年人身份的转变、接受教育、获得地位更高的职业这三个具体方面。赫希研究的数据表明，如果少年中学毕业后未能立即就业，就使其向成年人身份的转变过程受阻，就有更大的机会实施犯罪。如果接受教育方面具有较高的志向和期望，致力于接受高等教育，实施犯罪的可能性就相对较小；相反，如果缺乏这种志向或期望，就比较可能犯罪。如果在从事职业方面具有较高的志向，对于如果犯罪将付出的较高代价就有明确预见，陷于犯罪的可能性就相对较小。这样，"奉献"的概念也得到了进一步的操作化处理，与犯罪的关系也变得可观测了。

再次，所谓卷入（involvement）就是对传统活动的参与。这是"社会连接"的另一个含义。赫希认为，忙于各种传统事务，就挤占了从事越轨活动的时间、精力，因此，这种"卷入"使个体与犯罪的潜在机会、诱惑相隔离。对此，赫希进一步将"卷入"分解为两类活动：一是传统工作、运动、娱乐和业余爱好。二是与学校有关的传统活动。赫希观察到，大约四分之三的少年时常觉得无所事事。这时，如果他们经常有机会参与上述两类活动，就可以避免因游手好闲而成为罪犯。如果他们常常涉足吸烟、酗酒、约会、汽车兜风等活动，就可能进而实施违法犯罪。这里，赫希又使"卷入"的概念变得更加具体了，为其与犯罪的关系分析提供了条件。

最后，所谓信念（belief）就是对公认价值体系和道德观念的认同。这是个人与社会之间的第四条"连接"。当个人与社会之间的这个连接比较牢固时，就不会倾向于犯罪；相反，如果缺乏这样的信念，这个连

313

接变得松懈或被削弱，就可能涉及犯罪行为。在这个维度上，赫希将"信念"分解为两个具体指标：一个是信念的内化程度。就是说，真正认同了主流价值准则，与只是口头上会使用主流价值准则的某些词句是两回事。真正认同得越多，内化的程度就越高，犯罪的可能性就越小；相反，口头上认同而实际上另行其道者就可能实施犯罪。另一个是对越轨及犯罪行为的合理化程度。赫希认为：有些个体并非真心拒绝主流规范的内容，但对于自己的某些违法犯罪行为，往往习惯于用主流规范加以解释、辩解，使其合理化。这样的个体就比较可能犯罪，而不善此道者相反。

十一、临界性犯罪规律

临界性犯罪规律就是指有利于犯罪的各种影响累积到一定程度时，激活某种犯罪倾向、诱发犯罪的实施或爆发的机会、境遇等因素影响犯罪的过程中所固有的客观规律。其基本理论假定是，在累积性影响大体相同的条件下，是否犯罪，如何犯罪，何时、何地犯罪，主要取决于某种机会性或情境性因素的影响。其实证检验逻辑一般为，如果某个临界性因素的出现与否和某些犯罪的出现与否之间可以被测量到显著的概率差异，便可以认为该临界性因素对于犯罪倾向的最终实现具有某种诱发作用。其主要功用为，通过对临界因素的调整和控制，以较低的社会成本预防、控制可能出现的犯罪。

关于临界性犯罪规律的研究，储槐植教授的犯罪场理论研究堪称典范。犯罪场是储槐植教授提出的一个犯罪学概念，是指"存在于潜在犯罪人体验中，促成犯罪原因实现为犯罪行为的特定背景"[①]。以犯罪场的概念为核心，储槐植教授建构了犯罪场论，这个理论可以归结为以下几个基本要点：

1. 犯罪场是介于各种犯罪因素与犯罪行为之间的中介

各种犯罪因素并不是直接导致犯罪行为的。在具体犯罪行为实施之前，各种可能导致犯罪的因素还会遭遇各种阻碍犯罪因素不良影响的因素，储槐植教授称后者为"免罪系统"，即社会对犯罪的各种预防以及个体自身的道德控制。只有各种犯罪因素闯过"免罪系统"的屏障，才

---

① 储槐植：《犯罪场论》，2页，重庆，重庆出版社，1996。

可能最终出现犯罪行为。[①] 与其说犯罪是犯罪因素作用的结果，不如说犯罪是犯罪因素与"免罪系统"相互冲突的结果：如果冲突的结果是"免罪系统"成功阻挡了犯罪因素的影响，便没有犯罪的发生。只有当"免罪系统"的作用失败，两者的对立失衡时，才可能有犯罪的发生。而两者冲突的结果除了与力量对比有关以外，来自双方之外的某种临界因素也起着重要作用。这种第三因素，就是犯罪场。在犯罪场中，潜在的犯罪人获得了有利于犯罪的信息，强化了犯罪的意念，发动了犯罪决策。从这个意义上说，犯罪场是打破犯罪因素与"免罪系统"之间平衡的中介因素，是"激活"各种可能的、潜在的犯罪因素，使其实现为现实犯罪行为的临界因素。

2. 犯罪场是犯罪因素寻找、筛选特定作用时空、条件、对象的过程

犯罪场的中介作用是在一个结构中实现的，这个结构由两个方面、五个要素构成。所谓两个方面，是指"特定背景"和"潜在犯罪人"。"特定背景"又由时间因素，空间因素、被害人因素、社会控制疏漏这四个具体要素组成，加上"潜在犯罪人"，共五个基本要素。这五个要素的共同特征是其特定性，它们使得犯罪因素与"免罪系统"之间的对抗，在特定的时间、特定的地点，由于特定的社会控制疏漏，通过特定的行为人，针对特定的被害人，最终失去了以往的平衡，表现为犯罪事件的发生。如果说，犯罪因素的客观存在是为什么社会上总会有犯罪现象的主要解释，那么，为什么某时、某地终于发生了某人加害某人的犯罪事件，除了犯罪因素以外，就必须从特定犯罪场的构成本身寻求解释了。

3. 犯罪场是潜在犯罪人与特定时空背景之间的一种相互依存关系

犯罪场之所以可能激活可能的犯罪因素和潜在的犯罪人，是因为犯罪场中潜在的犯罪人与特定时空背景之间的主、客体关系。一方面，特定的时间、空间、侵害对象只对潜在的犯罪人才具有诱发犯罪行为的意义，"犯罪场存在于潜在犯罪人体验中"，就是从这个意义上说的。另一方面，潜在犯罪人只有身处特定时空背景中才可能将潜在的犯罪倾向变为现实的犯罪行为，所以说，"在附近无人时有一手提钱袋的盲人借助竹竿摸索着走向小桥。就这一情景，大多数人对孤立无援者

[①] 参见储槐植：《犯罪场论》，12页。

的险境会产生同情心，从而上前搀扶；而潜在犯罪人则对孤立无援者的钱袋感兴趣，并进而实行抢劫。手提钱袋的盲人这同一客观存在，但是对同一主体被反映的侧重点和形成的结果却不相同……客体不是自在之物，是客观世界中与主体活动有功能联系而被认识的具体对象……犯罪场既不是单纯的客观条件，也不是单纯的潜在犯罪人，而是主体与客体相互依存的关系。从哲学上观察，犯罪场不是实体范畴，而是关系范畴"[①]。

4. 犯罪场是可控性较强的犯罪因素

就像自然界中的场和实物是自然物质存在的两种基本形态一样，犯罪场和造就潜在犯罪人的那些犯罪因素也是犯罪之所以形成的两类基本解释。相比而言，犯罪场比造就潜在犯罪人的各种社会、经济、文化、心理因素要具体、直观得多。首先，犯罪场的构成要素之一是时间因素，时间因素具体表现为季节变化、昼夜更替、节假日、特殊时日，等等。许多犯罪学实证分析结果表明，犯罪的消长、类型往往表现出明显的时间节律性，某个季节，某个时日，往往容易发生某种犯罪。其次，犯罪场的另一个构成要素是空间因素，空间因素又具体表现为地理环境因素、社区因素、特殊空间因素，等等。大量犯罪学实证数据表明，犯罪的数量、种类也表现出明显的空间分布规律性，比如，某某地段容易发生抢劫，某某区域容易聚集危险人群，某某空间死角容易被害，等等。再次，犯罪场的一个重要成分是侵害对象因素。侵害对象可以分为人和物两类，分别构成犯罪被害人和犯罪对象物。一般而言，没有对象，就没有犯罪；有何种对象，才有何种犯罪。所以，犯罪的发动，也离不开犯罪对象的性质。最后，构成犯罪场的重要因素还包括社会控制疏漏。从某种意义上说，社会控制的疏漏可以理解为"免罪系统"的薄弱之处，例如，制度、机制设计上的疏漏，单位内部管理上的失察，重要岗位环节的失控，等等。另外，潜在犯罪人本身也有许多可直接测量到的特征，这些特征包括心理的、社会的、行为的甚至生理的。归结起来看，犯罪场的基本要素主要由经验现象组成，具有较强的直观性和可预测性。又由于从犯罪因素到犯罪行为的最临近因素是犯罪场，所以，如果一时无法有效消除犯罪的深层原因，通过调整犯罪场中主、客体关系的手段进行犯罪场控制，既是便捷可行的犯罪控制，又是比较经济、

[①] 储槐植：《犯罪场论》，13~14页。

有效的犯罪控制。① 通俗地诠释犯罪场控制方略就是，使想犯罪的不敢犯罪，使敢犯罪的不能犯罪。

此外，笔者也曾研究诱发犯罪实施的具体机会与境遇问题。② 把犯罪因素分为积累性的和临界性的两类，实际上是基于一个假定：一方面，任何人最终实施犯罪，都是长期身处各种因素影响的结果，而非一朝一夕的事情。又因为犯罪的各种因素普遍存在于个体社会化的各个阶段和各个层面，所以，人人都有可能犯罪。③ 这意味着，面对犯罪问题，社会反应的最基本方面就应当是概括性预防，即以每个人为潜在对象的犯罪预防，其根本内容就是对积累性犯罪因素的控制。另一方面，任何人最终实施犯罪，又都是一定诱因的偶然结果，而非人人必然犯罪。这又意味着，任何潜在的犯罪人都可能因为临界因素的未出现或不具备而终生不犯罪，所以面对犯罪问题，社会反应的另一个重要方面就应当是临界预防，即以每个深受积累性犯罪因素影响（因而犯罪倾向相对比较明显）的个体为对象的犯罪预防，其根本内容就应当是对临界性犯罪因素的控制。换句话说，在积累性因素的压力和影响下，个体可能形成一定的犯罪倾向，但是，仅仅有犯罪倾向，还不一定真的犯罪，还要看有没有适当的机会与境遇。没有积累性因素或者临界性因素，理论上都没有犯罪的实施，二者缺一不可。④ 既然没有临界性因素，再强烈的犯罪倾向也不可能付诸实施；有了情境性因素，一个表面看上去不会犯罪的人，也可能实施犯罪。这岂不意味着减少了犯罪的临界性因素，也就减少了犯罪？而且，对犯罪控制实践来说，减少、控制犯罪机会，比消除、控

---

① 参见储槐植：《犯罪场论》，185~186页。
② 关于临界因素的表述，犯罪学中说法不一。相关内容的表述起码有"犯罪情境"说［参见吴宗宪：《犯罪情境说》，载肖剑鸣、皮艺军主编：《罪之鉴：世纪之交中国犯罪学基础理论研究》（下），764页］、"犯罪情景"说（参见张远煌：《犯罪学原理》，239页）、"机会与境遇"说（参见白建军：《犯罪学原理》，208页）。
③ 有学者指出，潜在的犯罪人是犯罪学的重要逻辑起点之一。这个逻辑起点意味着，人人都是潜在的犯罪人，都有可能实施犯罪行为，都是犯罪预防的潜在对象，否则，就不是真正的法律面前人人平等。参见皮艺军：《犯罪学研究论要》，11~14页。
④ 这样划分的意义之一，是分别回答为什么社会总会有人犯罪的问题，以及犯罪的个体差异问题即为什么特定个体在特定时间、地点针对特定对象实施犯罪的问题。与此相关，笔者曾经从"因素压力"、"个体内部条件"、"机会与境遇"三个方面讨论相关问题。笔者的结论是，具体个体之所以犯罪或不犯罪，取决于这三个因素，它们决定着个体行为的环境、个体、活动三个维度的因素：环境中的因素压力决定着个体的犯罪倾向，个体内部特质决定着个体间的差异，机会、境遇决定着倾向和差异的实现及怎样实现。参见白建军：《犯罪学原理》，205~210页。

制积累性犯罪因素更加容易操作。于是，犯罪控制的现实选择应当是，在概括性预防的同时，根据临界性因素的作用规律，积极展开临界预防。

关于临界性因素的分类，除了储槐植教授的犯罪场论中的分类以外，学界已有的灼见至少还有：（1）六分法。此说认为，临界性因素由人、物、事件、状态、时间、地点所构成。① （2）三分法。此说认为，临界性因素包括特殊或危险情景（不用刻意寻求的犯罪机会）、惯常或中性情景（有意准备的情景）、混合情景三种情况。② （3）四分法。此说认为，临界性因素可分为激发性形势、促进性形势、中和性形势、妨碍性形势。③ （4）两分法。此说认为，临界性因素由两类因素构成：一类是诱发犯罪动机形成的发动性因素，称为原发性情景；另一类是使犯罪意图转化为犯罪行为的中介性情景，称为过渡性情景。④ 此外，笔者还曾把临界性因素分为：（1）固有的机遇与自己创造的机遇。（2）来自被害人的机遇与来自加害人的机遇。（3）社会性机遇与自然性机遇。（4）可预见的机遇与不可预见的机遇。（5）正常的机遇与异常的机遇。（6）持续性的机遇与瞬间性的机遇。（7）时间机遇与空间机遇。（8）行为前的机遇与行为时的机遇。⑤ 对犯罪行为而言，临界性因素具有几个功能：第一，促使犯罪行为发动。第二，影响犯罪手段、方法的选择。第三，对犯罪行为的实施构成阻力。⑥ 因此，研究犯罪的临界性因素很有意义。

十二、犯罪得逞规律

犯罪得逞⑦规律就是指对于犯罪分子通过犯罪的实施能否达到预期

---

① 参见吴宗宪：《犯罪情境说》，载肖剑鸣、皮艺军主编：《罪之鉴：世纪之交中国犯罪学基础理论研究》（下），764页。
② 参见［法］坎贝戈：《犯罪学的基本问题》，156页，巴黎，巴黎大学出版社，1988。转引自张远煌：《犯罪学原理》，249页。
③ 参见［苏］B.K.茨维尔布利等：《犯罪学》，105页，北京，群众出版社，1986。转引自上书，249页。
④ 参见上书，249～256页。
⑤ 参见白建军：《犯罪学原理》，208～210页。
⑥ 参见吴宗宪：《犯罪情境说》，载肖剑鸣、皮艺军主编：《罪之鉴：世纪之交中国犯罪学基础理论研究》（下），766～767页。
⑦ 得逞不同于既遂：对行为犯来说，既遂也许未得逞。得逞也不同于最终未被追究刑事责任：一个犯罪行为实施完了以后，也许真的得逞了，但是，过了一段时间后，案犯还是被缉拿归案。可见，这里所说的得逞，就是犯罪行为实施完了之时，达到了预期犯罪目的。得逞率就是得逞的案件相对所有实施的案件之比率。

犯罪目的起作用的各种客观规律。其基本理论假设为，犯罪得逞机会的大小可以由某某因素的影响得到解释。其实证检验逻辑通常是，当某某因素出现或不出现时，某某犯罪得逞的机会便较大或较小。其功用在于，对某些犯罪的实际危害性程度进行预测和评估，使犯罪预防提高其针对性和有效性程度。得逞率是说明被害人遭受被害损失的一个变量，得逞率越高，说明犯罪人达到其犯罪目的的机会越大，进而说明被害人实际遭受损失的可能性就越大。

笔者曾经做过的金融犯罪得逞率研究就是一例。[①] 该研究的结果之一是，被害金融机构自身的过错、漏洞等因素形成的所谓被害死角的有无，在很大程度上影响着金融犯罪本身的得逞率的高低。所谓金融机构的被害死角就是金融机构的自我保护未曾覆盖，并被诈骗者利用的岗位、制度、工具、业务等因素。被害死角可能是导致高得逞率的重要因素，被害死角越多，得逞率就会越高，因而金融机构的被害损失也会相应地越大。表7—5中的数据为这个假定提供了证据：

表7—5　　　　　　　被害死角对得逞率的影响[a]

			被害死角 无	被害死角 有	合计
得逞率	得逞	频次	6	62	68
		行百分比	8.8	91.2	100.0
		列百分比	18.8	91.2	68.0
	未得逞	频次	26	6	32
		行百分比	81.3	18.8	100.0
		列百分比	81.3	8.8	32.0
合计		频次	32	68	100
		行百分比	32.0	68.0	100.0
		列百分比	100.0	100.0	100.0

a. $p < 0.005$。

表7—5中列百分比的比较说明，案件中有无被害死角这个因素的影响，其后果明显不同：无被害死角的案件，其得逞率很低，仅为18.8%。而有被害死角影响的诈骗，其得逞的可能性高达91.2%，被害死角对诈骗的得逞有很大的影响。显然，被害死角的确是诈骗得逞的重要原因。另外，行百分比的比较说明，在得逞的案件内部，有

---

① 参见白建军主编：《金融犯罪研究》，"金融诈骗百案研究"。

91.2%的属于有被害死角的案件，说明案件中的被害死角不仅使犯罪得逞的机会增大，而且的确可以解释大部分得逞的情况。

十三、犯罪效应规律

犯罪效应是指犯罪所引起的效果和反应。犯罪效应规律就是指犯罪引起社会效果和反应过程中所存在的客观规律。其基本理论假设为，某某因素的存在与否对犯罪效应的规模、性质、形式和持续时间构成实际影响。其实证检验逻辑为，某某因素与犯罪效应在出现时间、频率、规模等方面呈现出统计学意义上的高度关联性，便可以认为该因素对犯罪效应可能具有一定影响。其基本功用在于，如果无法消除或者预防犯罪的话，社会至少可以通过调整有关因素实现对犯罪效应的实际控制，因为在犯罪规律中，犯罪不仅是因变量，还可以是自变量。就是说，各种因素如何导致犯罪的过程有规律可循，犯罪又对周围世界如何产生影响也有规律可循。这两个意义上的犯罪规律研究同样重要。然而，在一些犯罪学论著中，犯罪效应问题只是零散分布在犯罪现象的本质、犯罪统计、犯罪状况等各个部分的研讨中，缺乏系统研究。归纳起来，对犯罪效应的观察，可以从以下几个角度进行：

1. 负面效应与正面效应

犯罪的负面效应显而易见，通常所说犯罪的社会危害性就是犯罪负面效应的最主要体现。在这方面，犯罪造成人身、财产的损失，社会秩序的混乱，社会管理成本的提高，等等，都是指示其负面效应的主要指标。然而，犯罪还有其正面效应，似乎不是很容易理解。正面还是负面、积极还是消极，都是从社会的角度而言的：犯罪的负面效应是对社会的危害，正面效应则是对社会的积极意义或作用。在此基础上，所谓犯罪的正面效应，又称积极功能，是指犯罪有利于社会控制和社会秩序的积极效应。法国学者迪尔凯姆认为，社会需要犯罪，犯罪对社会具有益处，主要表现在推动法律发展，促进社会进步，加强社会团结，明确道德界限，降低社会紧张。① 储槐植教授认为，犯罪有两个促进功能：一是排污功能，二是激励功能。他认为，承认犯罪的促进功能是以宏观上犯罪的不可避免性为前提的，在这个意义上看犯罪，就应当看到善恶

---

① 参见［法］迪尔凯姆：《社会学方法的准则》，82~92页；吴宗宪：《西方犯罪学史》，159~160页。

之间的斗争推动着社会历史的发展。[1] 因此，没有善就无所谓恶，没有恶也无所谓善。承认犯罪既有负面效应又有正面效应的意义在于，既然犯罪不可避免，既然犯罪与社会控制之间的相对运动不可避免，那么，对社会来说，更重要的并不是消灭犯罪，而是能否成功控制社会与犯罪之间的互动过程。

2. 对社会的效应与对罪犯的效应

不论是正面效应还是负面效应，都是对社会而言的效应。与此相对，就是犯罪对罪犯自身的效应。在这方面，人们研究较多的是犯罪效益，即犯罪收入与犯罪支出之间的比率关系。研究犯罪效益，一方面能帮助人们理解犯罪决策过程到底受哪些因素的影响，另一方面还有助于科学的犯罪控制实践。于是有学者提出了犯罪效益模型：

$$S=ZNT/P+V。$$

其中，Z为犯罪的组织形态，N为犯罪能力，T为犯罪的物质条件，P为社会控制能力，V为侵害对象状况。按照这个模型，犯罪效益S与犯罪组织程度、犯罪能力的强弱、犯罪所具备的物质条件这三个因素之间呈正相关——犯罪组织程度越高则犯罪效益越高，犯罪能力越强则犯罪效益越高，犯罪所具备的物质条件越好则犯罪效益越高；犯罪效益与社会控制能力的强弱呈负相关——社会控制能力越强则犯罪效益越低；犯罪效益的高低还与侵害对象状况具有密切联系。[2] 应当说明，正如犯罪对社会而言既有负面效应又有正面效应一样，犯罪对罪犯其实也是既有积极效益的一面，也有消极效应的一面。就是说，犯罪并不都给罪犯带来益处，罪犯不都是为了追求某种好处才犯罪的。除了实际受到刑罚之苦以外，犯罪同样可能给罪犯带来消极、被动、痛苦等各种体验。然而，犯罪对罪犯的这层效应往往被人忽视，被研究不多。认为犯罪只给罪犯带来快乐，这很可能只是一种想象而非事实。因此，加强这方面研究，同样可能为提高犯罪成本、降低犯罪可能性发现一些途径。

3. 有形效应与无形效应

从犯罪效应的性状来看，还可以将其分为有形的效应和无形的效应两类。有形的犯罪效应主要包括犯罪对人和物的有形伤害、损害以及对

---

[1] 参见储槐植：《刑事一体化与关系刑法论》，93~94页。
[2] 参见周良沱：《犯罪效益》，载肖剑鸣、皮艺军主编：《罪之鉴：世纪之交中国犯罪学基础理论研究》（上），286页。

罪犯自身的经济收益等。无形的犯罪效应主要指犯罪引起的各种精神效应和间接效应，包括公众对犯罪的恐惧，犯罪给被害人心理造成的创伤，犯罪给被害人的名誉、信誉、形象造成的损害，犯罪使一些场所、活动的安全性受到质疑，犯罪使政府等各类社会控制主体的能力受到怀疑，前一次犯罪行为使犯罪倾向得到了进一步的强化，某种犯罪手段类型导致的他人效仿，为了掩盖某次犯罪而实施又一次犯罪的意念等。犯罪的有形效应是测量、评价、预测犯罪的重要方面，对此，基本不存在认识上的重大分歧。然而，比较容易被忽视的，是犯罪的无形效应。尤其是在犯罪轻重的测量评价上，这种倾向更为明显。的确，犯罪数额、被害人数量、被害财产数量这些指标是显示罪量的主要指标。但是，犯罪与社会之间的关系，不能仅仅简化为经济关系或者报应关系，因为所谓犯罪的社会危害性，应当是个相对的概念，也就是说，如果没有犯罪的对立面，没有人们对犯罪的感受，就无所谓犯罪。所谓犯罪效应，也正是以犯罪的这种相对性为前提的。既然犯罪的效应离不开侵害对象和社会的主观感受，那么，犯罪效应显然不能仅仅用有形的损失来计算，还应将犯罪所引起的各种精神现象和间接效果考虑在内。

4. 罪量的轻重效应

罪量的大小与其说取决于犯罪本身，不如说取决于犯罪侵害对象认为某种犯罪的罪量有多大。一般说来，人们对人身犯罪的感受和反应最为强烈，对财产犯罪的感受次之，对其他无形权益犯罪的感受更次之，因此，在这个维度上，人身犯罪的罪量最大，财产犯罪次之，其他无形权益犯罪更次之。研究罪量轻重效应的最直接意义在于惩罚力度的配置——罪量的效应越重，与其相适应，惩罚的力度就应当越大；罪量的效应越轻，与其相对，惩罚的力度显然应随之越小。不仅如此，对罪量轻重效应的认识，还关系到对犯罪本质属性的准确把握，因为如果罪量轻重意味着侵害对象感受、反应的轻重，那么，对犯罪轻重的调控，就不应当仅仅是打击、惩治犯罪的问题了，还应当包括调整侵害对象自身对犯罪的感受和反应的内容。当社会、潜在的被害人和实际的被害人认为某某犯罪比较重或者比较轻、趋于严重或者减轻、不可容忍或者已经消失时，某某犯罪就随之变得比较重或者比较轻、趋于严重或者减轻，甚至变得不可容忍或者消失了。

5. 关注效应与规模效应

从其显著程度来看，还有两个因素影响着犯罪效应的大小：一是犯罪在多大程度上为世人所关注，二是犯罪的实际规模到底有多大。前者可以称为犯罪的关注效应，后者便是犯罪的规模效应。有些犯罪事件尽管实际规模并不大，但一经发现，便很快传播开来，迅速引起强烈反响。这就是关注效应较大的犯罪。而有些犯罪案件本身并不引人关注，只有当它们的实际规模膨胀到一定程度时，才对社会具有显著影响。这时的犯罪效应就是一种规模效应。哪些犯罪对社会构成影响主要凭借其关注效应，哪些犯罪的影响主要体现在规模效应，起码与两个因素有关：其一，犯罪本身的行为方式——越是多发常见犯罪，其关注效应越低，实际规模当然也越大；越是极端形式或新形式的犯罪，其关注效应就越大，同时其实际规模也相应越小。其二，社会以及公众主观上的能动性——人们认为受到犯罪侵害的价值越重要，犯罪被赋予的意义便越恶劣，其关注效应就越大，但实际规模并不一定随之变大；人们认为受到犯罪侵害的价值越轻微，犯罪越是具有可理解的性质，其关注效应就越小，但实际规模可能很大。这样区分犯罪效应的意义是：第一，备受关注的犯罪，并不一定是实际规模最大、危害最大的犯罪，而规模和实际危害都很大的犯罪却不一定受到人们的普遍关注。第二，人们关注或不关注某种犯罪，在很大程度上反映了人们希望表达自己某种价值倾向的愿望，尽管这种表达离不开一定犯罪事件作为载体。第三，道德界碑或规范的教化，可以在一定程度上利用犯罪的关注效应，而预防、控制犯罪的各种资源配置和权力安排，应当主要建立在对犯罪规模效应的准确估算基础之上。

6. 连锁效应与反馈效应

根据犯罪效应的作用方向不同，可以将其分为连锁效应和反馈效应两种。所谓犯罪的连锁效应就是某些类型的犯罪、事件、行为引发了另一些类型的犯罪、事件、行为的现象。连锁效应包括法律上的连锁效应、事实上的连锁效应和生态上的连锁效应，等等。伪造假币与买卖假币之间，伪造票据与票据诈骗之间，都属于法律上的连锁关系。为了掩盖某个犯罪而实施另一个犯罪，或者罪犯之间的争斗报复，或者某种新颖的犯罪方法、手段被人们模仿，这些都是犯罪之间事实上的连锁关系。而黑社会组织为了从事各种犯罪活动而与政府工作人员之间的贿赂交易、银行工作人员的职务犯罪与银行外部诈骗分子的诈骗行为、上市公司欺诈投资者的犯罪行为与中介机构工作人员出具虚假财会证明文件的行为，等等，这些犯罪之间互动互联的寄生关系，其实就是一种生态上的连锁效应。不同连锁效应的共同之处在于，它们都是犯罪本身的扩张、发展。

与此相对，犯罪的反馈效应是指犯罪被害人、社会公众、社会控制主体针对犯罪所作出的各种反应。反馈效应可以分为否定性反应和肯定性反应。比如，法律的禁止、对罪犯的惩罚、被害人的反抗，等等，都是否定性反应。而法律上将某种犯罪行为非犯罪化，公众舆论对某起犯罪的行为人的同情，犯罪后由于明显的法律漏洞或者司法漏洞而使罪犯成功逃避惩罚，被害人及证人拒绝与司法机关合作，犯罪后亲友、同伙的赞许或默认，大众传媒中对犯罪文化的宣扬，行为人对自己犯罪行为的合理化解释，等等，都是对犯罪的肯定性反应。换个角度，反馈效应还可以分为强化性反应和弱化性反应。比如，立法上合理的罪刑配置，公正、及时、准确的刑事司法，社会公众舆论的谴责，被害人的不幸遭遇等，都可以引起弱化犯罪的效应。与此不同，强度过大或者过小的社会控制、不公正的刑事司法、愚蠢的舆论炒作、不断的犯罪得逞、巨大的犯罪刺激等，都可以产生强化犯罪的效应。这样区分犯罪的反馈效应就意味着，对犯罪的否定性反应不一定等于弱化性反应，否定性反应也可能起到强化犯罪的效果。

此外，在犯罪效应规律的研究中，公共安全感研究是一个重要领域。从某种意义上说，控制犯罪与其说是控制犯罪行为本身，倒不如说是控制人们对犯罪的感受、恐惧、担忧。于是，对公众安全感的测量、分析、对策，便成为犯罪学研究的重要课题。所谓公众安全感就是社会公众对自己的人身安全、财产安全、环境安全状况和水平的综合心理评价。一个社会中，公众安全感的高低既是公民生存质量的重要指标，又是社会控制水平的直接反映。通常认为，公众安全感的绝对水平与相对变化和许多因素有关。有学者将公众安全感的相关因素归结为五个方面：第一，社会背景因素。国富民强、政治稳定、民族团结，公众安全感水平就较高；相反，社会动荡、经济衰退，公众安全感就会降低。第二，违法犯罪的数量、规模、种类及犯罪控制保障。显然，犯罪越多，范围越广，手段越凶残，司法力量越薄弱，公众安全感就相应越差；犯罪越少，轻微犯罪比重越大，司法保障越坚实，公众安全感就越好。第三，公众自身的心理素质。第四，公众自我防范能力。第五，公民活动的时空范围和行为方式。[①] 据一项权威调查报告称，在各类人们最担心的社会治安问题中，占首位的就是违法犯罪，占 35.4%；其次是火灾，

---

① 参见康树华等主编：《犯罪学大辞书》，7～8 页。

占19.6%；再次是秩序混乱和交通肇事，各占19.3%。[①]

值得注意的是，在犯罪与公众安全感降低这两者之间，似乎存在着某种有趣的关系：如果刑事犯罪是导致公众安全感降低或者丧失的原因，那么，由此推出的两个判断应当是真实的：其一，既然犯罪降低公众安全感，那么，犯罪率越高，公众安全感就应当越低，两者之间应当存在负相关关系。其二，既然犯罪降低公众安全感，那么，具有犯罪被害史的人就应当比没有犯罪被害史的人具有较低的安全感。然而，调查数据显示，这两个判断中只有一个可以被证实，另一个无法证实。研究人员不无遗憾地报告说："从理论上说，发案率特别是重大刑事案件发案率以及敢否单独走夜路与安全感平均值应当有一定的相关关系，但我们对全国15个省市和57个地区（地级市）的统计数据进行计算后发现它们之间似乎无规律可循。"[②] 就是说，公众安全感的降低并没有直接伴随着发案率的变化而变化。这个数据显然无法支持刑事犯罪导致公众安全感降低的结论。另一个数据显示（参见表7—6），是否具有犯罪被害史，安全感的高低显著不同。

表7—6　　　　　不同被害史对象主要反应评价对比[③]

项目	总体评价平均值		敢否单独走夜路		自身安全感受	
	安全感	社会治安	敢走（%）	不敢（%）	安全（%）	不安全（%）
有被害史者	0.356	0.408	46.6	53.4	16.2	58.6
无被害史者	0.497	0.505	51.5	48.5	34.1	34.5

按照表7—6中的数据，有被害史的人安全感就比较低，没有被害史的人安全感就相对较高，说明是否存在犯罪与是否降低安全感之间的确存在明显关系。可以看出，这两个证明之间存在明显的矛盾。问题是：这个矛盾能否动摇犯罪与安全感降低之间的关联？首先回顾犯罪效应及公众安全感的含义，其中并没有明确限定，犯罪效应一定意味着犯罪直接导致公众安全感的降低，并没有排除犯罪还可以通过各种间接途

[①] 该数据来自1988年12月公安部公共安全研究所"公众安全感指标研究与评价"课题组在京、津、沪等15个省市区进行的"公众安全感"抽样调查。该项调查发放问卷15 000份，实际收回14 882份，回收率达98.8%，其中有效问卷12 652份，达84.3%。参见王智民：《中国公众安全感现状调查及分析》，载李楯编：《法律社会学》，547～558页，北京，中国政法大学出版社，1999。
[②] 王智民：《中国公众安全感现状调查及分析》，载李楯编：《法律社会学》，558页。
[③] 参见王智民：《中国公众安全感现状调查及分析》，载李楯编：《法律社会学》，556页。

径导致公众安全感的降低。换句话说，犯罪的数量、规模的变化没有直接引起公众安全感的变化，并不意味着犯罪本身与公众安全感降低之间没有关系。而且，有被害史的人的安全感比没有被害史的人的安全感更低，也不等于说没有被害史的人的安全感与别人的被害经历无关。这就引出一种可能性：犯罪效应与公众安全感之间的关系，既可能表现为公众对犯罪信息的直接感受，也可能表现为间接感受。就是说，当以公众安全感作为解释目标时，犯罪效应既包括规模效应，又包括关注效应。作为被害人因直接感受到犯罪而降低其安全感，这是犯罪的规模效应的基本过程；而作为受众或者被害人亲友因间接知悉犯罪信息而降低其安全感，这是犯罪的关注效应的基本过程。[①] 如果这个差异的确存在的话，那么，公众安全感控制的途径就不能简单理解为打击、减少犯罪，还应当包括对各种大众媒体、人际关系中犯罪信息传播过程的控制。这个结论与国内外一些学者的理论是相吻合的，这种理论认为，公安、政法机关在打击犯罪、遏制发案率以加强公众安全感的同时，还应该，而且也可以通过宣传媒介的影响增加公众安全感。如果媒体关于犯罪信息的宣传超出了客观真实，过分渲染犯罪的恐怖，造成人人自危，则是不适当的。[②]

小　结

本章首先介绍了犯罪学中对犯罪规律的两种理解：因果中心说和概率中心说。按照因果中心说，犯罪规律即犯罪原因，因此，犯罪原因研究也即犯罪规律研究。沿着这条学术线索所展开的犯罪规律研究，通常描述的是犯罪原因与犯罪之间的确定性、必然性联系，表现为公理演绎型研究，具有抽象性、思辨性、拟似性的理性化特征。分析认为，如果

---

① 还有一项实证调查数据可以支持关注效应的说法。根据这项研究，在北京、上海、武汉、广州、南通、保定几个城市中，真正因亲身遭受犯罪而感觉不安全的被调查者，在整个被调查者中只占 18.9%，其余绝大多数感觉不安全者感受犯罪信息都来自间接途径，其中包括从流动人口多推论出的不安全原因，还有从他人被害经历感受到的不安全原因，还有从影视、报刊中的宣传感受到的不安全信息。参见袁岳：《城市公共安全感调查》，载李楯编：《法律社会学》，562 页。
② 参见王智民：《中国公众安全感现状调查及分析》，载李楯编：《法律社会学》，556 页。

无须经验归纳、实证检验、试错性验证、操作化处理,一种学说便可以被奉为无可怀疑的指导原则并付诸实施,意味着惩罚资源分配过程的危险性,因为未经实证检验的犯罪解释学说是不可靠的学说。与因果中心说相对,概率中心说认为犯罪规律即犯罪概率,因此,犯罪概率研究也即犯罪规律研究。沿着这条学术线索所展开的犯罪规律研究,通常表现为犯罪出现机会的分析、犯罪属性特征的归纳、犯罪相关性的观察。分析认为,概率中心论没有在经验观察所获得的感性认识的基础上,进一步把握其现象联系背后的本质联系,而现象联系背后的这种本质联系,也是犯罪规律的应有之义,不应被排除在犯罪规律及研究的范畴之外。

在比较两说的基础上,笔者将犯罪规律理解为经实证检验证实的犯罪现实中普遍的本质联系。犯罪的出现、运动、改变和消失,都要受制于这些本质联系的作用。人们可以利用犯罪规律为自己服务,但不可制造、消灭、改变犯罪规律,更不能杜撰犯罪规律。犯罪规律本身是客观的,但其形式又是主观的,即人们头脑中关于犯罪规律的系统理论。犯罪规律的解释论并非经验描述本身,但同时又是经实证检验的系统理论,而非空洞无物的臆想片段。没有理论的实证数据就像没有放盐的菜肴,再丰富、再好看,也没有味道;没有实证检验和实际数据的理论就像是方向或制动随时会失灵的汽车,可以跑得很快,但不可靠;而没有体系或思维框架的理论或数据,都只是"被放大 1 000 倍的美女脸上的一个汗毛孔",虽然真实、可靠,但一点儿也不好看,是一种过于真实的失真。当然,目前更为突出的问题是马路上跑的不可靠的"汽车"太多,而标准的实证分析凤毛麟角。于是,笔者详细讨论了如何发现、证实犯罪规律的实证分析方法以及 13 种具体犯罪规律及其利用。

前述犯罪规律的类型学分析,为具体犯罪学理论的比较和解读提供了某种可供参照的分析框架。比如,如果将人们熟悉的龙布罗梭天生犯罪人论放入犯罪规律的分析框架,便会从中发现一些新的属性和意义。首先,天生犯罪人论是一种原生性和差异性犯罪规律理论,基本上没有探讨社会反应对犯罪会有何反作用,这种反作用可能导致犯罪的哪些变化。其次,天生犯罪人论是将犯罪问题还原到人类学的知识体系中进行观察和分析的,因而是人类学理论方法在犯罪学研究中的一种演绎。再次,按照天生犯罪人论,具有天生犯罪倾向的个体本身就是一种犯罪倾向或犯罪可能性的积累,至于犯罪时的决策过程、犯罪过程中加害—被害之间的互动过程,在这种理论中似乎都不重要。又次,构成犯罪人类学因素的,有遗传、性别、年龄、种族、颅相、文化等多种因素的共同影响，因此，龙布罗梭学说又是一种结构性犯罪理论。另外，在犯罪的存在方式问题上，天生犯罪人论主要是将犯罪作为认识对象看待的，而没有将犯罪行为放在某个相对位置上进行评价性研究，因而，应将其归结为认识论研究，而非价值论研究。最后，从质和量的关系角度看，天生犯罪人论大量运用定量分析的手段，使人从许多侧面看到了犯罪的量的规定性，希望从量化分析中归纳出犯罪现象的某些一般性规律来。对犯罪学理论进行这种分析，不仅有助于丰富其认识，还使得不同理论之间的比较研究以及发现具体理论的待完善之处，有了一个参照框架。

从这一章的分析中也可以导出一个理念：既然犯罪要受制于犯罪规律，那么，针对犯罪的社会控制实践就绝不可能允许过多的理想化、简单化、不切实际的主观武断，哪怕这种武断源自于多么美好的善良愿望、应然的价值准则或者所谓的原理、公理。就是说，犯罪规律规定着社会控制的目标、范围、效果，社会控制实践必须遵循、服从、接近、符合犯罪的客观规律。从这个意义上说，任何针对犯罪的社会控制都是有限的社会控制。具体来说，针对犯罪的社会控制实践必须服从三个方面的规定：

第一，社会控制必须建立在理性、科学的犯罪解释论基础之上。在理论上都说不通的犯罪控制或者缺乏理论深度的犯罪控制，不论是刑事政策、刑事立法、刑事司法，还是其他非法律方面的社会控制，都是非理性的恣意妄为。这里所谓科学的犯罪解释论，首先是指犯罪与周围现象之间直接或间接因果联系的科学抽象。仅仅相信经验观察、感性认识和个别实践的犯罪控制实践，与人治、擅断之间，只有一步之遥。

第二，社会控制最终是否认同一个犯罪解释理论，并决定接受该理论的指导，应当取决于该理论是否经过标准化实证研究过程的检验。未经实证检验的所谓理论，也许来自对某些个别事件的观察，但这种小样本观察能否直接推论到更大范围内的其他对象，仍是个未知数。所以，只有其真理性得到证实的犯罪规律学说，才可以投入较大规模犯罪控制实践中加以运用。而且，未经证实的理论，就和未经庭审且无证据证明的指控一样危险，因为：刑事立法、司法以及其他针对犯罪的社会反应都是以惩戒资源的不断重新分配为基本特征的社会反应。一旦出现错误指导犯罪控制的情况，对无辜的被惩戒者而言是灾难性的法律遭遇，对社会而言起码也意味着惩戒资源的滥用或浪费。

第三，社会控制必须受制于犯罪现实中固有的普遍联系，努力追求社会反应的系统性和协调性。生活世界之所以值得尊重、服从与追随，首先是因为它自身固有的和谐与统一。所以，某一个片段上、个案中、具体罪刑关系里似乎合理的犯罪控制，并不等于在整体上实现了合理的社会反应。自相矛盾、顾此失彼或者轻重失衡的社会控制，既有悖于犯罪规律的客观性，又不符合犯罪规律的系统性。当然，协调性、系统性，是犯罪规律对犯罪控制的最高要求，因而协调性、系统性的实现，也是犯罪控制的最高境界。

中篇回顾：

关系犯罪观与控制社会控制

犯罪关系研究是犯罪学的本体部分。在中篇里，将犯罪关系分解为四个方面的具体关系，即犯罪与秩序的关系、犯罪与被害的关系、犯罪与惩罚权的关系、犯罪与环境的关系，在这四对关系中，犯罪问题才能得到大体上比较全面、深刻的把握。

在犯罪与秩序的关系中，主要分析了犯罪特性的概念。所谓犯罪特性，也就是通常所谓的犯罪性，是指犯罪行为或者其行为倾向之所以受到社会谴责或拒斥的特别的内在根据。按照本能直觉主义，犯罪性的核心在于对伦理秩序的破坏，犯罪意味着伦理意义上的恶行。而按照环境经验主义，犯罪性的核心在于其对社会秩序的违反，犯罪意味着社会秩序意义上的有害行为。这一章最重要的发现和推论是，所谓纯粹的犯罪，即在任何层面都具有绝对犯罪性的犯罪，并不多见，犯罪并不是某一类人特有的行为方式，社会各个阶层都有各自特有的违法犯罪模式。所以，社会控制是所有人针对所有人的控制，每个人都应当是社会控制的主体，社会控制不应成为某些社会成员的专利。

在犯罪与被害的关系中，主要分析了犯罪形态的概念。所谓犯罪形态就是犯罪学理论的分析单位、刑事法律的评价对象以及犯罪性的客观载体的总称，或者说是犯罪相对于科学研究、控制实践以及评价规范而言的存在方式。罪行中心主义认为犯罪行为是基本的犯罪形态，而罪人中心主义认为犯罪人才是基本的犯罪形态。笔者认为，犯罪互动是同时包容了罪行与罪人且更接近犯罪实际的犯罪学范畴，犯罪学的研究焦点应当实现从犯罪中心（罪行中心及罪人中心）向犯罪互动中心的转移。最原始的犯罪互动在较大程度上是集体加害与集体被害之间的互动，因而更容易表现出概括的、象征性的攻击性。随着社会的进步，集体之间的战争已经不再是犯罪互动的基本属性。这个变化首先发端于社会关系的多元化，人们之间不再简单划分为不同集体的人，犯罪逐渐被视为个人之间的冲突。因此，国家应当逐渐从冲突关系中游离出来，对犯罪的惩罚越来越多地表现出中立的立场。

在犯罪与国家惩罚权的关系中，主要分析了犯罪定义的概念。犯罪定义是指一套符号体系和规范准则，这套符号和规范被用来指称那些需要被冠名为犯罪的行为，并赋予这些行为以犯罪的意义和属性，从而彰显一定的主流价值取向，因而又是记录犯罪化过程的符号体系和规范准则。对此，主体本位的犯罪定义观认为，犯罪定义中的决定性因素是定义者，即定义的主体，主体性是犯罪定义的核心属性。这是能动论、多元论以及冲突论的合乎逻辑的必然结果。而客体本位的犯罪定义观认为，犯罪定义中的决定性因素是被定义的行为、现象本身，客体性是犯罪定义的核心属性。客体本位的犯罪定义观的理论基础是摹状论、一元论和自然论。如果坚持客体本位的犯罪定义观，犯罪就是自在的、独立于定义主体而存在的事物，犯罪定义主体只能发现犯罪，而不能发明犯罪。如果坚持主体本位的犯罪定义观，犯罪则是被按照一定需要和标准塑造出来的事物。笔者认为，主体性的确是在何种行为应当被犯罪化的过程中表现最为活跃的因素，这就使得犯罪定义有可能成为犯罪定义主体滥用规范优势的工具。然而，犯罪定义实际上是主、客体之间的一个中介物，因此，只有在主、客体之间的互动中调整自己，既服从来自主体方面的规定，又接受来自客体方面的制约，犯罪定义才能避免主体性的恣意放大。犯罪定义并不当然是关于犯罪的指称，因此，控制犯罪，必须在不断的试错过程和实证分析中自觉对犯罪定义过程进行科学控制。

在犯罪与环境的关系中，着重分析了犯罪规律的概念。对此，犯罪学中有因果中心说和概率中心说两种理解。在比较两说的基础上，笔者将犯罪规律理解为经实证检验证实的犯罪现实中普遍的本质联系，犯罪的出现、运动、改变和消失，都要受制于这些本质联系的作用。人们可以利用犯罪规律为自己服务，但不可制造、消灭、改变犯罪规律，更不能杜撰犯罪规律。犯罪规律本身是客观的，但其形式又是主观的，即人们头脑中关于犯罪规律的系统理论。犯罪规律的解释论并非经验描述本身，但同时又是经实证检验的系统理论，而非空洞无物的臆想片段。为此，笔者详细讨论了如何发现、证实犯罪规律的实证分析方法，以及13种具体犯罪规律及其利用。从这一章的分析中可以导出一个理念：既然犯罪要受制于犯罪规律，那么，社会控制实践必须遵循、服从、接近、符合犯罪的客观规律,任何针对犯罪的社会控制都只能是有限的社会控制。

在这四个部分中,不论是犯罪与秩序的关系、犯罪与被害的关系、犯罪与权力的关系还是犯罪与环境的关系,其共性都是关系,所以,犯罪关系是最高层次的犯罪学范畴,对犯罪关系的研究构成了犯罪学的理论本体。作为这个理论本体的展开,这四个犯罪学核心范畴之间的逻辑关系是:犯罪特性是犯罪形态的实质内容,有什么样的悖德性或危险性,就有什么样的罪行、罪人或犯罪互动。而犯罪形态是犯罪特性的表现形式,一定的犯罪特性可以通过不同的罪行、罪人或加害—被害关系表现出来。所以,犯罪特性和犯罪形态共同构成了犯罪存在本身。进一步看,作为形式与内容的统一,犯罪存在又同时作为犯罪化的客体和犯罪规律研究的认识对象存在着。从这个意义上说,犯罪关系实际上是犯罪与社会之间的一种主、客体关系,其中,客体就是由犯罪特性和犯罪形态共同构成的所谓犯罪存在,主体就是针对犯罪存在而从事犯罪化活动与犯罪规律研究的实践者和认识者。所以,犯罪关系又是主、客体之间认识与被认识、反映与被反映、评价与被评价、实践与被实践、塑造与被塑造的互动关系,在这个互动关系中,一方面,主体针对犯罪存在的犯罪化实践活动必然对犯罪存在本身构成一定影响;另一方面,犯罪存在的变化又反过来反映在主体的头脑中。所以说,犯罪关系是个动态的结构,其中主、客体之间实践关系和认识关系的不断循环往复,构成了完整的犯罪关系。犯罪关系是犯罪问题的客观逻辑,或者反过来说,犯罪问题的客观逻辑的犯罪学表达,就是犯罪关系。可见,犯罪从来都不是一种孤立的存在,即使作为认识对象,犯罪身上也含有认识者的痕迹。因为认识者同时又是定义者、实践者,其定义过程和实践过程或多或少都会塑造、改变着犯罪。当犯罪被这样理解和把握时,其本质就不是一个"恶"字可以概括得了的。犯罪是一种客观、自然的、为我们能动的定义活动所塑造出来的恶害。从这个意义上说,一个社会、一个文明、一种文化,对待犯罪问题的基本态度在一定意义上也就是对待自己的基本态度。关于犯罪关系的上述概括,是继储槐植教授提出关系犯罪观之后,对犯罪关系问题即犯罪学本体研究的一种理论推进,使关系犯罪观的理论得到了进一步的丰富、深化和发展。

一个忠实反映犯罪问题客观实际的理论体系,应该同时表现出强大的理论张力,否则,人们还是无法借助这个体系认识到犯罪问题的深刻本质。对上述每个关系的分析,最终都引导我们来到社会控制的某个层面。社会控制就寓于犯罪关系的主、客体结构中（这里的社会控制，当然是指针对犯罪的社会控制，而非广义上的整个社会生活的社会控制），社会控制是犯罪关系的必然逻辑结果。进一步看，当把这些层面的社会控制归纳起来便发现，由犯罪关系结构推导出来的社会控制，应当是科学反映犯罪关系即得到理性控制的社会控制，控制社会控制的客观基础就源自于犯罪关系本身的客观要求。换句话说，犯罪关系的控制，就是社会控制的控制；社会控制的控制，也就是犯罪关系的控制。在2002年第2期的《中外法学》上，笔者曾经撰文提出"控制社会控制"的说法，但在当时，这个结论并不是从犯罪关系推导出来的，而主要是基于互动论的原理而引申出来的。按照互动论，社会控制并不是当然地遏制犯罪，甚至可能制造犯罪，所以，控制社会控制就应当是犯罪问题的解决思路之一。当时笔者所说的控制社会控制，核心的问题是对控制效果给予足够的关注，而且强调，控制社会控制并不是要废除社会控制，更不是摧毁现存的社会控制，而是完善社会控制，不间断地根据控制效果调整控制行为，以更有效地实现社会控制的目标。在该研究中，笔者将控制社会控制具体化为12个方面。现在看来，从不同的逻辑过程都能最终得出控制社会控制的结论，控制社会控制的结论既得到了互动论的支持，又与关系犯罪观之间具有内在的逻辑联系。可见，笔者完全有理由继续完善、深化这一理念。

第一，从犯罪性分析中，笔者导出了"犯罪并非某类人特有的行为方式，每个社会人群都有自己可能的犯罪方式"，因此，"社会控制是人人对人人的控制，而非一部分人对另一部分人的专利"的结论。这就意味着，社会控制的控制，首先是对社会控制参与者的控制，是对社会控制权力垄断的控制，是对于这种垄断可能导致的规范滥用的控制。第二，从犯罪形态分析中，笔者导出了"刑罚权的中立性"命题。这就意味着，社会控制的控制还是一种控制立场的控制，表现为调节被害人方面的责任负担以控制犯罪。犯罪控制不是简单地打击犯罪，而是对加害—被害关系的调整。第三，从犯罪定义的分析中，笔者还导出了"犯罪定义并不当然是关于犯罪的指称，因此，控制犯罪必须自觉对犯罪定义过程进行科学控制"的结论。这就意味着，社会控制还可能是危险的社会控制，社会控制的控制还是控制者自身主体性的控制，表现为犯罪的客观规定性对犯罪控制主体的主观意愿和能动性的控制。第四，从犯罪规律分析中，笔者还导出了"犯罪和犯罪控制都同样受制于犯罪规律"的结论。这就意味着，社会控制都是有限的社会控制，犯罪控制主体不得不服从来自犯罪方面的客观规律，科学规范自己的控制实践。总之，这四个方面的社会控制都源自于一定的犯罪关系，而这些意义上的社会控制又都意味着社会控制的控制，所以，犯罪关系的控制说到底就是社会控制的控制，控制社会控制是犯罪控制的最高形式。

下 篇

关系公正

21世纪法学研究生参考书系列

▶ 下篇导读:公正是犯罪关系控制的最高境界

▶ 第八章 微观公正:刑事当事人

▶ 第九章 中观公正:立法与司法

▶ 第十章 宏观公正:刑法与社会

▶ 下篇回顾:犯罪定义权的最优分享

下篇导读：

公正是犯罪关系控制的最高境界

在中篇，笔者在犯罪与秩序的关系、犯罪与被害的关系、犯罪与惩罚权的关系、犯罪与环境的关系四个方面展开了犯罪关系的研究，提出了犯罪关系的控制就是对社会控制的控制，控制社会控制是犯罪控制的最高形式。但是，对于控制社会控制的实践并未详细阐述，更未纳入中国刑事法制实践予以考察。更进一步，控制社会控制的目标何在？有无控制社会控制的合理标准？在下篇中，将在刑事一体化的视野下，对中国犯罪关系的控制实践——既包括社会控制的实践，也包括控制社会控制的实践；既包括刑事案件当事人的关系控制，也包括立法和司法关系的控制，还包括刑法与社会关系之间的控制——进行实证研究。

对犯罪关系控制实践尤其是中国犯罪关系的控制实践进行实证研究，不只是在于验证笔者提出的控制犯罪控制的理念，还在于回答比犯罪关系控制更深层次的问题，那就是社会控制也好，控制社会控制也好，必须以公正理念为导向，否则，犯罪关系的控制难免变得盲目。换言之，犯罪关系的控制必须是在公正理念关照下的社会控制与控制社会控制；公正是犯罪关系控制的目标，也是犯罪关系控制的依据和标准，更是犯罪关系控制的最高境界。

然而，何谓犯罪关系公正？犯罪关系何以公正？犯罪关系公正几何？

药家鑫该不该死？饿疯了，出于自保本能可不可以吃人？对贪腐犯罪该不该保留死刑？这里，每个问题都滴着血：对于杀人的、吃人的，以及既没杀人又没有吃人而害了人的，社会该不该取其性命？做何反应才是公正的？面对这些问题时，人们发现，许多完全相左的决定和主张背后，都有各自的法律根据和学理支持。这反而让人更加焦虑、纠结、失重。

  对此，储槐植教授提出的"关系刑法论"和"关系犯罪观"在正确的方向上为我们的思考树立了一个遥远的目标。[①] 其要义之一可能是，用关系分析的方法去研究与犯罪、刑法、犯罪关系控制有关的公正问题。本篇试图沿着这个方向前行，用关系分析的方法考察微观、中观、宏观三个层次上的关系：刑事案件当事人之间的关系、刑事立法与司法之间的关系，以及刑法与社会之间的关系。本篇最后提出的"关系公正论"就是基于这些关系分析来回答，公正在刑事法治领域到底意味着什么，对犯罪关系控制到底意味着什么。希望这一回答与储老师确定的遥远目标有一点接近。

[①] 参见储槐植：《刑事一体化论要》，第三章和第十二章，北京，北京大学出版社，2007。

第八章

微观公正：刑事当事人

刑事案件是刑事法制的细胞，刑事案件当事人之间的关系是犯罪关系的毛细血管。刑案当事人有具体个案中的当事人、同类案件中的当事人和所有潜在的当事人这样三个层次。从这个意义上说，怎样对待当事人才是公正的，几乎与我们每个人都有关。可以说，当事人之间的关系，是公正性判断的第一个参照系。在这对关系中，人们能够看见公正、触摸公正、感受公正、理解公正、推进公正。问题是：从当事人的角度看，到底何谓公正？

在《公正底线——刑事司法公正性实证研究》一书中，笔者曾做过如下考察：甲路遇陌生人乙落水舍身相救，最多可以说甲做了应为的善举，但不能说成是公正之举。如果甲没有搭救乙，也不能说甲的行为不公正，这里无所谓公正不公正。应做不应做和公正与否无关，是否公正只发生在是否应得之间。正如弗兰克纳所说："并非凡是正当的都是公正的，凡是错误的都是不公正的。乱伦虽是错误的，却不能说是不公正的……使别人快乐可能是正当的，但绝不能严格地说成是公正的。公正的领域是道德的一部分而不是全部。"① 乌尔庇安和阿奎那都曾将正义表述为"每个人获得其应得的东西"②。穆勒更明确地指出："人公认每个人得到他应得到东西为公道；也公认每个人得到他不应得到的福利或遭受他不应得的祸害为不公道。"③ 从这个意义上说：第一，得其应得，不得其不应得；受其应受，不受其不应受，是为公正。第二，应得与否以至少两个主体之间的关系为条件，没有相对人的单个主体只存在需要

---

① ［美］弗兰克纳：《善的求索：道德哲学导论》，98页，沈阳，辽宁人民出版社，1987。
② ［美］博登海默：《法理学——法哲学及其方法》，253～254页，北京，华夏出版社，1987。
③ ［英］穆勒：《功用主义》，48页，北京，商务印书馆，1957。

不需要或者应该不应该的问题，而无所谓公正不公正的问题。第三，复数主体之间应得与否的期待和他们之间的先前行为有关：主体之间曾经的得与失、利与害是引发公正诉求的前提。所以第四，"公正就是在非自愿交往中的所得与损失的中庸，交往以前和交往以后所得相等"①。"不正义正是在于不平等——因为一个人打了另一个人，这个人被那个人打了，或者一个人杀人而另一个人被杀，受害与行为是以不平等的份额分配的，而法官的努力在于以刑罚的手段，从攻击者拿走他们攫取的某种东西，使他们恢复平等。"② 对此，阿奎那概括说："正义全在于某一内在活动与另一内在活动之间按照某种平等关系能有适当的比例。"③ 总之，公正就在于等利（害）交换④，就在于人们之间的平等。⑤

等利（害）交换的平等公正观源自于人类原始的报复情感，"正义思想的人的起源是报复的渴望和平等的感情"⑥，所以，等利（害）交换与一般意义上的商品买卖关系中的等价交换有着本质不同。正因为如此，作为一种正当性原则，公正并不在最高处，比公正的境界还高的至少还有仁爱、宽恕、助人等。⑦ 所以，使人得其应得的利益，不使其受其不应受的损害，比施恩于那些需要得到帮助的人更具前提意义，是更基本的正当性。

不过，如果公正在于平等，那贫富差异是否意味着不公正？显然，利益资源的均等毕竟不同于权利平等。⑧ 所谓权利平等是指在同种类的法定请求能力上，不同公民享有同等的法律保障。利益均等的着眼点是

---

① 《亚里士多德全集》，第8卷，103页，北京，中国人民大学出版社，1992。
② ［美］彼彻姆：《哲学的伦理学》，333页，北京，中国社会科学出版社，1990。
③ ［美］莫蒂默·艾德勒等：《西方思想宝库》，951页，长春，吉林人民出版社，1988。
④ 参见王海明：《新伦理学》，303页，北京，商务印书馆，2001。
⑤ 实际上，正义的重心在于平等，这也正是罗尔斯正义学说的基本点。罗尔斯对《正义论》中提出的两个正义原则作了修改，将其表述为："（1）每一个人对于一种平等的基本自由之完全适当体制（scheme）都拥有相同的不可剥夺的权利，而这种体制与适于所有人的同样自由体制是相容的；（2）社会和经济的不平等应该满足两个条件：第一，它们所从属的公职和职位应该在公平的机会平等条件下对所有人开放；第二，它们应该有利于社会之最不利成员的最大利益（差别原则）。"（［美］约翰·罗尔斯：《作为公平的正义——正义新论》，姚大志译，70页，上海，上海三联书店，2002。）
⑥ ［法］拉法格：《思想起源论》，67页，北京，三联书店，1963。
⑦ 参见王海明：《新伦理学》，307页。
⑧ 法国《人权宣言》中说："平等就是人人能够享有相同的权利。"转引自王海明：《新伦理学》，349页。

人们实际获得了多少资源的结果,而权利平等的着眼点是人们之间同类权利的内容、行使与保障的形式和过程。前者比较的是利益分配关系中人们占有的资源总量,而后者比较的是法律为不同社会关系中的抽象人设定的请求能力。一个富翁按市场价格向一摊贩购买一盒香烟,我们不能因为富翁与小贩在财富占有上的巨大差异就否认这个交易关系中双方权利的平等性质。实际上,有形资源绝对平均分配这种要求本身,就忽视了社会成员之间在各项具体权利中的同等地位,恰恰是对平等的悖反。

如果平等是最基本的公正,那么在刑事司法领域中,司法平等就应该是司法公正的起码要求。刑事司法领域中的司法平等,就是指实现诉讼当事人权利平等的刑法适用过程和结果。具体来说,刑事司法的当事人之间有三种基本关系:被害人之间的关系,被告人之间的关系,原、被告之间的关系。因而,司法上的权利平等也应该体现在这三个方面。

第一节 被害人平等:报应重于预防

司法平等首先意味着被害人之间的权利平等,这可以说是刑法向所有潜在被害人的起码承诺。如果被害人之间是平等的,那么,这种平等首先应表现为同等被害同等报应,就是说,有被害则有(针对加害人的)报应,有多重的被害就有多重的报应;报应的有无、大小不依被害人身份高低、宽恕与否、是否获得民事赔偿等因素而转移。一方面,如果将刑法视为潜在的被害人与国家之间的某种保险协议的话,那么,当且仅当犯罪被害成为现实时,被害人便当然地有权依据"刑法契约"[①]向国家请求给付一定的补偿,国家则以加害人的刑罚之苦象征性地实现这种补偿。这时,刑事被害不仅是被害人向国家要求补偿的依据,也是其限制,国家无权单方面取消或者给付这种补偿。如果对同样的犯罪有的罚、有的不罚,有的重罚、有的轻罚,看似是对受罚者的不公,其实首先意味着对被害人的不公。从这个意义上说,被害人之间平等的刑法权利是刑法中罪刑关系的社会基础之一。另一方面,刑法还可以被视为

[①] 储槐植教授认为,刑法契约是指国家与国民在刑事领域形成的权利义务关系的协议。可参见储槐植:《刑法契约化》,载《中外法学》,2009(6)。

潜在的犯罪人与国家之间的某种约定，因此，当且仅当犯罪行为成为现实时，犯罪人才当然地有责任依据这种约定向国家支付一定的"违约金"——自由、财产、资格乃至生命。然而，如果没有前一个约定，即潜在被害人与国家之间的约定，则后一个约定失去了根据和理由。至少，国家制定刑法时必须声称，为了保护社会和广大可能的被害人而设定某些罪刑关系。因此，罪犯依其犯罪行为承担刑事责任的缘由和界限在于，被害人向国家请求象征性补偿的依据和限制是其刑事被害。刑事被害是分配刑罚之苦以及承受这种痛苦的首要社会根据，如果我们严惩或者宽宥犯罪人时却忘记了这种权力的最初的根据，便是一种本末倒置。

如果报应主导着刑罚适用，预防只是其中的辅助因素，那么，直接造成被害损失的罪行就应该是刑量变化的主要解释。只有造成被害损失的罪行是刑量变化的主要解释，才说明因刑事被害而获得共性的犯罪被害人之间通过刑事司法实现了刑法权利的平等对待；只有被害人之间实现了刑法权利的平等对待，才从被害人这个视角证实了刑事司法的公正性。反之，如果在影响刑罚分配的多种因素中，预防因素大于报应因素，则说明罪人的人身危险性因素在更大程度上左右着法官的裁量，也就没有理由说明同等被害同等报应的存在，这个意义上的司法公正也就被证否。总之，接下来的研究就是要检验罪行本身是否构成刑量变化的主要解释，或者说，法官的刑罚裁量过程是否首选罪行因素、次选罪人因素。

笔者曾以示范性案例库中的所有抢劫罪个案为样本，检验这一假设。[①] 所谓示范性案例就是指来自最高人民法院各业务庭、研究机构、出版单位、网站等权威机构公开发布、发表的全部真实审判案例。这几千个案件来自全国各地，时间跨度涵盖了1997年以后至研究时止各个时段的案件，由各地各级人民法院选送，具有对全国总体时间和空间的代表性；由于是最高人民法院各权威机构认可并公开的案件，因而具有对司法实践的指导性。其中，共有抢劫罪个案354个；其行为时间跨度为1988年12月到2004年11月，审理时间跨度为1998年2月到2005年12月；其地域分布状况为：东北地区占6.8%，华北地区占21.8%，

[①] 实际上，该检验涉及的罪名包括故意杀人、故意伤害、抢劫、盗窃、诈骗、贪污、毒品犯罪等多种常见犯罪。参见白建军：《公正底线——刑事司法公正性实证研究》，北京，北京大学出版社，2008。

华东地区占29.9%,华南地区占15.3%,华中地区占10.2%,西北地区占1.7%,西南地区占13.6%。

按照上述假设的检验逻辑,如果这354个抢劫案件的审理实现了被害人刑法权利的平等保护,那么,在多元线性回归分析的显著性水平低于或等于0.05(符合要求)的、影响刑量值的多个犯罪情节中,表现报应价值的罪行实害情节就应该多于表现预防价值的罪人人身危险情节,且表现报应价值的罪行实害情节的标准化回归系数(Beta值),就应该大于表现预防价值的罪人人身危险情节的标准化回归系数。实际检验结果如表8—1所示:

表8—1　　　　　　　抢劫罪样本的报应性检验结果

变量名	标准化回归系数(Beta值)	变量属性
死伤数组	0.356	报应性情节
抢劫次数	0.289	报应性情节
抢劫金组	0.230	报应性情节
罪数	0.228	报应性情节
从犯	−0.205	报应性情节
未成年犯	−0.149	预防性情节
累犯	0.082	预防性情节
	$R^2=0.647$	

从表8—1可见:

首先,从数量上看,最终进入回归模型的7个变量中,有5个都是表明罪行实害的报应性情节,只有"未成年犯"和"累犯"两个情节是从主体方面表明人身危险性大小的预防性情节。由此可以证实,对刑量大小具有实际影响的因素中,大多数都是报应性情节。这也说明法官更多地用报应性情节支持其抢劫罪的刑量分配。

其次,从作用的程度来看,7个变量按其Beta值的大小排序,依次为"死伤数组"最大,"累犯"最小。作为标准化回归系数,Beta值的大小代表了同时考虑到其他自变量存在的情况下各自变量对因变量作用的大小,因此,这个顺序说明,如果没有模型外其他因素的影响,回归模型内7个因素的同时共同作用下,各自对刑量影响的相对重要性分别是,死伤数组的作用力最大,抢劫次数次之,以下依次为抢劫金组、罪数、从犯、未成年犯,而累犯的相对影响力最小。其中,前5位的因素均为罪行实害的报应性情节,这意味着在抢劫案件中,报应性情节对刑量的解释力大于预防性情节。

再次,从作用的方向来看,Beta 值的正负符号表明,只要有从犯、未成年犯等情节的影响,就更可能减少刑量分配。相反,被害人死伤人数越多,或者抢劫次数越多,或者罪数越多,或者抢劫金额越大,或者是累犯,就更可能增加刑量分配。

最后,由于回归决定系数 R^2(coefficient of determination)越接近 1,说明模型内的各个自变量对刑量大小的解释力越强,回归决定系数越接近 0,说明模型内各个自变量的解释力就越弱;所以,从模型的总体解释力来看,表 8—1 中的 $R^2=0.647$ 证明,用进入模型的 7 个情节共同的综合作用说明样本中抢劫罪的刑量大小,尽管没能找出决定刑量大小的全部因素,但仍具有较强的解释力,共解释了 64.7% 的刑量变化。

以上,就是 354 个案件的报应性检验过程及结果。至少,这个水平就代表了示范性案例中抢劫案件里被害平等的实然程度。

第二节 受刑人平等:同案同判

司法平等除了意味着对被害人的同等刑法保护,还应当意味着同案同判、等罪等罚。如果同案异判,就很难说受刑人刑法权利的平等实现。问题是:何谓同案?同案首先可以分为刑法总则意义上的同案与刑法分则意义上的同案;还可以从法律事实对刑事责任的影响程度的不同,将同案分为基本法律事实上的同案与重要法律事实上的同案;从治罪根据的理论来看,所谓同案还可分为实害情节上的同案和人身危险性情节上的同案。应该说,这些划分都对于对同案与否的理解有意义,但是,这些意义上的同案同罚"是不完全的",在得到补充以前,"它不能确定地指引行为",因为,任何一群人都在某些方面相似而在其他方面相异,这时,如何确定哪些异同才是有意义的[①],对于对何谓同案的理解至关重要。换句话说,天下没有两片完全一样的树叶,也没有两个在所有方面都完全一样的案件。对法律原则和规则而言,任何一个案件作为一定时间、地点中的事件都是唯一的、不可重复的,在所有细节上都

---

① 参见 [英] 哈特:《法律的概念》,157 页,北京,中国大百科全书出版社,1996。

绝对相同的"同等情况"几乎不可能存在。比如，同样构成累犯的两个抢劫犯，甲具有未遂、致人重伤、未成年人犯罪等情节，乙具有既遂且自首、多次抢劫等情节。这时，何以见得"累犯"＋"未遂"＋"致人重伤"＋"未成年人犯罪"是否等于"累犯"＋"既遂"＋"自首"＋"多次抢劫"？何以见得这两者是否属于"同等情况"而决定处以同样或不同的刑罚呢？因此，不论总则同案还是分则同案、基本法律事实上的同案还是重要法律事实上的同案、实害情节上的同案还是人身危险性情节上的同案，都是片面的同案。由于是从某一个角度进行比较，案件的片面相似性往往可以用任何其他角度的相反事实加以证否；而且，片面性往往与不确定性同在，这便给法律适用中的差别对待提供了余地和理由。当某些案件以外的原因需要起作用时，同等情况随时会被人以情况不同为由另行配置法律责任，或者相反，人们以情况大体相同为由对实际上的不同情况设计法律后果。

为解决这一问题，笔者选用综合同案的概念以取代片面的同案。所谓综合的同案就是指，将多种质的规定性转换为数量规定性后获得了综合可比性的案件。比如，高等学校的入学考试就是将学生的数学能力、语文能力、外语能力等不同性质的知识掌握程度，通过考试题目和分数综合成各科的得分，然后依总分高低对考生的成绩进行排序，这就是将不可比的质的规定性转换为可比的数量规定性的过程。还有，体育竞赛中评委给参赛运动员的表现打分、智力测验中的智商分数、民意调查中的打分、寻求各个子系统在大系统中的作用大小或贡献份额，等等，都是在进行从定性到定量的转换。这里，所谓转换就是个赋权的过程，也即去量纲化的过程。

那么，如何检验刑事案件的处理结果是否实现了等罪等罚呢？为此，我们将等罚假设转换为一个可检验的工作假设，也即：等罪等罚的程度越高，样本中罪量与刑量之间的等级相关系数就应该越高，或者说，如果等罪受到了等罚，样本中罪量与刑量之间的等级相关系数就应该等于或接近于 1。而且，等罪等罚的程度越高，刑罚不同的样本之间罪量的均值就应该差异越显著，或者说，如果刑罚不同的样本之间罪量的均值未发现显著差异，说明大体相似的罪案受到了不同的处罚。

仍以示范性案例库中的全部抢劫罪个案为样本进行检验，在对抢劫犯罪的"罪量"和"刑量"做了量化处理的基础上，计算两者的等级相关系数。结果是，抢劫案件的等罚系数，即罪量与刑量的等级相关系数（Spearman 系数），为 0.788（P＝0.000＜0.05）。这说明，样本内的总体趋势是轻罪轻判、重罪重判、等罪等罚，可以说显著地体现了等罪等罚的要求。但也不能否认，这个结果与理想值即 1 之间毕竟存有一定距离，说明肯定有部分个案中的罪量大小与刑量轻重之间不相称。

除了等级相关系数之外，我们还将抢劫罪的样本分为死刑立即执行组和其他组，检验两组的平均罪量之间是否差异显著。结果是死刑立即执行组共有 86 个案例、平均罪量值为 389，其他组共有 268 个案例、平均罪量值为 215.01，等罚均值差为 174，T 检验结果符合显著性要求（$P=0.000<0.05$），说明死刑立即执行组样本的犯罪严重性程度的确显著大于包括"死缓"在内的其他样本，检验结果符合理论预期。然后，我们又将死刑立即执行和"死缓"的样本和为一组，检验该组的平均罪量是否的确大于其他样本。结果是，合并后的死刑组共有样本 108 例、平均罪量值为 372.90，而其他组共有样本 246 例、平均罪量值为 206.50，等罚均值差为 166.40，T 检验结果也符合显著性要求（$P=0.000<0.05$），说明合并后的死刑组的案例的犯罪严重性程度的确显著大于其他样本，检验结果符合理论预期。这至少证实，是否适用了死刑、是否适用了死刑立即执行，的确与犯罪的严重性程度明显相关，罪量显著较大者，才更可能适用死刑或者死刑立即执行。如果这一点未被证实，对被告人而言不仅意味着不公，而且是一种无法补救的不公。

第三节 原、被告平等：裁判中立

裁判中立的理念可以从三个假定的证否中推导出来：

第一个假定是，如果同等被害同等报应即为司法平等也即司法公正的话，那么，当所有被害人同样地因犯罪而损失一分钱时，即使同等地判处所有加害人死刑，也应该符合同等被害同等报应的理念，因而被认为是公正的。这个假定的荒唐之处显而易见：因为同等报复不等于合理地惩戒犯罪。实际上，同等被害同等报应只是司法平等的应有之义之一，而非全部，此即报应性的自身局限。正因为这个道理，从起点来看，只有当针对被害人的侵害严重到一定程度时，才发生刑事犯罪以及刑事司法问题；从罪刑关系内部来看，不同严重程度的犯罪需要被分配不同严厉程度的刑罚。由此可见，被害人的立场绝对不能成为法和法的适用的立场，法必须拥有独立于被害人的立场。从这个意义上说，如果认为法律只是替被害人说话的法律,那么,这样的社会将是一个可怕的社会,还有何公正可言?

第二个假定是,如果同等犯罪同罪同罚即为司法公正的话,那么,当且仅当所有犯罪人故意非法剥夺一个被害人的生命时,即使同等地判处1元钱罚金,也应该符合等罪等罚的说法,因而被认为是公正的。这个假定当然也无法成立,因为等罪等罚本身也不应该是孤立的、无条件的。事实上,和同等被害同等报应一样,等罪等罚也只是司法平等的内涵之一而非全部,等罪等罚也有其自身的局限性:等罪等罚只有被放在一定社会、历史条件下观察,才具有合理性。由此可见,被告人的立场也不能成为法和法的适用的立场,法必须拥有独立于被告人的立场。从这个意义上说,如果认为法律只是被告人的"大宪章",那么,这样的社会同样十分可怕,公正、平等同样荡然无存。

第三个假定是,如果法和法的适用必须拥有独立于被害人和加害人的立场,那么,这个立场就应该是国家的立场,立法者和司法者都是站在国家的立场上制定并适用刑法的。其实,这个假定也难以成立,因为国家实际上也是一种十分特殊的被害人,有些犯罪是针对国家权力的犯罪,另有些犯罪是误用(包括滥用和不恰当地使用)国家权力的犯罪。据笔者统计,这两项加起来占中国刑法所有罪名中的将近百分之四十。像分裂国家罪、伪造货币罪、抗税罪、煽动暴力抗拒法律实施罪等,就是针对国家权力的犯罪。与此不同,像贪污罪、挪用公款罪、受贿罪等,就是误用国家权力的犯罪。正如第一个假定中我们看到的那样,既然同等被害同等报应不一定意味着公正,那么,作为一种特殊的被害人,同等国家被害的同等报应也不等于公正。更何况,如果法律的立场不独立于国家被害的立场,无异于由被害人担任裁判者,其裁判的公正性显然值得怀疑。可见,法的立场也不应等同于国家的立场,法应具有独立于国家权力的立场。

既独立于被害人的立场,又独立于被告人的立场,还独立于国家权力的立场,法的立场必然具有某种中立的性质。法的这种中立立场中蕴涵着某种"沙滩效应"的理念:假设沙滩上均匀散布着日光浴者,有A和B两个小贩,以同样的价格、同样的质量、同样的品牌,向日光浴者出售矿泉水或者啤酒。如果日光浴者都就近购买饮料的话,那么,这两个小贩的合理站位应该分别处在沙滩的25%和75%的位置上。这样,他们将各自分享50%的市场,是最佳的互惠双赢。但实际上,基于利益最大化的理性选择,不可能出现这种站位模式。一方面,小贩A很可能离开25%的位置，向小贩B的方向移动，直至大约35%的位置上。这样，不仅从0到35%这一段的客户归了小贩A，而且，由于这个移动，小贩A与小贩B之间的中点也从原来的50%处推进到超过50%的位置，于是，原来在小贩B一段的一部分客户也可能成为小贩A的客户。这对小贩A而言，无疑是个好主意。同理，小贩B的智商也不亚于小贩A，所以，小贩B也会作出同样的选择，从自己原来的75%的位置向中心移动，试图获得更多的客户（或者夺回被小贩A抢走的客户）。结果，他们一定会集中到整个沙滩的中心位置，实现对市场的最佳占有。① 在这当中，这两个小贩似乎都有点自利甚至损人利己的倾向，在伦理道德的意义上说似乎是一种非理性，但在经济学中，这恰恰是一种将自己的利益最大化的理性人行为方式。

回到犯罪这种最不道德的现象中来，不仅不能指望犯罪人在犯罪时考虑被害人的那一段沙滩市场，也不能指望被害人在被害后还替加害人那段沙滩上的利益着想。其实，正如沙滩博弈一样，犯罪也是发生在加害与被害之间的一场博弈，其中，他们争夺的利益就是对各自有利的所有法律资源。一方面，对被告人而言，罪刑法定、犯罪构成要件、从轻/减轻条件、刑罚消灭事由、法律漏洞等，都是被告人希望充分利用的法律资源。为了使这些法律资源最大限度地有利于自己，被告人将尽最大努力"接近"法官，希望法官作出有利于自己的判决。这里所说的"接近"，显然不是经验意义上的"拉关系，找门路"，甚至行贿法官，而是抽象意义上的希望得到法官理解的合理愿望。另一方面，对被害人而言，刑法保护的法益、刑法对犯罪的否定性评价、从重/加重的条件等，都是被害人一旦进入司法程序就希望充分利用的法律资源。为了使这些法律资源最大限度地有利于自己，被害人也将尽最大努力去"接近"法官，希望法官作出有利于自己的判决。当然，这里所说的"接近"也不是什么"拉关系"，而是指希望得到法官理解以更有力地惩戒罪犯，替自己伸张正义的良好愿望。从这个意义上说，出于法律上利益最大化的理性考量，被告人和被害人也会像沙滩博弈中的两个小贩一样，拥挤在法律资源的1/2处，集中在法官的身边。如果说这种趋于中点的倾向或者对法律资源的争夺是一种自然理性的体现的话，那么，相对于一个具体案件而言，所有相关法律资源的1/2处，就应该是法和法

---

① 参见施锡铨：《博弈论》，1～2页，上海，上海财经大学出版社，2000。

律适用的立场所在。法律的真正智慧就是要最大限度地体现这种自然理性，在评价被告人的行为时，不能忽略被害人对法律资源最大限度的理性争夺；同理，在评价被害人的责任时，也要充分考虑被告人对法律资源最大限度的理性争夺。总之，刑法应该成为调整加害—被害关系的平衡器，刑事司法就是这个平衡器的实际运作，加害和被害都能够借助这一平衡器的实际运作找到最接近各自利益的平衡点，为双方之间的刑法博弈达到一个最佳的结局。这就是裁判中立理念的基本内容。

裁判中立立场恰好体现了犯罪形态的互动原理。在本书第五章我们已经论证，犯罪既不仅仅是罪行，也不仅仅是罪人，犯罪意味着加害与被害之间的互动。在犯罪现象中，加害与被害的互动普遍存在。犯罪互动的形式、规模和特点随着社会、历史的变化而变化。而且，互动关系的性质是犯罪性质的一种说明和解释。总之，加害—被害的互动关系是社会对犯罪反应的重要依据。

当然，我们的分析还是不能止于理论说明，还需进行实证检验，两个可供检验的工作假设分别是：第一，如果裁判中立，有被害过错案件中罪犯的平均刑量就应该显著低于无被害过错案件中罪犯的平均刑量。应该说明，被害过错的有无与刑量大小分配的关系之所以被用来检验裁判中立性假设，是因为按照犯罪互动理论，被害也是加害的某种解释：有无被害过错，对犯罪决策有着直接影响；有多大的被害过错，对加害强度、方式、持续性都有不同的影响。第二，如果裁判中立的话，犯罪被害人遭受经济损失的案件中判处赔偿损失的比率即犯罪赔偿率应达到100％。从互动理论来说，剥夺犯罪人的生命、自由、资格或者财产，对于对被害人损失的弥补、修复来说，没有直接的实际意义。因此，既然刑事评价要体现中立性，那么，一方面，被害人应该对自己可能的过错行为承担责任；另一方面，被害人也有权从案件处理中获得一定的实际补偿。

遗憾的是，当我们着手前一个假设的检验时发现，抢劫案件毕竟不同于故意杀人以及伤害案件，很难从判决书中发现关于被害过错的认定，因此，该假设的检验只能空缺。然而，具体到抢劫案件而言，其既危害到被害一方的生命、健康的人身权利，又使被害人因此而或多或少地遭受了经济损失，所以，几乎所有抢劫案件都应该属于《刑法》第36条规定的"由于犯罪行为而使被害人遭受经济损失的"情况，因而都应该对于犯有抢劫罪的犯罪分子除依法给予刑事处罚外根据情况判处赔偿经济损失。这个假设的检验结果是：示范性案例库中抢劫案件的犯罪赔偿率为 48.9%。就是说，有 48.9% 的抢劫罪被害人及其亲属得到了程度不同的经济赔偿。

小　结

综上，如果刑事司法对每个被害人都（至少在拟制意义上）兑现了保护的承诺，如果每个犯罪人都受到了同等的处罚，如果每个案件中的加害、被害双方都能看到一个中立的裁判者，那么，我们就可以大体上相信，这样的司法是公正的。而这个意义上的公正，其核心就在于平等，即被害人之间的平等、受刑人之间的平等，以及加害、被害双方之间在刑法权利上的平等。而且，这种平等也只有在当事人之间的关系中才能得到把握，离开关系，就看不见公正与否，公正显然不是一种孤立的结果。总之，公正在于平等，平等存在于当事人之间也才有意义。这是关系公正的第一个意义。

然而，司法平等只是一种结果，如何追求、实现这个意义上的公正呢？从上述经验观察中我们也不难看到，尽管对平等的追求代表着司法实践的主流，但任何检验结果都与理论假设之间存在程度不等的距离。就是说，司法平等只是一种理想状态，我们所能做的，只是不断接近这一理想状态。于是，为了缩短现实与理想之间的距离，我们就要从微观来到中观，从经验层向抽象层上升，逐渐接近公正问题更深刻的层面。

第 九 章

中观公正：立法与司法

除了刑事案件当事人之间的关系以外，刑事立法与刑事司法是犯罪关系中另一对基本的关系，因而是讨论公正问题的第二个重要参照系。在这方面，我们第一眼看到的就是这样一个基本事实：作为一个庞大的犯罪定义体系，刑法是一种非常有用的权力资源。这种资源的开发、利用、分配，最终产品就是关于罪与罚、公正与否的界说。这里的基本问题是一个风、幡之动的问题：犯罪定义的决定性因素到底是不是被定义的对象本身，即犯罪行为？一说认为，是因为先有需要定义为犯罪的行为才有刑法中的犯罪定义。另一说认为，有刑法规范才有犯罪，是刑法定义了犯罪、创造了犯罪。那么，到底是罪为因、刑为果，还是刑为因、罪为果？到底是风动还是幡动？

在本章中，我们将从刑事立法与司法的关系切入，面对的具体问题是：对犯罪所作出的威慑性反应，刑事立法与刑事司法之间有无显著差异？按理，法官只忠实于法律，立法决定司法，依法办事，天经地义。因此，对于何种危害行为是更严重的犯罪，立法与司法的立场应该是一致的、同步的。不过，现实中果真存在这种一致和同步吗？还真不一定。本章的基本逻辑是：如果罪为因、刑为果，那么作为结果，立法与司法对犯罪的反应就应该具有高度的同步性、一致性。反之，如果立法与司法的反应不同步、不一致，就不能简单归因于犯罪，而应从这种反应自身的主体性中寻求解释。因此，本章就是要考察立法与司法对犯罪作出的反应是否一致、同步。

第一节 刑事立法中明显的重刑情结

刑法对犯罪的定义，包括入罪行为的范围大小和已入罪行为的刑罚配置这两个方面。对于罪名范围大体一致的两部刑法而言,死刑或其他重刑越多的刑法,显然是相对较重的刑法。当刑罚力度相同时,把较多的行为规定为犯罪的刑法相对更加严苛。但一般来说,法官不太可能法外入罪,也不太容易面对依法作出的刑事指控法外出罪。因此,我们实际上无法比较立法上的入罪范围与司法上的定罪范围有何差异。而立法上的配刑轻重与司法中的量刑轻重放在一起比较观察,却是可以尝试的一条研究进路。

按照这一界定,1979年刑法典、1997年刑法典和2011年修订后的刑法典(以下简称2011年刑法典)被确定为立法观察的三个样本。其间,从1979年到1997年,一系列"决定"是刑法逐步走向完善的主要形式。从1997年到2011年间,8个《刑法修正案》的制定、颁布,让我们看到了相对更加精致的刑法典。为了观察这些刑法文本的变化,我们考虑过三类指标:其一是计算各类刑罚的比例关系,重刑比例越高,刑罚的严厉性程度就越大。但由于有死刑的犯罪一般都规定有无期徒刑,因此,用死刑和无期徒刑各自的比例,并不能更精准地反映刑罚结构。其二是计算各种犯罪法定刑上限与下限之间的幅度,上、下限之间幅度较高的犯罪,其刑罚显然就越严厉。然而,由于不少罪名的法定刑都是上至死刑、下至拘役,无法灵敏地反映出各自的差异。而且,死刑、无期徒刑与有期徒刑性质不同,很难确定某个刑罚幅度内公认的均值以及中值。因此,刑罚幅度也不是描述刑罚严厉性水平的最佳指标。其三是以法定刑上限为分组标准,观察刑事立法中的刑罚严厉性水平。此方法较好地避免了前两者的缺陷,还简单明了地表达了立法者对不同犯罪的容忍限度。一个罪的法定刑上限越高,说明刑法对这个罪的评价越严厉。因此,我们将采用此方法对刑法分则中规定的各种罪刑关系进行分组。

据此观察刑法得到的第一个结果是,从绝对水平来看,以死刑或无期徒刑为法定刑上限的罪名仍在我国现行刑法中占有相当比例。一方面,从数量规模来看,《刑法修正案(八)》减少了13个死刑以后,目前仍有55个死罪;法定刑上限为无期徒刑的罪名也有46个,两项合计,占罪名总数的22.2%。换句话说,公民每受到一个刑事指控,就有22.2%的概率面对死罪或者无期徒刑之罪的指控。尽管这不等于有22.2%的机会被适用死刑或无期徒刑,但毕竟是我国刑法威慑力的某种说明。相比而言,在现有汉译本的50个国家的刑法典中,有20部刑法典规定有死罪,按死罪数量的多少排序依次是:中国55个、阿尔巴尼亚43个、泰国34个、越南27个、古巴20个、韩国15个、菲律宾13

个、喀麦隆10个、新加坡10个、日本9个、朝鲜5个、尼日利亚5个、印度5个、俄罗斯4个、蒙古4个、斐济3个、库克2个、萨摩亚2个、汤加2个、美国1个。可见，即使在这些有死刑的国家中，我国刑法也显得较为严厉。另一方面，从死刑和无期徒刑的分布来看，在308个非暴力犯罪中，也有58个罪名的法定刑上限为死刑或无期徒刑。就是说，我国公民每实施一个非暴力犯罪，会有18.8%的概率面对无期徒刑乃至死刑。不能否认，死刑、无期徒刑在立法中的如此普遍，意味着我国社会控制仍在较大范围和程度上依赖极端手段。这使得至少在这个范围内，更加危险和最无法容忍的行为与其他行为之间的区别反倒模糊不清。尽管到目前为止尚无证据证明，某些最严重犯罪是否会由于死罪和无期徒刑之罪如此普遍而使犯罪成本相对较低，因而变本加厉，但中国刑法中重刑较多毕竟是不争的事实。

第二个观察结果是，从相对的变化来看，最重刑和最轻刑的比例逐渐萎缩，而较重的生刑比例呈上升之势。

表9—1　　　　　　　　中国刑法严厉性的动态分布

罪名按刑罚上限分组	1979年刑法典 罪名个数	1979年刑法典 占罪名总数比例（%）	1997年刑法典 罪名个数	1997年刑法典 占罪名总数比例（%）	2011年刑法典 罪名个数	2011年刑法典 占罪名总数比例（%）
6个月					1	0.2
1年	2	1.6	2	0.5	2	0.4
2年	7	5.5	11	2.7	11	2.4
3年	23	18.1	72	17.4	72	16.0
5年	7	5.5	33	8.0	34	7.5
7年	30	23.6	83	20.0	99	22.0
10年	7	5.5	58	14.0	66	14.6
15年	16	12.6	55	13.3	65	14.4
无期徒刑	8	6.3	32	7.7	46	10.2
死刑	27	21.3	68	16.4	55	12.2
合计	127	100.0	414	100.0	451	100.0

从表9—1可见，在1979年刑法典、1997年刑法典和2011年刑法典中，尽管死刑的绝对数分别是27个、68个和55个，但其相对数明显走低，分别占罪名总数的21.3%、16.4%和12.2%。这说明，刑法中的死刑比例越来越小。另外，这三部刑法典中最轻的法定刑上限分别是1年有期徒刑和6个月有期徒刑。这种配刑在这三部刑法典中的比例先后为

1.6%、0.5%和0.2%。而且，这种相对萎缩的趋势仍然明确地出现在这三部刑法典中法定刑上限为2年有期徒刑和3年有期徒刑的几组轻罪中。与这种两端越来越小的走势相反，刑法中较重的生刑越来越多：先看法定刑上限为10年有期徒刑的犯罪在刑法中的比例：1979年刑法典中只占5.5%，1997年刑法典中就占14.0%，到2011年刑法典中升为14.6%。再看法定刑上限为15年有期徒刑的犯罪在刑法中的比例：1979年刑法典中只占12.6%，1997年刑法典中就占13.3%，到2011年刑法典中升为14.4%。最后看法定刑上限为无期徒刑的犯罪在刑法中的比例：1979年刑法典中只占6.3%，1997年刑法典中就占7.7%，到2011年刑法典中升为10.2%。如果以上限10年有期徒刑为重刑起点的话，可以认为，死刑的减少和重刑的增加都已成趋势。这并不暗示刑法严厉性程度的明降暗升，但越来越多的犯罪面临重刑毕竟是不争的事实。

从刑法文本的比较观察中看到的第三个结果是，死刑的分布凸显三十多年来刑事政策导向的变化。1979年刑法典有分则8章、27个死刑，耗费死刑资源的第一大户（众值）是反革命罪，占55.6%，即15个死刑分布在"反革命罪"一章中。1997年，经过一次大规模修订，刑法典共有分则10章、68个死刑，耗费死刑资源的第一大户变为破坏社会主义市场经济秩序罪，占23.5%，即16个死刑分布在各类经济犯罪中。到了2011年，刑法典分则还是10章，而死刑数减少到55个，耗费死刑资源的第一大户又由危害公共安全罪取代了市场秩序犯罪，有25.5%即14个危害公共安全的犯罪配了死刑。死刑分配的这两次大的变化，代表了刑事政策重点的两次重要转移。1979年，在刚刚结束"文化大革命"的中国，人们仍然相信"阶级斗争"的存在，因此，所谓反革命犯罪将引起最强烈的社会反应，死刑最多理所当然。经过近二十年的改革开放，大规模经济建设和随之而来的各类新型经济关系从各方面影响着社会生活，机会和困惑一起涌向社会各个层面，于是，和经济犯罪的聚集一样，经济领域的秩序与安全形成了对重刑的巨大需求。进入21世纪的最初10年，国际、国内恐怖犯罪和各类危害公共安全的犯罪越来越成为社会管理控制的焦点。在此背景下，公共安全的重要性终于从前两部刑法典死刑分布的第二位上位为众值，成为死刑资源的第一耗费大户。从社会控制对死刑的需求变化来看，重刑的实际意义已然多于其象征意义。反革命犯罪、破坏市场秩序犯罪和危害公共安全犯罪，先后分别代表了几十年来至少是立法者心目中最为危险的几类犯罪。因此，作为社会容忍度的底线，死刑显然具有社会控制风向标的作用，既反映了社会危险的前后变化，又不断指导乃至拉动社会惩戒资源的主动配置。

上述三方面事实从不同角度展示了我国刑事立法的严厉性程度以及威慑分寸上的变化。这些观察的结果意味着，我国刑事立法确有明显的重刑情结，而且，这种情结与何种犯罪行为被假定为最严重的危险有关。从中，人们不难看出立法者对刑法威慑作用的倚重。问题是：这种情结是如何影响刑事司法的呢？是不是被原封不动地传递到具体案件的处理中呢？

第二节　立法对司法的拉动——死刑闲而不虚

关于立法威慑对司法实践的影响，人们可能会认为，犯罪的法定刑上限实际上适用率极低，因此，为了威慑犯罪，也为了满足对最极端案件的刑法适用，法定刑上限重一点是可以接受的。据此，我们可以引出两个推论：其一，具体罪名的法定刑上限设置宁重勿轻，备而不用，或备而少用。其二，既然法定刑上限只在极端情况下才可能派上用场，那么，绝大多数案件的刑罚裁量都不会受其影响，而只是案件实际情况的结果。但是，法定刑上限到底对于对大多数案件的处理有无实际影响呢？一种可能的回答是，适用法定刑上限的极少判例将起到震慑作用，使更多可能犯罪的人放弃实施更严重犯罪的打算，与大多数常规案件的刑罚裁量无关。不过，这里说的只是法定刑上限对潜在犯罪的影响，而潜在的犯罪并不等于实然的刑事司法。其实，我们需要证实的是，法定刑上限对法官量刑实践的影响。于是，我们设计了一个检验过程，目的是对法定刑上限不同的犯罪进行实际刑罚适用的比较：

第一步，我们按法定刑上限的不同，将刑法规定的犯罪分为上限为死刑的犯罪、上限为无期徒刑的犯罪、上限为15年有期徒刑的犯罪三种，以便对这三种犯罪的司法实践进行比较观察。第二步，由于法定刑上限相等的不同犯罪之间，法定刑下限可能不同，因此，我们还不能对法定刑上限不同的三组犯罪进行直接比较。比如，同为上限死刑的犯罪，其有期徒刑的下限就有10年、3年、半年有期徒刑三种情况；同为上限无期徒刑的犯罪，其有期徒刑下限也有5年、3年、2年、半年有期徒刑四种情况。而且，就是在有期徒刑内部，法定刑上限也不都是15年，以15年有期徒刑为上限的罪名中，其法定刑下限也不都是半年有期徒刑。如果我们不考虑这个差异，即使真的看到这三组犯罪的量刑结果有所不同，也可能是法定刑下限不同的结果，而上限不同将无法被视为量刑差异的唯一解释。于是，为了排除法定刑下限差异的影响，我们又将犯罪分为三组：第一组是法定刑上限为死刑、下限为半年有期徒刑的犯罪；第二组是法定刑上限为无期徒刑、下限为半年有期徒刑的犯罪；第三组是法定刑上限为15年有期徒刑、下限为半年有期徒刑的犯罪。这样，由于法定刑下限相等，若有实际差异便可以归因为法定刑上限的不同影响。第三步，对样本库中的约31万个判决按定罪罪名的不同进行逐一归类，得到上述三组的数据。第四步，计算三组样本中适用了有期徒刑的样本的平均刑期，以便观察这三组法定刑下限相等的犯罪的有期徒刑适用是否存在显著差异。

这个检验过程中，我们采用一元方差分析的方法对这三组样本的有期徒刑均值进行差异显著性检验，所得结果是：第一组法定刑上限为死刑、下限为半年有期徒刑的犯罪中，有样本141 362例，其有期徒刑的均值为1 419天，约为47.3个月有期徒刑；第二组法定刑上限为无期徒刑、下限为半年有期徒刑的犯罪中，有样本23 187例，其有期徒刑的均值为1 389天，约为46.3个月有期徒刑；第三组法定刑上限为15年有期徒刑、下限为半年有期徒刑的犯罪中，有样本27 491例，其有期徒刑均值为695天，约为23.2个月有期徒刑。其中，尽管前两组的有期徒刑均值之间肉眼看上去距离不大，仅有一个月之差，但一元方差分析的结果显示，这三个均值之间的差异都满足统计显著性要求，P值都小于0.05。可以看出，由于这三组样本所涉罪名的法定刑下限一样，有期徒刑均值的不同就可以在很大程度上由其法定刑上限的不同来解释。事实上，即使没有顶格量刑，由于法定刑上限中有死刑，其有期徒刑的适用相对最重；由于法定刑上限为无期徒刑，其有期徒刑的适用也仅次于法定刑上限为死刑的案件。相比而言，这三组数据中有期徒刑平均水平最低的一组样本的确是法定刑上限既无死刑又无无期徒刑的犯罪。

这个结果意味着，法定刑上限越高，司法判决中实际刑期的平均水平就越高。这就是立法对司法实践的实在影响，法定刑上限的确拉高了宣告刑的平均水平。不能否认，这种拉动作用也是刑法威慑力的一种实现方式。就是说，尽管死刑等法定刑上限不会被轻易动用，但在法官视野的"余光"里，这些最重刑毕竟隐约可见。于是，就算对许多罪名来说，死刑的配置看上去往往搁置不用，但被搁置不等于不起作用。实际上，死刑闲而不虚，为刑罚资源的放量投入拓宽了余地。在接下来的分析中我们将看到，这个发现正是我国刑法应该进一步缩减死刑规模的根据之一。

第三节　司法实践对立法的相对独立——法官的集体选择

尽管以死刑为代表的法定刑上限在实际刑罚裁量中起着拉高的作用，但这种拉动并不是某种机械传动式的作用过程。事实上，立法威慑与司法威慑之间的同步只是相对但有限的，法官群体对立法中的重刑情结并不完全认同，重刑情结在我国司法实践中实际上被做了软化处理。支持这个判断的有两个相互印证的证据：

第一个证据是，我们计算了下限相等而法定刑上限不同的三组样本中法定刑上限的实际适用率，即第一组样本中死刑的适用率，第二组样本中无期徒刑的适用率，以及第三组样本中15年有期徒刑的适用率，结果发现，样本中共有144 449例属于法定刑上限为死刑、下限为半年有期徒刑的犯罪，其中495例适用了死刑立即执行，占该组样本的0.3%；样本中共有26 891例属于法定刑上限为无期徒刑、下限为半年有期徒刑的犯罪，其中323例适用了无期徒刑，占该组样本的1.2%；样本中共有27 491例属于法定刑上限为15年有期徒刑、下限为半年有期徒刑的犯罪，其中19例适用了15年有期徒刑，占该组样本的0.1%。合起来看，这三组样本中顶格判刑的概率都很低。这意味着，不到万不得已，法官一般不会选择法定刑的最上限。这个"万不得已"，对死刑立即执行来说就具体化为0.3%的机会，对无期徒刑来说就是1.2%的机会，对15年有期徒刑来说就意味着0.1%的机会。当然，如果不考虑法定刑下限同为半年有期徒刑这个条件，死刑立即执行的适用率可能会比现在的0.3%高一些。

第二个证据是，司法实践中，大部分常见犯罪实际量刑的平均水平都低于相应罪名的法定刑中线。观察立法威慑与司法威慑的关系，除了要看法定刑上限的实际适用率，还要看更普遍的量刑实践的平均水平，而裸刑均值正是这个平均水平的客观反映。[1] 其中，裸刑与混合刑相对，混合刑是包括至少一个法定情节在内的宣告刑。而现实中不一定每个案件都有法定情节的认定，这种只根据基本犯罪事实确定的宣告刑即

---

[1] 参见白建军：《裸刑均值的意义》，载《法学研究》，2010（6）。

裸刑。区分裸刑与混合刑的意义在于，根据基本犯罪事实判处的裸刑应该是法定量刑情节从何处开始从轻或从重的参照点。因此，所谓裸刑均值是指，在一定法定刑幅度内，没有任何法定量刑情节的若干案件宣告刑的平均值。理论上，这个均值既可能接近法定刑幅度的上限，也可能接近其下限，更可能围绕在法定刑幅度的中线周围；而且，无论怎样，都是法官自由裁量权依法行使的结果。为了测量这个值到底位于何处，我们在最高人民法院量刑规范化课题组的支持下，收集了2006—2009年全国21个省市、77家人民法院的39 143份刑事判决书。由于一案可能有多人，一人可能有多罪，因此，我们又将这些判决细分为71 653个罪行及其相应的宣告刑。作为本研究的样本，这7万多个罪刑关系就是我们研究的基本分析单位。① 其罪名涉及交通肇事罪，故意伤害罪，强奸罪，非法拘禁罪，抢劫罪，盗窃罪，诈骗罪，抢夺罪，职务侵占罪，敲诈勒索罪，妨害公务罪，聚众斗殴罪，寻衅滋事罪，走私、贩卖、运输、制造毒品罪，掩饰、隐瞒犯罪所得、犯罪所得收益罪共15个常见犯罪，其刑罚主要涉及有期徒刑的适用。结果证实，有期徒刑的适用普遍低于法定刑中线是法官们的平均选择。具体来说：首先，盗窃罪基本构成的有期徒刑法定刑中线为21个月②，而调查中7 476个盗窃数额较大案件的裸刑均值为9.4个月③；盗窃罪加重构成的有期徒刑法定刑中线为78个月，而调查中1 975个盗窃数额巨大案件的裸刑均值为51.6个月；盗窃罪再加重构成的有期徒刑法定刑中线为150个月，而调查中976个盗窃数额特别巨大案件的裸刑均值为134.1个月。其次，故意伤害罪基本构成的有期徒刑法定刑中线为21个月，而调查中1 579个造成一人轻伤案件的裸刑均值为12.1个月；故意伤害罪加重构成的有期徒刑法定刑中线为78个月，而调查中770个造成一人重伤案件的裸刑均值为54.9个月；故意伤害罪再加重构成的有期徒刑法定刑中线为150个月，而调查中333个造成一人死亡案件的裸刑均值为138.1个月。再次，诈骗罪基本构成的有期徒刑法定刑中线为21个月，而调

---

① 根据《中国法律年鉴》2006、2007年版本中全国法院一审审结刑事案件数推算，这个样本规模大概可以占到同期全国刑事案件总数的1.4%~1.6%。
② 一定法定刑幅度的中线计算方法为，上线减下线除2后加下线。以盗窃罪基本构成的法定刑幅度为例，法律规定为3年以下有期徒刑，上线为36个月，下线为6个月。于是，36−6＝30，30÷2＝15，15+6＝21。下同。
③ 在测量精度允许范围内，本研究将判处拘役的样本近似地归入判处3年以下有期徒刑的样本组。因此，如果抽出判处拘役的样本，该值应该略大于9.4个月。下同。

查中714个一般诈骗案件的裸刑均值为14.7个月；诈骗罪加重构成的有期徒刑法定刑中线为78个月，而调查中476个加重诈骗案件的裸刑均值为57.6个月；诈骗罪再加重构成的有期徒刑法定刑中线为150个月，而调查中492个再加重诈骗案件的裸刑均值为141.1个月。最后，强奸罪基本构成的有期徒刑法定刑中线为78个月，而调查中645个一般强奸案件的裸刑均值为58.8个月；强奸罪加重构成的有期徒刑法定刑中线为150个月，而调查中172个加重强奸案件的裸刑均值为137.9个月。可见，尽管程度不等，作为实然的刑量，裸刑均值普遍低于法定刑中线的假设可以被证实。[①] 实践中，如果某个案件被认定有法定从重或从轻情节，就在这个基点上下浮动。

可见，死刑等法定刑上限适用率极低、裸刑均值低于法定刑中线这两个事实便形成了一个相互印证的证据链条，证明我国司法实践普遍选用相对较轻的刑事评价来表达对未然犯罪的威慑。也许，这也是一种意义上的司法独立。

第四节　立法与司法之间——犯罪定义的中介性

回顾上述观察，我们看到的是两个方向上的运动：一是立法对司法的影响，二是司法有选择地实施法律。其中，前者反映的是刑法塑造犯罪定义对象的过程，后者反映的是犯罪定义对象反过来影响刑法的过程。没有刑法塑造犯罪的过程，就不可能出现刑法对司法实践中实际刑期的拉动；同理，没有法官群体对具体刑事案件的感知和对裁判效果的预测，犯罪现实就不可能实现对刑法完善的影响。问题是：如何解读这个双向互动呢？

从理论上说，罪与刑的关系到底是风动还是幡动的问题，其实就是犯罪定义的决定性因素是其客体性还是其主体性的问题。正如我们在第六章论述的那样，一种理论强调犯罪定义者的作用，认为犯罪定义并非犯罪行为本身固有属性的翻版或者摹写，而是定义犯罪的主体赋予某些行为以犯罪的意义和属性的结果。谁，根据何种标准，出于何种利益驱动，将何种行为界说为犯罪，这些问题在犯罪定义中更具前提意义。关

[①] 参见白建军：《裸刑均值的意义》，载《法学研究》，2010 (6)，135～138页。

键不在于什么行为实际上是犯罪，而在于什么行为应当或者需要被称为犯罪。应当不应当，需要不需要，不取决于被定义的行为自身，而取决于操作符号体系和规范准则的定义者。另一种理论强调犯罪定义对象的作用，认为犯罪定义中的主导因素、决定性因素，是被定义的行为本身。这些行为不以认识者的意愿为转移，不随着定义者的需要而变化。不论谁是定义者，只要他尊重事实，只要他从客观的犯罪实际出发，被定义为犯罪的行为都将是一样的。因此，犯罪定义说到底是犯罪行为的副本，是犯罪行为的客观反映。犯罪定义的客体性，主导着犯罪定义的制定和变化。

那么，犯罪到底是被发现的还是被发明的？犯罪定义的决定性因素到底是其客体性还是其主体性？笔者认为，犯罪定义实际上是定义者（主体）与被定义的对象（客体）之间的一个中介物。首先，从静态上看，作为主、客体之间的中介物，犯罪定义具有不可还原性。作为主、客体之间中介物的犯罪定义，既服从来自主体方面的要求而积极、能动地塑造犯罪，以表达定义者的价值导向和确证其控制力——犯罪定义无法简单还原为被定义的行为本身，又接受来自客体方面的规定和制约，以体现被定义的行为对定义者的约束和限制——犯罪定义也无法完全还原为定义者的价值标准。

更重要的是，从动态来看，犯罪定义的决定性因素既非主体又非客体，而是它们之间的相互作用，所以说，犯罪定义是主、客体之间相互作用的桥梁。相互作用的一个方向是主体对客体的能动性影响，即客体（被）主体化的过程，表现为主体从自身的属性、地位和要求出发，按照自己的目的和要求去改造客体、塑造客体，在客体身上显现、直观、复制、确证自己，使客体为自己服务以实现定义者自身的发展。在犯罪定义的过程中，定义者能动地塑造犯罪，通过将某种或某个行为定义或不定义为犯罪的活动来表达、彰显立法者、司法者自己的价值取向、善恶判断和利益自觉，这些都是主体性的积极展示。从这个意义上说，犯罪就是犯罪定义主体认为是犯罪的行为。在以上的观察中，刑事立法对司法的拉动，就可以理解为犯罪定义主体对客体的能动性影响，即客体（被）主体化的过程。通过把各种犯罪附上轻重不等的法定刑，形成一个否定评价的序列，以彰显立法者自身的价值取向。于是，一定的行为便获得了轻罪或重罪的属性和意义。

相互作用的另一个方向是客体对主体的影响和作用，也就是主体（被）客体化的过程，表现为客体的属性、规律在主体头脑中的反映。

主体对客体规律的认识、掌握、接近、符合和服从，是客体对主体的限制、约束和规定。在犯罪定义活动中，主体从来都无法绝对任意地发挥其主观能动性，都不得不受到来自客体的影响和制约。在以上的观察中，刑事司法对立法的相对独立，就大体上可以理解为犯罪定义客体对主体的反作用，即主体（被）客体化的过程。通过不断总结、归纳司法实践经验，刑法典才得以修订和完善。如此循环往复，犯罪定义作为定义者和定义对象之间的桥梁，使得主、客体之间的关系不断接近、符合刑事法制的客观规律，也不断接近、符合公正性的要求。

从这个双向互动过程可以看出，重要的不是定义者决定被定义者还是犯罪行为决定犯罪定义，也不是立法主导司法还是司法主导立法，重要的是主、客体之间有没有一个良性、顺畅的信息交换通道，借助这条通道，主体彰显自身价值的同时也受到一定的制约和限制，客体在被犯罪化并获得新的意义的同时也能充分展现自身的客观规律。这个通道应该就是介于主、客体之间的公正的犯罪定义。反之，主体性的恣意放任，滥用犯罪定义权，或者犯罪行为自然属性的一面被过分夸大，放弃对其规范、塑造，都是不公正的犯罪定义。前者可能导致定罪量刑的滥作为，后者可能引发刑事法制的不作为。从这个意义上说，重要的不是风动还是幡动，而是心动，我们真正在乎的其实既非犯罪又非刑罚，而是把什么说成犯罪以及为什么规定多重刑罚的犯罪定义。

小　结

从以上观察可见，至少在犯罪轻重的评价问题上，立法与司法之间并不完全同步。这一发现的意义在于，促使我们从犯罪定义学的角度审视通向公正的路径。

现在回头看，因为有罪才有刑还是因为有刑才有罪这一风、幡之动的问题，我们似乎可以这样理解：既然犯罪定义是主、客体之间的中介物，那么，既不能简单地把刑归因为罪，也不能武断地把罪归因于刑。犯罪控制既非控罪又非制刑，因为，风、幡之动不过是心的感知对象，是心动，所以才有风、幡之动。从这个意义上说，没有犯罪定义者复杂的内心世界，不论犯罪还是刑法，其实都是没有意义的。就是说，犯罪控制的要义在于对犯罪定义的控制，在于犯罪定义者的自我控制，也即，犯罪控制的控制。现实生活中，犯罪定义权的滥用只会制造更多的社会不公，有的犯罪定义只是定义者自身局限和特殊利益的表达，只不过，有时表现为给罪粘贴上各种主观意义和标签，有时则表现为夸大或缩小刑的作用。人们正是意识到犯罪定义的主体很可能过分强调自己的主导作用，因而可能夸大客体的主体化过程，所以才对犯罪定义的行为设置了各种规制，如程序法的规制，司法机关之间的监督、制约，罪刑法定的原则、法律面前人人平等原则的"入宪"、先例拘束原则、量刑规格透明化制度化等，其实都是在设法约束恣意妄为的主体性。当犯罪控制得到了控制，犯罪问题也就得到了控制。所以说，公正在于控制犯罪控制。

第 十 章

宏观公正：刑法与社会

尽管高于具体案件，但刑事立法与司法的关系并没有位于公正问题的最高处。在立法与司法的关系之上，刑法与社会的关系是公正性判断的第三个参照系。这里强调的是，刑法、社会、公正三者之间的联系。没有刑法的社会，即便有公正的范畴，也是不完整的社会公正。但刑法所代表的公正，又是具体社会中的公正，离开一定的社会历史和现实，刑法就只剩下一个形式理性的空壳。

强调在刑法与社会的关系中把握公正问题，可能面对一种质疑：我们信仰罪刑法定，就是要断开刑法与社会的关联，不论谁加害于谁，刑法都会一视同仁，否则，正义女神忒弥斯为什么要蒙上双眼？[1] 不错，没有罪刑法定，正义女神不主动自我约束，不说肯定没有公正，至少，不公正的概率会大大增加。但现在的问题不是要不要罪刑法定、裁判者要不要自我约束，而是，为什么要有罪刑法定，为什么要求裁判者断开与社会的联系。笔者的理解是，承认社会因素对刑法的影响，与是否应该排除社会因素对刑法的负面影响是两回事。正是由于刑法的制定者、适用者乃至解释者无一置身世外；正是由于没了罪刑法定，法官就可能受外界影响；正是由于没了那块蒙眼布，正义女神也可能扛不住来自社会的各种刺激、诱惑，所以才要有罪刑法定以及对社会现实的视而不见。从这个意义上说，强调刑法与社会的关系，不仅不会无视罪刑法定或裁判者的自我约束，相反，更会强化其意义的理解。实际上，不是罪刑法定本身而是对罪刑法定的信仰可能变成某种错觉，按照这种错觉，

---

[1] 据说，一天众神之间发生了冲突，没人敢站出来裁判谁是谁非。这时，一位白袍女神起身，用一块布蒙在自己眼睛上，请缨为众神之间的冲突进行仲裁。由于自我约束的仲裁者看不见冲突者的身份，不可能受权势（等社会）因素的影响，因而得到了众神的认可。

不是刑法应该回避社会因素的影响,而是以为可能影响刑法的社会因素根本就不存在。与其说,这是对罪刑法定的信仰,不如说,这是对罪刑法定的釜底抽薪。很显然,既然没有社会因素的影响,正义女神干吗要蒙起双眼?为了好看吗?笔者不敢说,那些高喊罪刑法定的朋友当中,其实有多少人拥有这种错觉。

既然强调刑法与社会的联系并不排斥罪刑法定,那么,刑法与社会之间的公正,已经不止是形式正义与实质正义的对立问题,更深层次的问题可能是,用刑法规则来表达公正、实现公正,在多大程度上反映了基础社会关系中对权力、财富、符号等主要社会资源的合理分配、占有,或者说,社会资源的公平、合理的分配关系在多大程度上体现在刑法规则中。一个刑法规则越是有利于基础社会资源的合理流动和分配,就越公正;反之,与基础社会资源的分配之间相关性越微弱的刑法规则,甚至扩大、强化了不合理分配关系的刑法规则,就是不公正的刑法规则。

具体来说,在刑法与社会的关系中把握基础社会关系的合理性,进而理解公正的内涵,有三个基本问题需要回答:谁的规则?哪来的规则?到哪去的规则?在对这三个问题的讨论中,"合理"、"公正"这些大词儿将变得比较实在、具体。

第一节 谁的规则——刑法中的两个背影

透过刑法典,我们可以隐约看见两个人,他们用各自的方式定义公正。由于他们都不是正对着我们直接表达何谓公正,所以,我们看到的只是两个背影。

第一个定义者说,刑法典对每个犯罪都规定了一定的刑罚。被规定了最严厉刑罚的罪行就是最严重的罪行,用最严厉的刑罚对其作出评价就意味着公正。被规定了最轻微的刑罚的罪行就是最轻微的罪行,用最轻微的刑罚对其作出评价也意味着公正。在这之间,有许多个相对位置上的罪刑关系,它们在这个排序中有先有后,公正就在于它们的顺序不能更改,否则,就叫重罪轻罚或者轻罪重罚,罪刑不均衡,就是不公正。尽管只是背影,但我们基本上可以认定,这样定义公正的定义者就是立法者自己,他们借助制定、颁布法律的权力将自己的公正观写进法

▶第十章 宏观公正：刑法与社会◀

律，固定下来。我们可以将这个意义上的定义者称为显性的定义者。

第二个定义者说，法定刑的排序未必等于犯罪轻重的顺序，刑罚的严厉性程度不一定直接代表犯罪的严重性程度。也许，一个被规定了很重的法定刑的犯罪，并不是那么严重的犯罪，或者，被规定了较轻的法定刑的犯罪，其实是很重的犯罪。这个定义者是除立法者以外的法律人以及社会公众，他们借助解释法律的机会彰显自己的公正观。由于无权直接通过法条彰显自己的公正观，我们可以将此类定义者称为隐性定义者。

这个划分会引出两个可能：如果两个定义者对公正的理解是一致的，那么，他们关于什么是较重或较轻的罪行的看法就应该也是一样的，因而，他们对各种犯罪严重性程度的排序结果也应该高度相关。一个定义者认为较重的犯罪，不可能被另一个定义者定义为较轻的犯罪，反之亦反。形象地说，就是这两个背影完全重合。而另一个可能是，如果两个定义者心目中对公正的理解实际上有所不同，那么，在你看来是较重的犯罪，在我看来就可能只是较轻的犯罪，或者相反。这就是两个背影部分重合，甚至相互分离。

问题是：在中国刑法中，这两个背到底是完全重合，还是较大部分地重合，还是只有较小部分相重合，还是完全背道而驰？以及，如果不重合，哪个罪刑关系排序更符合公正的理念，哪个定义者更合理地界说了公正的应有之义？笔者在导师储槐植教授指导下于2003年完成的博士论文《罪刑均衡实证研究》[1]，就是回答这个问题的。应该说，罪刑均衡的基本价值蕴涵就在于公正性[2]：有罪不罚、重罪轻罚意味着对被害人的不公正；无罪动刑、轻罪重罚意味着对受刑人的不公正。而应当均衡并不等于实际上实现了均衡，于是笔者以"罪刑之间应当均衡"为理论假设，去观察、检验现实世界中的罪刑关系与应然假设之间的实际距离。

为了检验两个定义的重合程度，一方面，笔者对显性定义者的定义进行操作化处理，根据轻重顺序，形成一个由几百个法定刑组成的"刑量"序列。正如贝卡里亚在论证罪刑相适应时所强调的那样，应当运用力学原理研究犯罪与刑罚之间的数量关系。[3] 在这个序列中，显性定义

---

[1] 该研究获2005年全国优秀博士论文奖，2004年1月由法律出版社出版。
[2] 参见陈兴良：《本体刑法学》，103页。
[3] 参见［意］贝卡里亚：《论犯罪与刑罚》，78页。

者即立法者如何理解公正的内涵，都会通过某种罪名的配刑轻重体现出来。①

另一方面，完成了显性定义者的刑量排序后，还需要对隐性定义者的定义进行量化处理，这样才能对这两者的公正观加以比较观察。具体做法是，首先将截止到2002年年底刑法修正案（四）颁布后刑法分则规定的全部犯罪共422个确定为当时的全样本，然后，按照一个多元、多层次的理论体系，对这四百多个犯罪进行14次划分，用计算机对这些划分的结果进行综合、排序，最终形成一个轻重不等的"罪量"序列。这14次划分的基本标准就是，怎样对不同犯罪进行严重性程度的排序才显得更加公正。②

在每一种划分中，都根据严重性程度的权重大小对每种犯罪进行量化排序。例如，故意犯罪显然应该重于复合罪过犯罪，复合罪过犯罪显然应该重于过失犯罪。再如，在被害互动关系中，越接近被迫被害犯罪，加害一方对被害一方的强制力就越具有弱肉强食的性质，其中的加害与被害就越体现出赤裸裸的不平等，被害人对加害的服从的自愿程度也越低，对被害局面的控制能力越差。因此，笔者认为，在这三者之

---

① 具体做法是，如果将最轻的有期徒刑幅度假定为量值1的话，那么，拘役可以赋值为1－0.25＝0.75。然后，管制的严厉程度轻于拘役，因此，管制应赋值为0.75－0.25＝0.5。接下来，无期徒刑比有期徒刑严厉，大体上可以认为相当于两个最严厉的有期徒刑，按照刑法规定，有期徒刑最高为15年，因此，无期徒刑应赋值为15×2＝30。最后，死刑是最为严厉的刑罚，大体上可以认为相当于两个无期徒刑，因此，死刑应赋值为30×2＝60。据此，在SPSS中运行一定的算法模型后，便得到每个抽象个罪的刑量了。当然，这个公式中的所有数量关系的合理性都是可讨论的。我们的目的是将每个法定刑按其严厉程度定位在一个相对位置上，因此，只要每个法定刑的轻重都按照同一个标准进行综合，各个法定刑的定序关系不错，就可以使具体的法定刑之间具有可比性。

② 这些划分是：按照加害人与被害人之间的互动关系的不同，将犯罪分为被迫被害犯罪、缺席被害犯罪、交易被害犯罪。按行为类型的不同，将犯罪分为强暴力犯罪、偷窃犯罪、欺诈犯罪三种。按加害地位的不同，将犯罪分为优势犯罪与一般犯罪。按犯罪与国家权力的不同关系将犯罪分为针对国家权力的犯罪、误用国家权力的犯罪、违反国家权力的犯罪。按发现、证实的难易程度将犯罪分为高暗数犯罪与低暗数犯罪。按犯罪危害的现实性程度将犯罪分为复合结果犯、实害犯、危险犯。按犯罪与个人利益的关系将犯罪分为个人利益犯罪、共有利益犯罪、派生条件犯罪。按犯罪侵害的法益的不同将犯罪分为危害安全价值的犯罪、破坏经济秩序的犯罪、违背文化规范的犯罪。按犯罪行为的伦理内容的不同将犯罪分为生命否定型犯罪、功利型犯罪、遵从型犯罪。按构成要件形式的不同将犯罪分为复杂构成之罪与简单构成之罪。按犯罪结果的形态不同将犯罪分为结果离散型犯罪与结果集中型犯罪。按犯罪之间的关联性程度将犯罪分为关联型犯罪与孤立型犯罪。按罪过形式的不同将犯罪分为故意犯罪、复合罪过犯罪、过失犯罪。按犯罪态度的不同将犯罪分为积极犯罪与附随犯罪。

中，被迫被害犯罪的罪量应当最大，缺席被害犯罪的罪量应当次之，交易被害犯罪的罪量应当最小。对这四百多个罪名逐一进行14次观察后，生成了5 908个数值。应该说，这个过程实际上是公正理念的具体化过程，也是抽象的刑法、犯罪学思想的某种延伸。这个过程首先使罪量评价过程具有透明性、可操作性、系统性，据此，各种犯罪之间获得了标准化意义上的可比性，因而使罪刑关系均衡性的实证考察获得了现实可能性。

至此，每个罪的罪量和刑量已不再是秘密。不过，我们还是无法一眼看出"罪量"和"刑量"两列数据之间的关系，也即，这两个背影能否重合。为此，我们制作了一个工作假设，即："如果对以罪量系统为自变量，以刑量系统为因变量的关系进行回归分析，其分析结果的回归决定系数 R^2 应当近似于1"。运行SPSS的回归分析命令后所得结果是，刑法分则中的422对罪刑关系的回归决定系数 R^2 等于0.28。就是说，在立法上，罪量的轻重变化对刑量的轻重变化只有大约28％的解释力，或者说，罪量的大小只能解释大约28％的刑量轻重。这意味着，在我国刑法中，的确是罪量越大，刑量越重。但是，罪量的大小尚不能在较大程度上解释刑量的高低，例如，在当时的刑法中，故意杀人罪的刑量还不如组织卖淫罪的刑量重；引诱幼女卖淫罪的刑量比煽动分裂国家罪的刑量还重；聚众淫乱罪的刑量等于聚众扰乱公共场所秩序、交通秩序罪，非法集会、游行、示威罪，破坏集会、游行、示威罪的刑量；故意泄露军事秘密罪的刑量等于过失泄露军事秘密罪的刑量；暴力危及飞行安全罪、组织越狱罪的刑量等于非法经营罪的刑量；组织、领导、参加黑社会性质组织罪的刑量等于聚众哄抢罪的刑量；战时造谣扰乱军心罪的刑量等于组织淫秽表演罪的刑量；刑讯逼供罪、暴力取证罪的刑量等于强迫交易罪、过失致人重伤罪的刑量；等等。正是这些罪刑关系的存在，大大拉低了上述回归决定系数。这样的罪刑关系越多，中国刑法中罪刑关系的整体均衡性就越低，这两个背影重合的部分就越少。

为什么会这样？因为这两个定义者对什么是犯罪这个基本问题的回答不同，而犯罪观的不同，又可以回溯到不同的公正观。可见，不同的定义者，基于对公正的不同理解，便会有对犯罪的不同界说，便有罪行轻重的不同排序。

刑法中发现了两个背影！这至少意味着，公正不是一个人的公正，不是只有一个人才有权定义何谓公正，更不能把某个公正判断强加给每个人。只要社会利益是多元的、社会群体是多元的，关于公正的理解就不可能是一元的。从这个意义上说，公正的可比性本身才是公正的。

第二节 哪来的规则——内省与经验

理解一个刑法规则的公正性，除了要看它是谁的规则以外，还要看它是怎样发展而来的规则，这就是刑法规则的来源问题。从某种意义上说，作为公正价值的体现，刑法规则主要来自人们的内省和经验。内省是人类自我观察、自我审视的心理能力，在较大程度上与先验的德性之知有关。经验是人类在实践中对自我与外界关系的感知，在很大程度上与后验的见闻之知与关。刑法规则是这两者的共同产物，因此，公正既有人同此心的一面，又有此一时彼一时的一面。

笔者曾以"犯罪轻重是如何被定义的"这个问题为切入点，对50个国家的刑法典进行了比较研究，结果证实了关于刑法规则来源的上述理解。[①] 笔者首先从这50部刑法典中提取出13 121个独立的罪刑关系，然后，又根据中国社会科学院《列国志》编委会在社会科学文献出版社2003年开始陆续出版的各国卷本，以及世界知识出版社编的《世界知识年鉴》历年卷本，观察了50个国家的社会背景信息，如经济、人口、自然环境、历史文化，等等。这样，我们便可以将一定的罪刑关系放到它所处的社会背景结构中进行考察，使刑法规范与社会环境之间的某些关系得以显现。

观察的一个结果是，不论是意识形态上突出公权保护还是私权保护，在各国刑法中，暴力犯罪的法定刑普遍重于其他犯罪。这种一致性选择其实就是人类本性中厌恶暴力的一种表达，是德性之知的最好证据，人们不需实际体验过挨打的滋味就知道拒斥暴力。正如康德认为的那样，知识的普遍性和必然性不是导源于感觉或知觉，而是在理性、在知性中有其渊源。[②] 道德规律或绝对命令是普遍和必然的规律，是先验的，是理性本身所固有的，它存在于最普遍的人的心目中。[③] 实际上，犯罪学史上加罗法洛的"自然犯罪"理论、法理学中的自然法理论，都

[①] 参见白建军：《犯罪轻重是如何被定义的》，载《中国法学》，2010 (6)。
[②] 参见［美］梯利：《西方哲学史》（增补修订版），437页。
[③] 参见上书，464页。

第十章 宏观公正：刑法与社会

在不同程度上与先验论相通。加罗法洛认为，犯罪实际上"是一种伤害某种被某个聚居体共同承认的道德情感的行为"[①]，这种所谓共同承认的道德情感就是怜悯、正直这两种利他情感。同理，自然法理论认为：有一个对各种社会美德的正确安排。各种各类共同体不是通过法律获得生命的，尽管它们生存于法律之中。它们是通过与其存在相对应的特定的美德而生存的……自然法能够通过法律的合道德性给予国家以真正的伦理基础。[②] 在这些学说看来，无须借助经验观察，只要依靠人类自身的理性力量，就可以发现人性中固有的罪刑关系。从这个意义上说，公正是绝对的。

另一个有趣的观察结果是，各国刑法的严厉性程度以及价值取向还与人口因素、民族异质性程度、人均资源占有量、城市化进程以及国民素质等多种非法律因素有关。各国在这些方面的差异使得立法者不得不以各自的方式与本土犯罪问题相处，并沉淀出各自行之有效的经验。当这些经验与人们共有的善恶良知以规范的形式融合到一起时，便形成了刑法中各种犯罪的轻重刻度。

笔者首先考察了法系与死刑的关系。结果发现，50部刑法中，有28部属大陆法系刑法，其中只有7部规定有死刑，占大陆法系刑法的25%。而17部英美法系刑法中，就有8部规定了死刑，占英美法系刑法的47%。另有5部刑法属其他法系，全部规定了死刑。这个关系的P值为0.005，说明统计差异显著。就是说，在样本范围内，与其他法系相比，死刑有相对较小的机会出现在大陆法系刑法中。此外，亚洲11部样本刑法中有10部刑法都规定了死刑，欧洲21部样本刑法中只有2部刑法中有死刑，大洋洲11部样本刑法中有4部刑法中有死刑。这与上述对法系传统的观察之间在一定程度上相互印证，说明欧陆国家刑法对死刑的态度相对审慎。

观察还发现，人口因素也可能影响刑法的罪刑关系模式选择。一个证据是，20个死刑国家的平均人口为178 498 150人，而非死刑国家的平均人口为26 620 150人，前者是后者的约6.7倍。但要注意，该关系的T检验结果的P值为0.08，略高于须小于、等于0.05的要求。因此，我们只能有条件地说，死刑国家基本上是人口大国。为慎重起见，

[①] ［意］加罗法洛：《犯罪学》，22页。
[②] 参见［德］海因里希·罗门：《自然法的观念史和哲学》，姚中秋译，223页，上海，上海三联书店，2007。

笔者又测量了有死刑国家的人口总数与刑法中死罪个数之间的相关性。结果是，两者的皮尔逊相关系数为 0.46，P 值＝0.04，说明人口总数的多少不仅与死刑的有无有关，还与死刑数的多少呈显著正相关。这说明人口越多不仅越可能有死刑，死罪的数量还越多。另一个证据是，样本中死刑国家的人口密度为每平方公里 491 人，而非死刑国家的人口密度仅为每平方公里 150 人。还有，除 14 个国家的数据缺失以外，在 29 个城市人口多于农村人口的国家中，有 8 个国家规定了死刑；而在 7 个农村人口多于城市人口的国家中，就有 4 个国家规定了死刑。可见，死刑现象还有可能与一个国家的城市化进程有关。再有，除 13 个国家的数据缺失以外，在 29 个人口老龄化社会中，有 7 个国家规定了死刑；而在 8 个非老龄化社会中，也有 6 个国家规定了死刑，这个关系的 P 值为 0.02。这说明，刑法的严厉性程度与人口的老龄化程度之间很可能有关，其中的原因很值得深入研究。总之，很难阻止人们相信人口因素对刑法严厉性程度的影响。

  作为社会控制的手段，刑法还可能与民族问题有关。数据显示，第一，有数据的 18 个死刑国家中，民族的数量平均为 54 个，而有数据的 29 个非死刑国家中，民族的数量平均仅为 17 个。[①] 该关系的 T 检验 P 值为 0.08，略高于统计学要求。所以，我们有一定理由说，死刑国家的民族异质性程度很可能大于非死刑国家。第二，有数据的 16 个死刑国家中，最主要民族在总人口中所占比例平均为 78.7%，而有数据的 26 个非死刑国家中，最主要民族在总人口中所占比例平均为 90%，有的甚至是单一民族国家。其 T 检验的 P 值为 0.07，略高于统计学要求。这个结果为上述民族数量的观察提供了某种佐证，同样引起我们关于刑法严厉性程度与民族结构之间关系的浓厚兴趣。第三，公权或亚公权刑法国家民族的数量平均为 13 个，而私权或亚私权刑法国家民族的数量平均为 62 个。这个差异的 T 检验结果十分显著，P 值小于 0.05。此外，公权或亚公权刑法国家中，最主要民族所占人口总数的比例为 88%，而私权或亚私权刑法国家中，最主要民族所占人口总数的比例为 79%，但其 T 检验结果不够显著。这些事实意味着，民族异质性越强的国家，刑法越可能规定死刑，同时也越可能选择私权保护的价值倾向；相反，民族同质性越强的国家，刑法规定死刑的可能性相对较小，

[①] 各国民族数据除了上文提到的数据来源外，还来自［美］戴维·莱文森编：《世界各国的族群》，葛公尚、于红译，北京，中央民族大学出版社，2009。

第十章 宏观公正：刑法与社会

同时选择公权保护价值倾向的机会也较大。

更值得注意到是，刑法还与经济发展程度有关。一方面，有数据的19个死刑国家的国内生产总值GDP平均约为14 772亿美元，而有数据的29个非死刑国家的GDP平均约为6 062亿美元，但T检验结果不够显著。死刑数与GDP总量之间的皮尔逊相关系数也较低，且不显著。另一方面，有数据的19个死刑国家的人均GDP平均约为9 468美元，而有数据的26个非死刑国家的人均GDP平均为29 776美元，经T检验，P值为0.000。前后两方面数据结合起来意味着，刑法严厉性水平与经济总量基本无关，但与人均资源占有量关系密切：人均物质资源占有量越高的国家，刑法中出现死刑的可能性相对较小。人们实际上享受的物质资源越是稀缺，国家就越可能加大刑罚资源的供给。反过来说就是，刑法严厉性的控制，关键不在国强而在民富，民富，则自然少刑、去刑，乃至无刑。除绝对严厉性以外，我们还考察了经济因素对刑法价值取向的影响：数据显示，公权或亚公权刑法国家的GDP均值约为7 430亿美元，而私权或亚私权刑法国家的GDP均值约为13 301亿美元。但是，这个差距不仅没通过T检验的显著性要求，而且，两者的人均GDP均值之间也无显著差异。这说明，经济因素对刑法绝对严厉性水平具有显著影响，但无法用来直接解释刑法价值取向上的差异。

这些观察可以帮我们强化一个信念：德性之知可以帮助立法者对罪刑关系作出最基本的安排，但道德内省和冥想不可能解决立法者不得不面对的所有复杂问题。刑法有多严厉，不仅不是纯伦理学问题，甚至不是个纯法律问题。罪刑关系不完全是道德内省的规范性表达，还是立法者与一定社会环境相处经验的反映。这个意义上的罪刑关系制作过程，离不开反映性的、经验性的见闻之知。正如德国学者考夫曼等人指出："常常不是法律规范，而是事实上有效的社会规范调整和控制着人的行为。经验的法社会学的任务是，用经验的社会研究的方法和技术，去考察法的实效，诸如……社会实验、文献分析、内容分析和数据分析。"① 例如，上文数据显示，人口越多，密度越大，刑法中出现死刑的机会就越大。现在看来，这个现象不能简单理解为人口多，人命的价值自然贬值，所以死刑较多，而应看到，正是因为人口多、密度大，人际冲突并激化为犯罪的机会就越大，对更严厉控制手段的需求随之提高。可见，

---

① ［德］阿图尔·考夫曼、温弗里德·哈斯默尔主编：《当代法哲学和法律理论导论》，468页，北京，法律出版社，2002。

国情环境不同，面对的问题不同，立法者所作出的选择也将不同。

第三节　规则到哪去——复原与重建

如果说从哪来的问题与刑法制定有关的话，那么，到哪去的问题就与刑法适用有关。一般认为，刑事司法是回顾性的，强调对已然加害行为的报应，至少在象征意义上意味着复原被犯罪行为破坏的原有秩序。然而，经验观察开始让我们怀疑，刑事司法也许不都是回顾性的。实际上，在复原原有秩序的同时，刑法适用还基于某种前瞻性考量，试图建构新的秩序。刑事法官不仅要考虑犯罪人对被害人造成了何种侵害，还要考虑犯罪人为什么会实施这种加害，以及，如何定罪量刑才会收到最佳的社会效果。如果真是这样，我们就应该可以在罪因、罪行、刑罚三者之间发现某种关联，从而证实这种秩序重建的过程。

为此，笔者曾对中国 1988—2007 年 20 年间纵向，1998、2003、2007 年这 3 年内地 31 个省市（区）横向的犯罪率数据，同期、同地十几项社会、经济发展数据以及 641 个最高人民法院示范性案例数据进行了交叉印证性考察，结果证实，这一时期的社会、经济因素对纵向和横向犯罪率的变化均构成显著影响，这种影响又影响着刑事司法——当犯罪数量的增长在较大程度上是社会因素作用的结果时，刑罚资源将适度投入，而非机械地相应增长。[①]

一般认为，犯罪率持续上升，说明犯罪趋于严重，国家自然应该增加刑罚资源的投入，加大打击力度。[②] 20 年（1988～2007）来，中国犯罪率也呈上升趋势，平均每年增长 10% 以上，超过了不少时期全国 GDP 的增长。[③] 与之相应，也应该引发或将引发刑罚力度的提升。然而，

[①] 这部分内容曾以"从中国犯罪率数据看罪因、罪行与刑罚的关系"为题，发表在《中国社会科学》2010 年第 2 期。

[②] 意大利犯罪学家菲利的"犯罪饱和法则"（［意］恩里科·菲利：《犯罪社会学》，56～57 页）认为，如果实际犯罪率远离理想犯罪率而逼近最低或最高犯罪率水平时，就引发相应的社会反应（参见汪明亮：《"严打"的理性评价》，86～89 页，北京，北京大学出版社，2004）。

[③] 本章所用公开的原始犯罪统计数据，除文中另有注明外，均来源于中国法律年鉴社历年公开出版的《中国法律年鉴》。

一些案件（如众所周知的"许霆案"）由于存在明显特殊的犯罪原因，法院的最终量刑往往比较适度。[①] 于是，人们会问：现实世界中，这种"罪出有因"而得到宽宥的案件到底有多普遍？如果十分普遍，到底该怎样理解犯罪本身和法律规定对刑罚宽严的决定性作用？到底如何从理论上解释"罪因——罪行——刑罚适用"三者之间的关系？

这个研究的理论假设是：动员刑罚而对犯罪作出反应的力度，与犯罪案件的多少之间不完全均衡、对应。国家刑罚资源的投入不完全取决于犯罪数量的消长，而与犯罪率的内在结构以及宏观犯罪原因有关。如果犯罪数量的增长在较大程度上是社会因素影响的结果，刑罚资源的投入不仅不会机械地相应增长，反而会受到严格控制。这种不均衡背后，应该蕴涵着更加深刻的均衡。

为此，本研究以中国犯罪率的宏观数据代表犯罪本身的消长变化，用中国各种宏观经济数据代表社会、经济条件[②]，用官方司法数据推算出的重刑率以及最高人民法院示范性案例样本数据代表刑罚适用状况。[③] 研究的检验逻辑是，如果能够观察到犯罪率的明显增长，又能够测量到犯罪率与各项社会、经济数据之间的高度统计相关，而且同时观测到重刑率和样本数据中刑罚量的平均趋势得到适度控制，才意味着非均衡性假设可能成立。

基于《中国法律年鉴》和《中国统计年鉴》历年版本原始数据观察可以看出，20年（1988～2007）来全国犯罪率总体上升趋势明显：1988年全国每10万人中只有75.5个公安机关立案的刑事案件，到了2007年，全国每10万人口中就有363.9个公安机关立案的刑事案件，后者是前者的4.8倍。中国20年（1988～2007）来犯罪率的内在结构具有两个显著特征：一是毛犯罪率的增速大大高于重罪率的增速，两者

[①] 参见（2008）穗中法刑二重字第2号刑事判决书。
[②] 本章所用公开的原始社会、经济、人口、自然地理等统计数据，除文中另有注明外，均来源于中华人民共和国国家统计局编、中国统计出版社出版的《中国统计年鉴》历年版本。
[③] 最高人民法院案例是来自最高人民法院各业务庭、研究机构、出版单位、网站等权威机构公开发布、发表的全部真实审判案例，它们来自：最高人民法院、最高人民检察院：《中国案例指导》，北京，法律出版社；最高人民法院办公厅：《中华人民共和国最高人民法院公报》，北京，人民法院出版社；最高人民法院中国应用法学研究所：《人民法院案例选》，北京，人民法院出版社；国家法官学院、中国人民大学法学院：《中国审判案例要览》，北京，中国人民大学出版社、人民法院出版社；《人民法院裁判文书选》，北京，法律出版社；最高人民法院网站：www.court.gov.cn；最高人民法院各刑事审判庭：《刑事审判参考》，北京，法律出版社，等等。

之间近似于"剪刀差"状。证据是,20 年(1988~2007)来毛被害率的年平均增长率为 12.3%,毛加害率的年平均增长率为 11.5%,而这一时期的重罪被害率的年平均增长率为 2.1%,重罪加害率的年平均增长率为 1.6%。二是加害率与被害率之间基本同步消长。证据是,毛被害率与毛加害率之间的相关系数高达 0.996(p=0.000),而且,重罪被害率与重罪加害率之间的相关系数也高达 0.989(p=0.000),说明加害率与被害率的同步性比较明显。发现中国犯罪率"剪刀差"现象的直接意义是,我们不应一般地说犯罪问题趋于严重或者轻缓,而应当分别观察轻微犯罪与严重犯罪的范围、规模和走势有何不同,否则,仅仅看到毛犯罪率上升便决策加大刑罚资源的投入,或者仅仅根据重罪率下降便放松犯罪控制,都可能误导刑罚适用的宽严导向。

关于犯罪率消长的解释尽管有各种学说[1],笔者的发现是,经济发展水平越高,则恩格尔系数越低,犯罪率随之越高;反之,经济越落后,则恩格尔系数越高,犯罪率越低。而且,20 年(1988~2007)和 31 省市的交叉观察相互印证,无论从纵向数据来看还是从横向数据来说,经济发展总量水平"横竖"都是毛犯罪率的最强解释。[2]

在此基础上我们进一步看到,本研究数据观察所涉及的 20 年间(1988~2007),中国的经济发展仍属劳动密集型,导致大量农村人口涌向城市,并伴随其他人口流动;加之收入差距的拉大,使越来越多的人感受到收入的绝对上升和同时的相对下降。结果,非正式社会控制的减弱和不满、不公感的强化二者相交织,其相乘效应才是犯罪率上升的内在原因。中国学者张小虎基于基尼系数、变异全距、分位法等贫富差距的测量结果,分析中国犯罪率上升的原因时也指出,中国目前的社会并非一个菱形结构的社会(中产社会),而是一个近似金字塔形的社会,贫富差距正在急剧拉大,已趋近于两极化。[3] 因此,中国犯罪与经济之间的高度相关性是有条件的,关键不在于人均 GDP 的高低,而在

---

[1] 参见康树华:《比较犯罪学》,469~470 页,北京,北京大学出版社,1994。
[2] 有研究证实,长江三角洲、珠江三角洲、环渤海三大经济圈地区是当前中国经济最发达、人口最稠密、城市化程度最高的地区,同时也是中国犯罪高发、万人犯罪率最高的地区。2002—2004 年,三大经济圈地区的刑事案件数量分别为 1 746 389 起、1 921 146 起、2 224 555 起,占全国刑事案件的比例分别为 40.2%、43.7%、47.1%。就刑事案件万人发案率而言,2004 年全国平均为 36.3,三大经济圈地区为 49.5,其中,长三角地区为 73.4,珠三角地区(广东省)为 62.0,北京、天津、辽宁分别为 58.4、43.0、42.0。参见夏德才:《中国三大经济圈地域环境与犯罪》,载《犯罪研究》,2006(2)。
[3] 参见张小虎:《转型期犯罪率明显增长的社会分层探析》,载《社会学研究》,2002(1)。

于伴随着经济增长的非正式社会控制的减弱和资源分配结构的失衡。

理论上说,这个现象可以归结为社会"解组"①。社会"解组"理论所描述的,正是经济高速发展的社会中,道德规范的强大作用是怎样悄悄减弱的过程。②美国学者默顿认为,社会为人们规定了通行的价值目标的同时却没有给人们提供足够的实现价值目标的手段,于是,用非法手段去实现社会价值目标便成为他们的必然选择。③ 1982年,美国学者布劳夫妇在《不平等的代价:都市结构与暴力犯罪》一书中提出:贫富悬殊造成的相对剥夺感和社会不公感会导致愤怒情绪和犯罪行为。受到相对剥夺的人们,会自然而然地被激怒,并通过实施犯罪行为来发泄他们的敌意。④按照相对剥夺理论,即使经济总量发展,如果分配结构不合理,由相对剥夺感导致的不满同样会引发犯罪率的上升。相比而言,犯罪率与经济发展之间也不是在每一个国家都高度相关。⑤ 1983年,美国学者阿德勒对1970年到1975年间瑞士、日本等10个国家进行了比较研究,结果发现这10个国家有几个共同点:家庭和亲属关系都比较牢固,社会成员在家庭里普遍感到安全和支持;集体和集体意识得到强化;警察、法院、监狱等正式监督体系与非正式监督体系相适应。而这10个国家都是低犯罪率国家。于是,阿德勒得出结论,低犯罪率这一结果可以从这些属性的存在得到解释。⑥可见,犯罪率上升并不是经济发展的直接结果,经济发展并不必然导致犯罪增多,只有在经济发展与"社会解组"、"社会异常"、"相对剥夺"并存的情况下,才可能导致犯罪率的上升。从这个意义上说,犯罪不能完全归因于犯罪人的恶害,社会本身也负有一定意义上的责任。

---

① [美]杰克·D·道格拉斯、弗兰西斯·C·瓦克斯勒:《越轨社会学概论》,77~83页。
② 有学者对584个美国城市1960年、1970年、1980年的犯罪率数据进行了经验研究,结果证实,社会"解组"理论比犯罪机会理论更具解释力。See Terance D. Miethe, Michael Hughes, David McDowall, "Social Change and Crime Rates: an Evaluation of Alternative Theoretical Approaches," *Social forces* 70: 1, September 1991.
③ See Stuart H. Traub and Craig B. Little, *Theories of Deviance*, F. E. Peacock Publishers, Inc, 1985, pp. 107-138.
④ 参见吴宗宪:《西方犯罪学》,470~471页。
⑤ 例如,同属发达国家的美、英、法、德、日5国1996年、1998年、2000年及2002年的犯罪率相比,美、英、法、德均为日本的数倍之多。参见孙峰华、史爱均、李世泰:《世界犯罪的现状及其地理特征》,载《世界地理研究》,2006(3),51页。
⑥ 参见[美]汉斯·约阿希姆·施奈德:《犯罪学》,33页。

既然犯罪在一定意义上也应归因于社会，那么，社会是如何对此"负责"的呢？按照本章假设，这时社会将以适度的刑事反应，调整罪因、犯罪与社会之间的关系。换句话说，刑罚资源投入的大小不一定与犯罪率的高低成正比，如果真的如此，除了证明社会经济因素对纵向和横向犯罪率的变化构成重要影响以外，还需要证明重刑率是否有明显下降的趋势。根据中国司法机关犯罪统计的统一口径，5年以上有期徒刑、无期徒刑及死刑为重刑，因此，重刑率就是以法院一审审结刑事案件数为基数，以法院判决5年以上有期徒刑、无期徒刑、死刑的人数为犯罪数计算的犯罪率，反映已审结刑事案件中罪犯被适用重刑的概率。[①] 如果一方面犯罪率持续上升在很大程度上是社会经济因素作用的结果，另一方面社会又仅仅根据犯罪率的上升而强化刑事惩戒力度，非均衡性假设将被证否。所幸，数据分析得到的第一个结果是，20年（1988～2007）来中国重刑率的年平均增长率为－2.1%，毛被害率与重刑率之间的相关系数为－0.836（p＝0.000），毛加害率与重刑率之间的相关系数为－0.810（p＝0.000）。这说明，犯罪率与重刑率之间的发展趋势相反——犯罪率上升，重刑率下降。这至少说明，法官群体的确不约而同地在司法实践中积极、主动地控制刑罚资源的过量投入。

　　这里，我们终于看到刑法适用是如何在恢复正义秩序的基础上重建新的正义秩序的。正如美国学者吉尔兹所说："不论法律依据的是什么，它都不是全部真相。法律事实并不是自然生成的，而是人为造成的，一如人类学家言，它们是根据证据法规则、法庭规则、判例汇编传统、辩护技巧、法官雄辩能力以及法律教育成规等诸如此类的事物而构设出来的，总之是社会的产物"[②]，就是说，"任何地方的'法律'都是对真实进行想象的特定方式的一部分"[③]，都是"建设性的"、"构造性的"和"组织性的"而非"反映性的"[④]。

　　这个重建过程的基本特征就是，基于加害与被害之间的中立立场，刑法适用总是在试图积极能动地平衡犯罪与社会之间的冲突：当犯罪率的上升在较大程度上是社会因素作用的结果时，刑罚力度的适当控制就

---

① 严格地讲，案件数和人数是分析单位不同的两个概念，但限于现有官方司法统计数据的统计口径，只能近似地据此计算重刑率。
② ［美］克利福德·吉尔兹：《地方性知识：事实与法律的比较透视》，载梁治平编：《法律的文化解释》，80页，北京，三联书店，1998。
③ 同上书，94页。
④ 同上书，129、130页。

可以理解为刑法中立立场的体现。相反，如果这时无视犯罪自身规律而仅仅根据犯罪率上升便加大刑罚力度，反而会加剧犯罪与社会之间的紧张关系，甚至导致恶性循环。如此说来，这种情况下的犯罪数量与刑罚力度之间形式上看似不均衡，实际上却彰显了法的中立性，而法的中立性又意味着更深刻的均衡。这种追求的动力并非全部源于自上而下的贯彻，而在很大程度上来自于法官群体对社会现实的集体认知和建设性的实践理性。[1] 这个过程恰如吉尔兹所言："通过把行为置于更大的分类甄别意指系统（frames of signification）——实用上的、道德上的、表达上的……法律上的——之内而促使其行为具有意义的方式，是他们通过根据那些大的意义系统去组织行为而维持或力图维持那些系统的方式。"[2]

小 结

在上述三个具体考察中，我们隐约看到某种内在联系：在"谁的规则"问题上我们看到，刑法可以容纳多个价值体系，但由法定罪刑关系所保障，只有一个价值体系是最强势的价值体系。在"从哪来的规则"问题上我们看到，强势价值体系的选择，首先与社会经济资源的数量多寡以及分配方式有关，因而，社会经济资源的稀缺程度，直接或间接地影响刑事惩戒资源的供给。在"规则到哪去"的问题上我们又看到，强势价值体系的选择还会关照到惩戒的实际效果，刑罚效果不仅取决于罪行，还与罪因有关，惩罚犯罪至少不能加剧社会不公或紧张。

这三者之间的客观逻辑是，刑法中主流价值体系的选择，应该尽可能符合、接近特定时空条件下犯罪问题的前因后果，以实现惩戒资源的有效开发和利用。惩戒资源的最优化就意味着公正，反之，滥用惩戒资

---

[1] 法官群体的实践理性与立法者（或政策制定者）的价值权衡虽有联系但毕竟有所不同。前者所面对的是大量具体个案，后者面对的是抽象个罪中的罪刑关系。前者所导致的不均衡是指现实中犯罪数量与刑罚投入力度之间的不均衡，中介因素是社会经济影响；而后者所要求的罪刑均衡是指理论上犯罪质量（严重性）与刑法评价严厉性之间的均衡性，中介因素是个体责任能力。因此，这里的均衡与否是两个语境下的罪与罚的关系，不发生矛盾与否的问题。参见白建军：《罪刑均衡实证研究》。
[2] ［美］克利福德·吉尔兹：《地方性知识：事实与法律的比较透视》，90页。

源和弃之不用，都意味着不公正。从这个意义上说，惩戒资源的优化意味着公正的地方性和历史性，硬要把此时此地的公正标准强加给彼时彼地，对任何适用对象而言都意味着不公正。而且，惩戒资源的优化也不在于可杀可不杀的不杀、能轻能重的择轻，尽量有利于受刑人；当然，也不在于为了防止犯罪，消灭所有可能犯罪的人，而在于以最低的制度成本取得最佳的惩戒效果。

下篇回顾：

犯罪定义权的最优分享

在本篇中，我们分别在当事人之间的关系、立法与司法的关系、刑法与社会的关系中考察了刑法意义上的公正问题。与之对应，三个具体结论分别是：公正在于刑法权利的平等，公正在于控制犯罪控制，公正在于惩戒资源的最优化。所以，刑法权利的不平等、定义犯罪的绝对权力、无效率的刑事惩戒，都意味着不公正。

其实，基于这三个结论，还可能导出某种更一般的规律：

刑法权利的平等意味着许多人对犯罪定义权的分享；

控制犯罪控制也意味着许多主体对犯罪定义权的分享；

惩戒资源的最优化同样意味着所有与社会资源分配有关的人对犯罪定义权的分享。

而这三种分享各自从不同角度彰显刑法意义上的公正，

所以，刑法上的公正就是社会最大多数人对犯罪定义权的最优分享。

很明显，由这个归纳逻辑推导出的最终结论中，有几个基本元素，即"最大多数人"、"犯罪定义权"、"最优分享"，其基本含义都可以返回到原来的观察中找到相应解释：

首先，所谓最大多数人，在微观上就是所有刑事案件中所有现实的和潜在的加害人及被害人；在中观上就是立法、司法之间，不同司法机构之间、法律人群体中不同个体之间、公众舆论与法律人之间众多的参与者；在宏观上就是任何特定历史条件下的全体社会成员。可以说，最大多数人几乎就是个全称概念，所强调的就是公正判断的主体是公众，是每个人而不是少数几个人。不论是能动还是被动，每个社会成员都在实际上参与公正与否的判断。习惯上，公正被认为只是裁决者的事，面对一个裁决，不论是否公正，被裁决者只能接受。而在我们的理论中，公正无代理，每个与之有关或可能有关的人都是公正判断的主体。当每个人都成为公正与否的裁决者时，忒弥斯便不再需要蒙上双眼，也不会再有真正意义上的法官腐败。

其次，至于所谓犯罪定义权，微观上的定罪量刑，中观上的刑事立法和刑事司法，宏观上一定社会历史条件对刑法制定与实施的影响，无一不是犯罪化或非犯罪化，因而都是在行使定义犯罪的权力。作为国家强制力之一，犯罪定义权是一种十分有效的工具性资源，直接或间接地影响甚至左右其他目的性资源的分配。尤其在中国传统文化中，"罪"、"恶"不分，一旦被定罪，即被认为可恶，实际上将被剥夺一切。道德是美女的服饰，是枪杆上的玫瑰，它使刑法获得了无上的说服力，给罪与罚的关系赋予了当然的合理性，以至于被告人往往无暇反思自己的行为是否真的悖德。所以说，犯罪定义权之所以厉害，不仅在于它背后有警察、法庭、监狱乃至断头台，更在于，一大堆的所谓实质合理性让被剥夺者被人拿走了一切还口服心服。如此利器，最安全的方法，也许就是把它交由大家共同保管。

最后，至于所谓最优分享，微观上的权利平等当然是刑法保护或刑法工具的分享；中观上对犯罪控制的控制，说到底就是多种主体共同行使犯罪定义权，以防犯罪定义权的独家垄断和公权私用；宏观上刑法的制定与实施受动于特定社会历史条件的影响，实际上就是当时当地最大多数人的基本生存条件和基本利益对刑法制定与实施的影响。应该说，这里的"最优"是说，作为一种工具性资源，犯罪定义权的占有、使用、收益、处分都是相对的：如果没有案件之间的比较，就看不出当事人之间是否实现了平等；如果没有不同机构之间相对的分权、制约，公权私用便在所难免；如果不是相对特定的社会历史条件，公正价值便失去了具体内容。既然公正都是相对的，那么，犯罪定义权就不应该成为一种绝对权力，不应该成为一种独占的权力，而应当由最大多数人共同拥有、共同受益。那种把公正判断绝对化的思维模式，否认这种相对性的存在，实际上也就否认了更多人参与公正性判断的必要。所以说，绝对判断总是和绝对权力联系在一起的。回到本篇最初的问题，我们面对某种公正性判断时之所以感到焦虑、不知作何选择，原因之一也许是我们太习惯于有人代替我们界说何谓公正。

不过，从逻辑上说，得出最终结论之前还没有排除一个可能，这就是，尽管平等、控制犯罪控制和惩戒资源最优化三者都体现了最大多数人对犯罪定义权的分享，因而意味着公正，但是，少数人独占犯罪定义权是不是就一定没有公正呢？换句话说，尽管我们看到的3只天鹅都是白色的，天鹅都是白色的结论还可能为一只黑天鹅的发现所推翻。老实说，我们的确无法从逻辑上绝对排除这种可能性，我们甚至曾经以为我们看见的天鹅都是白色的，尽管事后证实，其中有些只是黑鸭子或乌鸦什么的。不论是这些黑的东西在说假话，还是我们自己的错觉骗了我们自己，至少，我们还得坚持看见什么说什么，将理论建立在经验观察基础上。因此，我们只能说，最大多数人对犯罪定义权的最优分享比犯罪定义权的少数人独占有更大的机会通向公正。尽管，犯罪定义权的少数人独占也可能偶尔作出某个公正判断，但毕竟，这种结果出现的概率不高，以至于我们没有理由冒这个风险，用少数人的绝对权力取代最大多数人对犯罪定义权的分享。我们宁愿相信，把犯罪定义权这种可怕而有效的工具资源分散到所有与之有关的社会成员，才更有可能实现公正。

总之，刑法上的公正就是社会最大多数人对犯罪定义权的最优分享。具体来说，公正在于刑法权利的平等，公正在于控制犯罪控制，公正在于惩戒资源的最优化。这就是基于关系分析的方法和大量经验观察所概括出的关系公正论的基本意思。

参考书目

一、中文著作

1. 白建军. 犯罪学原理. 北京：现代出版社，1992
2. 白建军. 公正底线——刑事司法公正性实证研究. 北京：北京大学出版社，2008
3. 白建军. 罪刑均衡实证研究. 北京：法律出版社，2004
4. 曹子丹. 中国犯罪原因研究综述. 北京：中国政法大学出版社，1993
5. 陈鸿彝. 中国治安史. 北京：中国人民公安大学出版社，2002
6. 陈兴良. 刑法的启蒙. 北京：法律出版社，1998
7. 陈兴良. 刑法哲学. 修订2版. 北京：中国政法大学出版社，2000
8. 陈兴良. 本体刑法学. 北京：商务印书馆，2001
9. 储槐植，许章润. 犯罪学. 北京：法律出版社，1997
10. 储槐植. 犯罪场论. 重庆：重庆出版社，1996
11. 储槐植. 刑事一体化与关系刑法论. 北京：北京大学出版社，1997
12. 冯树梁. 中外预防犯罪比较研究. 北京：中国人民公安大学出版社，2003
13. 高隆昌. 社会度量学原理. 成都：西南交通大学出版社，2000
14. 高兆明. 社会失范论. 南京：江苏人民出版社，2000
15. 郭建安. 犯罪被害人学. 北京：北京大学出版社，1997
16. 郭建安. 美国犯罪学的几个基本问题. 北京：中国人民公安大学出版社，1992

17. 何秉松. 有组织犯罪研究：中国大陆黑社会（性质）犯罪研究. 第1卷. 北京：中国法制出版社，2002
18. 胡联合. 当代世界恐怖主义与对策. 北京：东方出版社，2001
19. 胡联合. 第三只眼看恐怖主义. 北京：世界知识出版社，2002
20. 康树华. 犯罪学——历史·现状·未来. 北京：群众出版社，1998
21. 康树华等. 犯罪学通论. 北京：北京大学出版社，1992
22. 康树华. 比较犯罪学. 北京：北京大学出版社，1994
23. 刘平. 文化与叛乱. 北京：商务印书馆，2002
24. 刘强. 美国犯罪学研究概要. 北京：中国人民公安大学出版社，2002
25. 罗大华等. 犯罪心理学. 杭州：浙江教育出版社，2002
26. 梁治平. 法律的文化解释. 北京：三联书店，1998
27. 马克昌. 近代西方刑法学说史略. 北京：中国检察出版社，1996
28. 莫洪宪等. 犯罪学概论. 北京：中国检察出版社，1999
29. 欧力同. 孔德及其实证主义. 上海：上海社会科学院出版社，1987
30. 皮艺军. 犯罪学研究论要. 北京：中国政法大学出版社，2001
31. 秦宝琦，谭松林. 中国秘密社会. 福州：福建人民出版社，2002
32. 邱国梁. 犯罪学. 上海：上海社会科学院出版社，1989
33. 邱兴隆. 关于惩罚的哲学：刑罚根据论. 北京：法律出版社，2000
34. 渠敬东. 缺席与断裂. 上海：上海人民出版社，1999
35. 师蒂. 神话与法制——西南民族法文化研究. 昆明：云南教育出版社，1992
36. 施锡铨. 博弈论. 上海：上海财经大学出版社，2000
37. 王海明. 新伦理学. 北京：商务印书馆，2001
38. 王牧. 犯罪学. 长春：吉林大学出版社，1992
39. 王牧主编. 犯罪学论丛. 第1卷. 北京：中国检察出版社，2003
40. 汪明亮. "严打"的理性评价. 北京：北京大学出版社，2004
41. 魏平雄等. 犯罪学教程. 北京：中国政法大学出版社，1998

42. 吴宗宪. 西方犯罪学. 北京：法律出版社，1999
43. 吴宗宪. 西方犯罪学史. 北京：警官教育出版社，1997
44. 武伯欣. 跨世纪的犯罪问题：中国犯罪预测研究与思考. 重庆：重庆出版社，1996
45. 肖剑鸣，皮艺军. 罪之鉴：世纪之交中国犯罪学基础理论研究（上，下）. 北京：群众出版社，2000
46. 肖剑鸣. 犯罪学研究论衡. 北京：中国检察出版社，1996
47. 肖扬主编. 中国刑事政策和策略问题. 北京：法律出版社，1996
48. 谢勇. 犯罪学研究导论. 长沙：湖南出版社，1992
49. 徐久生. 德语国家的犯罪学研究. 北京：中国法制出版社，1999
50. 阴家宝. 新中国犯罪学研究综述. 北京：中国民主法制出版社，1997
51. 袁方. 社会研究方法教程. 北京：北京大学出版社，1997
52. 张甘妹. 犯罪学原论. 台北：汉林出版社，1977
53. 张小虎. 转型时期中国社会犯罪原因探析. 北京：北京师范大学出版社，2002
54. 张筱薇. 比较外国犯罪学. 上海：百家出版社，1996
55. 张旭. 犯罪学要论. 北京：法律出版社，2003
56. 张远煌. 犯罪学原理. 北京：法律出版社，2001
57. 张智辉，徐名涓编译. 犯罪被害者学. 北京：群众出版社，1989
58. 章海山. 西方伦理思想史. 沈阳：辽宁人民出版社，1984
59. 郑杭生，李强，李路路. 社会指标理论研究. 北京：中国人民大学出版社，1989
60. 周路等. 当代实证犯罪学. 天津：天津社会科学院出版社，1995
61. 周路等. 犯罪调查十年统计与分析. 天津：天津社会科学院出版社，2001
62. 朱晓阳. 罪过与惩罚：小村故事. 天津：天津古籍出版社，2003
63. ［德］弗洛姆. 人类的破坏性剖析. 孟禅森译. 北京：中央民族大学出版社，2000

64. ［德］汉斯·约阿希姆·施奈德. 犯罪学. 北京：中国人民公安大学出版社, 国际文化出版公司, 1990

65. ［德］汉斯·约阿希姆·施奈德. 国际范围内的被害人. 许章润等译. 北京：中国人民公安大学出版社, 1992

66. ［德］马克斯·韦伯. 社会科学方法论. 韩水法, 莫茜译. 北京：中央编译出版社, 1999

67. ［德］海因里希·罗门. 自然法的观念史和哲学. 姚中秋译. 上海：上海三联书店, 2007

68. ［德］阿图尔·考夫曼, 温弗里德·哈斯默尔. 当代法哲学和法律理论导论. 郑永流译. 北京：法律出版社, 2002

69. ［俄］阿·伊·道尔戈娃. 犯罪学. 赵可等译. 北京：群众出版社, 2000

70. ［法］迪尔凯姆. 乱伦禁忌及其起源. 汲喆等译. 上海：上海人民出版社, 2003

71. ［法］迪尔凯姆. 社会学方法的准则. 狄玉明译. 北京：商务印书馆, 1995

72. ［法］迪尔凯姆. 自杀论. 钟旭辉等译. 杭州：浙江人民出版社, 1988

73. ［法］福柯. 规训与惩罚. 刘北成等译. 北京：三联书店, 1999

74. ［法］孔德. 论实证精神. 黄建华译. 北京：商务印书馆, 1996

75. ［法］孟德斯鸠. 论法的精神（下）. 张雁深译. 北京：商务印书馆, 1963

76. ［法］皮埃尔·布迪厄, ［美］华康德. 实践与反思——反思社会学导引. 李猛, 李康译. 北京：中央编译出版社, 1998

77. ［法］拉法格. 思想起源论. 王子野译. 北京：三联书店, 1963

78. ［美］艾尔·巴比. 社会研究方法. 邱泽奇译. 8版. 北京：华夏出版社, 2000

79. ［美］安德鲁·冯·赫希. 已然之罪还是未然之罪——对罪犯量刑中的该当性与危险性. 邱兴隆等译. 北京：中国检察出版社, 2002

80. ［美］波斯纳. 法律的经济分析. 蒋兆康译. 北京：中国大百科全书出版社, 1997

81. ［美］布莱克. 法律的运作行为. 唐越, 苏力译. 北京：中国政法大学出版社, 1994

82. ［美］布莱克. 社会学视野中的司法. 郭星华等译. 北京：法

律出版社，2002

83．［美］格尔哈斯·伦斯基．权力与特权：社会分层的理论．关信平等译．杭州：浙江人民出版社，1988

84．［美］哈罗德·J·维特，小杰克·赖特．犯罪学导论．徐淑芳，徐觉非译．北京：知识出版社，1992

85．［美］加里·S·贝克尔．人类行为的经济分析．王业宇，陈琪译．上海：上海三联书店，上海人民出版社，1995

86．［美］杰克·D·道格拉斯，弗兰西斯·C·瓦克斯勒．越轨社会学概论．张宁，朱欣民译．石家庄：河北人民出版社，1987

87．［美］孔飞力．叫魂：1768年中国妖术大恐慌．陈兼，刘昶译．上海：上海三联书店，1999

88．［美］理查德·昆尼．新犯罪学．陈兴良等译．北京：中国国际广播出版社，1988

89．［美］罗伊·F·鲍迈斯特尔．恶——在人类暴力与残酷之中．崔洪建等译．北京：东方出版社，1998

90．［美］特拉维斯·赫希．少年犯罪原因探讨．吴宗宪等译．北京：中国国际广播出版社，1997

91．［美］梯利．西方哲学史（上，下）．葛力译．北京：商务印书馆，1975

92．［美］谢利．犯罪与现代化——工业化与城市化对犯罪的影响．何秉松译．北京：群众出版社，1986

93．［美］弗兰克纳．善的求索：道德哲学导论．黄伟合等译．沈阳：辽宁人民出版社，1987

94．［美］博登海默．法理学——法哲学及其方法．邓正来，姬敬武译．北京：华夏出版社，1987

95．［美］彼彻姆．哲学的伦理学．雷克勒等译．北京：中国社会科学出版社，1990

96．［美］莫蒂默·艾德勒等．西方思想宝库．长春：吉林人民出版社，1988

97．［美］约翰·罗尔斯．作为公平的正义——正义新论．姚大志译．上海：上海三联书店，2002

98．［美］戴维·莱文森．世界各国的族群．葛公尚，于红译．北京：中央民族大学出版社，2009

99．［日］大谷实．刑事政策学．黎宏译．北京：法律出版社，2000

100. [日] 菊田幸一. 犯罪学. 海沫等译. 北京：群众出版社，1989

101. [意] 贝卡里亚. 论犯罪与刑罚. 黄风译. 北京：中国大百科全书出版社，1993

102. [意] 菲利. 犯罪社会学. 郭建安译. 北京：中国人民公安大学出版社，1990

103. [意] 菲利. 实证派犯罪学. 郭建安译. 北京：中国政法大学出版社，1987

104. [意] 加罗法洛. 犯罪学. 耿伟，王新译. 北京：中国大百科全书出版社，1996

105. [意] 朗伯罗梭. 朗伯罗梭氏犯罪学. 刘麟生译. 上海：商务印书馆，1929

106. [意] 龙勃罗梭. 犯罪人论. 黄风译. 北京：中国法制出版社，2000

107. [英] Ronald Blackburn. 犯罪行为心理学. 吴宗宪，刘邦惠等译. 北京：中国轻工业出版社，2000

108. [英] 边沁. 立法理论——刑法典原理. 孙力等译. 北京：中国人民公安大学出版社，1993

109. [英] 穆勒. 功用主义. 唐钺译. 北京：商务印书馆，1957

110. [英] 哈特. 法律的概念. 张文显译. 北京：中国大百科全书出版社，1996

111. 亚里士多德全集. 第 8 卷. 北京：中国人民大学出版社，1992

二、外文著作

1. David Nelken. The Futures of Criminology. Sage Publications Inc.，1994

2. George B. Vold and Thomas J. Bernard. Theoretical Criminology. New York：Oxford University Press，1986

3. Harold E. Pepinsky and Paul Jesilow. Myths that Cause Crime. Seven Locks Press，1984

4. James Willian Coleman. The Criminal Elite：the Sociology of White Collar Crime. New York：St. Martin's Press，1989

5. Kimberly L. Kempf. Measurement Issues in Criminology. Springer-Verlag New York Inc.，1990

6. Sue Titus Reid. Crime and Criminology. Holt, Rinehart and Winston, Inc. , 1991

7. Stuart H. Traub and Craig B. Little. Theories of Deviance. F. E. Peacock Publishers, Inc. , 1985

研究线索

A
A型犯罪性 100,144

B
B型犯罪性 101
"白领犯罪"被害互动性研究 306
贝卡里亚 25,37～46,91～92
贝克尔 31
贝克莱 51
被害率 374,376
被害人学 162～163
被害预防 307
被迫被害犯罪 170～173,185
本能直觉主义 23,85～90
标签论 202
不同机会论 208
不同联系论 301
布迪厄 12,79

C
C型犯罪性 101
常规犯罪学研究 3,4
惩戒资源 328,377～379
城市化与犯罪之关系 307
挫折攻击理论 150～151

D
D型犯罪性 101,144
达格代尔 30,156
单向理论 28,162
低暗数犯罪 237,239
迪尔凯姆 166～168,320
抵消论 161
定比变量 279
定距变量 279,281～282
定类变量 279～282
定序变量 279～282
对象化 9～10,200～202,226～229

E
俄迪普斯情结 87
厄廷根 56

F
"返祖"现象 54,60,67,70,71,211
犯因性社会论 205
犯罪暗数 237,271
犯罪饱和法则 68,69
犯罪场理论 314

389

犯罪的热定律　57，298
犯罪的相对性　10
犯罪的自然性　10
犯罪定义　192～244，359～362，379～381
犯罪动态　278
犯罪概率　254～256
犯罪关系　11，20～24，33～34，79～81，332～334，337，338
犯罪规律　22，245～329
犯罪规律的理论构成说　267
犯罪互动递进关系研究　306
犯罪化　194～200
犯罪计量经济学　253
犯罪结构　272，277
犯罪率　56，259，270，372～377
犯罪密度　270
犯罪频率　271
犯罪强度　270，271
犯罪人　28～31，70～72，99，155～158
犯罪社会现实论　209
犯罪社会学　80，299
犯罪生物学　300
犯罪文化论　204
犯罪相关　278
犯罪效益模型　321
犯罪心理学　300
犯罪形态　22，82，147～149
犯罪性　80～86，93～105，133，141～148
犯罪学的理论逻辑　24
犯罪学的研究对象　11，21，22，34，74
犯罪学范式　3，21，22
犯罪学概念　5，33，34
犯罪学问题　5，7～17，24，33～34，46
犯罪原因　5，6，17～20，67～72，82，99，211，244～256，260～266
犯罪原因二元论　250
犯罪制图学　57
犯罪中心主义　184～185，191
菲利　67～71，210
弗洛伊德　30，87～88
伏尔泰　39，43
福柯　98，166，201，222，226

G

概率中心说　245～246，255，259～260，263，326～327
高暗数犯罪　237，239～240
格雷　57，298
格林研究　263
格卢克　31，256～257
个人利益犯罪　232～235
公共安全感研究　324
共有利益犯罪　232～235
古典犯罪学　35～49，73
古特马赫　29
关系犯罪观　20，80，330～333
关系公正论　338，381
规范论　44～46，153

H

哈佛研究　155
合理化解释　161
赫希　85，152，299，312～314
亨蒂希　162
胡顿　155
互动理论　28，161～163，190
环境本位说　29，33
环境经验主义　85，90，92，97～99，145

霍布斯　26，52，93，96

J

集体的愤怒　167～168，183，185
加害率　374，376
加罗法洛　59，65，86，213，263，274，310～311，369
价值关系　226～227
价值论犯罪学研究　31，33
交易被害犯罪　170～174，186，189，240
结果及人　100～101，144
结果及物　100～101，144
结果集中型犯罪　235～237
结果离散型犯罪　235～237
金融犯罪得逞率研究　319
精神分析学理论　29，87
距离规律　303
决定论　37～46，74

K

凯特勒　56～58，298～299
康德　45
科恩的强奸犯分类　19
克林纳德　29，273
客体（被）主体化　221～227，243，360
孔德　12～13，50～53
控制社会控制　333～334，337
昆尼　209，274

L

累积危险　99～101，107，144
李斯特　249～251
利益群体冲突论　208
量化分析模式　63
龙布罗梭　25，26，60～63，66，70～71，211，251，286～288，311
孪生子研究　214～215，300
洛克　39，50，94，153
裸刑均值　357～359

M

马尔萨斯　56
马克思　17
迈尔　56
孟德斯鸠　25，28，39，154，297
模仿论　303
默顿　207，375
母爱剥夺论　29，303

O

偶犯危险　99～101，144

P

派生条件犯罪　232～235，241
培根　39，50，51
平均人　49，58，69
破坏经济秩序的犯罪　229～231

Q

欺诈犯罪　173，174，176，186～187，189
强暴力犯罪　173，174，176，186～187，189
强奸罪被害互动性研究　305
倾斜型社会控制　182～184
曲解因素　289
权力冲突论　208
权力—控制论　27，159
缺席被害犯罪　170～174，186，188

R

染色体异常论　27，157

人格成熟论　156
人性本位说　29，33
认识论犯罪学研究　31

S

SPSS　283，284
萨瑟兰　29，92，272，300
塞林　30，203～204
三因素论　67，71
社会解组论　158～159
社会连接理论　312
社会异常论　207
神学预定论　37，39～41，43，46
圣胡安市少年犯重复研究　31
司法公正　341，346～347
示范性案例　342，345，349
实践理性　46
实然　13，17，48
实然犯罪学　48～51，72～76
实然之罪　65，70
实证分析　13～14，267～270，278～282
实证主义　13，50～52
实证主义犯罪学　35，58～59，61，73，154

T

塔尔德　302～303
特拉斯勒学习理论　251～252
特殊人论　30，33
同心圆研究　259
同质因果论　30，33
偷窃犯罪　173～174，176，186～187，189

W

危害安全价值的犯罪　229，231，241

韦斯　56
违背文化规范的犯罪　229～231
违反国家权力的犯罪　179～181，188，190
文化冲突论　27，30，203～204
误用国家权力的犯罪　179，181，182，188，190

X

相对剥夺　375
详析分析　282
效果论　42～44，46，152～153
心理强制说　151～152
刑罚个别化　70
刑罚立场　182～185，190
刑罚民事化　71
刑罚替代物　71
刑量　188～190，343～346，365～367
刑事一体化　8～190
行为主义心理学　150

Y

养子女研究　300
异质因果论　30，33
意大利学派　59，65～72，211，212
因果中心说　245～247，253，260，261，326～327
应然　35～36
应然犯罪学　35，36，45，46，73～76
应然之罪　35，36，46
优势犯罪　176～179，187～190
原罪说　26，37，89
运送人案　242

Z

针对国家权力的犯罪　179～182，188，190，347

真理关系　226～229
正常人论　30，33
中和技术论　161
中立型社会控制　182～184，191
朱克家族研究　30，156，287
主体（被）客体化　223～227，243
主体性　198～201，209，216～218，221～225，241～243
自然本位说　28，33

自然犯罪　86～87，213，274
自由意志论　37～41，43，46
罪量　174，186～189，322，345，346，365～367
罪人中心论　154～160，163
罪刑法定　40，229
罪刑均衡　45，250
罪行中心论　149～154，158，160，163

致 谢

直接促成本书酝酿、选题、写作、修订的以下人士，都应得到我本人及读者的诚挚谢意。他们依姓氏音序分别是：

贝卡里亚，古典犯罪学家，其学说为本书最重要的理论资源之一。

陈浩，我的学生，为本书实证数据的收集、整理付出了巨大劳动。

陈瑞华，我的同事，将我及我的研究介绍给中国人民大学出版社。

储槐植，我的博士生导师，其学说为本书最重要的理论资源之一。

菲利，实证主义犯罪学家，其学说为本书最重要的理论资源之一。

加罗法洛，实证主义犯罪学家，其学说为本书最重要的理论资源之一。

龙布罗梭，实证主义犯罪学家，其学说为本书最重要的理论资源之一。

王复春，我的学生，为本书最终定稿付出了巨大劳动。

易晓洁，我的学生，为本书最终定稿付出了巨大劳动。

俞和明，我的学生，为本书最终定稿付出了巨大劳动。

张莉鑫，我的学生，为本书最终定稿付出了巨大劳动。

赵兴洪，我的学生，为本书最终定稿付出了巨大劳动。

白建军
2004 年 8 月
2008 年 12 月
2014 年 1 月

图书在版编目（CIP）数据

关系犯罪学/白建军著 . —3 版 . —北京：中国人民大学出版社，2014.2
（21 世纪法学研究生参考书系列）
ISBN 978-7-300-18791-4

Ⅰ.①关… Ⅱ.①白… Ⅲ.①犯罪学-研究生-教学参考资料 Ⅳ.①D917

中国版本图书馆 CIP 数据核字（2014）第 014433 号

21 世纪法学研究生参考书系列
关系犯罪学（第三版）
白建军　著
Guanxifanzuixue

出版发行	中国人民大学出版社				
社　　址	北京中关村大街 31 号		邮政编码	100080	
电　　话	010 - 62511242（总编室）		010 - 62511770（质管部）		
	010 - 82501766（邮购部）		010 - 62514148（门市部）		
	010 - 62515195（发行公司）		010 - 62515275（盗版举报）		
网　　址	http://www.crup.com.cn				
经　　销	新华书店				
印　　刷	涿州市星河印刷有限公司		版　次	2005 年 1 月第 1 版	
				2014 年 2 月第 3 版	
规　　格	155 mm×235 mm　16 开本		印　次	2022 年 1 月第 3 次印刷	
印　　张	25.5 插页 3		定　价	59.80 元	
字　　数	416 000				

版权所有　　侵权必究　　印装差错　　负责调换